知识产权司法保护
理论与实务探索

广州知识产权法官协会首届学术研讨会论文集

广州知识产权法院　组织编写

黎炽森　主编

知识产权出版社

全国百佳图书出版单位

—北京—

图书在版编目（CIP）数据

知识产权司法保护理论与实务探索：广州知识产权法官协会首届学术研讨会论文集/
广州知识产权法院组织编写；黎炽森主编. —北京：知识产权出版社，2021.4
ISBN 978 - 7 - 5130 - 7444 - 5

Ⅰ.①知… Ⅱ.①广… ②黎… Ⅲ.①知识产权保护—中国—学术会议—文集
Ⅳ.①D923.404 - 53

中国版本图书馆 CIP 数据核字（2021）第 042448 号

责任编辑：程足芬　　　　　　　　　　　责任校对：谷　洋

封面设计：纺印图文　　　　　　　　　　责任印制：刘译文

知识产权司法保护理论与实务探索

广州知识产权法官协会首届学术研讨会论文集

广州知识产权法院　组织编写

黎炽森　主　编

出版发行：知识产权出版社有限责任公司		网　　址：http：//www.ipph.cn	
社　　址：北京市海淀区气象路 50 号院		邮　　编：100081	
责编电话：010 - 82000860 转 8390		责编邮箱：chengzufen@ qq.com	
发行电话：010 - 82000860 转 8101/8102		发行传真：010 - 82000893/82005070/82000270	
印　　刷：天津嘉恒印务有限公司		经　　销：各大网上书店、新华书店及相关专业书店	
开　　本：720mm×1000mm　1/16		印　　张：20.75	
版　　次：2021 年 4 月第 1 版		印　　次：2021 年 4 月第 1 次印刷	
字　　数：370 千字		定　　价：96.00 元	

ISBN 978 - 7 - 5130 - 7444 - 5

前　　言

习近平总书记指出，"创新是引领发展的第一动力，保护知识产权就是保护创新"。党的十八大以来，党中央对知识产权审判工作的重视程度、决策力度不断增强，知识产权司法保护在国家战略中的地位不断凸显。中共中央办公厅、国务院办公厅先后印发《关于加强知识产权审判领域改革创新若干问题的意见》《关于强化知识产权保护的意见》等纲领性文件，将知识产权司法保护工作提高到前所未有的高度，亦对知识产权审判理论研究提出了新的更高要求。

加强知识产权审判理论研究，是主动应对不断深化的全球化浪潮、服务创新驱动发展战略的时代需要，也是着力解决知识产权理论研究和司法实践脱节、促进知识产权理论创新与司法实践融合发展的现实要求。进入新发展阶段，立足贯彻新发展理念、构建新发展格局、推动高质量发展目标，全面加强知识产权审判理论研究，破解服务创新驱动发展战略中的重大难题具有重要意义。

广州知识产权法院作为全国首批三家知识产权法院之一的专门法院，不仅在知识产权司法保护工作中创造了大量可复制、可推广的"广知经验"，也在搭建知识产权交流平台、促进知识产权理论创新研究中走在全国前列。《知识产权司法保护理论与实务探索》是广州知识产权法官协会成立大会暨首届学术研讨会的主要成果之一。该论文集源自广州一线知识产权司法工作者的司法体验和切身感悟，汇集了一线司法工作者的理念碰撞与灵感源泉，凝聚了一线司法工作者辛勤办案、潜心研究的点滴心血，在不断往返于司法实践与理论研究之间迸发出思想火花与真知灼见，彰显了广州知识产权法院和广州知识产权司法保护者求索、奋进、创新的时代风采。全书坚持问题意识和前瞻导向，选题新颖、内容充实、论据有力、论述充分，具有较高的学术价值与实践意义。全书包括"专利权篇""著作权篇""商标权及不正当竞争篇"以及"综合篇"四个部分，涵盖知识产权制度研究、知识产权实务探索、知识产权辅助技术研究以及新型知识产权法院建设等各领域，必将对知识产权司法保护的理论研究和实务创新起到良好借鉴作用。

不积小流，无以成江海；不积跬步，无以至千里。愿广大知识产权司法工作者以本届研讨会的召开为契机，站在知识产权保护"五个关系"高度，主动把脉新时代新形势下知识产权司法保护的新趋势、新任务、新要求，以改革创新精神推动知识产权司法保护理论不断完善，以干在实处作风促进知识产权审判工作科学发展，为推动创新驱动发展战略实施和加快创新型国家建设提供智慧支持与司法保障。

编者

2021 年 2 月 22 日

目　　录

综合篇

专利权篇

我国标准必要专利问题的司法政策研究

——技术进步视野下的检视

郑志柱　陈学宇[*]

摘要　在技术进步视野下，标准必要专利问题的司法政策是专利标准化法治系统的组成部分，应当为实现专利标准化激励技术创新和促进技术扩散的双重目标提供直接的制度供给和"游戏规则"。FRAND 承诺的"诚实谈判义务"属性、以比较法为主的 FRAND 许可费计算方法和有条件的禁令救济颁布原则是我国现阶段关于标准必要专利问题的司法政策选择，但相关政策均存在争议。但通过对标准必要专利司法政策与技术进步的互动性检视，"要约邀请说"可能比"诚实谈判义务说"更有利于技术扩散，FRAND 许可费对技术创新的激励依赖于研发投入的回报率和专利实施收益的合理分成，而法院也应对"漏发"禁令问题和滥用禁令问题给予同等程度的重视。建议我国标准必要专利问题的司法政策选择应回归合同法救济模式，确立"要约邀请说"，探索基于"成本 - 收益"的许可费计算方法，并建立以判定"缔约过失"为核心的禁令发布原则。

关键词　标准必要专利　司法政策　技术进步　互动性　合同法

进入 21 世纪以来，随着我国经济全球化程度的不断加深和产业结构的进一步转型升级，专利标准化与技术进步之间的互动关系日益密切。但与此同时，我国产业界的标准必要专利纠纷案件也在不断增加。无论是 2000 年前后的"DVD 专利收费事件"，还是近期的"华为诉 IDC 案"和"高通案"等案件，标准必要专利权人凭借其掌握的标准必要专利在分享我国产业发展成果的同时，也出现了滥用标准必要专利索取不公平高价、附加不合理条件和滥用禁

---

[*] 郑志柱，广州知识产权法院三级高级法官。陈学宇，厦门大学知识产权研究院博士研究生。

令救济等行为，严重制约了我国企业的技术进步进程。面对日益增多的标准必要专利纠纷，司法救济正日益成为国内外产业界及时化解争议的主要渠道，使得司法机关在推动专利标准化和技术进步的地位和功能也在不断凸显。然而，虽然当前我国专利法和标准化法在立法目标之中早已明确以"促进科学技术进步"为己任，但是受制于立法规定的原则性和模糊性，当专利标准化矛盾转化为标准必要专利许可谈判、许可费率计算和滥用禁令等具体争端时，我国法院往往难以从技术进步视角出发对其进行审慎的分析和考量。实际上，不仅我国法院在标准必要专利纠纷案件中极少论及技术进步问题，而且学术界也并未对专利标准化与技术进步之关系进行明晰，更未探讨标准必要专利司法政策与技术进步之间可能产生的互动性问题，不利于司法机关在促进技术进步方面发挥应有的作用。面对立法的粗疏和理论的空白，为引导企业合理开展专利标准化活动和推动我国的技术进步，我国法院应怎样选择有利于技术进步的标准必要专利司法政策，成为考验司法智慧的一项重大议题。

有鉴于此，本文立足于技术经济学和制度经济学视域，以司法政策、专利标准化与技术进步之理论关系为指导，从现阶段我国标准必要专利纠纷的司法政策选择及其争议出发，探讨标准必要专利司法政策与技术进步的互动性，进而对未来我国标准必要专利司法政策改革提出若干粗疏的意见，以期求教于学界同仁。

一、技术进步视野下的标准必要专利司法政策

根据经济合作与发展组织（以下简称 OECD）在 1988 年的《科技政策摘要》中的定义，技术进步是指一个包括三种互相重叠又互相作用的要素的综合过程。第一要素是技术发明，即有关新的或改进的技术设想。技术发明的重要来源是基础科学研究。第二要素是技术创新，它是技术发明（常常体现为全新的或改进的技术）的首次商业化应用。第三要素是技术扩散，它是指创新随后被众多使用者采用。专利标准化本身就是技术进步的结果，反映了标准化与专利制度、技术进步之间存在的互动关系。现代市场经济中，众多发达国家已经将专利标准化当成推动技术创新和技术扩散的重要活动，但是专利标准化对技术进步的负面影响也不容忽视。在技术进步视野下，标准必要专利的司法政策是专利标准化法治系统的组成部分，通过对专利标准化活动的影响作用于技术创新和技术扩散两个要素，从而对技术进步进程产生影响。

（一）专利标准化与技术进步的基本关系

回顾专利标准化历史，标准化和专利制度正在从分别影响技术进步，转向通过"专利标准化"这一模式对技术进步产生综合性影响。在 20 世纪上半叶的标准化活动中，世界各国的政府、标准化组织和机构都是拒绝标准与专利制度结合的。原因在于当时的标准化组织倾向于认为，专利制度侧重于通过其赋予权利人垄断权利，而标准却是天然的"公共产品"；只有标准不被专利权所裹挟，才能保障标准能够为更广泛的群体所适用❶，才更有利于标准的技术扩散。然而，虽然在当时专利制度不成熟的环境下排除专利的标准化思路尚能运转自如，但随着专利制度的不断完善和技术水平的不断发展，越来越多的先进技术成果转化为专利技术，标准化组织要想保证标准符合科学性原则、不断提升标准质量和促进标准全球化，就不得不考虑将必要的专利技术融入标准之中。❷ 而且专利权利人也在极力推动专利融入标准之中，以求获得更大的经济收益。正是在此背景下，标准制定组织对专利标准化的态度开始发生转变，逐渐从"排除专利"转向"拥抱专利"。当越来越多包含专利的标准被制定和实施之后，专利标准化产生的正面效应又进一步加强了标准化与专利制度、技术进步之间的联系。这种正面效应在于：专利标准化使得专利权人更有动力去推动标准的创新、制定和扩散；而且随着包含专利技术的标准不断扩散和传播，更多的企业有机会学习模仿先进技术和提高劳动生产率，❸ 有机会加入基于这些技术标准的协作创新网络，❹ 甚至与专利权人形成更为细致的产业分工和创新协同关系。在现代市场经济条件下，众多发达国家的科技型企业已将"专利标准化"当成了其进行技术研发活动的基本思路和重要内容，甚至形成了一种从"标准化促进技术研发活动"再到"技术研发活动促进标准化"的良性创新循环。❺

然而，专利标准化对技术进步影响具有双重性。在专利标准化带来推动技术进步正面效应的同时，因制度缺陷和权利滥用带来的负面影响也不容忽视。

---

❶ 杨正宇：《美国国家标准学会专利许可政策演进考察》，载《知识产权》2018 年第 3 期，第 88—96 页。

❷ 张平、马骁：《标准化与知识产权战略（第 2 版）》，知识产权出版社 2005 年版，第 38 页。

❸ 刘振刚：《技术创新、技术标准与经济发展》，中国标准出版社 2005 年版，第 30 页。

❹ 王方红：《基于技术标准的跨国创新网络化战略体系研究》，载《科技进步与对策》2008 年第 3 期，第 65—68 页。

❺ 于欣丽：《标准化与经济增长：理论、实证与案例》，中国标准出版社 2008 年版，第 33 页。

综合来看，专利标准化阻碍技术进步的负面效应主要表现在以下两个方面：

一是专利标准化可能对技术创新产生不利影响。首先，在专利标准化条件下，标准必要专利权人有着更为强烈的降低差异化和引导技术研发路线的能力，其抑制其他主体创新活动的意愿也更为强烈。传统标准化理论认为，标准化选择就与产品差异化选择相对，一定程度上会减少创新的多种可能性。❶ 而且标准制定不一定会遵循技术最优原则，因为标准化组织或者企业开发出的技术标准最终能否成为市场的通行标准，在很多情况下并不单纯取决于技术路线本身的科学性，也可能是基于专利权人的商业利益等其他因素❷，甚至是为了操纵标准制定过程以阻止新技术进入市场。❸ 其次，在标准必要专利的许可过程中，如果标准必要专利权人难以获得合理的许可费，则创新者的创新热情自然会随收入的减少而减少，进而影响基于专利标准化的创新循环，甚至削弱专利制度激励创新的效果。

二是专利标准化可能阻碍技术扩散。专利标准化对技术扩散的不利影响，本质上来源于专利权人对技术标准的垄断力。凭借专利权的垄断属性，专利权人可以对标准实施者收取高额的专利许可费和设置一些附加条件，而这可能削弱标准实施者实施技术扩散的"源动力"；而且专利许可费和附加条件越高，标准实施者实施技术扩散的成本就越高，技术扩散的动力自然也就越小。学界普遍认为，如果标准化组织或者标准必要专利持有人从事市场垄断或者滥用标准必要专利的行为，技术和产品的传播会受阻，技术进步的成本也会增加。❹

正如 Gary Lea 和 Peter Hall 研究指出的那样：在以技术标准作为竞争与合作基本要素的市场中，专利标准化本身也是一把双刃剑，它既能通过激励自身的创新促进动态的效率，但是也会由于给创新者带来的垄断力量而破坏静态的竞争效率。❺ 为了充分发挥专利标准化促进技术进步的正向功能，专利标准化活动应实现对技术创新和技术扩散的双重激励。这也就对专利标准化法治系统

---

❶ 王耀中、刘冰、侯俊军：《网络效应下技术进步企业标准化和差异化战略的选择》，载《系统工程》2008 年第 4 期，第 1—5 页。

❷ 陈长石、刘晨晖：《标准化与技术进步内在依从关系的实证研究》，载《财经问题研究》2008 年 12 月，第 36—40 页。

❸ 王先林：《涉及专利的标准制定和实施中的反垄断问题》，载《法学家》2015 年第 4 期，第 62—70 页。

❹ 中国科学技术协会：《2016—2017 标准化学科发展报告》，中国科学技术出版社 2018 年版，第 79 页。

❺ Gary Lea, Peter Hall: Standards and Intellectual Property Rights: an Economic and Legal Perspective, Information Economics and Policy, 2004, (16).

建设提出了一个基本要求，即专利标准化的法治系统设计，必须既能保障专利制度对技术创新的有效激励，又能维护标准化带来的技术扩散效应。

（二）标准必要专利司法政策与专利标准化的基本关系

专利标准化应是一种市场主导的活动，但是其顺利开展离不开覆盖立法、行政和司法的专利标准化法治系统设计。从制度经济学的角度看，法治系统是专利标准化活动的"游戏规则"，缺乏"游戏规则"的环境会必然导致专利标准化陷入无序状态，进而自然会对技术创新和技术扩散造成不利的影响。在专利标准化法治系统中，立法是标准化主体开展专利标准化活动的起点，居于专利标准化法治系统的上游，是专利标准化主体开展活动和利益分配的制度基础；行政居于立法之后，居于专利标准化法治系统的中游，既直接参与部分专利标准化活动，同时也承担着劝导标准化主体合法开展专利标准化活动的职能；而司法位于专利标准化活动的末端，居于专利标准化法治系统的下游，不仅承担着及时满足专利标准化主体"定纷止争"诉求的责任，也是对专利标准化立法和行政活动的反思和评估，其判决结果和司法经验也将真正改善标准化主体的可预期性和确定性，从而进一步推动专利标准化活动的有序开展。

在当下我国的专利标准化进程中，司法反而领先于立法和行政，走在了专利标准化法治系统改革的前沿。随着我国经济日益融入全球，我国企业在世界市场的参与度越来越广、越来越深，其身处的竞争环境已远非国内市场，而是直接面对来自全球的竞争。在这种情势下，"中国制造"或者"中国创造"作为全球商品价值链中的重要一环，其技术规范必须采用世界通行标准。在"中国制造"阶段，大量的代工工厂无法拒绝来自境外的技术标准要求；在"中国创造"阶段，作为标准形成的推动者，更不可能关起门来自己搞一套。在"你中有我，我中有你"的专利标准化领域，遵守通用的技术标准几乎是行业的"入场券"。正所谓"春江水暖鸭先知"，我国企业（尤其是高科技领域的企业）与国际专利标准化的关系越来越密切，正在越来越多地或主动或被动参与各类市场专利标准化活动。同样当纠纷发生时，国际上通用的纠纷解决机制和解决规则也是企业必须遵守的"显规则"。当前，司法审判就已成为国际通行的专利标准化纠纷解决渠道，而且国际市场与专利标准化相关的商业惯例和裁判规则也成为国内专利标准化活动的新"游戏规则"。但是这些"舶来品"的移植缺乏相应的本土资源，相关国内法律或是存在空白，或是与之冲突。面对亟待解决的标准必要专利纠纷，我国法院必须先于立法和行政对相关争议和"显规则"进行中国法律语境下的解读和抉择，这就对我国法院的司法智慧提出了全新的考验。

在技术进步视野下，司法承担着改革我国专利标准化法治系统的特殊历史使命。作为市场经济中的一个"冷静"的参与者，我国法院能够在专利标准化发生市场失灵和政府失灵的领域有所作为，也正在为实现专利标准化激励技术创新和促进技术扩散的双重目标提供直接的制度供给和"游戏规则"。

二、我国标准必要专利纠纷的司法政策选择及其争议

2006 年的"天工药业诉邕江药业案"开启了我国法院处理标准必要专利案件的先河，自此开始我国法院陆续处理了华为诉 IDC 案、张某廷诉子牙河公司案、西电捷通诉索尼案等一系列具有广泛影响力的标准必要专利案件，并逐步形成了一些审判经验。考虑到我国上位法并未对这些专利标准化相关问题进行明确规定，最高人民法院在总结国内审判经验和参考国际经验的基础上，于 2016 年发布的《关于审理侵犯专利权纠纷案件应用法律若干问题的解释（二）》（以下简称《专利法司法解释二》）中对标准必要专利问题进行了相应的规定。在此指导下，地方法院结合自身在标准必要专利案件审判过程中的探索，试图对标准必要专利权人作出的公平、合理和无歧视（以下简称 FRAND）承诺、许可费率的计算和禁令颁布等关键问题作出进一步的解读和澄清。其中，北京市高级人民法院和广东省高级人民法院分别出台的《专利侵权判定指南（2017）》（以下简称《指南 2017》）和《关于审理标准必要专利纠纷案件的工作指引（试行）》（2018）（以下简称《指引 2018》），对我国地方法院的标准必要专利审判也具有重要的参考意义。分析上述司法解释、案例和审判指南可见，我国司法机关已在标准必要专利领域初步形成了涉及 FRAND 承诺的法律属性、FRAND 许可费率计算和禁令救济颁布等问题的司法政策。然而对于近期的标准必要专利问题司法政策选择，我国理论界和实务界仍存在广泛争议。

（一）FRAND 承诺的"诚实谈判义务"属性及其争议

FRAND 承诺是指根据标准制定组织要求，参与标准制定和专利技术被采用为标准必要专利的成员作出的将给予标准实施人 FRAND 许可的声明。目前世界各国法院并未就 FRAND 承诺的法律属性达成一致意见，在实践中存在

"第三方利益合同说""要约邀请说""要约说"和"单方法律行为说"等观点。❶ 自 2013 年的"华为诉 IDC 案"中首次提及 FRAND 承诺的法律属性问题后,我国在司法实践中逐渐发展形成了"诚信谈判义务说"观点。在"华为诉 IDC 案"中,法院认为,可以依照我国《民法通则》第 4 条和《合同法》第 5 条、第 6 条所确定的公平和诚实信用原则来确定 FRAND 承诺之含义,而且主要是针对谈判过程是否符合公平和诚实信用进行评判。❷ 这一观点在"西电捷通公司诉索尼案"中也得到采纳。在"西电捷通公司诉索尼案"中,北京市高级人民法院也提出,"由于权利人在标准必要专利上作出公平、合理、无歧视许可声明,因此,标准必要专利侵权民事责任的承担应当考虑双方谈判的过程和实质条件,判断由哪一方为谈判破裂承担责任",进而也承认了 FRAND 承诺所代表的"诚信谈判义务"。❸ 实际上,我国法院的"诚信谈判义务说"观点与欧盟各国对标准必要专利案件的裁判观点十分相近。例如,在欧盟法院裁决的"华为诉中兴案"中,法院认为 FRAND 承诺作为一种承诺,足以让第三人对取得符合 FRAND 条件许可的可能性有了正当期待,而接受这一承诺意味着双方均应遵守相应的谈判义务。❹

然而"诚信谈判义务说"观点本身也存在一些争议。一方面,FRAND 承诺设定"诚信谈判义务"的行为表面上属于单方法律行为,似乎是标准必要专利权人自身设立的义务,但是实践中各国法院都倾向于从双方的角度确定谈判义务,主张 FRAND 承诺带来的法律后果应当是对双方的约束。那么单方作出的承诺行为何以形成对双方的约束呢?另一方面,FRAND 承诺本身具有高度模糊性,不仅很难界定具体内容,而且也难以直接推断 FRAND 承诺意味着标准必要专利权人究竟放弃了哪些权利。因此也有学者认为,相比于"诚信谈判义务说",FRAND 承诺的"要约邀请说"不仅可以吸收其合理成分,而且也符合商业实践,因此更为恰当。❺

(二) 以比较法为主的 FRAND 许可费计算方法及其争议

标准必要专利的许可费亦是标准必要专利纠纷涉及的核心问题。目前我国

---

❶ 管育鹰:《标准必要专利权人的 FRAND 声明之法律性质探析》,载《环球法律评论》2019 年第 3 期,第 5—18 页。

❷ 广东省高级人民法院 (2013) 粤高法民三终字第 306 号民事判决书。

❸ 北京市高级人民法院 (2017) 京民终 454 号民事判决书。

❹ Huawei Technologies Co. Ltd v. ZTE Corp., ZTE Deutschland GmbH, CJEUC-170/13.

❺ 同❶。

法院关于许可费率的探讨正在从判断"许可费率是否构成超高定价"转向"FRAND 许可费率的准确计算",但仍然以判定超高定价的思路为主。截至 2019 年 6 月,我国在司法审判实务中尚未出现在许可费计算方法方面深入分析的代表性案例。即使是较具代表性的案例——"华为诉 IDC 案"中,其两审判决均未正面论述许可费的计算方法,而主要是将 IDC 向华为收取的许可费与 IDC 向其他公司收取的许可费进行比较,判断 IDC 对华为的收费是否符合 FRAND 原则。❶ 然而,基于反垄断法判定是否构成超高定价路径的分析思路,显然并不足以推断出清晰的 FRAND 许可费计算方法。在借鉴国际经验的基础上,最高人民法院在《专利法司法解释二》中提出,法院在确定许可费时"应当根据公平、合理、无歧视的原则,综合考虑专利的创新程度及其在标准中的作用、标准所属的技术领域、标准的性质、标准实施的范围和相关的许可条件等因素"。然而,该规定仍然相对模糊,可操作性不强。为了回应实践的需求,一些地方法院在相关审判指南中对计算方法进行了进一步探索。例如,在广东省高级人民法院的《指引 2018》中就明确提出了确定许可费率的三种方法,即参照具有可比性的许可协议法、分析涉案标准必要专利的市场价值法和参照具有可比性专利池中的许可信息法等,❷ 这些方法的判定思路与判定超高定价的思路基本一致。可见,我国法院当前计算标准必要专利许可费率的主要方法仍然是比较法。

总体来看,我国法院形成的比较法思维,仍然停留在运用反垄断法规制超高定价案件的裁判方面,在确定谈判情况下如何达成 FRAND 许可费方面仍然缺乏经验。从国内理论界来看,虽然也有部分学者重视许可费率是否构成超高定价问题的反垄断法判定问题,❸ 但是不少学者倾向于寻找正常交易情况下的 FRAND 许可费计算方法,提倡通过谈判、价值评估等方式判定标准必要专利的许可费率。例如,国内有学者就认为,我国法院采用"假设性双边协商方法"比采用"比较法"更为合理。❹

---

❶ 广东省高级人民法院(2013)粤高法民三终字第 306 号民事判决书。

❷ 广东省高级人民法院《关于审理标准必要专利纠纷案件的工作指引(试行)》(2018)。

❸ 杨亦晨、杨遂全:《论专利相关不公平高价认定方法的完善——以高通案与华为诉交互数字案为视角》,载《西南民族大学学报(人文社科版)》2016 年第 4 期,第 92—97 页。

❹ 徐家力:《标准必要专利许可费之争——以"高通诉魅族"案为切入点》,载《江苏社会科学》2018 年第 1 期,第 166—172 页。

（三）有条件的禁令救济颁布原则及其争议

我国法院对标准必要专利权人的禁令救济请求采取的是"有条件的禁令颁布"的基本态度。根据《专利法司法解释二》第 24 条的规定，标准必要专利禁令救济的颁布，应根据许可谈判双方是否诚信谈判的情况，考察双方是否存在"故意违反 FRAND 承诺"或者"明显过错"，进而最终确定。根据该规定，法院既要求专利权人遵守此前的承诺，也要求标准实施者应当积极配合，凸显了法院对 FRAND 承诺的程序性价值的肯定。我国法院采取这一判断思路，与对 FRAND 承诺的性质采用"诚信谈判义务说"有直接的关系。但是由于"诚信谈判义务说"的"诚信谈判义务"内容具有模糊性，而且该规定并未对过错的程度、双方过错等情况下应如何处理进行说明，不足以为各类标准必要专利谈判提供清晰的指引。为了化解实践中存在的争议，《指南 2017》虽然与《专利法司法解释二》的基本思路保持一致❶，但是在对双方的过错情况进行细化的基础上，对禁令颁布的情形进行了更为严格的限定，❷ 甚至达到了"不发禁令成为了原则，颁发禁令成为了例外"的程度。❸

学术界对我国《专利法司法解释二》和《指南 2017》所确定的禁令颁布原则也存在一些争议。对于禁令救济的颁布原则，各方有不同的理解，特别是对于北京市高级人民法院《指南 2017》中对"原则性否定"禁令救济的做法存在异议。有学者在参考欧美发达国家的标准必要专利司法审判经验后指出，即使欧美国家也只是秉承谨慎颁布禁令的原则，像《指南 2017》这样对专利权的禁令救济权利的原则性剥夺，并不合理。❹

三、标准必要专利司法政策与技术进步的互动性分析

作为专利标准化法治系统中的关键组成部分，标准必要专利的司法政策选择必须符合专利标准化推动技术进步这一基本目标。因此，合理的标准必要专利司法政策也应是能够与技术进步产生良性互动的法律设计。当前我国法院关

---

❶ 详见《专利侵权判定指南（2017）》第 149 条。

❷ 详见《专利侵权判定指南（2017）》第 152 条。

❸ 焦彦：《标准必要专利案件的审理规则》，载 360doc 个人图书馆，http：//www. 360doc. com/content/17/1010/09/43460550_693682787. shtml，最后访问于 2019 年 12 月 26 日。

❹ 郝元：《标准必要专利的禁令救济不宜被"原则性"剥夺》，载《中国专利与商标》2017 年第 2 期，第 83—100 页。

于标准必要专利纠纷的上述司法政策选择，必然会对我国技术创新和技术扩散造成不同程度的影响，进而与技术进步产生互动联系。鉴于法学界对于标准必要专利纠纷中的技术进步因素考量探讨较少，本文尝试从标准必要专利司法政策与技术进步的互动性角度分析，为上述标准必要专利司法政策选择提供一些不同的思路。

（一）FRAND 承诺属性与技术进步的互动性分析

从 FRAND 原则的诞生过程来看，标准制定组织要求标准必要专利权人作出 FRAND 承诺，首先是为了维护标准实施者的技术扩散积极性，其次才是保障标准必要专利权人通过 FRAND 原则获得足够的经济补偿。在标准化语境下，专利的标准化本质上仍是技术的标准化，而标准化组织要求标准必要专利权人作出 FRAND 承诺的首要目标就是防止技术标准被专利权挟持，以促进技术扩散。因此，标准化组织之所以要求专利权人作出 FRAND 承诺，就是为了鼓励标准实施者及时了解和实施标准，将技术扩散的启动时间尽可能提前，进而吸引更大范围的企业尽快进行模仿创新。随着标准实施程度的不断扩张，标准必要专利权人通过 FRAND 许可就在总体上可以获得更多的创新激励。可见，如果没有基于标准实施的技术扩散，就不可能有基于 FRAND 许可的标准必要专利创新激励。因此在探讨 FRAND 承诺法律属性的时候，自然也应当秉承技术扩散优先于保障技术创新的基本思路。

相比"诚信谈判义务说"，"要约邀请说"可以减轻潜在标准实施者的压力，鼓励相关企业尽早参与到技术扩散之中。在技术经济学语境下，技术扩散是使技术创新真正转化为技术进步的落地环节，其中影响技术扩散的主要因素在于启动的时间和扩张的程度。[1] 在"诚信谈判义务说"情况下，一是潜在的标准实施者往往难以确定遵守"诚信谈判义务"的时间节点。例如，在标准必要专利权人尚未正式发出要约的情况下，标准实施者是否必须主动发起谈判才算遵守"诚信谈判义务"呢？遵守"诚信谈判义务"时间节点的不确定性，可能会削弱潜在标准实施者的合作意愿。二是潜在的标准实施者与标准必要专利权人、标准化组织之间存在诸多信息不对称，要求潜在标准实施者必须全面了解和遵守标准必要专利权人的 FRAND 承诺情况、标准化组织的相关规定和

---

[1] 雷家骕、程源、杨湘玉：《技术经济学的基础理论与方法》，高等教育出版社 2005 年版，第 65 页。

相关商业惯例，也是强人所难的。究其原因，主要在于"诚信谈判义务"本身是一种义务，意味着对潜在标准实施者的约束，容易引起潜在标准实施者的抗拒；但是如果不能明确义务和约束的时间和内容，其参与技术扩散的意愿自然不高。但如果采用"要约邀请说"，对于潜在的标准实施者则不存在过多的约束。由于要约邀请是标准必要专利权人邀请标准实施者向不特定的对象发出的、旨在订立合同的意思表示，其性质上是一种事实行为，因此并不产生明确的权利义务关系，更容易被潜在的标准实施者所接受。潜在的标准实施者在了解到相关标准和标准必要专利权人已经发布了 FRAND 承诺之时并不会直接受到约束，因而也更容易吸引他们了解甚至采用相关标准。实际上，"要约邀请说"的确立，可以减轻 FRAND 承诺的模糊性对潜在标准实施者的压力，使标准的技术扩散呈现一种开放性的姿态，因而也更容易吸引更多的潜在标准实施者参与到技术扩散活动中来。

"要约邀请说"与"诚信义务说"在法律效果上是一致的，但两者相比，"诚信义务说"更有利于让我国当事人对参与技术扩散的权利义务形成合理预期。从我国合同法的角度看，当标准必要专利权人主动向标准实施者提出了清晰的"符合 FRAND 原则的专利许可条件"的要约时，标准实施者和标准必要专利权人才真正进入互相承担权利义务的阶段，可以消除潜在标准实施者对 FRAND 谈判义务的担忧。一是"要约邀请说"依然可以按照我国合同法相关规定，要求进行 FRAND 谈判的双方遵守诚信谈判义务，而且释明 FRAND 规则和程序的主要义务方应是专利权人。二是如果因为专利权人"专利劫持"、拒绝许可等行为，或者标准实施者故意拖延，致使谈判破裂时，双方也可以援引我国合同法上"有其他违背诚实信用原则的行为"的先合同义务进行处理，❶ 认定其构成"缔约过失"❷。三是相比于"诚信义务说"，"缔约过失"在我国的法治实践时间更为悠久，也容易为我国法院和当事人所接受，有利于让潜在标准实施者形成合理预期，鼓励其在谈判之时就同步开始开展技术扩散活动。

由此可见，对我国专利标准化实践而言，"要约邀请说"有利于标准实施者和标准必要专利权人对于受 FRAND 原则约束的时间和条件形成合理预期。这既能够使得标准实施者更容易接受包含专利的标准，及时参与相关技术扩散

---

❶ 管育鹰：《标准必要专利权人的 FRAND 声明之法律性质探析》，载《环球法律评论》2019 年第 3 期，第 5—18 页。

❷ 详见《合同法》第 42 条的规定。

活动，也能够使标准实施者在技术扩散过程中合理评估技术内容和实施成本，通过平等协商寻找到最佳的合作模式。

（二）FRAND 许可费计算方法与技术进步的互动性分析

FRAND 许可费率的计算源自专利制度本身对技术创新的激励机制，因而其许可费率的计算也应从专利制度对于技术创新的激励维度进行评判。这种激励机制原本就是一种有限（时间、空间和技术范围）的垄断利润。● 在标准必要专利权人作出 FRAND 承诺的背景下，为了优先鼓励技术扩散，专利的激励机制对单个标准实施者的垄断利润受到了进一步的限制，只能是标准实施者基于专利技术的市场价值所给出的合理价格。但是这种进一步限制并不会导致专利权人的利润受到损害，因为他可以因标准实施者群体的扩大而获得更多的利益，实现"薄利多销"，从总体上获得更大的收益。换言之，FRAND 承诺改变了专利权人的盈利模式，从"追求每一笔交易的垄断利润"，转变为依靠标准带来的技术扩散，以"符合专利技术市场经济价值的合理价格"寻求总收益的最大化。那么应当如何寻找符合专利技术市场价值的合理价格呢？

从经济学的角度分析，专利技术的市场价值在初始阶段表现为专利技术的研发成本投入，但最终表现为专利技术实施后给专利权人带来的经济效益。然而，在专利标准化背景下，专利技术实施所带来收益不只是单个专利权的收益，还是整个技术标准和其他专利权带来的收益。因此，标准必要专利权人的获益比例也只是技术标准整体经济收益中的一个适当比例而已。正如在"华为诉 IDC 案"中广东省高院所言，FRAND 许可费率的计算"既要保证专利权人能够从技术创新中获得足够的回报，同时也要避免标准必要专利权利人借助标准所形成的强势地位索取高额许可费率或附加不合理条件"。然而，考察我国司法实践中采用的比较法和学者提出的"假设性双边协商方法"等，虽然都可以在一定程度上对相关标准必要专利的经济价值进行衡量和测算；但是上述方法均未分析对专利权人的技术研发投入给予合理回报问题，也未分析专利权人的收益占整体标准收益的比例问题，其合理性仍然值得商榷。

● 雷家骕、程源、杨湘玉：《技术经济学的基础理论与方法》，高等教育出版社 2005 年版，第 240 页。

参考国外学者的相关研究成果，相关专利技术对技术标准整体的贡献率被认为是衡量标准必要专利经济价值的一个较为合理的角度，而 Shapley 值分析方法则是相关专利技术的贡献率的代表性方法之一。根据 Shapley 值方法，可以将标准的制定过程认为是一场合作博弈，每个博弈的参与者都应该按照其专利对技术标准的平均边际贡献率来获取对应的收益。❶ 但是 Shapley 值方法计算过于复杂，也存在给予标准必要专利权人超过专利贡献的收益的问题，因此仍需要考察标准必要专利权人的实际研发投入等成本因素，确定专利为其带来的是合理利润率即可。在借鉴 Shapley 值方法思想的基础上，本文认为，我国法院可以尝试构建一种基于"成本－收益"分析的许可费计算方法，既要考量专利技术的成本问题（即相关专利技术的研发投入），同时评估该专利技术究竟带来多大程度上的经济效益，进而最终确定 FRAND 许可费率。

（三）禁令救济颁布与技术进步的互动性分析

禁令救济的颁布可以产生直接阻止技术扩散的效应，但对于技术创新的影响却因案而异。禁令的颁布对于技术创新的阻碍主要表现为标准实施者恶意谈判情况下的"漏发"禁令和标准实施者善意谈判情况下的"滥发"禁令。在标准实施者恶意拖延谈判或者拒绝支付许可费的情况下，禁令的颁布将使得专利权人获得对标准实施者的后续谈判主动权，协助专利权人收回研发成本并获得足够的收益，进而激励专利权人在未来继续开展技术创新。此时如果法院"漏发"禁令，将阻碍专利制度对于专利权人的技术创新激励。在标准实施者善意谈判的情况下，禁令则存在被滥用的可能性，不仅可能导致标准实施者的正常参与技术扩散活动受到阻碍，剥夺了其在相关技术轨道的技术创新机会，而且还可能导致标准实施者无法在相关领域积累技术经验和获得利润，获得技术研发的前期技术基础和研发资本，进而影响该领域技术创新的多面性。❷ 如果标准必要专利权人在与标准实施者的谈判过程中动则滥用禁令救济，无疑也会削弱标准实施者实施专利技术的积极性，这也会对技术扩散造成不利影响。在我国标准必要专利司法实践中一些法院似乎认为，相较禁令的"漏发"，标准必要专利权人滥用禁令救济的行为对技术扩散和技术创新造成的损害可能

---

❶ 陈永伟：《FRAND 原则下许可费的含义及其计算：一个经济学角度的综述》，载《知识产权》2017 年第 7 期，第 24—31 页。

❷ 郭壬癸：《标准必要专利禁令救济滥用司法规制困境与完善》，载《中国科技论坛》2019 年第 1 期，第 143—151 页。

更为严重，所以才促成了《指南2017》对专利权人禁令救济权的"原则性剥夺"态度的出现。然而现实情况也许并非如此。例如，有学者就研究指出，在实践中，标准实施者未经许可就在利用标准中的专利技术而且也并未打算与标准必要专利权利人协商获得许可的问题也很严重。❶ 因此，在禁令救济的判定过程中，司法机关应当对"漏发"禁令问题和禁令滥用问题给予同等程度的重视。

但是如果将禁令救济颁布与FRAND承诺的"要约邀请性质"相结合，可以更好地抑制对技术扩散和技术创新产生的负面效应。首先，FRAND承诺的"要约邀请性质"决定了禁令颁布必须考虑专利权人与标准实施者的谈判阶段问题。专利权人不经发出要约就径直提起诉讼的禁令主张，不应获得法院的支持。这将使得标准必要专利权人承担起预先告知或者"充分明示"的义务，可以减轻标准实施者的信息搜集成本，并提升其参与技术扩散的积极性。其次，将FRAND原则"要约邀请性质"与禁令的颁布相结合，仍然可以在谈判过程中要求标准必要专利权人依照合同法的规定诚信谈判，防止出现"专利劫持"和"拒绝许可"行为，否则就应当按照"缔约过失"的情况承担相应的责任。再次，FRAND原则的"要约邀请性质"和禁令的颁布结合，能够保护善意谈判的标准实施者获得FRAND许可的信赖利益，使其在谈判之时就放心参与技术扩散，有利于鼓励标准实施者的后续技术创新和探索多元化的技术发展路径。最后，由于标准实施者也存在"搭便车"的冲动，FRAND承诺的"要约邀请性质"并不妨碍禁令救济颁布的可能性和及时性，同时将禁令颁布的条件与"缔约过失"的判定相对接，也可以督促标准实施者必须对标准必要专利权人的正式要约作出积极和恰当的回应，保障专利权人通过谈判获得的合理收益。

四、完善我国标准必要专利问题司法政策的若干建议

当下标准必要专利的司法政策正日益承担着构建专利标准化规则、改善技术创新和技术扩散状况的重要使命，是推动我国技术进步的重要制度力量。法院对标准必要专利的案件审理应根据专利标准化与技术进步之间的基本关系，构建起基于促进技术进步的司法考察基本路径。标准必要专利司法审判的基本

---

❶ 李扬：《FRAND劫持及其法律对策》，载《武汉大学学报（哲学社会科学版）》2018年第1期，第117—131页。

目标，应是保障专利标准化过程的法治化运行既维护标准化带来技术扩散效应，又能实现专利制度对技术创新的激励。结合上文对标准必要专利司法政策与技术进步的粗疏分析，本文认为未来我国的标准必要专利问题的司法政策可以考虑从以下四个方面进行修正：

（一）司法救济的指导功能：推动合同法救济模式的回归

市场经济环境下，标准必要专利权人和标准实施者本应是一种合作关系，因此专利标准化法治系统的建设目标也应推动双方的诚信谈判、互利共赢和高效合作。标准必要专利权人和标准实施者的合作，始于标准必要专利权人的技术创新带来的经济效益（无论是实际的收益还是可能的收益），后经由双方的共同实施和技术扩散，进而推动技术创新不断融入技术进步的发展轨道之中。为了实现专利标准化推动技术进步效益的最大化，标准必要专利权人和标准实施者的合作基础应是基于合同法的诚信谈判过程和平等协商的契约精神。然而，当前我国将标准必要专利纠纷过度专利法化和反垄断法化的倾向，使合同法和契约精神存在被遗忘的风险。一方面，标准必要专利权人倾向于使用专利法上的专利侵权救济的武器，限制标准实施者的未经许可实施行为；另一方面，标准实施者则倾向于以反垄断法为手段，对专利权人的谈判和许可行为进行严格约束。平等协商的合作基础被扭曲，究其原因在于：标准化对专利权人的法律约束力有限，而标准必要专利和专利法却给予了专利权人强势的谈判地位，进而才使得专利法和反垄断法的介入成为必要。但是专利法和反垄断法对谈判的救济不应当是双方沟通合作的常态。司法机关在案件审判过程中，应当通过标准必要专利的个案裁判和司法政策，引导当事人回归合同法的沟通协商模式。在此意义上，无论是将 FRAND 承诺界定为"要约邀请"，还是禁令救济的颁布以无过错条件为前提，均是为了提醒双方当事人：专利法和反垄断法只有在双方当事人严重违反 FRAND 原则的情况下才会介入，双方主要根据合同法和契约精神达成互利共赢方为正途。

（二）FRAND 承诺的法律属性："要约邀请说"的确立

从技术进步视域来看，FRAND 承诺的制度目标首先是推动技术扩散，从而让更多的标准实施者尽早参与到基于专利标准化的创新循环系统当中来。FRAND 承诺虽然也有保障标准必要专利权人利益的功能，但是这是第二位的目标，并且只有依托于技术扩散目标的实现才能实现。如果将 FRAND 承诺当成是专利权人针对不特定对象发出的、表示准备订立符合 FRAND 原则的专利许可实施合同的商业推广信息，那么其应属于我国合同法上的"要约邀请"。"要约邀请"并不产生权利义务，也不会对潜在的标准实施者形成法律约束力，有利于标准实施者参与技术扩散的启动时间前移，进而也有利于扩大技术扩散的广度。因为"要约邀请说"的确立，不仅可以在一定程度上消除潜在标准实施者对于 FRAND 承诺模糊性导致的"不安全感"，也可以明确标准必要专利权人和标准实施者之间承担权利义务的时间节点和合同法限制，还有利于标准实施者对谈判的过程形成合理的预期。根据我国合同法，当标准实施者基于标准必要专利权人的要约邀请产生信赖利益时，如果标准必要专利权人损害了这种信赖利益，也能得到相应的保护。

（三）FRAND 许可费率的计算："成本－收益"计算方法的适用

标准必要专利权利人获得许可费的法理基础在于专利制度对于技术创新的激励，但 FRAND 承诺的作出抑制了专利权人对垄断利润的无限追求，寻求的是基于单笔交易的合理收益基础上的总收益最大化。FRAND 许可费率的计算基础应是相关专利技术的研发投入和专利技术实施所产生的经济收益，可以通过标准必要专利的"成本－收益"判断方法来确定。具体步骤可以是：第一，先确定涉案标准必要专利权人对相关专利的研发投入情况和全部专利权人的研发投入情况，进而分析涉案专利权人的相关研发投入占全部标准必要专利权人研发投入的比重。第二，选择涉案标准必要专利数量占全部相关标准必要专利数量的比值，作为考察专利技术的贡献率的替代性指标。第三，以最小可销售单元，确定该技术标准所带来的企业收益。第四，综合上述两个数值所确定的区间，参考根据涉案专利对标准的价值等信息，最终判定涉案专利许可费占技术标准整体收益的合理比值。例如，假设对于使用某标准的一个手机芯片，涉案标准必要专利权人的研发投入占标准研发投入的 5%，而产生的标准必要专利数量却是 8%，每个芯片使用标准给企业带来的收益是 10 元。如果涉案专利对标准十分重要，可以计专利许可费 10 元 ×8%/每芯片，但最低应计专利许可费 10 元 ×5%/每芯片。

鉴于标准所有参与者的整体研发投入往往难以统计，也可以考虑从涉案标准必要专利自身的视角来计算，即：第一步，计算涉案标准必要专利的研发投入成本情况。第二步，根据同一标准的相似（或者代表性）标准必要专利权人的平均利润率（专利许可费收益/专利研发投入）作为涉案专利权人的合理利润率;❶ 或者根据标准必要专利权人针对同一标准必要专利的平均利润率作为合理利润率。第三步，根据"研发投入成本×（1＋合理利润率）"的数额，确定最小可销售单元的专利许可费。

（四）缔约过失情形下的禁令颁布：与"要约邀请说"相结合的分析路径

禁令的颁布应与 FRAND 承诺的"要约邀请属性"相结合，不应是"以不发禁令为原则"，而应是形成基于判断双方是否存在"缔约过失"的禁令颁布分析路径。如前所述，"漏发"禁令或者禁令滥用均会对标准必要专利权人与标准实施者的谈判进程造成重大影响，进而会对技术扩散和技术创新造成阻碍效应，甚至影响我国产业界的技术进步进程。禁令的颁布应与 FRAND 承诺的"要约邀请属性"相结合，目标是使标准必要专利权人和标准实施者的谈判过程回归地位相对平等的状态，促成双方信赖利益的形成，这也是标准必要专利法律问题回归合同法和契约精神的基本要求。鉴于《专利法司法解释二》已经将"有条件的禁令颁布"中的条件设定为双方在缔约过程中是否存在过错情况的判断，因此禁令是否颁布，也应是基于《合同法》第 42 条的规定，对双方是否存在"缔约过失"的考察。具体而言，主要分析谈判双方是否违反诚信磋商义务、告知义务、协作义务或者保护义务等❷，其核心仍是对于诚实信用原则的具体解释。

五、结语

专利标准化是标准化、专利制度和技术进步长期互动的结果，并且正日益成为推动我国产业技术进步的重要力量。随着专利制度的健全和标准化的深入推进，专利标准化推动技术进步的功能发挥，愈加离不开融合立法、行政和司法的专利标准化法治系统的干预。在专利标准化法治系统建设中，司法审判也被嵌入其中，且居于专利标准化法治系统的下游。法谚云"司法是公平正义的最后一道防线"。司法机关在专利标准化法治系统中的定位，并不妨碍其在

---

❶ 虽然企业对于个案情况下的标准专利许可费率经常视为商业秘密，但是对于总体标准必要专利获利情况则经常是公开的。例如，不少上市公司都会在其年度财报中公布其每年度收取的标准必要专利许可费情况。此外，这一比例还可以通过与标准化组织的沟通、相关司法判例或者市场调研等方式获得。

❷ 孙维飞：《〈合同法〉第 42 条（缔约过失责任）评注》，载《法学家》2018 年第 1 期，第 179—191 页。

推动专利标准化的法治化进程中发挥主导作用。在经济全球化背景下，由于立法和行政的专利标准化规则缺位，因专利标准化而产生的一系列标准必要专利诉讼纠纷把司法推向了引领国际专利标准化规则继受甚至是创设的前沿。当下我国标准必要专利司法政策的形成，说明了司法正以"冷静的"守望者姿态倒逼着专利标准化法治系统的进化。"技术进步"因素是标准必要专利纠纷解决时必须予以回应的专利标准化时代命题，未来我国的标准必要专利司法审判过程中不可忽视司法政策选择对于技术进步存在的重大影响。

专利司法保护与行政审查的衔接问题研究

练景峰*

摘 要 当前不少专利权缺乏有效性，突破技术方案应有贡献范围侵蚀公共空间，肆意扩大权利要求保护范围。专利有效性欠缺问题未能通过行政救济予以有效遏制，而司法系统的事后被动性救济不足，社会公众仍缺乏有效措施予以应对。为真正发挥专利制度促进社会和科技创新发展的作用，亟待正本清源梳理有效性欠缺专利，建立和完善专利司法保护与行政审查的衔接体系，将专利权保护范围规范在其应有贡献范围内，方能为专利权强保护提供坚实基础。

关键词 司法保护 有效性欠缺 专利审查

一、专利司法保护中有效性欠缺的问题

2019 年，我国发明专利申请量达到 140.06 万件，同比增长 0.49%，连续 9 年居世界首位。实用新型专利申请量 226.81 万件，同比增长 9.90%，增幅远高于发明，实用新型专利申请占到总申请量（发明、实用新型，不包括外观设计）的 61.82%（如表 1 所示）。当前我国实用新型、外观设计专利申请采用登记制，专利局仅审查申请文本是否完备、申请文件是否符合要求、是否存在明显实质性缺陷等问题。专利未经实质审查的难以避免产生重复授权、大量公共领域的技术乃至公知常识未经实质审查被授予专利权的情形。即使经过实质审查的发明，申请人有意或无意将现有技术中的技术方案乃至公知常识提交至专利局，而专利审查人员因对该公知常识缺乏一定的了解或者没有检索到相关现有技术文件，同样会导致部分有效性欠缺的发明被授予了专利权。

---

* 练景峰，广州知识产权法院技术调查官。

表1　2015—2019 年中国专利申请授权有效情况（单位：万件）

年度	申请量		授权量		有效量	
	发明	实用新型	发明	实用新型	发明	实用新型
2015	110.18	112.75	35.93	87.62	147.23	273.25
2016	133.85	147.59	40.42	90.34	177.22	315.44
2017	138.15	168.75	42.01	97.32	208.53	360.31
2018	139.38	206.38	43.21	147.91	236.63	440.36
2019	140.06	226.81	45.28	158.22	267.07	526.20

　　在一件名为"水写卷轴"的实用新型专利侵权案件[1]中，涉案专利技术方案为用水写显字的面料组成的卷轴，水写面料的上下两端分别粘固有卷轴（如图1所示）。而被诉侵权产品是一幅由水写面料组成的卷轴，水写面料上下两端分别有一根长条形轴，该轴中部含有夹缝，水写面料被夹持在夹缝中。权利人认为被诉侵权产品连接方式的变化属于惯常的技术手段替换，且产生的技术效果为固定水

图1　涉案专利水写卷轴视图

写面料并便于书写及卷起，符合等同构成要件。按普通技术人员乃至普通消费者分析，该权利要求的技术方案为：水写面料＋卷轴。该水写面料即学生用水写练习本在涉案专利申请日之前普通消费者已经接触过，即水写面料与卷轴结合，卷轴用于装裱书画早已存在于古代，其技术启示明显，其专利的创造性贡献度可想而知，但该专利为实用新型专利未经实质审查即可授权，无法确保该专利的新颖性、创造性。

　　而专利申请一旦被批准，权利人就拥有了排他性权利。若不能确保已授权的专利符合专利法规定的条件，则损害了公众自由使用已有技术的权利。而且过剩的知识产权服务产业生态中，专利申请代理费用低廉，技术交底书往往未经检索提炼即将实施例作为权利要求书提交，或者稍加改动产生不同申请，导致专利权利要求的缺陷，以至于侵权诉讼中技术比对时漏洞百出[2]，法院因不得拒绝审判不得不针对上述错误漏洞作出审查，解释弥补或驳回诉讼请求，中

---

[1]　广东省高级人民法院（2017）粤民终 2698 号民事判决书。
[2]　郑志柱、谭海华、吴学知、罗厚胤：《专利侵权诉讼中现有技术抗辩制度适用情况分析——以广州知识产权法院相关案件统计分析为例》，载《中国发明与专利》2018 年第10 期，第71 页。

间耗费大量司法资源。

与之相对应的是低赔偿的现实反映。根据国家知识产权局问卷调查统计的近年来法院判定赔偿额度，尽管专利侵权判赔的力度不断增强，但"赔偿额度在 10 万元以下"和"无赔偿"的情况仍占多数，且"赔偿额度在 10 万元以下"的案件在 2018 年占比为 43.3%，较往年上升 15.1 个百分点，在 2019 年知识产权"严保护"的大环境下，赔偿额度在 10 万元以下的占比才显著降低（如表 2 所示）。

表 2　2014—2019 年专利侵权诉讼案件的企业法院判定
赔偿额度或庭审和解金额分布情况❶　　　　　　（%）

赔偿额度	2014 年	2015 年	2016 年	2017 年	2018 年	2019 年
无赔偿	—	41.3	47.8	38.2	28.9	26.8
10 万元以下	36.0	23.8	26.8	28.2	43.3	27.8
10 万~50 万（不含 50 万元）	39.9	24.9	19.7	17.7	11.7	29.4
50 万~100 万（不含 100 万元）	21.2	3.6	3.9	9.6	10.7	10.1
100 万~500 万（不含 500 万元）	2.6	2.5	1.7	5.6	3.0	3.6
500 万元及以上	0.3	3.9	0.1	0.7	2.4	2.4
合计	100.0	100.0	100.0	100.0	100.0	100.0

在 2019 年年初的专利法修正案草案征求过程中，为加强对专利权人合法权益的保护，拟将现行专利法规定侵权赔偿的 1 万元到 100 万元提高为 10 万元到 500 万元。该草案意见一经公布，知识产权实务界人士普遍对该项修改内容持有意见，表示当前低质量专利问题严重，不少专利新颖性、创造性不足，创新高度小，人为拔高助长亦有违公平正义。在社会无法对专利授予进行严格要求的情况下，单独要求司法层面对专利进行强保护，用人为预设解决赔偿低的问题将在社会中制造另一问题，这种低质量专利泛滥导致其权利要求界定的保护范围超出了其应有贡献的范围，基于平衡考虑难以真正做到内心确信其维护的专利享有新颖性、创造性，乃至认为其所维护的权利侵害至社会公共领域，低赔偿的现象实属法院根据现实状况衡平利益的结果。司法审判在大量低

---

❶　国家知识产权局：《2019 年中国专利调查报告》，第 162 页，http://www.sipo.gov.cn/docs/20200309165140567125.pdf，2019 年中国专利调查范围覆盖我国 25 个省（区、市），涉及截至 2018 年年底拥有有效专利的企业、高校、科研单位和个人共 4 类专利权人，及其拥有的发明、实用新型、外观设计 3 种专利。共发放专利权人问卷 13500 份，专利信息问卷 42500 份，回收有效问卷分别为 12785 份和 37308 份。

质量专利面前，难以做到"要加大知识产权侵权违法行为惩治力度，让侵权者付出沉重代价"。

二、关于有效性欠缺专利的行政救济途径

整部专利法的所有条款都有保护和限制的双重体现❶，专利制度的终极目的为通过披露的方式，使新的技术最终流通于公有领域。专利制度不仅需要确定哪些东西应当受到保护，而且要确定哪些东西可以让所有人自由使用，以确定专利权保护的边界。各国都不能保证其授权的专利是绝对稳定和可靠的，即使经过实质审查也只能降低专利被确认无效的风险，普遍都提供了相应的救济途径对授权专利的有效性提出异议。

（一）无效宣告程序

基于"检索无穷尽"，各国专利法通常都允许第三人对专利有效性提出质疑，当专利权利本身不存在或者无效的情况下，被控侵权人实施涉案专利技术方案的行为则无所谓侵犯专利权。为防范权利人侵蚀公共空间、肆意扩大权利要求保护范围，《专利法》第 45 条规定："自国务院专利行政部门公告授予专利权之日起，任何单位或者个人认为该专利权的授予不符合本法有关规定的，可以请求国务院专利行政部门宣告该专利权无效。"

司法审判中与无效宣告请求相对应的是现有技术抗辩。在专利侵权诉讼中，被告可提出现有技术抗辩认为其技术方案实施的为现有技术，若被诉侵权技术方案与一项现有技术完全一致，或者被诉侵权技术方案与现有技术存在着差异，但该差异部分在涉案专利权利要求没有对应的技术特征的或没有涉及的，则现有技术抗辩仍可成立。若被诉侵权产品或方法与现有技术存在着差异，但该差异属于"惯用手段的直接置换"或"所属技术领域的公知常识"等，其现有技术抗辩也应成立❷。

相较于无效宣告请求，现有技术抗辩即可在侵权诉讼中提出，具有时效性、经济性，但现有技术抗辩适用单独比对原则，不允许以多份技术文件结合比对。判断被诉侵权技术方案是否属于现有技术时，通常采用类似专利审查中的新颖性判断原则，即适用新颖性的单独对比原则，以一份现有技术对比文件

---

❶ 张玉敏、张平：《知识产权法》，中国人民大学出版社 2009 年版，第 281 页。
❷ 北京市第一中级人民法院知识产权庭：《侵犯专利权抗辩事由》，知识产权出版社 2012 年版，第 43 页。

与被诉侵权技术方案进行比对，并满足全面覆盖原则，而不允许以多份现有技术文件结合。在"手持携带行动装置固定器的定位装置"实用新型专利案件❶中，涉案专利技术方案主要部件为活动手爪＋手机固定器，尽管涉案专利结构较为简单，被控侵权人提出现有技术抗辩，其认为对比文件公开了活动夹爪的技术特征，并提交了多份证据证明活动手爪结合固定器为公知常识，但结合专利权评价报告关于权利要求 7 的论述，专利权评价报告认为涉案专利权利要求 7 相对于检索的现有技术的不同之处为该固定件具有至少一个活动夹爪，且认为其不同之处（即固定器与活动夹爪的结合）不是本领域的公知常识，不能从现有技术中教导而得出。在无充分证据且法院不能过分主动引导被控侵权人举证质证的情况下，被控侵权人认为现有技术已经给出要结合固定器的必要技术提示的理由难以成立。

无效宣告请求可针对专利的新颖性、创造性等因素进行较为全面的审查，若涉案专利权利要求被无效宣告决定全部宣告无效的，法院自然没有继续侵权比对的必要。对被控侵权人来说，相较于现有技术抗辩，提起无效宣告程序的确为"釜底抽薪"的做法。但司法实践中，无效宣告请求除周期长、成本高等基本问题外，仍面临着以下现实困境：

（1）现有技术检索举证难、专业度高。知识产权诉讼因其高度专业性和技术性的特点带来的挑战同样适用于当事人及其代理人。按照诉讼规则，主张专利权全部或其中任何部分权利要求无效的举证责任由主张者负担。要想无效专利首先需检索到合适的对比文件，即使是经验丰富的审查员，仍需要具备对应的专业领域知识，在阅读领悟涉案专利的技术方案的基础上，才能准确有效地进行检索。而普通技术人员未经专业训练，且现有的文献检索查询手段有限，往往难以检索到合适的对比文件。而多数代理律师不具备相关理工科背景或缺乏知识产权诉讼知识，所谓委托专业人士，往往也是所托非人。

（2）无效宣告请求人地位相对不利。因专利无效提起的诉讼将国家知识产权局列为被告，而权利人仅为第三人，主张专利无效的当事人处于不利的诉讼地位。在司法领域，在无重大理由或明确相反事实的情况下，撤销改判往往并非易事。即使提起了专利无效宣告程序，为了维护专利的稳定性、权威性，国家知识产权局专利局复审和无效审理部往往基于细微的创新点而维持的案件也不在少数，专利技术方案与现有技术空间过于接近，在审判实践中面对被诉

---

❶　广州知识产权法院（2018）粤 73 民初 1162 号民事判决书。

侵权产品实物往往难以将其与现有技术有效区分开来。

（3）制度设计不利于普通被控侵权人采取无效宣告措施。从制度设计角度来看，若涉案专利明显属于公知领域的现有技术或权利要求保护范围过宽的，社会公众缺乏合理的期待。请求无效宣告的综合费用多为 1.5 万元以上乃至更高，对于普通销售者、制造者来说，提起无效宣告请求往往需要到北京进行口审，往往难以承受，更毋论会面临后续的一、二审行政诉讼。意味着权利人付出申请费、维持费等相对较低费用后，而被控侵权人需要付出更高的对价去无效涉嫌滥用的专利，否则被控侵权人往往面临着当前日益高涨的专利侵权赔偿费用，从利益最大化的角度选择，不少被控侵权人往往选择与权利人和解。如"水写卷轴"专利，仅在广州知识产权法院涉及该专利的侵权诉讼多达 49 宗，案涉金额集中在 3 万元至 5 万元之间，个案标的额虽小，但总诉求金额累计近 190 万元，即使专利评价报告显示权利要求 1—2 无专利性，但直至该实用新型期满无效终止为止仍无请求人提起无效审查请求的相关记录。

（二）专利权评价报告

专利权评价报告是国家知识产权局根据专利权人或者利害关系人的请求，对相关实用新型或外观设计专利进行检索，并就该专利是否符合专利法及其实施细则规定的授权条件进行分析和评价的报告。实用新型专利评价/检索报告制度实施以来，已有效过滤不少不具备专利性的实用新型专利，避免因专利权滥用导致第三人诉累。权利人根据专利权评价报告可以预见到其专利存在新颖性或创造性等实质缺陷时，通常都会放弃主张或者以评价报告中认定具备专利性的权利要求提出主张，在实用新型专利侵权案件中，其专利权评价报告显示其权利要求部分无效的，权利人则放弃该部分权利要求保护范围，有效避免权利人盲目主张权利。

相比于无效宣告，专利权评价报告程序简单、周期短、费用低，请求人向知识产权局提出即可，由审查部门检索后直接作出，无须由请求人在无效宣告中提交影响专利性的对比文件以及相应的证据理由，也无须经过双方书面或庭审答辩过程，专利权评价报告作为实用新型专利制度的重要组成部分，发挥着有效补充的作用，但在司法实践中仍存在以下重大缺陷：

（1）专利权评价报告不直接影响专利有效性。凡经专利行政机关依法审批授权的专利，在未被宣告无效之前，专利的权利都应被推定为有效的。从法律性质层面分析，专利权评价/检索报告不属于行政决定，不是有既判力的法律文件，不能根据评价报告的制作提起行政诉讼，只是作为法院审理专利侵权案件或管理部门处理专利侵权纠纷的证据。在最高院回复中已明确不能将专利权评价报告立案的必要条件，一旦权利人拒绝提供专利权评价报告或不承认其不利意见，专利权评价报告则失去其应有的效力。在部分案件中，专利权人在庭审中无视专利权评价报告的缺乏新颖性或创造性的结论，在没有被无效宣告的情况下，法院仍只能推定权利要求有效并予以保护。在"水写卷轴"实用新型专利侵权案件中，根据权利人提交的检索报告，即使报告认为部分权利要求1—2不符合修改前的专利法有关新颖性或创造性的规定，权利要求1—2无创造性。但权利人在侵权诉讼中仍将权利要求1—2纳入其保护范围，并对其技术方案的技术特征进行扩充解释。

（2）评价报告自身缺陷。在实质审查过程中审查员往往会根据检索的结果指出专利存在新颖性、创造性等缺陷，进而否定其权利要求具备可授权的条件或迫使权利人对权利要求进行删除或限缩，权利人通常通过答复澄清疑难问题或修改申请的方式，消除审查员在事实方面的怀疑。听证原则的缺失，未给予权利人陈述的机会，评价报告往往受限于审查员个人经验以及程序及证据的差异，导致针对同一专利权评价报告可能作出不同的结论。在现有专利权评价报告制度中，专利权评价报告限定仅可评价一次，即使发现威胁新颖性和创造性的新证据也无法提出异议再进行评价。不少当事人根据结论为无新颖性、创造性等缺陷的专利权评价报告，提交相同对比文件以及理由请求无效宣告也无法无效涉案专利。

三、司法保护中针对有效性欠缺专利的救济

无论是发明还是实用新型专利，一经授权即为法定权利。基于各种原因，行政救济手段并不能将所有缺乏有效性的专利遏制在司法最后一道防线之外，很多应当被宣告无效的专利在司法审判中处于"推定有效"的状态，但其在审查过程中的档案资料仍为后续的侵权比对提供了重要参考。

（1）专利权评价报告可填补专利审查信息的空白。实用新型专利未经实质审查，当事人无法从知识产权局获取关于该专利的检索审查信息，往往只得自行检索，获取最接近的现有技术或相关技术参考文献。法官在通常情况下没有能力获取背景技术审查中采取的三步检验法，在等同判定中所谓无须创造性劳动即可联想到的标准，往往是法官个人可以联想到的。而法官的事后判断往往随着接触技术的深入而变得熟悉，"事后诸葛亮"的倾向对于技术改进的进

步丧失敏感性，难免产生后视偏差❶，继而将涉案专利技术与被诉侵权产品进行比对往往容易认为两者之间的区别技术特征是容易联想得到的替换或改变，进而认为两者间手段、功能、效果基本相同，使权利要求限定的保护范围得到扩张。而评价报告反映的相关技术事实与法律适用有助于司法审判对技术特征解释限定，法院还可以根据专利权评价报告检索到的最接近的现有技术对专利权的保护范围作出进一步的划定。

（2）无效宣告审查信息可供法官在侵权判定中作为参考。即使权利要求被维持或者被部分维持的，法院在继续审理的过程中，也会因无效宣告审查过程中，涉案专利技术方案与现有技术的比对得到充分的暴露，使权利要求的保护边界得到进一步明确的划定。在"一种可调式送纱装置"实用新型专利侵权案件❷中，双方当事人的争议在于，被诉侵权产品的圆柱形陶瓷件的外侧是否构成圆弧形面或曲弧形面，以及该陶瓷件是否共同围成一圆形送纱圆周面，如图2、图3所示。

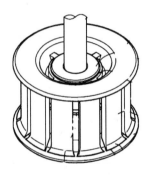
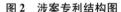
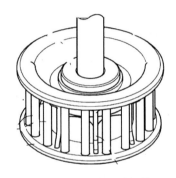

图2　涉案专利结构图　　　　图3　现有技术陶瓷件结构图

在该案中，被诉侵权产品的陶瓷件为一圆柱体，其外侧构成圆弧形面，各陶瓷件围绕在上轮盖及下轮盖的外周均匀分布。但查阅无效宣告审查决定❸可知，现有技术以一圈陶瓷柱围成的是一正多边形，不构成专利所述的圆形圆周

---

❶　后视偏差即以事后的眼光判断发明是否显而易见时产生的偏差。随着时间的推移和技术的进步，本领域普通技术人员知晓的知识、具备的能力以及所能预见的范围显然会产生变化，人们根据前视已得到预期，则易于认为已发生的事情是必然的，乃至认为就事前的眼光也是必然的。

❷　广州知识产权法院（2017）粤73民初166号民事判决书。

❸　专利复审委作出的无效宣告审查决定，关于权利要求5中的论述为："证据1中陶瓷柱42A如同栅栏般围绕在上轮盖10及下轮盖20的外周，由于相邻的陶瓷柱42A之间存在较大的间隔，故一圈陶瓷柱42A围成的是一正多边形，而不是圆形圆周面……上述附加技术特征起到了使送纱轮的轮面圆滑顺畅、不会产生动态棱角切线力的技术效果……。"

面。而被诉侵权产品以圆柱形陶瓷件围绕上轮盖和下轮盖的外周，与现有技术的陶瓷件结构分布相同，其围成的应认定为一正多边形，而不是圆形圆周面。因此，被诉侵权产品的陶瓷件外侧构成圆弧形面，但陶瓷件共同围成的面不构成专利中所述的一圆形送纱圆周面。

（3）不少现有技术抗辩以无效宣告或专利权评价报告获取的材料作为对比文件。专利经历无效宣告后，其权利要求被维持或者部分维持的，在法院继续审理的过程中，被告往往结合无效宣告中提交的对比文件作为现有技术的对比文件进行抗辩。在一部分专利中，被维持后的权利要求技术方案虽因与现有技术的比对得到充分的暴露，如前面无效宣告部分所述其发明点也在无效宣告审查中得到了明确，但被维持后的权利要求往往与现有技术存在着重叠，而且在继续审理的过程中，被告往往以其在无效宣告请求中的对比文件作为现有技术抗辩，介于涉案专利技术方案与现有技术的被诉侵权产品或方法往往处于其重叠区内。

但是上述档案信息的有效运用主要依赖于当事人的举证质证，司法未能依过多职权调取专利档案信息。司法作为中立裁判者，处于相对被动的地位，其接触的主要是双方当事人提供的证据材料，其不可能依职权过多主动查明除双方当事人以外提交的证据材料。仅凭专利说明书无法获知检索审查情况，而涉及该专利的审查检索过程中的信息往往由当事人到国家知识产权局查询后提供，通常情况下法院仅能获取专利说明书等技术文件。此外，我国专利说明书一般不允许增补改动内容，专利审查过程检索到的最接近的对比文件无法在说明书中得到披露，社会公众乃至法官从说明书中仅可获知权利人最初所要解决的技术问题，无法从表面获知涉案专利经过审查后区别于现有技术的发明之处，无法在专利技术方案与公知技术之间的模糊区域作出有效划分标记，一旦被诉侵权技术特征产生争议，仅凭权利要求字面意思难以进一步厘清。在案件倍数增长的情况下法官更无法作延伸审查，更多的是当庭阅读权利要求并结合当事人举证质证逐步确定权利要求的保护范围。

四、推动专利司法保护与行政审查的衔接

无论行政还是司法救济途径，其目标都是要将权利人的独占权与现有技术知识及未来将发现的新技术知识的界限，限制在由发明人创造的成果范围内。尽管国家知识产权局已着手严格专利审查条件，打击非正常专利申请行为，将专利发展的重心转移到质量上来，但行政救济措施中表现出来的专利审查信息

披露机制不顺畅、无效宣告请求各项审查高成本、专利权评价报告制度空转等问题，司法这最后一道防线即使穷尽现有措施也无法将有效性欠缺的专利限缩在其应有的贡献范围内。

1. 加强专利审查职权性

国家知识产权局赋予权利人垄断权，对社会公众仍具有债法的责任。但当前普通公众在无效宣告的制度下即处于不利地位，尤其是实用新型专利未经实质审查，其侵蚀公共领域的风险将由社会公众承担。而在美国，专利授权后，包括专利权人、竞争者和被控侵权人在内的任何人，均可以引用现有技术，向专利局申请重新审查的请求。❶ 若专利局认为引证的文件有可能影响到授权专利，或者影响到其中某一项权利要求，则可以对原有专利进行重新审查。审查的结果可能是撤销原有专利、修改原有专利或者维持原有专利，但是不得扩大原有专利保护的范围。

针对权利要求存在的缺陷，美国采取重新授权制度，即在专利授权后若发现不是因为欺诈意图所导致的错误，专利局可以根据权利人提交修改的申请案，在原有专利文件中披露发明技术方案为基础对该专利进行重新授权，不得加入新的技术方案。其中错误包括说明书或者附图有误、权利要求多于或少于专利说明书技术方案的内容。若原授权专利已超过两年，则不得扩大原权利要求的保护范围，专利局在撤销原有专利以及修改专利文件后，新发布的专利仅享有原专利剩余的保护期限。❷

笔者建议国家知识产权局在发现专利不符合专利法授权条件等缺陷时，不应对其视而不见任由权利人维持与其自身贡献度不符的垄断空间，而应加强其行政机关的职权，对有证据显示存在缺乏新颖性或创造性等缺陷的专利主动采取措施进行审查，将部分低质量专利从现有体系中剔除出去，防止个别权利人利用实用新型或外观设计未经实审或检索有限的漏洞，专利申请获得授权后即恶意控告他人侵犯其专利权。

2. 改进专利权评价报告制度

专利权评价报告制度应与专利侵权诉讼相关机制形成有效协调，避免专利权评价报告制度空转而将实用新型专利置于"裸奔"状态。在境外国家和地区中，我国台湾地区未限制请求技术评价报告的具体次数，在后续评价报告中

---

❶ 重新审查制度，是美国在司法审查专利权效力之外的将无效专利剔除的途径，其费用相对较少，由专利局按照专利审查程序进行的单方面审查，权利人可以修改权利要求并提出解释或新证据。

❷ 李明德：《美国知识产权法》（第二版），法律出版社2014年版，第82页。

对在先评价报告已进行分析的检索内容不再予以评价，再次评价报告仅就原先评价报告未曾分析的检索内容予以评价。日本的技术评价报告在发布之日起两个月内，权利人可对权利要求、说明书或其附图进行修改。德国专利局可以通过检索报告作出撤销决定，若当事人对决定不服的可提起行政诉讼，只是不能仅针对检索报告本身而提起。在上述国家或地区中，实用新型权利人或实施人未提供专利权评价报告的，不能对涉嫌侵害实用新型的行为人提起诉讼。而且在日本，若在发出警告或发起侵权诉讼后，实用新型一旦被宣告无效，则权利人应赔偿警告或者提起诉讼给对方引发的损失，除非实用新型权利人证明其已履行较高的审慎注意义务，因此在日本多数专利申请人从开始即选择申请发明专利。❶从上述国家和地区检索/评价报告制度可知，其赋予检索/评价报告的法律效力较高，为提起诉讼的必要条件，其中德国还能够依据检索报告注销实用新型，避免实用新型未经实质审查即可肆意主张。

为进一步提升实用新型专利的质量，避免实用新型因缴费授权即可肆意主张专利侵权的困境，有效发挥专利权评价报告事后审查评判的作用。笔者建议参照上述域外法系相关做法，规定任何人均可申请作出专利权评价报告，不限制提起技术评价报告的具体次数，专利局可以以评价报告为依据进行主动审查以维护专利的权威性，且权利人可根据专利权评价报告对权利要求、说明书或其附图作出修改，新的权利要求自修改之日发生效力，原权利要求仅就与不超过修改后的权利要求保护范围的重合部分享有溯及效力。

3. 完善专利档案信息披露制度

国家知识产权局虽然规定❷任何人均可查阅复制专利审查档案，但当前国家知识产权局提供的网站❸仅可查询检索权利要求书、说明书及其附图以及无效宣告请求审查决定，2010年以前的专利检索报告还不能在网上显示，涉及专利审查档案、无效宣告请求的口审记录往往无法查询。有时查询权利要求书及说明书时还不得不借助专利商业检索网站，其下载获取比官方网站更为方便快捷，但涉及国外专利以及专利审查档案、无效审查决定等则往往需要付费使

---

❶ 刘谦：《我国专利权评价报告制度研究》，中国政法大学2014年硕士学位论文，第42页。

❷ 国家知识产权局网站：《文档查阅和复制》，http：//www.cnipa.gov.cn/zhfwpt/zlsclcggfw/wdcyhfz/1068115.htm.

❸ 对于已经公布的发明专利申请或已经授权公告的专利，请求人可通过"中国及多国专利审查信息查询"（cpquery.cnipa.gov.cn）自行查阅。在中国及多国专利审查信息查询系统中可以查阅的文件，不再出具文件的复制件。对于专利的"无效宣告决定书"，可通过国家知识产权局专利局专利复审和无效审理部官方网站查阅。

用，有时需要者不得不前往知识产权局所在地申请查阅或者邮寄申请查阅。

反观美国专利商标局（USPTO）的系统，无需烦琐注册能够较为快捷地查询到专利档案信息并供下载，也可查询到更新至 2010 年后的中国专利的审查档案信息。根据欧洲专利局审查做法，可要求申请人按照审查员检索的对比文件来修改说明书及权利要求，对权利要求进行重新划界，并且对权利要求特征"在于"前后的内容根据需要进行调整。美国专利局还会在审查意见或授权通知中评述权利要求为何具备新颖性、创造性并阐述授权理由，可供后续侵权诉讼参考。而在德国，若权利人登记注册后发现其专利与现有技术高度重合，则可以在原有保护范围内对权利要求进行修改，同时视为宣告放弃注册时的权利要求保护范围，权利人仅有就修改后的权利要求主张保护，确保专利权保护范围与现有技术划清界限。❶ 根据德国专利法，专利权人在修改权利要求时，如果最初无法看出该增补技术特征决定的意义，则申请的信息内容会被扩大。仅当从原始文本中已经能够看出该增补技术特征对技术原理的意义，而修改后的权利要求涉及该技术原理时，才允许该增补❷。

鉴于专利档案信息披露渠道不顺畅实质上已有悖于专利制度"公开换保护"的设立目的，2020 年修正的《专利法》第 21 条规定："国务院专利行政部门应当加强专利信息公共服务体系建设，定期出版专利公报，完整、准确、及时发布专利信息，提供专利信息基础数据，促进专利信息传播与利用。"建议畅通专利档案信息披露渠道的过程中，一是着力完善网络检索系统建设，将国家知识产权局已建立的内部专利档案信息逐步向社会公众开放，方便法院与当事人进行查询，促进知识传播与共享，明晰私有领域与公有领域知识的界限。二是适时将审查披露的最接近的现有技术增加至说明书背景技术部分，强化专利授权评述充分说理，明确发明创造最接近的现有技术，凭借权利要求书或说明书即可对权利要求保护范围以及其贡献度作出相对准确的判断，无须特地调取专利审查档案并花费过多精力比对判读，避免社会公众额外承担专业训练成本方能有效阅读专利文献。

---

❶ 李扬：《德国实用新型制度的特点和优势》，载《法制博览》2018 年第 2 期，第 149 页。

❷ 鲁道夫·克拉瑟《专利法——德国专利和实用新型法、欧洲和国际专利法》，单晓光、张韬略、于馨淼等译，知识产权出版社 2016 年版，第 675 页。

关于我国实用新型专利保护的几点思考

韦晓云[*]

摘 要 对于实用新型提供专利权的保护，是我国专利制度的一个鲜明特色。然而，面临我国技术创新水平的不断提高，如何保护实用新型专利，法院是否应当尝试在专利侵权纠纷案件中就实用新型专利权是否有效直接作出判断，以及是否还有必要对于实用新型提供专利权的保护，成为我国知识产权理论界和实务界讨论的一个热点问题。近日，某法院连续判决一系列有关实用新型专利权的侵权纠纷案件，再次引起社会公众的关注。本文以其中的三件有关喷胶机实用新型专利权的判决为例[❶]，讨论我国实用新型专利保护中的几个问题，以期引起社会各界的关注。

关键词 实用新型　专利权保护　侵权认定

一、实用新型专利权的效力问题

按照我国《专利法》第45条的规定，自国务院专利行政部门公告授予专利权之日起，任何单位或者个人认为相关专利权的授予不符合《专利法》有关规定的，可以请求国家知识产权局的专利复审委员会宣告该专利权无效[❷]。其中的专利权，包括发明专利权、实用新型专利权和外观设计专利权。按照这个规定，宣告专利权无效的职责由专利复审委员会而非受理侵权纠纷案件的法院承担。即使是在有关实用新型专利侵权纠纷的案件中，如果被控侵权人提出

---

[*] 韦晓云，广州知识产权法院四级高级法官，全国法院办案标兵，全国知识产权审判工作先进个人。主办的"抗癌平丸"不正当竞争纠纷案被最高人民法院评为"影响中国的100件知识产权经典案例"。主办的广西运德集团垄断纠纷案，是全国首例以法院民事判决的方式认定垄断成立并判决赔偿损失的案件，被最高人民法院评为"全国50件典型知识产权案件"。

[❶] 这三件实用新型的发明人和专利权人都是一个自然人，名为舒某，以下简称"舒某系列案"。

[❷] 参见《专利法》第45条。

了实用新型专利权无效的抗辩，也应当向专利复审委员会提起申请。与此相应，受理侵权纠纷案件的法院，只能对于被告是否侵权作出判决，而不能对于涉案的实用新型专利权是否有效作出判决。

然而在另一方面，实用新型专利的权利状态，又在很大程度上不同于发明专利的权利状态。按照《专利法》，获得专利权的发明和实用新型，都应当符合新颖性、创造性和实用性的要求。实用新型专利的创造性要求，要远远低于发明专利的创造性要求。根据《专利法》第22条，发明专利的创造性是指，相关的发明与现有技术相比，具有实质性特点和显著进步。而实用新型的创造性则是指，相关的实用新型与现有技术相比，具有实质性特点和显著进步。❶ 更为重要的是，对于发明专利的申请案，国务院专利审查部门不仅要进行初步审查（主要是关于形式要件的审查），而且要对相关的技术方案进行关于新颖性、创造性和实用性的实质审查。只有符合形式要件和实质性要件的技术方案，才会获得发明专利权。❷ 正是从这个意义上说，发明专利一旦授予之后，权利状态较为稳定。至于申请实用新型专利的申请案，国务院专利审查部门则仅仅进行初步审查。相关的申请案通过初步审查和符合形式要件，就可以颁发证书，授予实用新型专利权。❸ 至于该实用新型专利是否符合专利法要求的新颖性、创造性和实用性等实质性要件，则留待后续的专利无效宣告程序解决。因此，实用新型专利授权之后，权利状态较为不稳定，在后续的程序中大约有60%左右的实用新型专利权被宣告为无效。

按照我国现行专利法的规定，一方面实用新型专利权的权利状态不甚稳定，很有可能被宣告为无效，而在另一方面又只有专利复审委员会可以确定实用新型专利权的专利状态，维持或者宣告实用新型专利权无效。显然，这样一种做法，就为审理实用新型专利侵权纠纷案件的法院带来了一些问题。例如，在"舒某系列案"中，三件实用新型专利权分别涉及喷胶机的"管路连接机构""喷胶桶盖装结构"和"改良结构的喷胶桶"。显然，这三件实用新型都是经过初步审查就获得了实用新型专利权，权利状态处于相对不稳定的状态。事实上，在原告提起侵权诉讼之后，被告在庭审中也提出了原告的实用新型专利权无效的抗辩。

例如，被告在"管路连接机构"一案中提出，早在2013年2月宁波的一

---

❶ 参见《专利法》第22条。
❷ 参见《专利法》第34条至第39条。
❸ 参见《专利法》第40条。

家公司已经申请了"快拧直通接头"的实用新型专利,与原告的实用新型技术特征一致。而且,宁波公司的实用新型专利已经处于权利终止的法律状态。同时,另一家公司于 2013 年 7 月出版的综合产品目录中,记载了某一接头和软管部分的技术特征,也与原告的实用新型专利的技术特征相同。❶ 又如,被告在"喷胶桶盖装结构"一案中提出,某公司于 2009 年 4 月 1 日授权的"一种具有定位装置的人孔盖及具有该人孔盖的罐式托盘箱"的实用新型专利,与原告实用新型专利的技术特征相同,因而原告的实用新型缺乏新颖性,应当被认定为无效。同时,某公司的实用新型已经处于公有领域之中。❷ 再如,被告在"改良结构的喷胶桶"一案中提出,在原告申请涉案的实用新型专利以前,案外人于 2013 年获得的"一种多功能喷胶机的压力桶"实用新型专利,另一案外人于 2000 年获得的"高压送漆桶新结构"实用新型专利,其技术特征与原告实用新型专利的技术特征相同或者等同。而且,上述两件实用新型已经处于公有领域之中。❸

笔者认为,《专利法》关于无效宣告程序的规定,是基于 2014 年以前我国专利审判机构设置的状况而作出的规定。同时,审理专利侵权纠纷的法院通常不针对专利权是否无效作出判决,也是基于 2014 年以前专利审判法院分散的状况而形成的做法。因为在 2013 年年底以前,全国有 87 家中级人民法院的知识产权审判庭可以管辖专利一审案件,7 家基层法院可以管辖实用新型和外观设计专利的一审案件。❹ 87 家中级人民法院作出有关专利纠纷案件的判决之后,又分别上诉到全国 32 家高级人民法院的知识产权审判庭。与此相应,在一审管辖法院分散、二审管辖法院分散的情况下,由受理专利侵权案件的法院作出涉案专利权是否有效的判决,确实存在着问题。然而,2014 年 8 月全国人大常委会作出《关于在北京、上海、广州设立知识产权法院的决定》以后,我国已经设立了三个专门受理专利等技术类一审案件的法院。❺ 此外,自 2017 年 1 月以来,经过最高人民法院批复,又在南京、苏州、武汉、成都、杭州、宁波、合肥、福州、济南、青岛、深圳、天津、郑州、长沙、西安、南昌、兰州、长春、乌鲁木齐、海口的中级人民法院之中,设立了 20 个知识产权法庭,

---

❶ 参见广州知识产权法院"管路连接机构"判决书,(2019)粤 73 知民初 126 号。

❷ 参见广州知识产权法院"喷胶桶盖装结构"判决书,(2019)粤 73 知民初 127 号。

❸ 参见广州知识产权法院"改良结构的喷胶桶"判决书,(2019)粤 73 知民初 128 号。

❹ 参见国家知识产权局《2013 年中国知识产权保护状况》。

❺ 参见全国人大常委会《关于在北京、上海、广州设立知识产权法院的决定》,2014 年 8 月 31 日。

同样管辖专利等技术类一审案件。2018 年 10 月，全国人大常委会再次作出《关于专利等知识产权案件诉讼程序若干问题的决定》，明确规定当事人对发明专利、实用新型专利等技术性较强的民事、行政第一审判决、裁定不服，提起上诉的，由最高人民法院审理。❶ 为此，最高人民法院设立了专门受理技术类二审案件的知识产权法庭。

应该说，随着北京、上海、广州三个知识产权法院和 20 个知识产权案法庭的设立，随着最高人民法院知识产权法庭的设立，就专利等技术类案件，已经实现了一审管辖的集中和二审管辖的统一。同时，无论是三个知识产权法院和 20 个知识产权法庭，还是最高人民法院知识产权法庭，都是专门审理专利等技术类案件的司法机关，具有鲜明的专业化和专门化的特征。在此情况之下，受理专利侵权纠纷一审案件的法院或者法庭，完全可以在技术调查官的帮助下，基于双方当事人提交的证据，作出涉案专利权是否有效，以及被告是否侵权的判决。如果当事人对于一审判决不服，无论是关于专利权是否有效的判决，还是关于侵权与否的判决，还可以上诉到最高人民法院知识产权法庭。至于最高人民法院知识产权法庭，则可以通过自己的判决协调和统一有关专利权是否有效的标准，以及是否侵权的判定标准。

需要指出的是，知识产权法院或者法庭在专利侵权纠纷中作出涉案专利权是否有效的判决，其效力仅限于对方当事人。在这方面，我国专利法虽然规定了专利复审委员会承担宣告专利权无效的职责，但并没有明确规定法院不得在专利侵权纠纷案件的审理中，就对方当事人作出专利权是否有效的判决。或许，三个知识产权法院和 20 个知识产权法庭，在今后有关专利侵权纠纷案件的审理中，可以尝试作出涉案专利权是否有效的判决，进而作出被告是否侵权的判决。

二、实用新型专利的权利要求与侵权认定

实用新型专利也属于技术发明的一种。按照我国《专利法》的规定，"发明"是指对于产品、方法或者其改进所提出的新的技术方案；而"实用新型"则是指对于产品的形状、构造或者其结合所提出的适于使用的新的技术方案。❷ 由此可见，发明具有更为宽泛的含义，不仅包括了有关产品的技术方

❶ 参见全国人大常委会《关于专利等知识产权案件诉讼程序若干问题的决定》，2018 年 10 月 26 日。

❷ 参见《专利法》第 2 条。

案，还包括了有关方法的技术方案，不仅包括了有关产品形状、构造的技术方案，而且包括了关于无形状产品的技术方案。至于实用新型，则仅仅涉及有关产品形状、构造的技术方案，不包括有关方法和无形状产品的技术方案。此外，无论是国际上的实用新型，还是我国的实用新型，对于创造性的要求都要低于发明专利的创造性。正是从这个意义上说，实用新型又被称为"小发明"。

例如，在"喷胶桶盖装结构"一案中，原告要求以权利要求 1、2、3、4、5、6、7、8、9 来确定其专利权的保护范围。其中的权利要求 1 为独立权利要求，其他则为从属权利要求。然而在庭审中，法院组织双方当事人对于原告主张的权利要求，与被控侵权的技术特征进行比对，发现被控侵权的技术方案中，有两个技术特征与原告权利要求中相对应的技术特征不同。同时，这两个技术特征也不是本领域普通技术人员在被诉侵权行为发生时，无须经过创造性的劳动就可以联想到的技术特征，也即不属于等同技术特征。法院由此而作出判决，被控侵权的产品没有落入原告实用新型专利权的保护范围，被告制造和销售相关产品的行为不构成侵权。❶ 又如，在"改良结构的喷胶桶"一案中，法院同样依据原告的权利要求书和原告主张的权利要求 1、3、4、5、6，确定了原告实用新型专利权的保护范围。其中的权利要求 1 为独立权利要求，其他则为从属权利要求。然而在以原告要求的保护范围为依据，比对被控侵权的技术方案时却发现，被诉侵权技术方案缺少专利权利要求的三个技术特征。而且，被告使用的喷胶桶，其结构不是原告要求保护的"锥体状构造"，而是常见的"半圆弧底构造"，属于现有技术。法院由此而得出结论，被告制造和销售的喷胶桶没有落入原告实用新型专利权的保护范围，不构成专利侵权。❷

在"管路连接机构"一案中，原告主张以权利要求 1、2、3、4、5、6、7 确定专利权的保护范围。其中权利要求 1 为独立权利要求，其他则为从属权利要求。法院在案件审理中认可了原告的主张，并且以原告主张的权利要求，与被控侵权的技术特征进行比较，发现仅仅有一个防滑纹的技术特征不同于原告主张的技术特征。法院还发现，这个有所不同的技术特征，并非原告实用新型专利的发明点所在。法院由此而认为，该技术特征属于以基本相同的手段，实现基本相同的功能，达到基本相同的效果，本领域普通技术人员在被诉侵权行

---

❶ 参见广州知识产权法院"喷胶桶盖装结构"判决书，（2019）粤 73 知民初 127 号。
❷ 参见广州知识产权法院"改良结构的喷胶桶"判决书，（2019）粤 73 知民初 128 号。

为发生时，无须经过创造性劳动就能够联想到。法院最后得出结论，被控侵权的技术特征，与涉案专利权利要求记载的技术特征，一一对应相同或者等同，被告侵犯了原告的实用新型专利权。❶

原告在主张受保护权利的范围上，存在着一定的问题。例如，在"喷胶桶盖装结构"一案中，原告实用新型专利权的权利要求共有9个，1个独立权利要求，8个从属权利要求。在诉讼中，原告主张所有的9个权利要求都应当受到保护。然而从专利保护的角度来看，原告主张的权利要求越多，其受到保护的范围也就越小。事实上，为了让专利权人的利益获得充分保护，最高人民法院的相关司法解释，已经为权利人在侵权诉讼中缩小权利范围提供了依据。例如，《最高人民法院关于审理侵犯专利权纠纷案件应用法律若干问题的解释》（法释〔2009〕21号）第1条规定："人民法院应当根据权利人主张的权利要求，依据专利法第五十九条第一款的规定确定专利权的保护范围。权利人在一审法庭辩论终结前变更其主张的权利要求的，人民法院应当准许。权利人主张以从属权利要求确定专利权保护范围的，人法院应当以该从属权利要求记载的附加技术特征及其引用的权利要求记载的技术特征，确定专利权的保护范围。"这表明，在"喷胶桶盖装结构"一案中，原告完全可以通过缩小权利要求范围的方式，争取法院支持自己对于被告侵权的指控。但是原告并没有这样做，而是主张了所有的9个技术特征。由于被控侵权的技术特征中，有两个技术特征不同于原告的权利要求，因而法院判定被告没有侵犯原告的专利权。

当然，即使原告在侵权诉讼中缩小权利要求的范围，其指控被告侵权的主张也不一定能够得到法院的支持。因为，原告即使缩小了权利要求的范围，法院在具体案件的审理中，仍然应当与被控侵权的技术特征进行比对，进而得出侵权与否的结论。例如，在"改良结构的喷胶桶"一案中，原告实用新型专利的权利要求有6个，包括1个独立权利要求和5个从属权利要求。尽管原告在诉讼中主张的权利要求范围少了一个从属权利要求（没有主张从属权利要求2），但法院经过比对，仍然认定被告没有侵犯原告的实用新型专利权。因为，被诉侵权产品喷胶桶的技术方案可以划分为10个技术特征，在很多方面不同于原告主张的技术特征。法院经过比对发现，就原告权利要求中的7个技术特征而言，有3个技术特征不见于被诉侵权的产品中。正是由此出发，法院

---

❶ 参见广州知识产权法院"管路连接机构"判决书，（2019）粤73知民初126号。

判定被告没有侵犯原告的实用新型专利权。

仔细阅读"舒某系列案"的判决书，以及舒某三件实用新型专利的权利要求书和说明书，就会发现专利代理和原告主张中的一些问题。按照专利法保护发明创造的宗旨，首先是发明人应当做出真正的技术发明，也即符合新颖性、创造性和实用性的技术发明。在此基础之上，专利代理人应当与发明人反复沟通，充分了解相关的技术发明，然后在说明书中予以准确的说明，在权利要求书中恰当界定发明的技术特征，恰当界定技术发明应当受到保护的边界。只有在前两项工作的基础之上，在相关的侵权纠纷诉讼中，原告才可以根据被控侵权的技术方案，同时基于维护自己权利和利益的需要，或者全面主张权利要求书中所记载的技术方案，或者仅仅主张权利要求中的若干项技术特征，甚至是仅仅要求从属权利要求中的若干项技术特征。

然而从"舒某系列案"的判决来看，上述三个方面都存在着很大的问题。首先，舒某是否作出了符合新颖性和创造性的技术发明，就是值得质疑的。至少，在三个案件的诉讼过程中，被告都提供了现有技术的证据，或者证明原告的实用新型专利权不具有新颖性，或者不具有专利法所要求的创造性。其次，专利代理的质量存在着明显的瑕疵，在权利要求书中过于宽泛地界定了应当受到保护的权利范围，而没有将权利要求聚焦于舒某的发明点。最后，原告在"管路连接机构"和"喷胶桶盖装结构"两个案件中，主张了权利要求书中记载的全部技术特征，在"改良结构的喷胶桶"一案中则主张了7个技术特征中的6个。由于原告主张了过多的权利要求，相关的实用新型能够受到保护的范围就比较小了。所以，法院在"喷胶桶盖装结构"和"改良结构的喷胶桶"两个案件中，判定被告没有侵犯原告的实用新型专利权。

事实上，即使是在"管路连接机构"一案中，法院判定被告侵犯了原告的实用新型专利权，但舒某是否作出了符合新颖性和创造性的技术发明，权利要求书是否恰当地界定了应当受到保护的技术发明特征，仍然值得怀疑。

三、实用新型专利是否应当继续存在

实用新型制度最先由德国创立，主要是为了保护介于发明专利与外观设计之间的技术创新。在一开始，正如其名称"实用新型"所显示的那样，主要是保护与产品的形状、构造相关的技术创新。当然，随着实用新型制度的发展，相关的保护也延伸到了几乎所有的技术创新，不再限于"形状或者构造"。❶为了将实用新型保护的技术创新，与专利法保护的技术方面区别开来，很多专家学者使用了"小发明"和"大发明"的术语。在对于实用新型的保护方面，虽然在新颖性的要求上与发明专利相同，但在创造性的要求上则要低于发明专利。显然，对于实用新型提供知识产权的保护，有利于中小企业的技术创新和对于创新成果的保护。

然而，与专利制度和外观设计制度不同，国际上对于实用新型保护制度的接受程度并不很高。根据相关的资料，国际上提供实用新型保护的国家不多，大约只有20多个。这与世界各国普遍提供专利保护和工业品外观设计保护形成了鲜明的对比。同时，随着相关国家科学技术水平的提高和经济社会的发展，一些曾经提供过实用新型保护的国家，甚至放弃了实用新型制度，或者在事实上放弃了实用新型制度。例如，比利时于2008年废除了实用新型制度，荷兰于2009年废除了实用新型制度。至于德国、法国、日本和韩国，尽管还存在实用新型制度，但这项制度所发挥的作用已经很小。

中国是少数对于实用新型提供保护的国家。在这方面，中国不仅提供了对于实用新型的保护，而且对于实用新型提供了专利权的保护。具体来说，世界各国的实用新型制度，无论是德国、法国的制度，还是日本、韩国的制度，都是专门法律的保护，都称为"实用新型"或者"实用新型权利"，而非实用新型专利权。但是依据我国《专利法》第1条，本法保护专利权人的合法权益，鼓励发明创造，推动发明创造的应用，提高创新能力，促进科学技术进步和社会经济发展。其中的发明创造是指发明、实用新型和外观设计，其中的专利权则分别是指发明专利权、实用新型专利权、外观设计专利权。❷

我国《专利法》于1984年3月制定，于1985年4月开始实施。自《专利法》制定之初，我国就确立了保护发明创造，即保护发明专利权、实用新型专利权、外观设计专利权的专利制度。根据相关的资料，这主要是考虑到当时我国的技术发展水平较低，如果仅仅以《专利法》保护创造性程度较高的技术发明，或者"大发明"，难以鼓励我国企事业单位和个人申请专利。事实上，在我国《专利法》实施后的相当长的时间里，保护创造性程度较低的实用新型专利，也确实起到了鼓励企事业单位和个人从事技术创新的作用。例

❶ 德国等欧洲国家的实用新型具有较为宽泛的含义，而中国的实用新型仍然限定于产品的形状和构造。

❷ 参见《专利法》第1条和第2条。

如，自 1986 年到 2000 年，我国实用新型专利的申请量远远高于发明专利的申请量。直到 2001 年，发明专利的申请量才超过了实用新型专利的申请量。❶

近年来，随着我国技术创新水平的不断提高，如何保护实用新型，以及是否还有必要保护实用新型，再次成为理论界和实务界讨论的一个问题。事实上，从国家知识产权局发布的知识产权年度报告来看，也反映了我国关于实用新型专利态度的变化。例如，在 2014 年以前的《中国知识产权保护状况》年度报告中，通常都是将发明专利、实用新型专利和外观设计专利的申请量和授权量并列予以说明。然而自 2015 年开始，国家知识产权局发布的《中国知识产权保护状况》年度报告，则是侧重说明发明专利的申请和发明专利的授权，对于实用新型专利和外观设计专利的申请、授权则予以简略说明。❷ 这表明，随着我国科技水平的大幅度提高以及创新驱动发展战略的深入实施，相关政府部门已经将工作的中心放到了发明专利的申请、审查、授权和保护上。

从国际上的经验来看，在科学技术发展水平不高的时代，提供对于实用新型的保护，有利于鼓励企业从事技术创新，提升企业的市场竞争力。然而，随着某一国家科学技术水平的大幅度提高，保护实用新型的必要性就大大降低了。如前所述，比利时和荷兰已经在 21 世纪初废除了实用新型制度，德国和法国的实用新型制度在鼓励技术创新中所起的作用也越来越小。即使是我们的邻国日本和韩国，曾经在技术创新中发挥积极作用的实用新型制度，也已经在技术创新的保护中退居于不甚重要的地位。例如，日本于 1905 年创设实用新型制度，在很长的一段时间里鼓励了日本企业从事创新，申请实用新型权利。然而自 1987 年以后，日本的发明专利申请量超越了实用新型申请量，实用新型制度对于技术创新的鼓励作用逐步下降。1993 年，日本修订《实用新型法》，对于实用新型的申请不再进行有关新颖性、创造性、实用性的实质性审查。相关的申请案经过初步审查就可以授权。由于获得授权的实用新型权利状态不甚稳定，日本企业和个人申请实用新型权利的积极性大幅度降低。又如，韩国学习日本和德国创设实用新型制度，在一开始关于实用新型权利的申请量，也是远远大于发明专利的申请量。然而，随着韩国科学技术水平的持续提高，到了 1990 年发明专利的申请量反超实用新型的申请量。近年来，韩国有

---

❶ 毛昊、尹志锋、张锦：《中国创新能够摆脱实用新型专利制度使用陷阱吗》，载《中国工业经济》2018 年第 3 期，第 98—115 页。

❷ 参见 2012 年至 2018 年《中国知识产权保护状况》白皮书，见于国家知识产权局网站（www.sipo.gov.cn）。

关实用新型权利的申请数量，一直呈现下降的趋势。❶

事实上，"舒某系列案"也反映了如何保护实用新型，以及是否还有必要保护实用新型的问题。具体来说，舒某于 2019 年 2 月 2 日针对河南省某设备经销部、广东省佛山市某机械配件店，提起了三件侵犯自己实用新型专利权的案件。经过立案、庭审、质证和判决等阶段，法院于 2019 年 5 月 28 日和 29 日作出了一审判决。在"喷胶桶盖装结构"和"改良结构的喷胶桶"两个案件中，法院认定被告没有侵权，在"管路连接机构"一案中，法院认定被告侵权。然而，即使是在判定被告侵权的"管路连接机构"一案中，法院依据专利权的类型、侵权行为的性质和情节等因素，酌定被告河南省某设备经销部支付损害赔偿的数额，以及原告为制止侵权行为支付的合理开支，共计 5 万元。而在另外两个被告没有构成侵权的案件中，因原告提出了高额的赔偿请求，法院判决原告负担部分案件受理费，每个案件 3300 元，共计 6600 元。

从"舒某系列案"的判决来看，在对于涉案实用新型专利权的保护上，我们应当考虑两个成本。一是时间的成本。自 2019 年 2 月 2 日原告提起诉讼，到 5 月 28 日和 29 日法院作出一审判决，原告、被告、双方律师和法院投入了将近 4 个月的时间，在立案、取证、质证、庭审等方面做了大量的工作，才作出了一审判决。二是金钱的成本。原告虽然在胜诉的"管路连接机构"一案中获得了 5 万元损害赔偿和合理开支的判决，但如果减去两件败诉案中应当负担的案件受理费 6600 元，最后得到的数额为 43400 元。如果再加上原告申请三件实用新型专利、维持三件实用新型专利所花费的时间和金钱成本，最后获得的 43400 元又要大打折扣。这样，无论是从时间成本来看，还是从金钱成本来看，申请和获得实用新型专利，以及为了维权而提起侵权诉讼，显然是一件不划算的事情。

除此之外，在"舒某系列案"中，还隐含着另外一个风险，即涉案的三件实用新型专利没有经过关于新颖性、创造性的实质性审查，有可能在后续的程序中被专利复审委员会宣告为无效。至少，在"舒某系列案"中，被告之一的河南省某设备经销部，分别提出了三件实用新型专利缺乏新颖性或者创造性的证据，要求法院予以考虑。如果河南省某设备经销部向国家知识产权局专利复审委员提出无效宣告的请求，则双方当事人又会耗费时间、精力和金钱，

---

❶ 毛昊、尹志锋、张锦：《中国创新能够摆脱实用新型专利制度使用陷阱吗》，载《中国工业经济》2018 年第 3 期，第 98—115 页。

就涉案实用新型专利权的有效性搜集证据、提交证据，以及参加必要的口审，进行有效与否的攻防。无论专利复审委员会作出了有效或者无效的决定，一方或者双方当事人还有可能向北京知识产权法院提起诉讼，向最高人民法院知识产权法庭提起上诉。如果真的是这样，又会使得双方当事人、专利复审委员、一审法院和二审法院再次投入相当的时间、精力、人力和物力，最后得出涉案实用新型专利权是否有效的结论。以如此巨大的时间和金钱成本，保护一系列权利状态极不稳定的实用新型专利权，是否真的有必要，就值得我们深入思考了。

总结国际上保护实用新型的经验，总结我国保护实用新型专利的经验，尤其是我国保护实用新型专利权的司法实践，我们都有必要进一步思考，在我国科学技术水平已然大幅度提高的背景下，在实施创新驱动发展战略的历史条件下，我们是否还有必要提供对于实用新型的保护。笔者认为，即使从策略的角度来看，我们还应当提供对于实用新型的保护，那么这种保护也应当是实用新型证书的"弱"保护方式，而非专利权的"强"保护方式。

对专利侵权赔偿问题的思考

谭海华[*]

摘　要　专利侵权赔偿问题关乎知识产权保护的强弱，是知识产权界长期以来比较关注的热点问题。本文首先指出专利侵权赔偿存在适用法定赔偿占比过高、赔偿金额不高的问题，接着分析了存在这些问题的主要原因在于专利权附加值不高、权利人不积极举证、专利价值不易估算、立法可操作性不强等，最后提出了破解专利侵权赔偿低的难题的方法，即不断提高专利的含金量，增强原告的举证能力，提升酌定赔偿的精准度，细化计算赔偿的规则。

关键词　专利侵权　法定赔偿　赔偿低

一、目前专利侵权赔偿的基本情况

目前，专利权人普遍反映专利侵权赔偿金额比较低，赔偿额难以填平其遭受的损失。2014 年全国人大常委会关于检查专利法实施情况的报告中也指出，专利维权存在"时间长、举证难、成本高、赔偿低""赢了官司、丢了市场"等状况，判决赔偿额往往无法弥补权利人遭受的损失。此外，据长沙市中级人民法院的调研报告，在该院 2010 年 10 月 21 日至 2015 年 12 月 31 日审理的侵犯专利权纠纷案件中，判赔金额小于 1 万元的占比为 23%，判赔金额在 1 万元至 5 万元的占比为 62%，判赔金额在 5 万元至 10 万元的占比为 9%，判赔金额大于 10 万元的占比为 6%；侵犯外观设计专利权纠纷案件占侵犯专利权纠纷案件的 68%；高达 98.2% 的原告没有对被告侵权情节等损害事实进行举证，

---

[*] 谭海华，广州知识产权法院三级高级法官，全国法院知识产权审判工作先进个人，办理的"海南康芝药业股份有限公司申请撤销清远仲裁委员会仲裁裁决案"被广东知识产权保护协会授予"2015 年度十大知识产权典型案例"。办理的"子弹口红"案入选最高人民法院"2016 年度中国法院知识产权司法保护 50 个典型案例"、《广东法院经典百案（1978 ~ 2018 年)》。

法定赔偿的适用率相应地高达 98.2%，原告直接要求适用法定赔偿的占 98%；78% 的案件中原告的诉请金额在 5 万元以下；91% 的案件针对的是终端侵权行为；73% 的案件中涉案产品为一般日用消费品；63% 的侵权商品销售价格低于50 元，仅 7% 的侵权商品价格高于 500 元；60% 的案件以个体工商户或个人为被告；84% 的以法人或其他组织为被告的案件涉及的是与销售行为类似的终端侵权行为；81% 的案件为批量案件。

上述报告，具有标本意义，大体上反映了目前专利侵权赔偿的基本状态。当然，东部沿海地区因经济相对发达，判赔金额相对会高一些。从这一报告可以看出，一是判赔金额不高，判赔金额大于 10 万元的占比仅为 6%；二是法定赔偿的适用率非常高，高达 98.2%；三是专利附加值不高，侵犯外观设计专利权纠纷案件占侵犯专利权纠纷案件的 68%。

二、专利侵权赔偿金额不高的原因

目前，相比于美国等发达国家，我国的专利侵权赔偿金额确实不高，有些权利人将专利侵权赔偿金额不高的原因归责于法院，认为法院是造成专利侵权赔偿金额不高的主要责任人。其实，有这种认识的权利人只看到问题的表象，未能认识到问题的实质。专利侵权赔偿金额不高的主要原因有：

（一）专利权附加值不高

长沙中院的调研报告载明，侵犯外观设计专利权纠纷案件占侵犯专利权纠纷案件的 68%。司法实践中，侵害外观设计专利权案件占比要达七成多，侵害实用新型专利权案件仅占二成，侵害发明专利权案件占比更低，勉强达一成。众所周知，在这三种专利中，发明专利的技术含量最高，实用新型次之，外观设计专利的技术含量最低。一般而言，技术含量高的专利市场潜力也大，附加值也相应地比较高。在专利侵权案件中，附加值最低的外观设计专利占了七成多，附加值最高的发明专利则不足一成。正是由于高附加值的发明专利占比较低，低附加值的外观设计专利占比较高，拉低了赔偿金额的平均值，致使权利人所获得的赔偿额平均值不高，这是司法判赔平均金额不高的最主要原因。在美国，高达 90% 的专利侵权诉讼以双方当事人和解结案，真正打官司到最后由法院判决的只有不到 10%，且真正"厮杀"到最后的专利，大都是具有巨大市场价值的发明专利，故其判赔金额就比较高。

（二）权利人不积极举证

长沙中院的调研报告指出，在知识产权民事诉讼中，法定赔偿的适用率更是高达98.2%，原告直接要求适用法定赔偿的占98%；高达98.2%的原告没有对被告侵权情节等损害事实进行举证。由于原告没有对被告侵权情节等损害事实进行举证，导致只能适用法定赔偿，而适用法定赔偿得到的金额一般比按原告的损失、被告的获利、涉案专利的许可使用费倍数的方法计算所得出的赔偿金额要低。这不难理解，由于原告没有对被告侵权持续的时间、侵权产品的价格、利润、销售数量等事实进行举证，法官在酌定赔偿时没有这些因素作参考，也是巧妇难为无米之炊，很难酌定出较高的赔偿额。笔者曾与美国、英国法官交流，问了他们同样的一个问题，即在专利侵权诉讼中，如果原告没有就其赔偿请求提交任何证据，你们如何判决。美国法官回答，原告一般不会就其赔偿请求不提交任何证据，如果真不提交任何证据，原告只能获得零元或壹元的象征性赔偿。英国法官回答，到目前为止，他没有遇到过上述情形。由于英美两国在计算专利侵权赔偿时均没有法定赔偿这一规定，倒迫了原告就其赔偿请求积极举证。反观我们的法定赔偿制度，目前似乎走进了恶性循环，即权利人严重依赖法定赔偿，怠于举证，导致司法赔偿金额较低，然后又反过来造成权利人不积极举证。

（三）专利价值不易估算

因专利权的无形性而导致损害赔偿计算难，损害赔偿计算难而导致判赔金额较低。不但专利权人不好准确估算专利权的市场价值，法官也不好准确把握其市场价值。在认定了侵权情况下，法官为了稳妥起见，一是不想让被告因赔偿金额太高而上诉，二是即使上诉，也不想因赔偿金额太高而被上级法院改判，故在难以把握专利权的市场价值的情况下，在适用法定赔偿时，酌定的赔偿数额便宁可就低不就高了。

（四）立法可操作性不强

专利侵权赔偿方面的立法不够精细，可操作性不强。根据我国《专利法》第65条的规定，计算专利侵权赔偿的方法有四种：一是权利人的损失，二是侵权人获得的利益，三是参照涉案专利许可使用费的倍数合理确定，四是法定赔偿。司法实践中，权利人的损失和侵权人获得的利益均很难准确查清，而涉案专利许可他人使用的情形也不多，剩下可用的就是法定赔偿。而计算法定赔偿的规定又比较原则，操作起来倒不存在障碍，但不够精细，难以准确地满足专利权人的赔偿要求。此外，《专利法》第四次修改过程中，拟规定法定赔偿的下限为 10 万元，想以此来提高专利侵权赔偿额。这种规定，不切合实际，如销售商销售了价格较低的侵权产品，在权利人的损失、侵权人获得的利益和专利许可使用费均难以确定的情形下，适用法定赔偿，判 10 万元，符合专利侵权赔偿的填平原则吗？与目前社会经济发展水平相适应吗？作为销售商的侵权人能赔得起吗？又比如举证妨碍制度，在诚信制度缺位的情形下，这一制度很容易被规避，起不到应有的作用。

三、如何破解专利侵权赔偿低的难题

如今，加强知识产权保护已成为全社会的共识，而加强知识产权保护的重要表现就是适度地提高赔偿额。要提高专利侵权赔偿额，要破解专利侵权赔偿低的难题，光靠法院一家很难取得非常好的效果，需要针对导致专利侵权赔偿低的原因，大家出力，才能破解这一难题。

（一）提高专利的含金量

罗马不是一天建成的，提高专利的含金量、附加值也不是一两天的事，需要全社会不懈的努力，但不等于我们的制度可无所作为，放任一些专利流氓为所欲为。目前，为了提高专利的含金量、附加值，除了鼓励市场主体加大创新研发的力度外，还需对我们的专利制度进行适时的调整。现在，许多人利用实用新型、外观设计这两种专利不进行实质性审查的制度漏洞，将大量的现有技术或现有设计申请实用新型专利或外观设计专利，并获得专利权，到处起诉，浪费大量司法资源和社会资源，不但起不到激励创新的作用，还会阻碍创新，扰乱正常的市场竞争秩序，可能导致社会的不稳定。如一些企业主被他人以现有技术或现有设计申请的专利起诉，又拿不出相应证据证明被诉侵权产品使用的是现有技术或现有设计，被法院判定侵权，气愤不已，恶言相向，甚至殴打对方。建议：一是要求外观设计专利权人在起诉立案时要提交专利权评价报告，以防止其滥用专利权。现行《专利法》第 61 条规定，专利侵权纠纷涉及实用新型专利或者外观设计专利的，人民法院可以要求专利权人或者利害关系人出具由国务院专利行政部门对相关实用新型或者外观设计进行检索、分析和评价后作出的专利权评价报告，作为审理、处理专利侵权纠纷的证据。这一规

定操作性也不强，因为法官担心超审限，想尽快结案，一般不太愿意启用这一规定；如法院要求原告提交专利权评价报告，原告拒绝提交，应如何处理？现行专利法没有这方面的规定。第四次《专利法》修改稿中规定了实用新型专利权人或外观设计专利权人在起诉立案时应当提交专利权评价报告，但在征求意见后又删除了这一规定。这一制度设计一旦落空，则难以弥补实用新型专利、外观设计专利不进行实质审查所产生的缺陷。二是对实用新型专利进行实质性审查。如果按目前人力、物力做不到这一点，也应像对待外观设计专利一样，从立法层面要求实用新型专利权人在起诉立案时必须提交专利权评价报告。

（二）增强原告的举证能力

在侵权诉讼中，当事人、代理人应努力就权利人的损失和侵权人的获利情况举证，协助法院查明原告的损失、被告的获利情况，以提高损害赔偿计算的科学性和合理性。如前所述，原告不举证是导致专利侵权赔偿低的主要原因之一。原告之所以不举证，一是不会举证；二是会举证，但基于成本效益考虑，不积极举证。原告不会举证，主要是因为自己或其代理人不够专业，不懂得如何收集有利于获得较高赔偿的证据。实践中，一些原告不知道如何请一位专业代理人为自己打一场专利官司，导致虽然赢了官司，所获赔偿却难以令其满意。其实，要找一位专业代理人是件不太难的事，就看两个方面，一看是否同时具有律师、专利代理师资格；二看其上一年度所办理专利侵权案件的数量和质量。对于原告会举证，但基于成本效益考虑不积极举证，担心所获赔偿不能弥补其收集证据的成本的情形，我认为这种担心是不必要的。我国专利法及相关司法解释，已明确规定了合理的维权费用是可以单独判赔的，司法实践中合理的维权费用也是会获得法院支持的。有的原告也许会说，原告的损失是多种因素造成的，不好举证是由被告一人侵权行为造成，即使举证了，法院也不一定采信；被告的获利就更不知道了，涉案专利许可费用又没有，如何举证？其实，即使没有这三方面的确切证据，也可提交有关侵权行为持续时间的证据，如第一次购买了侵权产品，间隔了一段时间再进行购买；没有侵权产品的利润证据，可举交侵权产品的行业利润率或专利产品的利润率；没有侵权产品生产、销售数量的直接证据，也可提交侵权产品生产、销售数量的间接证据，如被告提交给有关部门的相关报告、宣传资料。总之，原告要竭尽所能地提交与侵权赔偿相关的证据，法院才能在此基础上酌定比目前更高的赔偿额。

（三）提升酌定赔偿的精准度

基于专利权保护激励创新的目的，专利侵权损害赔偿必须充分反映和实现专利权的真实市场价值。只有使专利侵权赔偿数额充分反映和实现专利权的真实市场价值，并与创新贡献相适应、相匹配，才能真正激励创新、鼓励创造。一方面，对创新高度高、技术贡献程度强的专利，其市场价值一般较高，法院要加强保护力度，依法积极地采取证据保全、调查取证的措施，保全侵权产品的财务账册、记录资料，在权利人的损失和侵权人的获利确实难以查清时，酌定法定赔偿数额应充分反映和实现专利权的真实市场价值，要与专利的创新高度和贡献程度、侵权行为的性质、侵权人的经营规模、侵权持续的时间和侵权人的主观恶意程度等相适应，尽量向高处考虑，加大专利侵权赔偿的力度，满足社会普遍提高专利侵权赔偿额的要求，提高这类专利权人的获得感。另一方面，在酌定赔偿额时，对一些利用实用新型专利、外观设计专利不进行实质性审查的制度漏洞，将现有技术或现有设计申请实用新型专利或外观设计专利，想借加大专利侵权赔偿力度之机，获得较高赔偿的企图要保持警惕。对这类所谓的专利，在被告未能举证证明其为现有技术、现有设计或未申请该专利无效的情况下，法院基于制度设计原因也不能直接宣告该专利无效，但可在酌定赔偿额时尽量向低处考虑，以抑制其申请这类专利的冲动。总之，对加大专利侵权赔偿力度这一问题要辩证地看，具体问题具体分析，而不是不问青红皂白，一味地提高赔偿额。

（四）细化计算赔偿的规则

根据我国《专利法》第 65 条的规定，权利人的损失、侵权人获得的利益和专利许可使用费均难以确定的，人民法院可以根据专利权的类型、侵权行为的性质和情节等因素，确定给予一万元以上一百万元以下的赔偿。我国上述法定赔偿制度没有将法定赔偿进行具体分档，实践中缺乏可操作性。最高人民法院为规范量刑工作，下发了量刑规范化指导意见，规定了量刑要考虑的因素，量刑时对犯罪事实和量刑情节进行定性分析和定量分析，从而准确确定被告人应负的刑事责任。为细化我国的法定赔偿制度，可参照最高人民法院关于量刑标准化的规定，制定法定赔偿的酌定规则。可将涉案专利的类型（发明、实用新型、外观设计）、侵权形态（制造、销售、许诺销售、使用或进口）、侵权人的主观过错（故意或过失）、侵权产品价格、侵权产品利润、专利产品价格、专利产品利润、侵权产品生产销售量、侵权持续时间、侵权者经营规模、侵权场合、是否故意拖诉讼等因素，作为酌定赔偿额的考虑因素，并作精细化区别，规定具有哪些因素，适用不同档次的赔偿额，使其更具有可操作性。

论等同侵权原则

——兼评"通塔雷利诉捷胜塑胶案"

邓永军　杨　岚[*]

摘　要　等同原则扩大了专利权的保护范围，大大地保护了专利权人的权利，应当受到禁止反悔、捐献等原则的限制。

关键词　等同原则　禁止反悔原则　捐献原则

一、等同原则的起源

英国是最早建立专利制度的国家，刚开始的专利制度中对专利的保护范围进行确定的依据是专利权人对于该专利的一份详细的说明书，权利要求书的概念还没有出现。法院在进行专利侵权判定时，对于专利的保护范围有多大，专利权保护的是客体是什么这些问题是比较模糊的。这样会使得专利侵权判定缺乏足够的依据，法院对侵权与否的判断完全取决于法院对专利权人提供的说明书。

在这种情况下，英国上议院于1876年首次提出"发明精髓"原则。该原则认为法院在进行专利侵权判定的时候，应该抓住该专利的精髓。侵权人一般会围绕发明的精髓做出简单的修改，那种刻意避开说明书字面描述但是与发明精髓相同的行为应该被认定为侵犯专利权的行为。

发明精髓理论可以理解为现代等同原则的理论雏形，它虽然没有更多关于什么是发明精髓的详细规定，但它却为解决实质相同的问题指明了方向，那就是每一项发明都存在一个发明精髓，这个精髓是区别于其他专利并获得专利法

---

* 邓永军，广州知识产权法院四级高级法官。办理的"广州市山特不间断电源科技有限公司诉广州市天河区市场和质量监督管理局、第三人山特电子（深圳）有限公司行政处罚案"获评"2016—2017年度品保委知识产权保护十佳案例"。

杨岚，广州知识产权法院法官助理。

保护的关键，形式不同而实质相同就是指被控侵权技术只做了不触及发明精髓的简单改动，这是应该被专利法所否定的。

美国的等同原则源于 1853 年美国最高法院判决的 Winans v. Denmead 案，通过此案，美国最高法院确立了等同侵权原则在专利侵权规则中的地位，并对适用等同侵权原则的一系列关键性问题加以明确，即著名的功能/方式/结果三重检验标准。等同侵权原则是指被控侵权产品（方法）有一个或者数个技术特征与专利权利要求书中的技术特征相比，从字面解释上不相同，但是该差别是非实质性的，在这种情况下，被控侵权产品或者方法就落入专利权的保护范围，从而构成侵权。等同原则是对专利权利要求字面解释的补充。Winans v. Denmead 案之后近 150 年，等同原则作为判断专利侵权的重要原则发挥了重要的作用。

等同原则扩大了专利权的保护范围，是为了防止他人通过对技术特征的简单改变而规避专利侵权。但是，等同原则同时又对专利法的可预测性造成一定的影响。由于等同原则理论复杂，适用标准不统一，而且法律规定比较抽象，因此给公众评估侵权风险，把握专利权的保护范围带来较大难度。1995 年 Herbert Markman v. Westview Instrumets Inc. 案之后，美国专利诉讼的重点转移到专利权利要求的解释原则，等同原则的重要性迅速消减。

美国在 20 世纪 90 年代中期以前，专利权利要求的解释由陪审团负责。联邦巡回法院为了抑制陪审团对专利权利要求解释的不确定性结果，在 1995 年至 1998 年间，重新配置了专利权利要求的解释责任，即将该责任重新分配给法官来承担。1995 年，联邦巡回法院发布了对 Herbert Markman v. Westview Instruments 的全席审理判决，认定专利权利要求的解释应为法官的专有职责。翌年，最高法院支持了联邦巡回法院的主张，声明专利权利要求的解释是"排他地包含在法院的职权里"，法官更有可能正确地字面解释一项书面文件。1998 年，联邦巡回法院对 Cybor Corp. v. FASTechnologies 案作出全席判决，解决了审查的标准问题。联邦巡回法院认为专利权利要求的解释是一个纯粹的法律问题，应该在上诉中重新审查。

从最早英国专利制度的出现到美国早期专利法的颁布与实施来看，"保护专利，激励创新"一直是专利法所倡导的核心价值。而等同原则在这个核心价值观的指导下被宽松地适用于专利侵权判定的司法实践当中，大大地保护了专利权人的权利。

我国专利法发展较晚，基本上是从国外移植而来，包括等同原则。我国

《专利法》自 1985 年 4 月 1 日起施行，明确规定了专利的保护范围，后经过 1992 年、2000 年、2008 年、2020 年四次修正。《最高人民法院关于审理专利纠纷案件适用法律问题的若干规定》第 13 条规定："专利法第五十九条第一款所称的'发明或者实用新型专利权的保护范围以其权利要求的内容为准，说明书及附图可以用于解释权利要求的内容'，是指专利权的保护范围应当以权利要求记载的全部技术特征所确定的范围为准，也包括与该技术特征相等同的特征所确定的范围。等同特征，是指与所记载的技术特征以基本相同的手段，实现基本相同的功能，达到基本相同的效果，并且本领域普通技术人员在被诉侵权行为发生时无需经过创造性劳动就能够联想到的特征。"等同原则已经在我国司法实践中成为判定专利侵权的重要原则之一。

二、等同原则的限制

罗尔斯提出的正义原则是："所有社会的基本善——自由和机会，收入和财富及自尊的基础——都应被平等地分配，除非对一些或所有社会基本善的一种不平等分配有利于最不利者。"这一以平等为核心的正义原则可以作为专利制度的指导原则。

在专利制度领域，核心仍然是利益分配问题，虽然内含促进社会福利最大化的目标，但是，分配正义高于社会福利的总量增加和最大限度地追求利益总额的原则。不允许以显著不平等的利益分配方式追求利益总量的增加，除非不平等的安排能够"合乎最少受惠者的最大利益"。

等同原则的适用为保护专利权人的利益提供了巨大的帮助。但是，如果不加以限制地适用等同侵权原则，势必会导致权利滥用。实践中，适用等同侵权原则时，应当考虑禁止反悔原则、现有技术抗辩、反向原则、捐献原则对等同侵权原则的限制作用。

禁止反悔原则是指，在专利申请过程中，专利申请人为了通过专利审查获得专利权，自愿缩小原权利要求范围，得到一个新的权利要求范围，将来获得授权后，则申请人自愿放弃的那部分将不再受专利权法的保护。禁止反悔原则是民法中诚实信用原则精神的体现，通过法律手段达到维护专利法体系运转的正常秩序。在实际操作过程中，专利申请人对其产品或方法所作权利要求书中的技术特征越少，就越能够获得较大的保护范围。但往往因得不到授权而增加一些技术特征，以缩小保护范围，其实质是通过新增的技术特征限制原有技术特征所涵盖的范围，从而在实践中应对专利等同侵权案件时防止专利权人以说明书为依据重新将自愿放弃的那部分涵盖进来。如果没有这项原则,可能带来的一个风险是:专利权人在申请专利权时,尽可能扩大申请保护范围,为了得到授权将一部分权利放弃并记载在说明书中,以备侵权诉讼中再次启动适用。

现有技术是指在产品或方法申请授权程序中的申请日以前已经存在的为公众所知悉的技术。在专利等同侵权诉讼中,涉嫌侵权的被告运用现有技术抗辩主要有两种情况:第一种,被告彻底否定原告的专利权,认为原告产品或方法根本无法得到授权,即认为专利无效;第二种,被告认为原告对于权利要求的解释过于宽泛,而原告证明被告侵权的依据正是以超出被告认为合理的解释范围之外的范围为依据。例如,原告认为其专利权利要求内容应当以 A 范围解释最为合理,而被告认为 B 范围解释更加合理,此时,A 范围比 B 范围多出 C 部分,原告正是以多出的 C 部分为由主张被告侵权成立,而被告则认为多出的 C 部分属于现有技术,据此抗辩,此种现有技术抗辩意图对抗的是原告适用等同原则所带来的权利保护扩大化,属于专利权利要求的解释范围。

反向原则,又称为反向等同侵权原则,它强调如果被控侵权产品或方法相较于对比专利权是指以不同的方式实现了相同或基本相同的功能时,不能认定为侵权。反向等同侵权原则产生的内因是对权利要求的解释已经超出了权利授权的实际含义(即该权利的实际贡献范围),无法得到说明书的支持。产生这种情况的原因主要有以下三点:①技术进步,由于科技在不断发展过程中,技术进步使得权利要求书中的技术特征的外延发生扩张,导致权利要求发生实质性变化,而说明书却没有同步的变革,导致权利要求得不到说明书的支持;②功能性限定技术特征的适用,主要发生在一些产品或方法受到所采用的部件或步骤对权利要求的限定上,而这些与说明书的记载并不相符合,也即说明书记载的范围过于宽泛,因此,在利用说明书进行补充说明时,容易导致与权利要求本意相悖的现象;③权利要求撰写不当,这是由于专利权人的想法和表达出来体现在权利要求书中的意思相违背,实际操作过程中,也得不到说明书的支持。

捐献原则通常是指,专利权人在说明书中公布的技术方案没有纳入权利要求中,即默认专利权人捐献了这样的技术方案。专利权人对于自己的专利技术具有处分的权利,具体来说,专利权人可以要求专利保护,也可以将专利技术无偿贡献给社会公众。因此,当专利权人没有将专利说明书中某些技术方案纳入专利权利要求的保护范围内时,应该认为专利权人将这些未纳入权利要求的技术方案无偿捐献给社会公众。当该专利公之于众时,社会公众即可以自由适用捐献的技术方案。专利权作为社会公众短期利益的让渡，如果专利权人愿意将自己的一些技术成果贡献给社会，一方面是专利权人自由选择的结果，谈不上损害专利权人的利益而对科技创新产生消极影响，另一方面使得社会公众可以马上自由实施这些技术成果，进而增加社会财富总量，这对于整个社会来讲，是大有裨益的。这种捐献，不需要申请人对捐献做特别的声明。理由主要有：第一，专利权人要求保护这些已经捐献的技术方案，会违反专利权的信赖利益；第二，专利在授权时，专利审查授权机构仅仅对权利要求所要求保护的技术方案进行审查和授权，而对于记载在说明书中的其他技术方案是不进行审查和授权的，如果说专利授权后，专利权人可以要求保护这些未记载在权利要求中的技术方案，就会产生有违诚实守信原则的行为。

三、通塔雷利诉捷胜塑胶案

广州知识产权法院 2019 年审结的原告 S·通塔雷利与被告揭阳市捷胜塑胶有限公司侵害发明专利权纠纷案 [（2017）粤 73 民初 3637 号]，原告向广州知识产权法院提出诉讼请求：1. 被告制造、销售、许诺销售鸿佳双开门收纳柜产品侵犯原告的发明专利权；2. 被告停止制造、销售、许诺销售所述侵权产品，并销毁涉案侵权产品的全部宣传资料以及删除涉案产品的宣传内容；3. 被告赔偿原告专利侵权损失 100 万元；4. 被告支付原告为制止侵权行为取证、购买侵权产品以及律师费等合理支出 98295 元；5. 被告负担本案的诉讼费用。庭审中，原告明确要求保护涉案专利的权利要求 1—31、35—37、39。其中权利要求 1 为独立权利要求，其余权利要求均为从属权利要求。

原告于 2012 年 4 月 23 日向国家知识产权局申请名称为"具有塑料结构用于组装衣柜的模块化装置"的发明专利，并于 2016 年 11 月 30 日获得授权，专利号为 ZL201280038950.2。2015 年 5 月 6 日，国家知识产权局就原告涉案专利申请作出的《第一次审查意见通知书》中记载"一、权利要求 1、2，4—12、15、17—26、28、31、32、34—36 不符合专利法第 26 条第 4 款有关规定。1. 权利要求 1 中存在如下缺陷：……（3）所述纵向接合装置（1b，10b）"，"所述第一板（1）的纵向接合装置（1b，10b）"由于附图标记对权利要求没有限定作用，不确定此处的"纵向接合装置"是指"上侧纵向接合装置"还是"下侧纵向接合装置"，抑或"上侧纵向接合装置和下侧纵向接合装置"等内容。

该专利权利要求 1 记载如下："1. 一种模块化装置，用于组装衣柜，其特

征在于，它包括由模制的塑料材料制得的如下模块：－盒状四边形第一板
（1），适于作为家具的底板或隔板，在上侧具有纵向接合装置（1b）和横向接
合装置（1a），两者都具有第一止动装置（5a，5b），所述上侧的纵向接合装
置（1b）和横向接合装置（1a）分别对应于，同一盒状四边形第一板（1）的
下侧的纵向接合装置（10b）和横向接合装置（10a），也同样具有第一止动
装置，即卡槽（5a，5b），条件是所述上侧纵向接合装置和下侧纵向接合装置
（1b，10b）的位置至少与所述盒状四边形第一板（1）的后纵向边缘相对应，
而所述上侧横向接合装置和下侧横向接合装置（1a，10a）的位置与所述盒状
四边形第一板（1）的横向边缘和中心区域相对应；－盒状四边形背板（9），
用于所述家具，具有下面纵向边缘（9a）和上面纵向边缘（9b），适于与所述
盒状四边形第一板（1）的上侧纵向接合装置和下侧纵向接合装置（1b，10b）
相结合，还具有第二止动装置（13b，13a），适于与所述盒状四边形第一板
（1）的上侧纵向接合装置和下侧纵向接合装置（1b，10b）中具有的第一止动
装置（5a，5b）相结合；－盒状四边形壁板（14），适于作为家具的侧板或内
部分隔板，具有下面纵向边缘（14a）和上面纵向边缘（14b），适于与所述盒
状四边形第一板（1）的上侧横向接合装置和下侧横向接合装置（1a，10a）
相结合，还具有第三止动装置（15b，15a），适于与所述盒状四边形第一板
（1）的上侧纵向接合装置和下侧纵向接合装置（1b，10b）中具有的第一止动
装置（5a，5b）相结合；－盒状四边形顶板（16），用于所述家具，在下侧具
有纵向接合装置（100b'）和横向接合装置（100a'），两者都具有第一止动装
置（5b），且位于所述盒状四边形第一板（1）的上侧纵向接合装置和下侧纵
向接合装置（1b，10b）以及上侧横向接合装置和下侧横向接合装置（1a，
10a）的镜像位置，条件是所述顶板（16）的纵向接合装置（100b'）适于与
所述背板（9）的上面纵向边缘（9b）相结合，且所述第一止动装置（5b）适
于与所述背板（9）的上面纵向边缘（9b）中具有的第二止动装置（13b）相
结合；条件是所述顶板（16）的横向接合装置（100b'）适于与所述壁板
（14）的上面纵向边缘（14b）相结合，且所述第一止动装置（5b）适于与所
述壁板（14）的上面纵向边缘（14b）上具有的第三止动装置（15b）相
结合。"

　　将被诉侵权技术方案与涉案专利权利要求1进行对比，双方的争议点在于
被诉侵权技术方案是否与涉案专利权利要求1中的"壁板上的第三止动装置与
第一板的纵向组合装置中的第一止动装置相结合"的技术特征相同或者等同，

经对比，被诉侵权技术方案壁板上的第三止动装置是与第一板的横向结合装置中的第一止动装置相结合，即其与涉案专利的"壁板上的第三止动装置与第一板的纵向组合装置中的第一止动装置相结合"技术特征并不相同。原告认为构成等同，并认为其权利要求1中的"适于与所述盒状四边形第一板（1）的上侧纵向接合装置和下侧纵向接合装置（1b，10b）中具有的第一止动装置（5a，5b）相结合"的描述存在笔误，实际应为"适于与所述盒状四边形第一板（1）的上侧横向接合装置和下侧横向接合装置（1a，10a）中具有的第一止动装置（5a，5b）相结合"，其在被告所提出的无效宣告审查口头审理过程中已作出了修改。法院经审查认为，原告的主张并不成立，理由如下：首先，被告就涉案专利虽然提起了无效宣告请求，但其后撤回了该申请，即国家知识产权局专利复审委员会并未就此作出决定书，虽然原告在无效宣告审查的口头审理中就涉案专利权利要求作出了修改意见，但这仅仅是其在口头审理中的陈述，并不当然产生权利要求修改的结果；其次，根据国家知识产权局就原告涉案专利申请作出的《第一次审查意见通知书》的记载，涉案专利在进行第一次实质审查时，国家知识产权局就指出权利要求1中的"纵向接合装置"指代不明，无法确定是"上侧纵向接合装置"还是"下侧纵向结合装置"，抑或"上侧纵向接合装置和下侧纵向接合装置"，而从最终获得授权的专利权利要求1所记载的内容来看，就国家知识产权局在《第一次审查意见通知书》中指出的缺陷问题，原告明确了权利要求1中的"上侧纵向接合装置和下侧纵向接合装置"，即权利要求1的内容是在国家知识产权局指出相应缺陷后才最终确定，即原告是在二次选择之后才确定权利要求1的最终内容，由此可见，原告的主张依据不足，且就其所主张的前述笔误，原告至今亦未向国家知识产权局提出修改意见，故应当以权利要求书所记载的权利要求内容来确定涉案发明专利权的保护范围；最后，从涉案专利说明书附图图1A、图1B可知，涉案专利的纵向接合装置上设置有第一止动装置，且权利要求1中所记载的"壁板适于与所述盒状四边形第一板的上侧纵向接合装置和下侧纵向接合装置中具有的第一止动装置相结合"并非属于不可实现的技术方案。

根据权利要求1记载的内容可知，被诉侵权技术方案并未完全覆盖其全部技术特征，即被诉侵权技术方案并未落入权利要求1的保护范围。权利要求1为独立权利要求，其余权利要求均为其从属权利要求，在被诉侵权技术方案未落入独立权利要求的情况下，其当然也不落入从属权利要求的保护范围。即被诉侵权技术方案并未落入涉案专利权的保护范围。

原告在审查意见后确定了权利要求 1 的内容，无论是根据禁止反悔原则还是捐献原则，在专利侵权诉讼中又主张等同侵权或笔误的意见不应得到支持。

该案判决后，原被告均没有上诉，已经发生法律效力。

四、思考

禁止反悔原则适用主体的问题，即是应该由法院主动适用禁止反悔原则，还是将禁止反悔作为被告的一种抗辩手段。有些法院规定："禁止反悔原则的适用应当以被告提出请求为前提，并由被告提供原告反悔的相应证据。"但是学者有不同的意见，如陈易在其《专利侵权判定中对等同原则的适用及其限制》中认为："如果将适用禁止反悔原则作为被告应承担的举证责任，则有违利益平衡和公平原则，公众的利益将得不到最有利的保护。"并主张"只要出现了修改或意见陈述，并且有放弃技术方案，而原告又想将放弃的技术方案纳入专利权保护范围的这个事实，不管被告有没有申请，对于禁止反悔原则，法院应当主动适用"。

法院是否应审查专利有效性问题。在专利等同侵权诉讼中，如果被告彻底否定原告的专利权，认为原告产品或方法根本无法得到授权，即认为专利无效，法院是否应审查专利有效性，如果采纳了此种现有技术抗辩，即实质上宣告了专利权无效，意味着这样的专利权在当初申请时根本无法得到授权，但是在程序上，专利权无效宣告由国家知识产权局作出。

粤港澳大湾区标准必要专利保护研究

郑志柱　　石静涵　　陈学宇　　韩亚圻　　郝文灿[*]

摘　要　2019 年 2 月 18 日，中共中央、国务院印发了《粤港澳大湾区发展规划纲要》，作为高级别的国家战略，对推进粤港澳大湾区建设的政治、经济、科技意义重大。打造粤港澳大湾区，建设世界级城市群，加快培育发展新动能、实现创新驱动发展，为我国经济创新力和竞争力不断增强提供支撑。粤港澳大湾区建设离不开科技创新和技术进步，离不开对知识产权的创造、保护、运用。2018 年度广东省政府工作报告中指出，广东应充分发挥独特的地理优势，以及引领型知识产权强省建设过程中的有益经验，以知识产权作为衡量粤港澳大湾区创新能力的重要尺度，以创新维度作为重要评价指标，以推进粤港澳大湾区建设为契机，着力破解体制机制问题，加快构建开放型经济新体制。知识产权作为衡量创新能力的重要尺度，已然是增强区域经济活力、竞争力的重要因素。

粤港澳大湾区一经提出就被称为继美国纽约湾区、美国旧金山湾区、日本东京湾区之后世界第四大湾区，被视为国家建设世界级城市群和参与全球竞争的重要空间载体。在全球化竞争日趋激烈的背景下，湾区间竞争就是区域创新能力、高科技产业的竞争，背后则更是行业技术标准竞争。标准作为国际贸易中技术扩散的重要手段，拥有标准必要专利权人在行业竞争中有着更大的话语

---

* 郑志柱，广州知识产权法院三级高级法官。

石静涵，广州知识产权法院四级高级法官。2013—2015 年，主审及参与审理的案件连续三年入选全国知识产权审判五十大典型案例。其中，华为诉 IDC 案被评为 2013 年度全国法院十大热点案件。莲香楼老字号商标及不正当竞争纠纷案作为 2014 年广东知识产权保护日新闻发布会重点案例之一向社会发布并接受媒体访问。

陈学宇，厦门大学知识产权研究院博士研究生。

韩亚圻，原广州知识产权法院法官助理。

郝文灿，广州知识产权法院诉讼服务和审判管理中心法官助理。

权，使得标准必要专利权人在竞争中优势地位更加明显。当前，标准必要专利大部分掌握在发达国家手中，并被当作"刀盾"策略的重要部分向发展中国家施压。备受关注的美国政府对华为公司的限制与制裁，就关系到中美信息化战略布局及未来通信领域5G技术竞争❶。

作为市场经济发展和科学技术进步的一个必然结果，专利标准化越来越成为推动经济发展和技术进步的重要力量。作为现代创新系统之中的重要组成部分，如果专利标准化进程运行顺畅，就能与国家和企业的技术进步形成相互促进的关系；反之，则可能成为技术进步的阻碍❷。近年来我国信息通信（ICT）、建筑和医药等产业领域的专利标准化过程中发生了一系列涉及标准必要专利讼的法律纠纷，由于相关立法和标准制定组织专利政策的模糊性，司法救济正日益成为我国产业界及时化解专利标准化相关争议的主要途径。本文从专利标准化与技术进步的基本关系出发，结合标准的形成和司法的介入情况，从宏观上分析司法对专利标准化法治进程的推动作用，以及微观上探讨司法裁判规则中的"技术进步"因素，并从技术进步的视野下，探讨行政与司法在强化标准必要专利保护方面可以作为的方向，以及如何在粤港澳大湾区协作中，更好地强化标准必要专利保护。

关键词 标准必要专利 技术进步 专利标准化

一、专利标准化对技术进步的双重影响与司法的作为

（一）专利标准化及其对技术进步的双重影响

1. 从技术标准化到专利标准化

人类社会的发展历史是一个不断追求彼此沟通、统一和融合的过程，比如货币、重量、长度等计量单位的统一和换算，而这种统一与换算的过程，就是广义上的标准化活动。在第一次产业革命后，技术标准化日益成为各国标准化领域的重中之重。尤其是进入了第三次产业革命以来，为了追求生产效率、促

---

❶ 有文章指出，截至2015年12月31日，华为加入标准组织、产业联盟、开源社区达到300多个，担任重要职位超过280个。华为专家在全球行业标准化组织中担任重要职位的达百余人。2016年华为专家成功当选IMT-2020 FG主席，引领5G承载网架构制定。仅2015年一年，华为提交的标准提案就超过了5400篇。而华为累计提交标准提案达43000余篇。

❷ 张继宏：《专利标准化目标的集成创新：理论、证据与对策》，华中科技大学出版社2011年版，第1页。

进产品之间的互操作性和兼容性、节约生产成本和提高产品质量、促进创新和保证产品安全等目的，传统的技术标准化在其内容上开始发生巨大改变。英国技术标准化问题专家桑德斯认为，技术标准化是在各方共同协商推动下，有秩序进行的制定、实施有关规则、准则的过程❶。ISO 和国际电工委员会（以下简称 IEC）在 ISO/IEC1991 年第 2 号指南中❷以及我国《标准化法条文解释》第 1 条指出，现如今的技术标准化是指为了在一定的范围获得相应的最佳秩序，对现存或者潜在的问题制定的，以供共同和重复性使用的原则、规则或特性文件的活动❸。"通过制定、发布和实施标准，达到统一"是技术标准化的实质，"获得最佳秩序和社会效益"则是技术标准化的基本目的。❹

在对待专利标准化问题上，早期世界各国的政府和标准化组织都是采取拒绝专利标准化的态度。究其原因，在于防止作为公共产品的技术标准被专利技术这一私权所裹挟，从而保障标准能够为更为广泛的群体所适用。然而，随着知识产权制度的发展，越来越多的技术发明和技术创新转化为专利技术，标准化组织要想保证标准符合科学性原则❺和不断提升标准质量和促进标准全球化❻，就不得不考虑将必要的专利技术融入标准之中，因此开始对专利标准化的态度也出现了转变。现如今，专利标准化的重要性已在世界范围内被广泛接受，成为许多发达国家技术标准化战略的重要组成部分❼，是当代世界技术标准化进程的主要特征之一。

---

❶ T・R・桑德斯：《标准化的目的与原理》，中国科学技术研究所译，科学技术文献出版社 1974 年版，第 7—10 页。标准化是为了简化产品的类型和方便人们生活、保证信息的安全传递、促进经济发展与安全、保护消费者利益和社会公益、消除贸易壁垒等。

❷ 国际标准化组织（International Organization for Standardization）和国际电工委员会（International Electrotechnical Commission，IEC）第 2 号指南（1991）。

❸ 标准化是在科学、技术、经济、管理等领域的具体实践中，对相关重复性使用的概念以及事物，通过制定标准的方式，统一实施方式和技术方案，以获得最佳的秩序和社会效益的过程。国家技术监督局：《中华人民共和国标准化法条文解释》，http：//www. law－lib. com/law/law_view. asp? id＝6793，访问时间：2019 年 5 月 1 日。

❹ 通标网：《标准及标准化概念》，http：//www. ptsn. net. cn/article_new/show_article. php? catego-ries_id＝aa9606ee－4f2f－bb59－0380－44b1beb70cab&article_id＝dxcs_e135fb83－c55d－3507－a7c2－436ef57f3f98，访问时间：2019 年 5 月 24 日。

❺ 张平、马骁：《标准化与知识产权战略（第 2 版）》，知识产权出版社 2005 年版，第 38 页。

❻ 杨正宇：《美国国家标准学会专利许可政策演进考察》，载《知识产权》2018 年第 3 期，第 88—96 页。

❼ 张继宏、姚宪弟、赵锐：《我国标准化与专利的关系：基于 ICS 分类的实证分析》，载《科技进步与对策》2012 年第 29 卷第 4 期，第 94—99 页。

2. 专利标准化对技术进步的促进抑或阻碍

专利标准化通过对技术发明、技术创新和技术扩散三要素之间的进一步重叠和相互作用，实现了对技术进步的全面推动。根据经济合作与发展组织（以下简称 OECD）在 1988 年的《科技政策摘要》中的定义，技术进步是指一个包括三种互相重叠又互相作用的要素的综合过程："第一要素是技术发明，即有关新的或改进的技术设想。技术发明的重要来源是科学研究。第二要素是技术创新，它是技术发明（通常体现为全新的或改进的技术）的首次商业化应用。第三要素是技术扩散，它是指创新随后被众多使用者采用。"❶。回顾近现代专利标准化的发展历程，早期世界各国的政府、标准化组织和机构都是拒绝专利标准化的，专利标准化对技术进步的影响主要体现为专利对技术扩散要素的推动，而非技术发明和技术创新的鼓励。但是随着世界各国的政府和标准化组织对专利标准化态度的转变，当越来越多包含专利的标准被制定和实施之后，不仅技术发明要素和创新要素被进一步激发，专利标准化促进技术扩散的作用也得到了体现：在促进技术发明和技术创新方面，这些标准和专利技术的扩散和传播，能够使得更多的企业有机会学习模仿先进技术和提高劳动生产率❷，并且有机会加入基于这些技术标准的技术创新体系之中❸，形成了更为细致的产业分工和创新协同，进一步加快了技术进步的步伐。在促进技术扩散方面，相比不包含专利的标准，标准必要专利权人有强烈的积极性去推动市场采纳包含专利的技术标准，因而加速了市场主体对相关标准的接受和采纳，为下一阶段技术进步的奠定了技术基础。在现代市场经济条件下，众多发达国家的科技型企业已将"专利标准化"当成了其进行技术研发活动的基本思路和重要内容，甚至形成一种从"标准化促进科技研发活动"再到"科技研发活动促进标准化"的良性创新循环。❹

与此同时，专利制度与标准制度的结合也意味着标准在制定和实施过程中存在更多阻碍技术进步的可能性，甚至可能导致技术进步的效率进一步降低等问题，日益引起各国政府和企业的高度重视。首先，专利标准化可能会对技术路线产生错误导向。从学界的研究和社会的实践来看，即使标准制定过程中标

---

❶ 葛晶：《技术进步与美国"新经济"》，吉林大学 2005 年硕士学位论文。

❷ 刘振刚：《技术创新、技术标准与经济发展》，中国标准出版社 2005 年版，第 30 页。

❸ 周寄中、侯亮、赵远亮：《技术标准、技术联盟和创新体系的关联分析》，载《管理评论》2006 年第 3 期，第 30—34，63 页。

❹ 于欣丽：《标准化与经济增长：理论、实证与案例》，中国标准出版社 2008 年版，第 33 页。

准化组织能够采用最新的专利技术，也并不一定会带来最高的生产效率，也可能会阻碍产业的技术进步进程，如当年我国自主研发的 TD-SCDMA 就是一个典型的例子❶。其次，专利标准化速度过快或者过慢都将给企业的技术过渡带来难题。专利标准化在很大程度上能够推动技术标准和产品的不断更新，但是技术标准和产品的过快更新则可能分化用户基础，削弱用户规模效应，导致企业经营在短期内面临两难的选择❷；而如果更新过慢，则会导致标准间的不兼容和技术水平停留在低水平。再次，专利标准化存在更为严重的路径依赖问题。受专利利益的捆绑，专利标准化形成的"路径依赖"将导致标准主导企业过度投资于某个技术领域，限制技术研发的多样性❸。即使是在开放标准竞争过程中，市场仍然可能产生"过度惯性"或者"过度动量"现象，造成技术标准无法转向更好的技术路线，最终使市场机制偏离社会最优要求❹。最后，标准必要专利权人和标准实施者均可能出现权利滥用的行为。学界普遍认为，在标准必要专利许可过程中，如果标准实施者无故拖延谈判或者拒付许可费，将导致标准必要专利难以获得合理的许可费，技术创新者的积极性自然会随收入的减少而减少❺。而如果标准化组织或者标准必要专利权人从事市场垄断或者滥用标准和必要专利的行为（如实施专利劫持、过高定价等行为），技术标准和标准化产品的传播会受阻，技术进步的成本也会增加❻。

正如 Gary Lea 和 Peter Hall 研究所指出的那样，在以技术标准作为竞争与合作基本要素的市场中，专利标准化既能通过激励自身的创新促进动态的效率，但是也会由于给创新者带来的垄断力量而破坏静态的竞争效率❼。换言之，专利标准化无疑是一把"双刃剑"，其运行顺畅对促进技术进步的作用值得高度重视，但是其运行不畅对技术进步可能带来的负面影响也不容忽视。专

---

❶ 陈长石，刘晨晖：《标准化与技术进步内在依从关系的实证研究》，载《财经问题研究》2008年第12期，第36—40页。

❷ 王硕：《网络效应视角下企业技术标准创新与竞争策略》，经济科学出版社2017年版，第148页。

❸ Paul A, David, "Clio and the Economics of QWERTY," American Economic Review, 1985, 75 (2): 332–337.

❹ 熊红星：《完全信息条件下的技术标准转换》，载《财经问题研究》2007年第1期，第45—48页。

❺ 李扬：《FRAND 劫持及其法律对策》，载《武汉大学学报（哲学社会科学版）》2018 第71卷第1期，第117—131页。

❻ 中国科学技术协会：《2016—2017 标准化学科发展报告》，中国科学技术出版社2018年版，第79页。

❼ Gary Lea, Peter Hall, "Standards and Intellectual Property Rights: an Economic and Legal Perspective," Information Economics and Policy, 2004, (16): 67–89.

利标准化促进和阻碍技术进步的主要因素见表1。

表1　专利标准化促进和阻碍技术进步的主要因素

促进技术进步的因素	阻碍技术进步的因素
技术水平较高（允许专利纳入标准）	技术水平较差（不允许专利纳入标准）
技术路线正确	技术路线错误
专利权人积极研发和推广，并且获得合理的回报	过度研发投入和路径依赖
实施者积极接受，并以合理的成本获得、学习和模仿新技术	专利标准化速度过快或者过慢
提升分工合作效率，形成创新体系	分工合作缺乏效率，难以形成创新体系
—	标准化组织或者标准必要专利权利人从事市场垄断或者滥用市场支配地位行为
—	实施者无故拖延谈判或者拒付许可费，影响创新者的创新积极性

（二）专利标准化法治进程中司法的推动作用

1. 我国专利标准化法治进程概况

1984 年《专利法》颁布实施之后，我国标准化进程才开始需要考虑专利因素。随着国内专利制度的建立完善和国际专利标准化进程的加快，我国也开始越来越多地采用国际标准（主要是 ISO 和 IEC 标准）制定国内标准，导致涉及专利的标准制定和实施问题不断显现，甚至还引发了一系列的标准必要专利纠纷，进而引起了我国政府和产业界对专利标准化问题的重视，客观上推动了我国专利标准化进程的进一步提速❶。与此同时，无论是在标准化法、标准化工作指导性文件还是反垄断法等领域，我国专利标准化的相关立法和政策仍处于相对滞后的状态；且政府部门、标准制定组织和立法对标准必要专利仍然主要采取回避、排斥的态度❷。至 2003 年我国正式提出实施人才、专利、技术标准三大科技战略之后，我国政府对专利标准化的态度才逐渐转向了支持和鼓励❸。自此开始，我国政府通过一系列的政策引导和科技计划的支持，推动标

---

❶ 中国标准化研究院：《2007 中国标准化发展研究报告》，中国标准出版社 2007 年版，第 148—150 页。

❷ 中国标准化研究院：《2007 中国标准化发展研究报告》，中国标准出版社 2007 年版，第 151 页。

❸ 马建堂，田世宏：《国家标准化政策读本》，国家行政学院出版社 2017 年版，第 44 页。

准化与国内科技创新协同发展的态势不断强化，越来越多的跨国企业和本土企业选择将自主创新科技成果融入我国的技术标准之中，专利标准化进程与技术进步形成了更为紧密的联系。

从技术应用的角度看，专利标准化应是一种市场主导的活动，但是其顺利开展离不开我国政府的推动。长期以来，我国本土市场主体一直存在专利标准化意识和能力不强的问题❶，导致了专利标准化领域出现"市场失灵"，需要政府的积极干预。例如，在国际上专利技术集中的团体标准领域，截至 2017年 2 月，在全国也仅有 393 家社会团体进行注册，制定和公布的团体标准也仅有 688 项❷。为了满足市场对相关领域互联互通、产品或服务的兼容、保证产品或服务的安全与稳定和节约社会资源等方面的要求，我国政府积极作为，主导制定了大量的国家标准、行业标准和地方标准，并且还主动采纳了众多国际标准，为推动我国技术进步奠定了技术基础。不过值得关注的是，专利标准化领域的"政府失灵"的问题也不容忽视。虽然我国已经建立了庞大的标准化体系，但是面对日新月异的新技术、新领域和新模式，政府主导下的专利标准化进程存在的标准老化、供给不足、法制不完善等问题也日益凸显。

2. 司法对专利标准化领域"法治进化"的推动

司法正是在此背景下发挥作用并与时俱进的。随着我国经济日益融入全球经济，我国企业在世界市场的参与度越来越广、越来越深，其身处的竞争环境已远非国内市场，而是直接面对来自全球的竞争。在这种情势下，"中国制造"或者"中国创造"作为全球商品价值链中的重要一环，其技术规范必须采用世界通行标准。在"中国制造"阶段，大量的代工工厂无法拒绝来自境外的技术标准要求；在"中国创造"阶段，作为标准形成的推动者，更不可能关起门来自己搞一套。在"你中有我，我中有你"的专利交叉许可领域，遵守通用的标准几乎是行业的"入场券"。所谓"春江水暖鸭先知"，我国企业尤其是高科技领域的企业与专利标准化的关系越来越密切，正在越来越多地或主动或被动参与各类市场专利标准化活动。同样，当纠纷发生时，国际上通用的纠纷解决机制和解决规则也是企业必须遵守的"显规则"。首先，法院审判是国际通行的专利标准化纠纷解决渠道；其次，若国际市场的商业惯例和国

❶ 贾晓、魏敏真：《企业标准化能力提升探析》，载《航空标准化与质量》2017 年第 1 期，第3—6，11 页。

❷ 中国科学技术协会：《2016—2017 标准化学科发展报告》，中国科学技术出版社 2018 年版，第120 页。

际上的裁判规则被奉行，当国内的相关规则存在空白或与之不相吻合之时，必然考验着法院的司法智慧。

以公平、合理、无歧视原则（FRAND 原则）为例，可以看到，我国司法是如何被"拉入"纠纷中并率先继受国际上通用规则解决标准必要专利纠纷的。在 2008 年前后的季某、刘某诉朝阳市兴诺建筑工程有限公司专利侵权案 [（2007）辽民四知终字第 126 号] 中，最高人民法院通过个案答复函的方式指出，鉴于目前我国标准制定机关尚未建立有关标准中专利信息的公开披露及使用制度，专利权人参与了标准的制定或者经其同意，将专利纳入国家、行业或者地方标准的，视为专利权人许可他人在实施标准的同时实施该专利，他人的有关实施行为不属于《专利法》第 11 条所规定的侵犯专利权的行为。专利权人可以要求实施人支付一定的使用费，但支付的数额应明显低于正常的许可使用费；专利权人承诺放弃专利使用费的，依其承诺处理❶。该意见初步确立了标准必要专利的默示许可制度。

但是在张某廷与衡水子牙河建筑工程有限公司等侵害发明专利权纠纷案中，我国法院却采取了 FRAND 原则的解决思路。2014 年，最高人民法院在该案的再审判决书中指出，因子牙河公司知道或应当知道施工方法中涉及他人专利技术，在张某廷进行了专利披露、子牙河公司能够识别专利并能够与张某廷进行联系的情况下，未经张某廷许可使用涉案专利技术，且在发生纠纷后拒绝向其支付专利许可费，其行为构成侵犯专利权。最高人民法院认为，在未经专利权人许可且拒绝支付许可费的情况下，原则上专利侵权救济不应当受到限制。本案应当支持停止侵害的诉讼请求，但是因建筑工程现已完工并交付业主使用，停止侵害已无必要，但子牙河公司应向专利权人赔偿损失。实施了该标准，应根据公平、合理、无歧视原则支付许可费❷。该裁判规则否定了之前的默示许可制度，确立了这样的规则：在标准必要专利诉讼中，被诉侵权人存在恶意，明知专利存在，未经许可，拒绝支付许可费时，可以颁发禁令。而且实际上，该案是中国法院在裁判中第二次引入 FRAND 原则。早在之前的 2013 年，广东省高级人民法院在审理华为诉 IDC 标准必要专利使用费纠纷案❸中，

---

❶ 最高人民法院关于朝阳兴诺公司按照建设部颁发的行业标准《复合载体夯扩桩设计规程》设计、施工而实施标准中专利的行为是否构成侵犯专利权问题的函 [2008 民三他字第 4 号]。

❷ 最高人民法院（2012）民提字第 125 号。

❸ 广东省深圳市中级人民法院（2011）深中法知民初字第 858 号民事判决，广东省高级人民法院（2013）粤高法民三终字第 305 号民事判决书。

我国法院就已开始适用 FRAND 原则裁判案件。

经过相关司法审判实践的探索，最高人民法院在 2016 年发布的《关于审理侵犯专利权纠纷案件应用法律若干问题的解释（二）》中，于第 24 条直接将 FRAND 原则确立为裁判规则，即：推荐性国家、行业或者地方标准明示所涉必要专利的信息，专利权人、被诉侵权人协商该专利的实施许可条件时，专利权人故意违反其在标准制定中承诺的公平、合理、无歧视的许可义务，导致无法达成专利实施许可合同，且被诉侵权人在协商中无明显过错的，对于权利人请求停止标准实施行为的主张，人民法院一般不予支持。随后，北京市高级人民法院和广东省高级人民法院分别出台了《专利侵权判定指南（2017）》和《关于审理标准必要专利纠纷案件的工作指引（试行）》这两部对标准必要专利审判具有指导意义的文件，比较系统地阐述了 FRAND 原则。至此，以 FRAND 原则为核心的一套裁判规则在司法领域被基本确立起来。

专利标准化法治保障系统是涉及立法、行政执法和司法的综合系统，而司法发挥着特殊而重要的作用。其中，立法是标准化主体开展专利标准化活动的起点，居于专利标准化法治保障系统的上游，是专利标准化主体开展活动和利益分配的制度基础；行政执法位于立法之后，居于专利标准化法治保障系统的中游，既直接参与部分专利标准化活动，同时也承担着劝导标准化主体合法开展专利标准化活动的职能；而司法位于专利标准化活动的末端，居于专利标准化法治保障系统的下游，不仅承担着及时满足专利标准化主体的"定纷止争"诉求的责任，同时也是对专利标准化进程的立法和行政的反思和评估，其判决结果和司法经验也将真正改善标准化主体的可预期性和确定性，从而进一步推动专利标准化活动的有序开展。作为市场经济中的一个"冷静的"参与者，司法机关能够在市场和政府失灵的领域有所作为。

近年来，随着我国标准必要专利纠纷的集中爆发，法院审理了诸如西电捷通诉索尼案❶等诸多具有广泛影响力的标准必要专利案件，司法规则的主导作用越来越明显。司法继受的规则反过来影响专利标准化法治保障系统的上游和中游。在司法的推动下，或曰立法、行政执法相互联动，整个标准化法治保障系统出现了"法治进化"的可喜现象。一个鲜明的例子是 2017 年《标准化法》的修订。该法是对 1988 年《标准化法》的大修，实现了从行政法到社会

---

❶ 北京知识产权法院（2015）京知民初字第 1194 号，北京市高级人民法院民事判决书（2017）京民终 454 号。

法的"华丽转身"，这是行政领域放、管、服改革的要求与政府问责的考量相综合和结果。正如王艳林教授所指出的，2017 年修订的《标准化法》是社会治理法，自此以后，中国的标准化活动是面向世界开放的中国标准化活动，将渗透到社会一切领域，市场主体将成为标准制定的主体❶。可见，知识产权司法的"定纷止争"和"规则之治"正深刻影响着专利标准化法治进程。这是司法在宏观方面的作为。

（三）技术进步视角下司法的能动作为

在促进技术进步的创新体系研究中，司法作为一个重要组成部分被嵌入其中，是影响创新效果的重要变量❷。从技术经济学的角度看，制度是技术进步的"游戏规则"，缺乏游戏规则的环境会提高技术发展的交易成本，会制约技术的发展。一般而言，决定技术进步的经济制度体系包括三个层次：第一层次是产权制度，包括知识产权制度；第二层次是经济运行制度，包括经济伦理与经济权利、企业行为和政府行为等制度；第三层次是市场交易制度，包括契约制度等。其中，产权制度决定着其他制度安排，经济运行制度和市场交易制度都是直接规范交易主体行为的制度安排❸。专利标准化的相关制度也是影响技术进步的一套制度体系安排，第一层次是涉及专利标准化的产权制度，主要是指专利制度；第二层次的专利标准化制度主要包括标准化组织的政策、标准必要专利的许可交易惯例和政府涉及标准必要专利的行政法规与政策等；第三层次的专利标准化制度主要是专利许可合同制度❹。实践中，司法对专利标准化相关问题的裁判，经常是一种对产权制度（在这里主要是指知识产权制度）、经济运行制度和契约制度的"法官造法"过程。司法机关不仅需要明晰上位法的解释，而且涉及对国际标准制定组织专利许可政策和商业伦理、商业习惯的审查。因此，司法裁判可以推动涉及专利标准化的产权、经济运行和交易制度的明晰化，也可以矫正不利于技术进步的规则。这是司法在微观方面的作为。

在标准必要专利纠纷解决的国际通用规则中，一些明显有利于技术进步的

---

❶ 本观点来自 2018 年 10 月 15 日王艳林教授于武汉大学所做的"标准化法由行政法向社会治理法的转变"专题演讲。

❷ 郑志柱：《专利等同原则与技术进步》，暨南大学出版社 2019 年版，第 131 页。

❸ 雷家骕、程源、杨湘玉：《技术经济学的基础理论与方法》，高等教育出版社 2005 年版，第 82—83 页。

❹ 余泳泽、杨晓章：《技术进步的原因及性质——基于分工和外部性的理论分析框架》，载《产业经济评论》2016 年第 3 期，第 117—124 页。

标准必要专利规则和政策正在得到确立。例如，在经济运行制度方面，在标准制定阶段，法院均要求专利权人应当按照标准制定组织的要求履行披露义务，否则不得事后主张权利❶，实际上是为了矫正专利权人故意违反专利信息披露规则的行为，有利于标准实施者参与技术扩散活动。虽然司法实践中对标准必要专利权人作出的 FRAND 许可承诺的法律性质存在争议，但普遍认为标准必要专利权人应当受到该承诺的约束❷。与此同时，一些阻碍技术进步效果的标准必要专利规则和政策也被矫正。专利标准化影响技术进步问题的司法矫正经验见表 2。例如，在市场交易方面，法院对专利权人与实施人在谈判过程中的禁令救济制度采取谨慎态度，如果专利权人按照标准制定组织作出 FRAND 承诺，在标准的实施过程中就应当在协商该实施许可条件时遵守 FRAND 原则的要求，不能故意违反该承诺随意请求禁令救济❸，确立了对规制专利劫持的基本规则，能够防止实施者承担过高的交易成本，等等。

表 2　专利标准化影响技术进步问题的司法矫正经验

专利标准化的制度		影响技术进步的因素	司法矫正思路
产权制度	专利制度	对专利权的保护	肯定专利权人获得专利许可费的权利，但防止过度保护
经济运行制度	标准化组织的政策	制定和实施 FRAND 原则；明确专利权人的专利信息披露义务	尊重 FRAND 原则；对专利权人违反信息披露义务的，采取限制态度
	标准必要专利的许可交易惯例	标准必要专利专利权人和实施者需建立善意协商谈判机制	尊重善意谈判的一般商业惯例，包括费率谈判、专利信息披露、费率计算等方面
	涉及标准必要专利的法规与政策	允许专利纳入标准，制定涉及专利的标准制定和实施政策	明确涉及标准必要专利领域的法律依据、制度内容和适用准则，推动相关立法
市场交易制度	专利许可合同制度	标准必要专利专利权人和实施者通过平等协商方式达成协议	防止专利权人的专利劫持；防止实施者的 FRAND 劫持

近年来，在我国法院的司法实践中，FRAND 原则的适用、标准必要专利

❶ 张平：《冲突与共赢：技术标准中的私权保护》，北京大学出版社 2011 年版，第 210—211 页。
❷ 广东省高级人民法院（2011）深中法知民初字第 858 号；广东省高级人民法院（2013）粤高法民三终字第 306 号。
❸ 《最高人民法院关于审理侵犯专利权纠纷案件应用法律若干问题的解释（二）》（法释〔2016〕1 号）。

的禁令颁发和权利滥用等争议焦点仍是标准必要专利纠纷的普遍性问题，对于技术进步将产生直接的影响。结合专利标准化对技术进步的双重影响理论，标准必要专利纠纷的裁判规则中的"技术进步"因素值得重视，以发挥司法在技术创新体系中的能动作用。

1. 探索基于"技术进步"的 FRAND 原则适用逻辑

作为涉及产权制度、经济运行制度和市场交易制度的统一规则体系，FRAND 原则应是推动技术研发、技术创新和技术扩散三个环节的制度设计，但核心在于推动技术扩散。第一，FRAND 原则本身就是专利权人将其专利纳入标准化的对价，对于没有作出 FRAND 承诺的标准必要专利权人，不应当推定其享有与实施 FRAND 承诺的权利人一样的权利。第二，鉴于 FRAND 原则的适用应当有利于形成正确的技术路线，因此其适用范围自然是以标准必要专利为限，换言之，必须以标准必要专利的准确识别为前提。第三，FRAND 原则的适用应当肯定专利权人的研发和推广成本，并且考虑合理的利润比例。第四，由于 FRAND 原则的最核心任务是技术扩散，当实施者积极接受标准并且愿意以合理的成本获得、学习和模仿新技术时，法院不应当对标准实施者施加过多的义务和责任，防止技术扩散受阻。第五，FRAND 原则适用应当考虑专利权人与实施者之间的分工合作效率，鼓励形成和维持创新体系。在此基础上，法院对于 FRAND 原则适用应当注意消除不确定性的问题，应当与国际通行的 FRAND 原则适用内容一致，尽量消除因国别差异导致的交易规则差异，为标准必要专利许可交易建立更为明确的、可预期的交易制度环境。

2. 禁令颁发应考虑交易成本和创新体系因素

司法机关在颁发禁令时应当考虑该禁令对技术创新可能造成的影响。理论上讲，标准必要专利禁令救济的颁发，将会产生排除或限制相关市场上的技术和标准使用效果，而这种情况是否会抑制相关领域的技术创新，一方面取决于标准实施者是否能够获得足额的经济补偿，有意愿进行持续研发，另一方面可能取决于标准实施者是否能够形成对 FRAND 许可的信赖利益，愿意加入相关技术网络。因此，法院颁发禁令应当注意考察三个方面：第一，明确作出 FRAND 承诺的专利权人仍然享有获得禁令救济的权利，但法院应当考察专利权人已经提出的经济补偿要求，注意该经济补偿要求是否具有合理性。第二，禁令的颁发应当基于标准的创新体系进行考量。一是对于标准必要专利权人属于非专利实施实体的，应当进行更为严格的审查，尽量防止"专利流氓"情形下的禁令颁发。二是应当考察标准必要专利权人和标准实施者的创新体系形成和运作情况。在标准必要专利权人与标准实施者已经形成基于标准的技术创新体系的情形下，如果禁令的颁发将导致创新体系运行停滞的，法院应当尽量不颁发。第三，应当保护标准实施者基于信赖利益的技术研发投入。如果从谈判情况可以证明标准实施方具有支付 FRAND 许可费率的意愿和能力，而且已经基于对 FRAND 原则的信赖开展了大量的技术研发投入的，法院应当尽量不颁发禁令。

3. 建立以"善意谈判"为核心的权利滥用判断标准

在诚实信用原则的指导下，"善意谈判"应是技术市场达成交易的基本模式，同时也是判断行为人是否构成权利滥用的基本标准。"善意谈判"对于标准必要专利权人和标准实施者本质上是一种双向性义务，不仅标准必要专利权人有必要进行信息披露和通知，而且标准实施者也应当承担作出实质性答复的义务，因此也可以被认为是一种"基于程序正义的要求"❶，但同时也应当符合最基本的实体正义的要求。第一，标准必要专利权人应当遵守标准制定组织的程序性规则，在制定过程中和标准制定之后披露相关的专利信息。第二，标准必要专利权人应当与标准实施者建立一种基于通知和反通知的谈判程序，既包括标准必要专利权人在谈判过程中对被侵害专利信息和主张的许可费率及其依据的进一步说明，也包括标准实施者遵守保密义务、针对被侵害专利信息进行回应等义务。第三，双方对于难以达成一致的内容应当尽快提交仲裁或者司法程序，另一方应予积极的配合。第四，双方的谈判主张应当有相应的依据，专利权人不能作出毫无依据的高许可费率主张，而标准实施者也不能作出毫无依据的拒绝或者低许可费率主张，这是对"善意谈判"的最基本的实体正义的要求。

二、标准必要专利纠纷化解中的挑战与应对

在我国知识产权保护方面，有对侵害版权、专利权、商标权行为的行政处罚和行政裁决，当事人对行政处理不服，可以向法院提起行政诉讼，同时我国也存在侵害知识产权的民事诉讼，所以被称为"双轨制"❷。作为具有中国特色的知识产权保护制度，"双轨制"发挥保障科技进步，促进经济发展，维护权利人合法利益，打击、制止侵权行为的重要作用。

---

❶ 李扬：《FRAND 劫持及其法律对策》，载《武汉大学学报（哲学社会科学版）》2018 年第 71 卷第 1 期，第 117—131 页。

❷ 郑志柱：《美式法治社会中法官的地位与担当》，载《中国知识产权杂志》2016 年第 12 期。

（一）涉标准必要专利司法救济及行政执法概况

在标准必要专利保护方面，"双轨制"下司法、行政共同发力，衡平保护当事人的合法权益，维持正常的市场竞争秩序。近年来，在司法领域，标准必要专利诉讼不断增多。2012年华为公司和中兴公司在深圳中院互诉标准必要专利侵权纠纷七案，并以调解结案。同年，深圳中院一审、广东高院二审的华为诉IDC案成为全国法院判结的涉标准必要专利纠纷许可费率和反垄断纠纷第一案。近年来，深圳中院、广州知识产权法院以及广东高院相继受理了美国GPNE公司与苹果公司、中兴公司与IDC、华为公司与三星公司、广晟数码与海信公司等二十余起标准必要专利案件，其中美国GPNE公司与苹果公司标的额为9亿元人民币，华为公司与三星公司案标的额高达32亿元人民币。❶ 2018年，广州知识产权法院受理了TCL集团与爱立信集团反不正当竞争纠纷案，案件事实涉及全球7个司法辖区及十余起SEP专利侵权诉讼，涉案标的额高达1.68亿元。前述标准必要专利案件中涉及行业内强制实施的技术标准，对社会公众利益或者对某一市场领域的产业创新发展具有重大影响，因此这些案件的审理受到国内外高度关注。这些案件也呈现出以下特点：

① 标准必要专利纠纷在新技术领域逐渐增多，案件难度不断加大。随着我国高新技术特别是通信技术的飞速发展，我国高科技企业逐渐在国际舞台上占据中心位置，涉及高新技术产业的标准必要专利纠纷开始逐渐增多，且往往是一些涉外、重大、疑难和法律界限模糊的案件。这类案件对法官的专业素养要求越来越高，案件审理难度不断加大。

② 案件影响力大，国内外关注程度高，司法保护的独特作用逐渐凸显。案件当事人多为行业中跨国公司、头部企业。由于相关判决结果对于技术创新、国际竞争格局形成及经济发展有着重要影响，因此备受社会公众和媒体关注。

③ 案件专业性、技术性不断增强，司法保护对产业和技术的保护和引导作用不断增强。通过司法裁判，法官对涉及标准必要专利的法律和法理进行阐释，为市场行为树立标准，增强标准必要专利实施的可预见性和确定性，保护和促进我国技术产业的创新发展的同时，为技术产业的发展方向和发展路径提供了明确的指引。

---

❶ 广东省高级人民法院民三庭：《关于通信领域标准必要专利司法实务问题的调研报告》，2018年。

相较于司法救济，行政机关也通过行政处罚等手段，有效规制市场竞争秩序，如高通反垄断案。2013 年年底，国家发展和改革委员会根据举报启动了对高通的反垄断调查，经调查认为高通存在收取不公平的高价专利许可费，没有正当理由搭售非无线通信标准必要专利许可，在基带芯片销售中附加不合理条件等滥用市场支配地位的行为。最终国家发展和改革委员会在责令高通停止违法行为的同时，依法对高通罚款 60.88 亿元人民币。

（二）司法机关面临的挑战

如前文所述，法院审判是国际通行的专利标准化纠纷解决渠道。近年来，我国法院通过一系列的司法判决，在弥补法律体系漏洞、推动标准制定程序和标准组织政策完善等方面，有效发挥了司法导向作用，有力推动了技术和产业发展，但也遇到了一些亟待解决的问题。例如，随着国际竞争日趋激烈，我国越来越多的高新企业卷入到标准必要专利诉讼，在涉外知识产权民事纠纷中，出现部分欧美法院与我国法院争夺管辖权的情况；在当前司法机关"案多人少"矛盾越发尖锐的大背景下，如何更为高效优质地解决标准必要专利纠纷。

1. 涉外标准必要专利纠纷中管辖权的争夺

随着全球科技创新的快速发展，以及贸易全球化的发展，技术标准的价值越发重要。技术标准作为产业竞争的制高点，谁掌握，谁就能够决定未来产品的发展方向，进而影响市场发展和国家经济竞争力。技术标准竞争投射到标准必要专利纠纷领域，表现为相关诉讼，特别是跨国企业间的标准必要专利诉讼愈演愈烈。管辖权作为法院管辖案件的前提和依据，不同国家地区的法院行使管辖权会导致适用不同的实体法，最终可能导致不同的裁判结果。而不同的裁判结果也决定着行业技术的发展和相关从业企业的兴衰。企业希望案件能够进入于己有利的法域进行审理，因此国际涉外知识产权民事纠纷的管辖权争夺也越发激烈。在司法实践中，部分欧美法院通过美国法中的长臂管辖制度以及发布禁诉令的方式与我国法院争夺管辖权。

长臂管辖是来源于美国的法律术语，指的是被告人的住所不在法院所属地州，但和该州有某种最低联系，而且所提权利的产生已和这种联系有关时，就该项权利要求而言，即使被告人的住所不在该州，该州对于被告人仍具有属人管辖权，可以对州外被告人发出传票。作为一个法律术语，长臂管辖有两个层面的含义：一是指美国及其各州法典中的长臂管辖权；二是指学者使用的长臂管辖概念，一般是指国际民事诉讼中，对作为非法院地居民且不在法院地，但与法院地有某种联系，同时原告提起的诉讼又产生于这种联系时，法院对于被告所主张的管辖权，是一种用于解决"法律冲突"的管辖制度。❶ 在标准必要专利的纠纷中，由于事关核心技术发展和国际贸易市场，部分国家采取扩大己方管辖权或者将判决效力延及其他国家的有违国际司法礼让原则的行为。2017年，英国伦敦高等法院在 Unwired Planet（UP）诉华为专利侵权案中，未经双方当事人同意，裁定了包括 UP 中国专利在内的全球费率，否则将对华为作出禁令判决。华为在管辖权异议程序中反对该法院判决全球费率，而英国伦敦高等法院于 2018 年 4 月在管辖权异议裁定中明确指出，其对于包含中国专利在内的全球费率拥有管辖权。实际上，华为手机只有极少部分在英美国家销售，而大部分产品则在中国制造与销售，中国对于该案有着无可争议的管辖权。在随后的 Conversant 公司诉华为公司案中，英国伦敦高等法院亦作出了同样的处理。

禁诉令是指一国法院对系属该国法院管辖的当事人发出的，阻止其在外国法院提起或者继续进行已经提起的、在与该国法院未决的诉讼相同或者相似的诉讼的限制性命令。禁诉令可以看作是长臂管辖的一种延伸，其本质也是排除他国合法正当的司法管辖权。深圳中院在华为诉三星专利侵权案中作出一审判决，要求三星停止侵权。2018 年 4 月，美国法院支持了三星的申请，颁发禁诉令，裁定在美国法院有机会审理双方争议之前，华为不得申请执行深圳中院关于三星停止侵权的判决。

长臂管辖以及禁诉令作为司法霸权主义的产物，违反国际民事诉讼的属地管辖原则，损害了我国司法主权和我国企业的合法利益。

2. 司法机关"案多人少"的严峻形势

标准必要专利案件多涉及跨国公司，案件事实多发生在海外，有些案件事实甚至涉及十几个国家，数个法域。案件审理涉及大量外国法律规则等事实的查明和法律适用问题，有一些案件存在平行诉讼问题，还涉及外国相关案件裁判进度查明。整体而言，虽然标准必要专利案件在知识产权案件中占比不高，但是从个案来看，标准必要专利案件审理难度大、审理周期长、占用司法资源以及牵扯司法人员精力较多，是名副其实的"骨头案"。

从法院工作整体来看，随着我国内地经济飞速增长，民事诉讼纠纷整体呈

---

❶ 丁文严：《跨国知识产权诉讼中的长臂管辖及应对》，载《知识产权杂志》2018 年第 11 期，第 28—34 页。

爆炸式增长态势。以知识产权案件数量为例，根据最高人民法院公布的数据，2018 年，全国法院共新收一审、二审、申请再审等各类知识产权案件 334951 件，审结 319651 件（含旧存，下同），比 2017 年分别上升 41.19% 和 41.64%。地方各级人民法院共新收和审结知识产权民事一审案件 283414 件和 273945 件，同比分别上升 40.97% 和 41.99%。

广东作为改革开放的先行地，科技创新和民营经济的热土，知识产权诉讼案件数量在全国一直处于领先地位。根据广东省高级人民法院公布的《广东法院知识产权司法保护状况（2018 年度）白皮书》显示，2018 年全省法院共新收各类知识产权案件 101809 件，同比增长 37.42%；审结各类知识产权案件 100012 件，同比增长 40.04%。全省新收知识产权民事一审案件 80941 件，同比大幅增长 32.13%，其中专利权、技术合同类案件 5115 件。新收民事二审案件 16853 件，同比增长 32.13%，其中专利权、技术合同类案件 1898 件。

近年来，随着知识产权法院的设立以及一系列知识产权审判机制改革，目前广东省专利案件主要集中在广州知识产权法院、深圳知识产权法庭审理。以广州知识产权法院为例，该院不仅承担了广东省内除深圳市以外，一审专利权、技术合同类民事、行政案件的审理，同时还包括大量的著作权、商标及不正当竞争纠纷案件的审理工作。2018 年，该院新收知识产权案件 10086 件，占当年全省新收知识产权案件的 1/10，占全国新收知识产权案件的 1/30。而该院仅有员额法官 30 人。法院内部为了敦促案件尽早审结，避免出现"迟来的正义"，除诉讼法上规定的案件审限外，法院内部亦存在一些指标对案件进行管理，如长期未结案数、结案率等。此外案件长期未结，也可能会引起当事人投诉。为有效实现公平正义，避免在内部考核中处于不利的位置，以及减少当事人投诉，一线司法人员长期超负荷运转成为不争的事实。近年来，人民法院一直致力于推进案件繁简分流、速裁快审机制，追求高效便民化解案件纠纷，但司法理念、司法能力、工作机制等与新时代形式发展、人民群众需求相比还有不小差距，知识产权审判领域有待更多的改革创新。

（三）应对挑战的设想

作为后发国家，我国保持了连续三十几年实现经济高速增长的世界奇迹，在很多领域特别是科技领域，办成了世界上许多国家无法办成的大事，一个重要原因在于社会主义制度的制度优势。习近平总书记指出："我们最大的优势是我国社会主义制度能够集中力量办大事。这是我们成就事业的重要法宝。"作为社会资源的管理者，行政机关在社会治理的各个领域，一直扮演着至关重要的角色，在知识产权保护领域也不例外。因此，应当在坚持知识产权保护司法主导的前提下，充分发挥好行政机关的力量，努力实现当事人、行政机关、司法机关"三赢"局面。

1. 对长臂管辖和禁诉令的应对

我们应当认识到，欧美国家在标准专利纠纷解决方面的经验相较于我国更为丰富，在制度建设上作出了很多探索。作为后发国家，应当加强对欧美长臂管辖及其相关制度和判例的研究，探索完善我国知识产权海外保护机制。在具体案件中适当采取积极措施对抗外国法院对长臂管辖、禁诉令的适用，及时亮明人民法院的司法态度和声音，如总结武汉海事法院做法，积极探索反禁诉令的适用。2017 年 6 月在一起海上货物运输合同纠纷案中，香港高等法院根据船东的请求签发禁诉令，要求保险人撤回在大陆法院的诉讼。同年 7 月，武汉海事法院基于保险人的申请作出海事强制令，责令船东撤回在香港高等法院的禁诉令，此系中国法院首次对境外法院签发禁诉令作出明确表态。该案中，武汉海事法院签发海事强制令的法律依据在于《中华人民共和国海事诉讼特别程序法》第 51 条的规定，是基于海事强制令的形式作出的一份反禁诉令。而目前在知识产权审判领域并不存在与海事强制令相同效果的制度，也没有相应的禁诉令制度。借鉴上述思路，有必要完善我国涉外民事诉讼制度和知识产权诉讼特别程序制度，特别是知识产权审判领域禁诉令制度研究，探索构建我国禁令制度，以更好地保护中国企业合法权益。

针对英国高等法院在 Unwired Planet 案中确立的全球范围许可原则，同样应当予以积极的回应。广东省高级人民法院在《关于审理标准必要专利纠纷案件的工作指引（试行）》中就规定，标准必要专利权人或实施者一方请求裁判的有关标准必要专利的许可地域范围超出裁决地法域范围，另一方在诉讼程序中未明确提出异议或其提出的异议经审查不合理的，可就该许可地域范围内的许可使用费率作出裁判。此规定明确了法院适用全球范围许可原则的裁判空间，在"规则之治"上作出了有益的探索。

2. 构建标准必要专利纠纷多元化解机制

目前，我国已初步建立起知识产权仲裁制度，以及包括司法调解、行政调解、人民调解在内的知识产权调解制度的替代纠纷解决机制。但是由于缺乏配套制度支持，机构设置零散，运行模式不统一，未形成体系化替代纠纷解决机制模式；替代纠纷解决机制缺乏公信力等原因❶导致知识产权纠纷多元化解机制未充分发挥其应有的作用。市场经济比较发达的国家，行业协会、民营机构的调解功能比较到位，而目前由于我国的行业、企业等社会团体自治力量相对较为弱小，构建完善标准必要专利纠纷多元化解机制仍有赖于行政机关的积极作为。

党的十八大以来，党中央、国务院对知识产权行政保护工作提出了新的更高的要求。为贯彻中央决策部署，知识产权行政管理部门提出，在努力建设知识产权强国的新形势下，构建知识产权大保护工作格局势在必行❷，并坚持"统一、协调和高效"的原则。其中"高效"是要对知识产权及时进行严格保护，优化保护程序，提高保护效能，避免"迟来的正义"。❸ 行政机关秉持高度责任感和紧迫感，选择加强专利领域的行政执法，为市场主体提供低成本的、便利的维权服务。伴随着行政机构改革实践，行政部门已有所动作，各地知识产权保护中心纷纷成立，如广东省知识产权局职能并入市场监督管理局后，成立了广东知识产权保护中心。在灯饰产业聚集区中山古镇，知识产权快维中心受到广泛好评，成为知识产权领域行政作为的招牌。

2019 年 8 月 1 日，最高人民法院印发了《关于建设一站式多元解纷机制、一站式诉讼服务中心的意见》，提出到 2020 年年底，全国法院一站式多元解纷机制基本健全；提出加强与调解、仲裁、公证、行政复议的程序衔接，健全完善行政裁决救济程序的衔接机制；畅通与工会、共青团、法学会、行政机关、行业协会、商会等对接渠道，促进建立调解前置机制，发挥人民调解、行政调解、律师调解、行业调解、专业调解、商会调解等诉前解纷作用；完善诉调一体对接机制；对能够通过行政裁决解决的，引导当事人依法通过行政裁决解决；完善分调裁审机制等。

行政机关主导下的知识产权保护中心、快速维权中心，目前普遍具有专利申请、维权援助、调解执法等功能，为权利人提供多项综合服务。最高院建设一站式多元解纷机制、一站式诉讼服务中心的部署，与知识产权保护中心、快速维权中心建设有着异曲同工之妙。通过建设一站式纠纷解决机制及配套机

❶ 詹映、邱亦涵：《我国知识产权替代性纠纷解决机制的发展与完善》，载《西北大学学报（哲学社会科学版）》2018 年第 48 卷第 5 期，第 75—83 页。
❷ 国家知识产权局：《要着力构建知识产权大保护工作格局，加快形成知识产权保护的强大合力》，2016 年 4 月 16 日。
❸ 谢小勇、王淇：《从知识产权大保护工作格局论专利行政执法》，载《专利法研究（2015）》。

构，可以高效地整合社会资源，有效解决了机构设置零散、运行模式不统一的问题；亦便于司法机关、行政主管机关统一管理、监督，有效降低了监管成本；畅通完善调解、仲裁、公证、行政调解间的程序衔接，避免纠纷在程序内空转得不到有效解决，导致公共资源浪费和成本抬高。上述实践为标准必要专利纠纷多元化解机制构建提供了有益参考，可以依托人民法院诉讼服务中心或者知识产权保护中心、快速维权中心组建一站式标准必要专利纠纷多元化解中心，作为纠纷标准必要专利纠纷的重要载体。构建中要注意以下四个方面的问题。

① 坚持司法主导作用。司法救济目前是国际上解决标准必要专利纠纷最主要，也是最多企业选择的方式，这是基于司法的权威性和终局性所决定的，是司法有别由其他纠纷解决方式的最重要的特征。因此，标准必要专利纠纷多元化解机制应当紧密围绕民事诉讼程序展开，做好行政调解等与诉讼程序的衔接。在尊重当事人自由选择救济途径权利的基础上，尽力引导当事人首选其他纠纷解决方式化解矛盾。

② 紧密结合实际需求设置。当前广东省内专利案件主要集中于"两地三院（庭）"审理，即位于广州、深圳两地的广东省高级人民法院、广州知识产权法院和深圳知识产权法庭。广州、深圳又恰好是粤港澳大湾区中内地方面最重要的两个核心城市，也是珠三角地区经济总量最大、科技创新指数最高、技术研发最密集、高新企业最集中的两个城市，从司法实践中看，两地也是标准必要专利纠纷最多的区域。因此，一站式标准必要专利纠纷多元化解中心应当集中资源建立在纠纷解决需求最大的广州、深圳两地。一站式标准必要专利纠纷多元化解中心建设要紧贴实际需求，做到能够有效解决实际问题。

③ 紧密结合标准必要专利纠纷特色，构建纠纷解决机制。专利的生命在于许可使用，通过技术市场交易获得价值。❶ 亦如前文所述，标准必要专利持有人通过"专利标准化"，实现一种从"标准化促进科技研发活动"再到"科技研发活动促进标准化"的良性创新循环。通过推广技术标准，从而收取相应的标准必要专利许可费，则是实现这一良性创新循环必不可少的基础一环。标准必要专利纠纷中以许可费和禁令诉讼为主，但最终落脚点往往就是标准必要专利许可费率的问题。有学者指出，针对标准必要专利许可费的确定，欧美

---

❶ 马一德：《多边贸易、市场规则与技术标准定价》，载《中国社会科学》2019 年第 6 期，第 106—123 页。

司法机关目前存在不同路径选择，欧洲倾向于通过对谈判行为的约束，推动双方达成许可协议，不倾向于通过司法裁决标准必要专利的单费率，而美国倾向于通过司法确定费率。除通过司法裁判确定专利费率外，通过引导当事人谈判达成许可协议，亦是通行的做法。目前，在我国选择仲裁，需要当事人之间存在仲裁协议这一前提，因此适用面较窄；标准必要专利涉及大量专业技术问题，人民调解稍显专业能力不足；律师调解、行业调解、商会调解目前在一般专利侵权案件中发挥的作用尚不明显，短时间较难推广到标准必要专利纠纷化解中。相比之下，行政调解由行政机关主持，相较其他调解方式权威性仅次于司法机关。此外，行政调解也兼具专业性、便捷性和高效性等特点。综上所述，应当突出行政调解在标准必要专利纠纷多元化解中的地位和作用。

④做好行政调解与司法诉讼的衔接。在禁令诉讼中，标准必要专利持有人和实施人在谈判中的表现，是人民法院判断是否颁发禁令的重要因素。如广东省高级人民法院出台了《关于审理标准必要专利纠纷案件的工作指引（试行）》❶。该指引在标准必要专利审判中具有一定参考意义，故在行政调解与司法诉讼程序衔接上，应重点围绕谈判进行构建。

国外对于诉前调解亦有一些规定。以韩国为例，韩国设置有诉前强制调解程序，要求各方在审理前提交调解请求，法官可以选择自行调解或是组成三人调解委员会进行纠纷调解，若调解失败，调解法官仍会作出一项调解决定，此时参与调解的当事人需在两日内提出异议，否则视为接受调解决定。❷可以借鉴上述做法，并加以适当本土化改造，可以规定标准必要专利纠纷需在诉前进行调解，调解由行政机关主持，主要目的是引导推动双方当事人谈判达成和解。对于能够达成调解协议的，如实记录入卷，效力等同于和解。应当注意的是，由于我国立法的空白，使得敦促行政调解协议履行机制或不履行行政调解协议的惩罚机制缺失，一方当事人不履行行政调解协议，另一方当事人不能申请法院强制执行，也为相应惩戒措施，故行政调解协议易沦为"一纸空文"，故有必要立法明确行政调解协议司法确认制度。同时，在诉前调解中，探索配套建立谈判磋商备忘制度，对双方当事人的谈判磋商过程，进行中立、客观的记录，形成双方均认可的档案卷宗，以符合诉讼法中有关证据的规定。一旦调解不成，在后续诉讼中，人民法院除当事人举证的途径外，也能够通过该制度

---

❶ 详见《关于审理标准必要专利纠纷案件的工作指引（试行）》第10条至第14条。

❷ 浙江省高级人民法院联合课题组：《知识产权纠纷多元化解机制问题研究》，载《中国应用法学》2019年第2期，第127—146页。

准确知晓谈判经过，有助于人民法院建立以"善意谈判"为核心的权利滥用判断标准。

3. 完善行政裁决程序

根据《中华人民共和国专利法》（2008 年修正）第 60 条的规定，除司法诉讼外，我国专利侵权法制化救济途径还包括行政处理。行政法理论上，行政行为可分为行政处罚和行政处理。行政处理中，一部分属于行政裁决。行政裁决可以作为行政调解的补充手段，解决标准必要专利纠纷。

由于现行制度设计对行政机关在行政裁决程序中定位不够合理、制度设计不完备等原因，制约了行政裁决制度效力发挥。行政裁决程序中，行政机关地位角色与民事纠纷案件中法官的角色相差无几，而一旦当事人对裁决结果不服，提起行政诉讼，行政机关则直接变成了被告。同时，基于行政诉讼中有着行政首长出庭应诉的要求，因此一旦行政机关被起诉，基于内部绩效考核等因素，行政执法人员则大概率面临内部负面评价，使得执法人员面临很大压力。另根据行政诉讼的全面审查原则，对于经过复议程序被维持的行政行为，法院既要审查行政行为本身，又要审查复议行为，行政机关及其复议机关在诉讼中均会成为被告。在行政诉讼中，司法既要审查行政行为合法性，也要审查合理性。对于事实问题，尤其是技术事实问题的认定，法院必须作出认定，而技术事实的认定有赖于当事人的举证。专利侵权纠纷中涉及的技术事实至少包括以下内容，被诉技术方案是否落入专利保护范围、被诉技术方案是否属于现有技术或现有设计；先用权问题、抵触申请问题、权利用尽问题等。如果缺失严格的程序设置，当事人在行政处理阶段不提出现有技术抗辩，或者虽提出该抗辩但不提交证据予以证明，等到行政诉讼阶段再提出，导致行政机关败诉，将极大地打击行政机关的积极性，也不利于提高行政处理的制度效能。即使当事人在行政处理程序中固定了各自的主张、不再变更，当技术事实涉及复杂专业问题时，仍然会导致事实认定问题在行政裁决程序中成为短板。在司法程序中，以广州知识产权法院为例，该院有专门的技术调查官队伍，在技术事实的查明认定方面，有专家证人、鉴定、技术调查官、专家论证、技术专家陪审等多个措施。相比之下，行政机关的手段较少，常选择求助于某协会，则可能因协会的主体资质问题或者作出的结论混淆了事实问题与法律适用问题，在行政诉讼中被认定无效。

基于上述角色地位失序、严格程序缺失和专业知识力量不足导致的事实认定不清等因素，使得行政执法人员作出逆向选择。因此，有必要对当前的行政裁决程序作出调整。此前有学者提出,鉴于知识产权无效宣告纠纷的民事争议性质,为了改善知识产权司法保护的效率和效果,应当赋予法院在知识产权侵权民事诉讼程序中审查知识产权有效性的司法职权。❶ 对行政裁决程序改造可借鉴上述思路,将行政裁决机关改造为准司法机构,将行政裁决程序改造为准司法程序。首先,可以将知识产权行政裁决中的行政机关的角色定位为类似于基层法院,当事人对裁决书提起行政诉讼后,行政机关不再作为诉讼中的被告,解除行政机关在行政裁决中的后顾之忧,充分释放一线行政执法人员的积极性。其次,借鉴诉讼证据制度并进行简化安排,在行政裁决程序中建立类似诉讼法之严格程序,通过证据失权制度促进案件事实的发现。再次,着力完善行政机关的技术"外脑"的建设,联合司法机关共同建立技术咨询单位清单,收录具有相关资质的专业机构,降低行政诉讼中因资质问题导致被认定无效的风险。同时,加强业务能力提升,提高行政裁定决定质量水平。

4. 加大对本土企业标准必要专利诉讼的支持

随着我国改革开放的步伐越来越大,加上"一带一路"倡议、人民币国际化战略等的推动实施,越来越多的本土企业"走出去",开始与国外企业竞争全球市场。然而,近年来国际贸易纷争不断,单边主义和贸易保护主义开始抬头,部分发达国家试图利用自身在知识产权领域的优势地位,对竞争者实施打击,以便继续占据全球生产价值链上游地位。具体表现在部分跨国企业针对我国企业在全球各地提起标准必要专利诉讼,通过申请禁令等方式,迫使我国企业在高额许可费用和海外市场中做出选择。如前述的 UP 案中,华为公司为了稳定海外市场,不得不选择接受高额的许可费用。

相对于这些跨国企业,绝大部分本土企业在技术实力、资金、诉讼经验方面存在较大差距,在竞争中往往处于不利地位。特别是海外诉讼成本高昂,给企业带来沉重的负担,不仅占用企业技术研发经费,导致技术更新延迟,甚至可能会引起企业资金断裂,导致"一着不慎,满盘皆输"的不利局面。因此,有必要加大对本土企业的资金、提供法律咨询的帮助扶持,以应对涉外标准必要专利诉讼。

在加强涉外知识产权保护制度方面,美国、日本、韩国等国均作出了一定

---

❶ 管荣齐、李明德:《中国知识产权司法保护体系改革研究》,载《学术论坛》2017 年第 1 期,第 111—117 页。

的探索。如美国通过立法设置知识产权贸易壁垒，即"337条款"。日本行业协会为海外企业提供法律咨询以及侵权调查。同时，美国、日本还建立了较为发达的知识产权保险制度，保险公司可以承保的范围包括，被保险人起诉侵权人时所必须支付的诉讼费用，以及被保险人被诉侵权时为其提供法律辩护资金和被判承担责任时支付损害赔偿金。相较于美国、日本，韩国也采取了政府、行业协会联动的援助模式，但政府除了提供法律援助，还通过发放涉外知识产权诉讼补贴费用、支付部分知识产权保险费用的形式直接提供经济援助，形成了"政府+行业协会+知识产权保险+诉讼补贴"的援助模式。韩国知识产权局设立了负责涉外知识产权维权的专门机构"海外知识产权保护中心"，制定了补贴规定，由政府为韩国企业在海外维权提供经济保障、法律咨询等实质帮助。❶

面对涉外知识产权案件，特别是标准必要专利纠纷日益增多的局面，上述国家，特别是韩国的做法值得我们学习借鉴。粤港澳大湾区行政机关应当先行先试，大胆探索建立涉外知识产权保护制度。

三、标准必要专利粤港澳协作保护机制

在知识背景下，在整个社会经济运行系统中，知识产权并非独立于其他社会经济活动，而是与科技和产业活动保持紧密的联系。知识产权的创造、运用、保护和管理活动作为经济活动的重要组成部分，既以科技和产业活动为载体，又最终运用于科技和产业发展中。❷ 正如前文所述，在现代市场经济条件下，众多发达国家的科技型企业已将"专利标准化"当成了其进行技术研发活动的基本思路和重要内容，甚至形成一种从"标准化促进科技研发活动"再到"科技研发活动促进标准化"的良性创新循环。这种标准必要专利与科技、产业发展之间的良性循环关系，是当前我国知识产权经济、科技和产业发展所欠缺的，也是我们所要追求的。

标准必要专利与科技产业的互动关系是在现代市场经济条件下完成的，通过市场机制，即通过市场的各个要素（包括价格、供求、竞争等）之间相互作用实现，但由于信息不对称、外部性因素导致市场机制存在失灵现象。市场失灵，不但标准必要专利与科技、产业发展之间良性循环关系无法实现，还可

---

❶ 辛彦军：《涉外知识产权诉讼援助基金的法律构建》，首都经济贸易大学2016年硕士学位论文。

❷ 贺化：《中国知识产权区域布局理论与政策机制》，知识产权出版社2017年版，第65页。

能会对技术进步带来负面影响。为了解决市场失灵问题，则需要有效的政府调控即行政机制，通过完善市场秩序和制度环境来弥补市场失灵，如提供基础设施建设、优化生态环境、提供公共政策服务，制定完善科技创新机制和科技产业政策，建立良好营商环境等。《粤港澳大湾区发展规划纲要》中明确指出了当前大湾区发展所面临的一些问题，如湾区经济运行仍存在产能过剩、供给与需求结构不平衡不匹配等突出矛盾和问题，经济增长内生动力有待增强。粤港澳大湾区市场互联互通水平有待进一步提升，生产要素高效便捷流动的良好局面尚未形成。大湾区内部发展差距依然较大，协同性、包容性有待加强，部分地区和领域还存在同质化竞争和资源错配现象等。并从宏观战略上指明了粤港澳大湾区的发展意义和未来发展方向，并从科技创新、产业发展、公共服务、基础建设、生态建设、营商环境建设等中观层面提出了建设要求和目标，力求解决上述发展问题，实现经济高质量发展。

未来的全球竞争主体，将从国家走到各国的超级城市，或称世界级的城市群。世界级的城市群或超级城市能够成为未来全球竞争的主体，在于这些城市群是全球互联互通的供应链的主要节点和枢纽，全球产业的科技和创新中心。❶ 这就要求，城市群之间市场高度互联互通，生产要素能够高效便捷流动，城市之间要避免同质化竞争，专业分工上高度配合。在"一国两制"制度体系下，粤港澳三地的社会制度不同，法律制度不同，分属于不同关税区域，因此，三地在市场联通、资源流通，以及知识产权合作保护上具有相当的难度和挑战，考验着行政司法机关的智慧。"合抱之木，生于毫末；九层之台，起于垒土；千里之行，始于足下"，国家宏观战略和中观政策能否实现，最终要落脚于行政司法机关在微观层面落实，有赖于行政司法机关的积极作为和创新变革。

在科技创新、产业发展、公共服务、基础建设、生态建设、营商环境建设中，与知识产权行政执法机关、司法机关直接相关的是包括优化区域创新环境在内的良好营商环境建设。《粤港澳大湾区发展规划纲要》中指出，要优化区域创新环境；依托粤港、粤澳及泛珠三角区域知识产权合作机制，全面加强粤港澳大湾区在知识产权保护、专业人才培养等领域的合作；强化知识产权行政执法和司法保护，更好发挥广州知识产权法院等机构作用；加强在知识产权创造、运用、保护和贸易方面的国际合作，建立完善知识产权案件跨境协作机

---

❶ 封小云：《香港经济特点及优势分析》，载《港澳研究》2017 年第 3 期，第 59—74 页。

制；推动通过非诉讼争议解决方式（包括仲裁、调解、协商等）处理知识产权纠纷；充分发挥香港在知识产权保护及相关专业服务等方面具有的优势，支持香港成为区域知识产权贸易中心；打造具有全球竞争力的营商环境；加强粤港澳司法交流与协作，推动建立共商、共建、共享的多元化纠纷解决机制，为粤港澳大湾区建设提供优质、高效、便捷的司法服务和保障，着力打造法治化营商环境。

标准必要专利粤港澳协作保护机制，应当充分融入《粤港澳大湾区规划纲要》的要求部署中来，具体可以从以下几个方面落实推进。

一是粤港澳合作共建标准必要专利纠纷谈判调解机制。本文提出构建标准必要专利纠纷多元化解机制，依托人民法院诉讼服务中心或者知识产权保护中心、快速维权中心组建一站式标准必要专利纠纷多元化解中心。从检索资料来看，近年来粤港澳三地中，以涉广东省企业标准必要专利纠纷数量为最多。基于诉前化解纠纷，以及充分借助行政调解力量的思路，提出在广州、深圳两地建立标准必要专利纠纷多元化解中心。但这并不意味着香港在合作共建标准必要专利纠纷谈判争端解决机制方面没有用武之地。香港作为亚洲首屈一指的营商中心，具有良好的区位优势与基础设施，是国际物流和航运的枢纽，同时又是重要的国际金融中心，是亚太地区的支付和结算枢纽，也是全球最大的离岸人民币结算中心。香港具有较强的国际竞争力，瑞士洛桑管理学院（IMD）发布的《2018世界竞争力年报》显示，香港仍是亚洲区龙头，全球排名第二，但在"政府效率"和"营商效率"两项指标位列第一，也是连续四年第一。世界银行公布的《2019营商环境报告》显示，香港位列全球第四。区位优势、强大的经济活力以及良好营商环境使得香港成为众多重要商业谈判的举行地。检索资料显示，华为和三星涉标准必要专利的侵权纠纷系列案谈判地就包括香港。

《关于审理标准必要专利纠纷案件的工作指引（试行）》规定，在标准必要专利许可使用费纠纷案件的审理过程中，标准必要专利专利权人与实施者均同意给予一定时间继续谈判协商的，可以中止诉讼。该指引对鼓励引导双方当事人谈判给予了一定的支持。如前文所述，相较于诉讼，谈判亦是解决标准必要专利纠纷的重要途径。因此，可以利用香港的优势，进一步将香港打造为标准必要专利纠纷的谈判"优选地"。可以利用香港的区位、人才等优势，在香港组建标准必要专利纠纷谈判调解中心，为境内外企业提供标准必要专利纠纷谈判调解服务。在标准必要专利纠纷中，在商业磋商阶段可以选择在香港进行，如果磋商失败进入内地区域进行诉讼，那么对双方在香港磋商期间产生的文件以及有关事实的认定，可以赋予香港谈判调解中心与广州、深圳等一站式多元化解中心一定的制度便利，比如规定对上述中心出具的文件可以直接作为证据提交给内地法院，而免于公证程序，降低信息流通成本。如此一来也可以进一步增强香港谈判调解中心对境外企业的吸引力。两地的中心还可以广泛开展人员培训，推动专业人才培养。

香港作为自由贸易港、国际金融中心，可以充分发挥其金融优势，在推动知识产权保险等方面争取更大作为。

二是优化标准必要专利案件中证据认证。标准必要专利案件中，有可能当事人涉港澳，有可能证据在港澳产生，有可能谈判地设在港澳，因此涉及三地证据的互认，标准必要专利与技术进步紧密联系，由于现代科技更新换代速度快，对证据互认具有很高的时效性要求。因此，在涉港澳的标准必要专利案件中如何优化证据认证，也是提升标准必要专利粤港澳协作保护机制水平的重要课题。

粤港澳三地证据认证主要包含两类内容：一是主体资格与授权委托事项相关证据，二是涉及案件实体部分的证据。关于主体资格与委托事项，按照《中华人民共和国民事诉讼法》《最高人民法院关于民事诉讼证据的若干规定》（以下简称《民诉证据规定》）的规定和实践操作。无论是主体资格、委托事项还是实体证据，涉港澳证据的认定都要经过公证程序。对于当事人而言，公证程序的便利性、可操作性也就至关重要。公证程序简便，甚至某些特定情况下不必要经过公证，成为值得探讨并具有实际意义的问题。

目前，涉港澳证据认定制度主要存在以下问题：一是笼统规定所有证据均要公证。如主体资格、委托事项相关证据可经过公证认证，但与案件事实密切相关的证据往往以当事人质证为准，尤其是标准必要专利案件的事实证据，对时效性有极高要求，如必须经过公证程序，增加程序烦琐性，降低举证和审理效率。二是由于粤港澳三地制度不同，证据认定程序缺乏明确指引，尤其是当事人对于港澳公证程序和机关并不熟悉。对于当事人提供的在港澳形成的证据须经公证证明的法律规则依据，除《民诉证据规定》第11条以外，目前内地与港澳地区就民商事诉讼境外证据公证证明手续并未达成相关的安排，也没有其他的解释或指引性文件，这也许是限制当事人对境外证据履行公证手续最主要的障碍之一。对于香港，内地一直实施的是委托公证人制度，即具备一定条件的香港律师，可接受司法部的委托，应当事人申请，对发生在香港的法律行为、有法律意义的事实和文书，依照法定程序对其合法性、真实性予以证明。而作为传统大陆法系地区，澳门有专门的《公证法典》，设置了公共公证员制度和私人公证员制度，两者均属于具有公证职能的专门机关。显而易见，香港和澳门的公证制度有着较大的区别，但从区际司法协助的角度来看，随着今后内地与港澳民商事诉讼来往频繁，对域外公证证明制度的确应进一步作出较为明确统一的双边安排，方便当事人履行域外证据公证证明的手续。三是三地在证据认定方面缺少沟通交流。随着涉港澳案件的日益增多，不同形式的证据认定需求也不断增加。例如标准必要专利审判实践中也同样涉及主体资格、委托事项和实体证据的认证，同时，鉴于当事人会将港澳作为谈判地之一，由此产生的谈判过程和谈判结果的证明文件也对审判有着至关重要的作用。根据现有法律规定，经公证证明的境外证据还需履行境内认证手续后方可向内地人民法院提供。基于司法主权，同境外形成的判决书一样，境外形成的公证文书或者公文书若要在境内具有公证文书或公文书的证据效力，应当办理境内认证手续，否则其效力只能等同于一般证据。目前而言，对涉外民商事诉讼境外证据公证文书的认证主体主要包括司法部和驻外使领馆，但港澳属于我国主权范围内不同法域地区，自然不能通过上述认证方式，而涉港澳境外证据公证文书的认证，在内地现在还没有相关的具体规定，其认定更多地需要依靠法院自身的判断。结合上述问题，应从以下几个方面入手，优化标准必要专利案件中证据认证。

一是细化现有证据认定规则。具体可将境外证据分门别类，针对不同类别规定不同程度的认证程序。在这方面，广东法院已经率先进行了有益尝试。广东省毗邻港澳地区，其经济具有外向性特征，与港澳经济活动、民商事活动来往较为频繁，所以广东法院每年审理的涉港澳民商事诉讼案件占全国的80%以上。通过长期的实践总结，广东法院对当事人提供的在港澳地区形成的证据材料一般会根据不同情况分别作出不同处理：第一，对证明诉讼主体资格的证据材料，应履行相关的证明手续，但在港澳地区的自然人能够提供身份证明原件的除外；第二，对港澳地区形成的其他证据材料，由提供证据的一方当事人选择是否办理相关的证明手续，但广东省法院认为确须办理的，当事人应办理相关证明手续；第三，对未办理相关证明手续的在港澳地区形成的证据，对方当事人认可的，广东法院通常直接认定相关证据的证明力，不必要求当事人办理相关的公证手续；第四，在港澳地区形成的已办理证明手续或者没有办理证明手续的证据材料，广东法院均要组织当事人进行质证，并结合当事人的质证意见进行审核认定。上述处理方法比较科学且合法、合理，在现有规定基础上加以细化，简化了诉讼主体证明程序，减轻了当事人的证明负担，更多地体现了当事人处分权的行使，通过民事诉讼中的自认制度对认定境外证据进行灵活处理，提高了法院审判案件的效率。法院对经公证的境外证据和未经公证的境外证据同样组织当事人质证的做法，既保障了当事人的诉讼权利和实体权利，同时也更加明确了法院以证据优势即证据三性为最终的证明标准，符合民事诉讼法的规定和证据理论。标准必要专利案件也属于民商事诉讼，完全可以在该类案件中推广适用这一规则。

二是优化证据认证程序。关于域外证据认证程序的简化探讨由来已久，也有据可依：首先，证据认证的核心在于质证。从民事证据的一般理论来看，其实不论是境外证据还是境内证据，核心问题是其是否具有证明能力即是否可以被采用。对证据的审查过程中，质证是一项必经环节。质证是当事人的一项重要诉讼权利，也是法院审查、认定证据效力的必要前提。《民诉证据规定》第47条明确规定"证据应当在法庭上出示，由当事人质证""未经质证的证据，不能作为认定案件事实的依据"；其次，现有制度已经有所突破。2005年最高人民法院《第二次全国涉外商事海事审判工作会议纪要》（以下简称《纪要》）就对域外证据进行了区分对待：①对诉讼主体资格的证明，应当履行相关的公证、认证或者其他证明手续；②对其他证据，由提供证据的一方当事人选择是否办理相关的公证、认证或者其他证明手续，但是人民法院认为确需办理的除外。该《纪要》对《民诉证据规定》境外证据公证证明制度进行了一定的修正和补充，以关键性程序证据和案件实体证据为划分，明确了不同境外证据公证手续的必要性。可见，《民诉证据规定》第11条存在着非强制适用的空间，并非所有境外证据都必须履行法定的证明程序。

结合标准必要专利案件特点，可在实际审理中探索涉港澳证据认证程序的简化或后置。尤其是事实证据，即当事人提供的所有境外证据，包括往来邮件、微信等，均直接提交法庭质证，无须经过公证程序。而证据的采信由法官决定。如法官对合法性、真实性有疑义，可要求当事人后续补充公证，也就是将公证程序后置。

三是强化粤港澳三地沟通交流。三地司法制度全然不同，证据的认证完全通过区际司法协助手段需要经历较长时间与较为复杂的过程，甚至需要三地复杂的协商乃至立法。因此应当以司法协助为主，行政或其他手段为辅，提高证据认证的效率。鉴于标准必要专利案件与技术进步密切相关，域外证据认证需求旺盛，需要区际甚至国际合作，存在一定难度。可以以标准必要专利案件的证据认证作为专门试点，采取联席会议、专业咨询、共建资源共享中心、区际专业协会合作等措施，探索提高标准必要专利案件证据认证效率，探索可复制、可推广的经验，并在实践中不断反思，总结经验，为建构更加完善的域外证据公证制度提供更加坚实的理论和实践支持。

著作权篇

共有著作权行使规则之检讨与完善

——评新《著作权法》第 14 条之规定

欧阳福生*

摘 要　著作权共有通常包括两种类型，即合作作者著作权共有与非合作作者著作权共有。现行《著作权法》第 13 条和《著作权法实施条例》第 9 条为合作作者行使共有著作权规则。立法未对非合作作者共有著作权的行使规则进行规定，司法实践中，相关案件的处理，一般类推适用《著作权法实施条例》第 9 条。基于典型司法案例分析，可知现行《著作权法》第 13 条、《著作权法实施条例》第 9 条在司法适用时存在诸多问题，出现非合作作者行使共有著作权无法可依，著作权共有人阻止其他共有人许可或不当许可他人使用作品等滥用权利的现象。重构共有著作权行使规则，需要在新《著作权法》第 14 条中植入权利自由与权利限制并重的理念，以"通知权利人"为适用规则的前提条件，建构"善意许可制度"限定权利行使的方式和范围，在制度上为其他共有人提供权利救济，同时增加非合作作者行使共有著作权可参照适用新《著作权法》第 14 条的规定。

关键词　著作权共有人　权利行使规则　检讨　完善

引　言

2020 年 11 月 11 日修正的《著作权法》（以下简称新《著作权法》）将于 2021 年 6 月 1 日实施，其中第 14 条明确了合作作品共有著作权行使规则，规定合作作者只有与作品共有人协商一致时，才能单独行使著作权，协商后未取得一致意见的，合作作者可行使除转让、许可他人专有使用、出质以外的其他权利。单从条文表述上看，新《著作权法》对现行《著作权法》第 13 条进行

---

* 欧阳福生，华东政法大学知识产权学院博士研究生，广州市越秀区人民法院知识产权庭副庭长。

了较大篇幅的修改，但对比条文，不难发现新《著作权法》第 14 条主要移植和吸收《著作权法实施条例》第 9 条的规定，内容上并没有创新性的修改。目前司法实践中，对共有著作权案件的处理，一般适用现行《著作权法》第 13 条、《著作权法实施条例》第 9 条。新《著作权法》实施后，相关案件的处理离不开对新《著作权法》第 14 条的理解和适用。分析典型司法判例，笔者发现，现行《著作权法》第 13 条、《著作权法实施条例》第 9 条存在诸多问题：能否作为处理非合作者共有著作权问题的法律依据存在争议，立法规定的"协商"在实践中并非完全被适用，难以规制共有人滥用权利的行为。由于新《著作权法》对作品共有人行使共有著作权的规则没有作实质性修改，可以预见，今后对相关司法案件的处理，在适用新《著作权法》第 14 条时，仍然会遇到前述尚未解决的问题。鉴于此，本文在分析典型司法案例基础上，引出问题，从法理上对现行《著作权法》第 13 条、《著作权法实施条例》第 9 条予以检讨，进而为完善新《著作权法》第 14 条提出立法建议。

一、两则司法案例引出的问题

（一）案情和裁判要旨

1. 案例 1❶

漫画人物形象"乐叔"和"虾仔"是华某和黎某合作创作的美术作品。黎某病故，其享有的著作财产权由配偶关某、子女黎某石、黎某萍等人共同继承。2005 年，广州电视台未经许可使用"乐叔"和"虾仔"漫画人物形象，华某向法院提起诉讼，要求广州电视台停止著作权侵权并赔偿经济损失。诉讼过程中，关某出具许可广州电视台使用"乐叔"和"虾仔"意见书。基于该许可意见书，法院依据《著作权法实施条例》第 9 条规定，认为广州电视台使用涉案作品经权利人追认不构成著作权侵权，但因追认时间发生于诉讼过程中，故须承担华某因维权支付的合理费用。

2. 案例 2❷

2017 年，洪某创作完成《乐叔和虾仔外传》，将作品展出于佛山市石景宜艺术馆。华某发现《乐叔和虾仔外传》使用了"乐叔"和"虾仔"形象，遂

---

❶ 参见广州市越秀区人民法院（2006）越法民四知初字第 19 号案民事判决书。

❷ 参见广州市越秀区人民法院（2017）粤 0104 民初 9883 号民事判决书。

向法院提起诉讼，要求判令洪某停止侵权并赔偿经济损失。诉讼过程中，关某出具同意洪某使用"乐叔"和"虾仔"的意见书，基于同样的理由，法院认为洪某使用涉案作品的行为获得了著作权共有人许可，不构成侵权，由于许可发生于诉讼中，故判令洪某向华某支付合理维权费用。

（二）引出的问题

两则案例属于关联案，均因侵犯美术作品"乐叔"和"虾仔"的著作权而产生。华某是作品作者，关某是另一作者的继承人，两人对美术作品"乐叔"和"虾仔"共同享有著作权。案件争议焦点是，共有人之一起诉他人擅自使用作品构成著作权侵权，而另一共有人以追认的方式许可他人使用作品，该追认是否可以成为侵权免责事由，使得行为人不承担民事责任。这一争议焦点涉及两方面问题：

第一，《著作权法实施条例》第 9 条是关于合作作者著作权行使的规定，非合作作者对作品享有共有权及权利行使的问题，是否可以类推适用该规定？

第二，各共有人对著作权的行使如果不能形成一致意见，任一共有人单独行使著作权的条件是什么，即单独行使权利应受何种限制？

二、非合作作品共有著作权行使的法律适用

著作权共有，是指两个以上的人对同一作品享有著作权。著作权可因创作而产生，也可由继承、转让等继受的方式取得。[1] 理论上，著作权共有存在两类情形，一类是共同创作作品的合作作者对合作作品共同享有权利；另一类是非合作作者对同一作品共同享有著作权。

（一）合作作者行使共有著作权的法律规则

我国著作权法明文规定的著作权共有，是两个以上合作作者对合作创作的作品共同享有著作权。现行《著作权法》第 13 条规定，合作作品著作权由合作作者共同享有，可以分割使用的合作作品，作者对各自创作部分可以单独享有著作权，但行使著作权时不得侵犯合作作品整体的著作权。《著作权法实施条例》第 9 条进一步规定，不可分割使用的合作作品，著作权由各合作作者共同享有，通过协商一致行使，不能协商一致，又无正当理由的，任何一方不得

---

[1]　吴建伟：《论共有著作权行使的法律调整》，载《法律适用》1993 年第 9 期，第 13—15 页。

阻止他方行使除转让以外的其他权利。由此可见，可分割使用的合作作品，各合作作者可自由地单独行使著作权，但以不侵犯整体著作权为限。不可分割使用的合作作品单独行使权利，应获得其他合作作者的同意，若未取得一致意见，可单独行使除转让以外的其他权利。

（二）非合作作者行使共有著作权的类推适用规则

非合作作品共有，是基于继承、转让对著作财产权的共有，属于通常意义上的著作权共有。无论是《著作权法》还是《著作权法实施条例》，对于非合作作者共同享有同一作品的著作权的问题，均未设置任何规定。因此，非合作作者著作权共有的确认及权利行使之问题，缺乏可以适用的法律，出现了法律漏洞❶。存在的法律漏洞，须采用各种方法以获得可以适用于该案的法律规则，亦称漏洞填补。❷ 类推适用是漏洞填补的重要方法，且有法理上的依据。类推适用首先探求某项法律规定的规范目的，其次要判断可否基于"同一法律理由"，依平等原则类推于其他法律所未规定的事项。❸ 现行《著作权法》第 13 条、《著作权法实施条例》第 9 条为合作作品的作者单独行使权利设定条件，其目的是衡平各合作作者的权益，促使合作作品充分使用和传播。合作作者和非合作作者，有相同的特点，均是同一作品的著作权共有人。基于这一相同的特点，非合作作者共有权的行使及相关问题的处理可以类推适用《著作权法》第 13 条、《著作权法实施条例》第 9 条的规定。《日本著作权法》第 65 条将合作作品的著作权共有与非合作作品著作权共有进行了区分，并明文规定通常意义上的著作权共有准用共同作品的规定。❹ 我国立法虽然规定非合作作品著作权共有，但从司法实践来看，不乏类推适用合作作品著作权共有的规定。

"齐良芷案"❺ 中，齐良芷、齐良末、齐金平、齐灵根等人基于继承而成为齐白石作品的共有著作权人。齐金平、齐灵根授权江苏文艺出版社出版齐白

---

❶ 所谓法律漏洞，系指关于某一个问题，法律依据其内在目的及规范计划，应有所规定，而未设规定。参见王泽鉴：《民法学说与判例研究》，北京大学出版社 2015 年版，第 70 页。

❷ 梁慧星：《民法总论》，法律出版社 2011 年版，第 289 页。

❸ 王泽鉴：《民法学说与判例研究》，北京大学出版社 2015 年版，第 72 页。

❹ 《日本著作权法》第 65 条规定：（1）就共同作品的著作权及其他涉及共有的著作权而言，各共有人未经其他共有人的同意，不得转让其共有份额，或者将其作为质权的标的。（2）未经全体共有人的合意，不能行使共有著作权。（3）在前两款中，除非有正当的理由，各共有人不得拒绝第一款之同意，或者妨碍前款之合意的成立。（4）前条第 3 款及第 4 款的规定，准用于共有著作权的行使。

❺ 参见齐良芷、齐良末等与江苏文艺出版社侵犯著作权纠纷案，该案例刊登于《最高人民法院公报》2012 年第 9 期。

石作品，但未获得其他继承人的许可，为此齐良芷、齐良末等作为原告向法院提起诉讼。该案是非合作作者共有著作权行使纠纷，法院类推适用合作作品共有著作权行使规则。

（三）非合作作者行使共有著作权的参照适用规则

共有为物权法上的概念，是指两个以上的人对同一物享有所有权。[1] 现代民法承认的物权共有形态主要是，即按份共有和共同共有。[2] 我国《物权法》第 94 条、第 95 条分别规定了按份共有和共同共有。按份共有，是指数人按照各自份额对同一物享有所有权。数人基于合伙关系、夫妻关系、家庭共同生活关系、继承关系等共同关系对同一物享有所有权，为共同共有。各共同共有人的权利及于共有物的全部，对共有物的处分及权利行使，应取得全体共同共有人的同意。[3]

著作权共有可否准用所有权共有规则，是一个值得探讨的问题。我国台湾地区《民法》规定了准共有制度[4]，所有权之外的财产权，包括著作权，可准适用于物权共有规定。《物权法》第 105 条创设了他物权的准共有制度，"两个以上单位、个人共同享有用益物权、担保物权的，参照本章规定"，该规定能否适用于著作权，在学界尚未形成统一共识。有学者认为，所有权与著作权均是私权，两者有共通性，所有权共有规则可适用于著作权共有案件的处理。[5] 也有学者提出，著作权的客体为作品，可同时为多数人利用和支配，与"一物一权"之物权特征明显相悖，著作权脱离于"物"的范畴之外，无法直接适用所有权共有规则。[6]

从《著作权法》第 13 条以及《著作权法实施条例》第 9 条规定的内容来看，所有权共有规则的要义已转化为著作权法律规范，立法认可著作权与所有权之间的共同性，认为两者具有共同性质和特定。这两条规定将作品区分为可分割使用作品和不分割使用作品，对于可分割使用作品由各合作作者分别享有

---

[1] 魏振瀛：《民法》，北京大学出版社、高等教育出版社 2017 年版，第 286 页。

[2] 王利明、杨立新、王轶、程啸：《民法学》，法律出版社 2014 年版，第 272 页。

[3] 王泽鉴：《民法物权》，北京大学出版社 2015 年版，第 215 页。

[4] 我国台湾地区《民法》第 831 条："本结规定，于所有权以外之财产权，由数人共有或共同共有者，准用之。"

[5] 吴建伟：《论共有著作权行使的法律调整》，载《法律适用》1993 年第 9 期，第 13—15 页。

[6] 袁野：《著作权共有之权利行使—再评齐良芷、齐良末等诉江苏文艺出版社侵犯著作权纠纷案》，载《广西政法管理干部学院学报》2018 年第 4 期，第 63—68 页。

著作权，不可分割使用作品由合作作者共同享有著作权。事实上，在司法实践中，对可分割作品的共有被等同为物权法上的按份共有，而对不可分割作品的共有则相当于物权法上的共同共有。非合作作品共有与合作作品共有是著作权共有的两种形式，具体至个案适法时，法院直接援引该两条法律规定处理著作权共有问题，必要时参照适用所有权共有规则。例如，在"吴思欧案"❶中，法院就援引了《最高人民法院关于贯彻执行〈中华人民共和国民法通则〉若干问题的意见（试行）》第89条关于所有权共有的法律规定。

三、作品共有人行使共有著作权的规则检讨

对于可分割使用的作品，各共有人对各自享有权利的部分可单独行使著作权，权利行使过程中不会产生冲突。实践中因可分割作品共有权单独行使产生争议的案件并不多见。❷ 争执较多的与不可分割使用的作品有关。依据《著作权法实施条例》第9条的规定，不可分割使用作品的共有人单独行使共有权需满足三方面条件：第一，各合作作者未就权利行使形成一致意见；第二，其他共有人无正当理由阻止一方权利人行使著作权；第三，单独行使的权利是除转让以外的权利。具体到个案适用时，对这三方面条件均有不同的理解。

（一）"协商"是否为必经程序

《著作权法实施条例》第9条明确"协商"是共有权单独行使的前提条件，但在司法裁判中出现了协商为必经程序、协商并非必经程序两种不同的裁判观点。❸ "吴思欧案"与"齐良芷案"是《最高人民法院公报》先后公布的

---

❶　参见吴思欧等与上海书画出版社侵犯著作财产权纠纷案，该案例刊登于《最高人民法院公报》2010 年第 6 期。主要案情是：上海书画出版社出版的《吴湖帆书画集》收录了吴湖帆创作的书画作品，吴思欧作为吴湖帆的继承人之一，认为出版社未经吴湖帆先生合法继承人及著作权人授权，非法出版《吴湖帆书画集》，侵犯了各继承人的合法权益。出版社辩称，其与吴湖帆的继承人吴元京、吴述欧签订了版权授权合同，《吴湖帆书画集》属于获得许可的合法出版物。

❷　实践中也出现了可分割合作作品共有著作权单独行使问题的案例，主要涉及"行使著作权时不得侵犯合作作品整体的著作权"的理解，如广西壮族自治区南宁市青秀区人民法院审理的"红尘情歌"案，《红尘情歌》的词、曲由不同作者创作，词作者将歌曲整体许可他人使用，法院判定该许可行为侵犯了合作作品整体的著作权。参见南宁市青秀区人民法院（2013）青民三字第 22 号民事判决书。

❸　有学者总结司法裁判并提出了"折中说"，认为协商原则上是程序性要件，但法律认可在不能协商的情形下作品共有人单独行使著作权的例外。参见解亘：《著作权共有人的权利行使—评齐良芷、齐良末等诉江苏文艺出版社侵犯著作权纠纷案》，载《交大法学》2015 年第 2 期。笔者认为，"折中说"本质上仍是认为，共有人可以不经协商单独行使著作权。

两起与著作权共有人单独行使权利的案例，两案中，法院对共有人单独行使权利是否需要进行协商有着截然不同的认识。

在"吴思欧案"中，法院认为协商是必经程序，主要理由是："吴元京或吴述欧在与出版社签订出版合同之前也应当与其他继承人进行协商，在不能协商一致，又无正当理由的情况下，才可以行使除转让以外的其他权利。本案中并没有证据证明吴元京或吴述欧曾经就涉案出版事宜征求过其他继承人的意见，因此不存在适用上述法律规定（《著作权法实施条例》第9条）的情形。"但在"齐良芷案"中，法院以"非必经程序说"为立场，认为是否协商并非共有人单独行使权利的必经程序，并给出了与"吴思欧案"不同的裁判意见："一方面齐白石继承人众多且分散在全国各地，全部共有人就权利许可问题进行协商不具有现实可能性；另一方面齐白石作为享誉世界的艺术大师，其作品如果由于未取得所有继承人同意而无法在保护期内出版，则不仅不符合原告方自身的利益，也不符合著作权法促进文化传承和发展的精神。"

如前所述，著作权共有分为合作作者著作权共有与非合作作者著作权共有。合作作者有共同创作的意志和行为，各方联系紧密，任一合作作者单独行使著作权，存在事先协商的可能。著作权可以通过继承、转让的方式转移，继受取得著作权的共有人，即本文所称的非合作作者，可能素不相识，或人数众多，此情形下，要求各主体就任一共有人单独行使权利进行协商，并非易事，实践中也不具有可行性。要求共有权人就共有著作权行使进行协商不合理，理由是易造成权利行使效率低下，也忽视了不能协商的情形，不利于作品传播。[1] 从本文开篇提到的案例及"齐良芷案"来看，共有权利人因继承取得著作权，人数众多，行使权利时，均未与其他权利人协商，甚至没有让对方知晓。笔者赞同"协商"非必经程序的观点，认为《著作权法实施条例》第9条设定的"协商"要件不能适用于著作权共有人的权利行使，至少是不能适用于非合作作者单独行使共有权利。

（二）对"正当理由"的理解

何谓《著作权法实施条例》第9条规定的"正当理由"，鲜有司法裁判对之直接阐述。"齐良芷案"中，原告齐良芷没有举证其有阻碍其他共有权人行

---

[1] 王瑞龙、鲁虎：《〈著作权法实施条例〉第九条评析》，载《中国版权》2012年第2期，第36—39页。

使著作权的"正当理由",法院也没有认定齐良芷有无正当理由。相反,法院是从被告角度进行论述,认为被告出版齐白石作品不会妨碍原告对作品正常使用,也不会损害原告齐良芷的利益,还有利于传播齐白石的名作,促进文化传承。"吴思欧案"中,法院坚持"协商"为必经程序的裁判立场,故以未经过协商为理由直接否定著作权共有人单独授权的效力,未考虑"正当理由"等其他条件。

"正当理由"是阻止著作权共有人单独行使权利的条件,并非共有人单独行使著作权的条件。若认为"协商"不是著作权单独行使的必要条件,再结合下文分析的"其他权利"的宽泛性,实质上《著作权法实施条例》第9条并未为共有人单独行使权利设置门槛。或许正是因为此,共有人单独行使权利在实践中出现了滥用权利的现象,表现为恶意许可他人使用作品,从而损害其他共有人的权益。本文开篇提到的华某起诉的两件案,被告擅自使用作品已构成侵权,但关某作为著作权共有人在诉讼中追认被告有权使用作品,导致被告最终免除侵权责任。显而易见,关某两次在诉讼中的追认行为,属于恶意行使共有权。然而,对于关某滥用权利,现有法律规定尚未为华某提供有效的救济。

(三)"其他权利"的范围

《著作权法实施条例》第9条规定的"其他权利",是"除转让以外的其他权利"。显然,这里所称的权利,并非复制、发行等实体法上的著作财产权,也非起诉、申诉等程序性权利。其性质与著作权的使用或价值实现有关。著作权价值实现路径,除了权利人自己使用作品外,常用的方式是对外转让、许可和质押。许可分为普通许可、排他许可和独占许可,普通许可方式可以由不同权利人分别对外许可,但排他许可和独占许可,却具有封闭性,一旦他人获得许可,其他共有人在一定期限和地域内就会丧失对著作权的控制。故而,如果不将排他许可和独占许可排除于"其他权利"之外,任一共有人单独对外行使权利,其他共有人享有的著作权就会被"架空",名存而实亡。同样的理由,质押著作权虽不会导致共有人丧失权利,但是权利行使可获得的利益会严重受损,故质押也应排除于可由任一共有人单独行使权利的范围之外。

四、新《著作权法》第 14 条的局限及完善

新《著作权法》第 14 条是关于合作作品共有人行使著作权的规定。与现行《著作权法》第 13 条内容相对照，新《著作权法》第 14 条改动幅度较大。但总体上来讲，新《著作权法》第 14 条在现行《著作权法》第 13 条基础上，主要是移植和修改《著作权法实施条例》第 9 条的规定，除了许可权利范围将"专有使用权""出质权"排除之外，其他内容上没有实质变化（如表 1 所示）。

表 1　《著作权法》修订内容

现行《著作权法》 第 13 条	《著作权法实施条例》 第 9 条	新《著作权法》 第 14 条
两人以上合作创作的作品，著作权由合作作者共同享有。没有参加创作的人，不能成为合作作者。 合作作品可以分割使用的，作者对各自创作的部分可以单独享有著作权，但行使著作权时不得侵犯合作作品整体的著作权	合作作品不可以分割使用的，其著作权由各合作作者共同享有，通过协商一致行使；不能协商一致，又无正当理由的，任何一方不得阻止他方使用除转让以外的其他权利，但是所得收益应当合理分配给所有合作作者	两人以上合作创作的作品，著作权由合作作者共同享有，没有参加创作的人不能成为合作作者。 合作作品的著作权由合作作者通过协商一致行使；不能协商一致，又无正当理由的，任何一方不得阻止他方行使除转让、许可他人专有使用、出质以外的其他权利，但是所得收益应当合理分配给所有合作作者。没有参加创作的人，不能成为合作作者。 合作作品可以分割使用的，作者对各自创作的部分单独享有著作权，但行使著作权时不得侵犯合作作品整体的著作权

新《著作权法》第 14 条沿袭了现行立法关于作品共有人行使共有著作权的规则，难以解决现行《著作权法》第 13 条和《著作权法实施条例》第 9 条的司法适用问题。基于前文分析，本文建议从如下几个方面对新《著作权法》第 14 条进行完善。

（一）以权利自由与权利限制作为规范目的

《著作权法实施条例》第 9 条和新《著作权法》第 14 条的规范目的是保障不可分割合作作品的共有人自由行使权利，实现作品最大化的利用，促进文化传播和繁荣。权利的行使均有界限，没有限制的权利自由，容易导致权利滥用，对他人的权利造成损害。防止权利滥用，要从法律规范上为权利的行使设置条件，划清界限，框定权利行使的范围。因而，重构著作权共有人单独行使权利规则，需引入权利自由和权利限制并重的理念。一方面，要允许共有人在不损害其他共有人利益的前提下自由行使权利，另一方面要提倡禁止权利滥用，对作品共有人单独行使著作权予以一定的限制。

（二）以"通知其他共有人"作为前提条件

如前所述，要求各共有人就权利行使进行协商，在协商不一致的情况下才可单独行使权利，这一前提条件不具有现实可能性。考察境外著作权共有人单独行使权利规则，不难发现，共有人单独行使权利存在多种模式。

1. 自由行使模式

美国为判例法国家，关于共有著作权行使之规范，来源于相关司法判例。Corbello v. Valli 阐述了这样的规则：任何合作作者不需要经过协商等程序，可以自由单独行使或授权他人行使作品著作权，只需要将行使著作权所获收益在合作作者之间分配即可。

在 1988 年，Rex Woodard 作为"枪手"给"四季"（Four Seasons）乐队前成员 Thomas DeVito 写自传，双方作为该自传作品的合作作者，约定双方平分该自传的商业利益。Woodard 在 1991 年患肺癌去世，他的遗孀 Donna Corbello 合法继承了他对于该自传的版权份额，因此原告 Corbello 和 DeVito 应是该自传版权的共有人（各占 50% 份额）。然而，DeVito 隐瞒 Corbello，在 1991 年以自己一个人的名字在版权局对该自传作品进行了登记，并对外授权他人使用自传作品。基于自传作品演绎的音乐剧"泽西男孩"制作完成并于 2005 年年末在百老汇开演，获得巨大的商业成功。Corbello 发现之后向版权局进行了补充登记，增加了 Woodward 作为自传作品的合作作者。在与 DeVito 进行一番交涉后，Corbello 将相关的制作公司等主体诉讼到法院。地区法院认为，1999 年签订的协议是对于整个作品改编成音乐剧的独占许可，但该独占许可是具有选择性的，其排他的效力可以对抗 DeVito，但不能对抗原告 Corbello。但是，联邦

第九巡回上诉法院却不认可地区法院的这一认定，其通过多数意见得出，1999年签订的协议是一份版权转让协议，其转让内容则是 DeVito 对于该自传作品中演绎权的版权份额。

根据美国的判例法，在合同没有另外约定的情况下，版权共有人可以拥有不经其他共有人同意自行使用作品的权利，包括普通许可第三方使用作品的权利，以及自行转让自己的版权份额，但转让不能侵犯到其他版权共有人的利益。在第三方侵犯版权的时候，版权共有人都有权自行起诉。

2. 需要协商模式

著作权行使必须经过合作作者协商，取得合作作者一致同意。如果协商不一致，共有权单独行使的规则可进一步细分为三种方式：

（1）"多数决"方式。《巴西著作权法》第 23 条规定，除合作作者另有约定外，合作作品著作权由合作作者通过协商一致行使。第 32 条规定，合作作品不可以分割使用的，各合作作者未经其他合作作者同意不得出版或授权他人出版该合作作品。不能协商一致的，合作作者可以通过投票表决，以少数服从多数的方式决定。

（2）"司法裁决"方式。《意大利著作权法》第 10 条规定，两个或两个以上的人共同创作的不可分割的作品，著作权归全体合作作者共同享有。未经全体合作作者同意不得发表未发表的作品，也不得修改或以不同于首次发表的形式使用已发表的作品。一个或多个合作作者无正当理由拒绝发表、修改或者以新形式使用作品的，司法机关可以许可被指定者按照指定的条件发表、修改或者使用作品。《法国知识产权法典》第 L113 - 3 条规定，合作作品为合作作者共同财产，合作作者应协商行使其权，协商不成的，由民事法院判决执行。

（3）"禁止权利滥用"方式。《日本著作权法》第 64 条规定，合作作品著作人格权，未经合作作者全体同意不得行使。但各合作作者不得违反信义妨碍达成上述合意。第 65 条规定，共有著作权未经全体共有者达成合意，不得行使。但各共有者没有正当理由，不得拒绝妨碍达成上述合意。《德国著作权法》也是如此，依据其第 8 条及《德国民法典》相关规定，发表和使用合作作品的权利归全体合作作者共有；只有经合作作者一致同意才可发表、修改和使用合作作品。但合作作者不可违背诚实信用原则拒绝发表、修改和使用合作作品。

鉴于著作权无形、可供多主体同时使用等特点，如果其中一个共有人单独许可他人使用作品，而其他共有人并不知晓，很容易导致作品授权许可的范围产生混乱，不利于作品使用，还可能损害第三人利益。为此，笔者建议，共有人单独行使权利，虽不以协商为要件，但需在行使权利前通知其他共有人，让其他共有人知晓作品对外授权使用的状况。通知的方式，应采用书面形式。通知的送达，可以直接送达，也可邮寄或以电子文本形式传送，联系方式不明确的，可以公告方式送达。

（三）以"善意许可"作为规则的核心内容

限制权利行使，防止权利滥用，需要在法律规范上设置条件，从而限定权利人行使权利的方式和范围。本文提出建立善意许可制度，主观上要求权利人单独行使权利时，具有善意，而非恶意；客观上，行为人对外单独行使权利的范围仅限于以普通许可的方式授权他人使用作品。

（1）主观上的善意。权利滥用是权利人行使权利违反诚实信用原则的法律后果，即行使权利如违反诚信原则就构成权利滥用。❶ 权利人行使权利时不得违反诚信原则，是否诚信，最佳判断标准在于权利人行使权利时，其主观是善意还是恶意。善意之认定，除了前述要求共有人单独对外许可前要通知其他共有人之外，还要求权利许可时要考虑作品性质、传播范围、使用主体等情况，不能将作品授权给他人作违法用途，也不能将作品授予权益冲突的双方，引发不必要的法律纠纷。

（2）许可形式和范围。共有人单独对外行使权利的方式，只能是普通许可方式。转让作品会触及全部共有人根本利益，需协商一致方能行使，不是单独行使权利的范畴。非普通许可方式、著作权质押，是封闭式使用作品方式，其中一个共有人对外许可授权作品或将作品质押，其他共有人就很难再使用作品。如予以允许，单独行使权利的共有人相当于独占了作品权利，这与权利共有的本质是相悖的。这一点，新《著作权法》第14条已经进行了修正，明确规定："任何一方不得阻止他方行使除转让、许可他人专有使用、出质以外的其他权利。"将"转让权""专有许可权"和"出质权"排除于共有人可以单独行使的权利之外。但新规定采用有限列举方式，未将排他性许可和其他可能出现的封闭式使用作品方式排除在外，不利于共有权人的权利保护。建议采用"列举"加"概括"的立法表述，在前述权利列举之后加上"等"字，为法官

---

❶ 梁慧星：《民法总论》，法律出版社2011年版，第274页。

解释规则，从而周延地保护共有权人的利益提供空间。

（四）对其他共有人的救济

著作权共有人未按照法律规定单独行使权利，侵害了其他共有人的权益，其他共有人可提起损害赔偿的侵权之诉。法院在审理这类案件时，应审查共有人单独行使权利是否符合立法设立的各类条件，即有无在对外授权前通知其他共有人，是否善意，许可方式是否为普通许可，以及有无损害其他共有人利益的情形等。

（五）非合作作品共有人行使权利可参照适用该规则

著作权共有权之属性不因共有方式不同而有本质区别。合作作品共有权人基于原始创作人的身份，对作品享有当然共有权。非合作作品共有权人，基于继受作品权利的原因而成为作品共有权人。无论是合作作品共有权人，还是非合作作品共有权人，单独行使著作权时，均需要遵循民法规范，恪守权利不得滥用的基本原则，依照前文所建议的"通知其他共有人"规则、"善意许可"规则合理行使自己的权利。从这个意义上而言，非合作作品共有著作权行使之规则可以参照合作作品共有著作权行使之规则。所以，有必要对新《著作权法》第14条按照前文所述立法建议进行修改之余，增加非合作作品著作权行使可参照适用的规定，以免出现法律漏洞，实现法律圆满性。

浅析实用艺术品的著作权保护

——从轩尼诗公司诉李氏公司等侵害
轩尼诗酒瓶著作权纠纷谈起

彭　盎*

摘　要　我国现行法律框架体系内对实用艺术品采取双重保护模式有其合理性，为了避免双重保护模式带来的问题，尤其是可能对外观设计专利制度带来的破坏，在著作权模式下对实用艺术品进行保护时，应当对独创性采用较高的判断标准，严格审查实用艺术品的独创性。

关键词　实用艺术品　双重保护模式　独创性　实用性　艺术性　观念上的分离

一、问题的提出

轩尼诗公司是一家著名的酒类生产企业，早在 1765 年就开始在法国生产 Hennessy 系列酒瓶，"Hennessy"已经成为世界十大奢侈品牌以及十大酒类品牌之一。2001 年 4 月 23 日，轩尼诗公司在法国对酒瓶申请外观设计专利，专利公告日期为 2001 年 7 月 20 日，专利有效期为 2001 年 4 月 23 日至 2026 年 4 月 23 日。2001 年 9 月 19 日，轩尼诗公司根据 1960 年海牙法案对前述专利申请国际注册，预计到期日为 2021 年 9 月 19 日。2001 年 9 月 29 日，轩尼诗公司向国家知识产权局申请名称为"酒瓶"的外观设计专利，2002 年 4 月 24 日获得授权公告，专利号为 ZL01338056.7，该专利于 2011 年 9 月 25 日因期限届满而终止。

2014 年 8 月 21 日，轩尼诗公司向国家版权局申请对美术作品"Paradis"

---

* 彭盎，广州知识产权法院三级高级法官。审理的谢某等十四人假冒注册商标罪重审上诉案件入选广东省高级人民法院 2014 年度十大案例、最高人民法院 2014 年中国法院 50 件典型知识产权案例。

（该作品与前述"酒瓶"外观设计专利相同）进行登记。轩尼诗公司申请时提交了作品样本、权属证明、作品说明书等证明文件。轩尼诗公司提交的《作品描述》中对作品独创性的记载如下：本作品包含经艺术设计的酒瓶，含有文字"Hennessy""Paradis""Extra"的标贴，酒瓶整体形状呈葫芦形，融合了流畅的弧形线条和阳刚有力的整体轮廓，形如倒挂的葡萄串。该艺术设计整体典雅大方，体现了轩尼诗干邑的独特品质。本作品由轩尼诗独立设计，具有很高的艺术性和独创性。2015 年 1 月 15 日，国家版权局出具《作品登记证书》记载：登记号为"国作登字 – 2015 – F – 00173762 号"，作品名称为"Paradis"，作品类别为"美术作品"，作者及著作权人为轩尼诗公司，创作完成时间为 2001 年 4 月 23 日，首次发表时间为 2001 年 5 月 16 日。

轩尼诗公司认为 Paradis 的酒瓶以其极高的艺术价值供人收藏与鉴赏，是一款具有极高艺术价值的实用艺术品。Paradis 酒瓶的艺术设计具有独创性，已经达到较高水准的艺术创作要求，其艺术美感与储存酒液的实用功能可以在观念上分离，Paradis 酒瓶作为美术作品应受我国著作权法的保护。中国与法国均为伯尔尼公约的成员国，轩尼诗公司的"Paradis 酒瓶"美术作品自创作完成之日起即受到中国著作权法的保护。据此，轩尼诗公司于 2017 年向法院起诉[1]主张李氏公司等被告侵害其"Paradis 酒瓶"美术作品的复制权、发行权以及信息网络传播权等（以下简称轩尼诗公司 Paradis 酒瓶案）。可见，提起本案诉讼时，"Paradis 酒瓶"的外观设计专利早在 2011 年期限届满而终止，轩尼诗公司能否以该酒瓶继续主张著作权保护？即实用艺术品的外观设计专利终止后，同一客体能否继续获得著作权法的保护。双重保护模式下，实用艺术品又会给司法审判带来什么挑战？

二、实用艺术品的概念和特征

世界知识产权组织对实用艺术品的定义是：具有实际用途的艺术作品，无论这件作品是手工艺品还是工业生产的产品。我国著作权法及其实施条例并没有对实用艺术品进行界定，《中华人民共和国著作权法释义》中指出美术作品包括绘画、书法、雕塑、工艺美术、建筑艺术等。工艺美术又分为两类，一类是陈设工艺，即专供陈设欣赏用的工艺美术品，另一类是日用工艺，即经过装

---

[1] 广州知识产权法院（2015）粤知法专民初字第 1352 号案，广东省高级人民法院（2016）粤民终 1665 号。

饰加工的可供人们日常生活用的实用艺术品❶。《中华人民共和国著作权法（修订草案送审稿）》第 5 条第（9）项规定："实用艺术作品，是指玩具、家具、饰品等具有实用功能并有审美意义的平面或立体的造型艺术作品。"

我国著作权对实用艺术品的保护，经历了一个发展过程。1991 年实施的《著作权法》实际是将实用艺术作品排除在著作权法保护客体之外的。1992 年 7 月，我国加入《伯尔尼保护文学和艺术作品公约》（以下简称《伯尔尼公约》），该条约第 2 条第 1 款规定的保护对象文学和艺术作品中即包括实用艺术作品。1992 年 9 月，国务院发布《实施国际著作权条约的规定》，该规定旨在落实《伯尔尼公约》的要求。该规定第 6 条规定："对外国实用艺术作品的保护期，为自该作品完成起二十五年。美术作品（包括动画形象设计）用于工业制品的，不适用前款规定。"可见，立法者试图将一般作品与实用美术作品区别保护。而《伯尔尼公约》许可成员国自行解决实用艺术品保护的模式，因此各成员国对实用艺术品可以提供著作权保护，也可以从专利权角度提供外观设计保护。

在我国司法实践中，对于实用艺术作品的保护，或将其归类于美术作品进行著作权保护，或者有权利人通过申请外观设计对其进行保护。可见，实用艺术品在我国可以获得双重保护。双重保护模式给实用艺术作品的司法审判带来了难题，即获得外观设计专利保护的实用艺术作品在专利到期后，权利人仍可对同一客体享有著作权，可能会产生侵害外观设计公有领域的风险。

三、实用艺术品两种保护模式对比

我国《专利法》第 2 条第 3 款规定："外观设计，是指对产品的形状、图案或者其结合以及色彩与形状、图案的结合所作出的富有美感并适于工业应用的新设计。"第 42 条规定，外观设计专利权的期限为十年，均自申请日起计算。

对于实用艺术作品，实践中通常是作为美术作品进行保护。我国《著作权法实施条例》第 4 条规定："美术作品，是指绘画、书法、雕塑等以线条、色彩或者其他方式构成的有审美意义的平面或者立体的造型艺术作品。"根据《著作权法》第 21 条的规定，自然人美术作品发表权及著作权财产权利的保护期是作者有生之年加 50 年，法人等组织美术作品发表权及著作权财产权利

---

❶ 陈锦川：《著作权审判原理解读与实务指导》，法律出版社 2014 年版，第 16 页。

的保护期为作品首次发表后的 50 年。

由此可见，实用艺术作品的双重保护模式存在如下区别：从客体看，著作权法保护的是具有独创性并能以某种有形形式复制的智力成果，而外观设计保护的是产品的形状、图案或者其结合以及色彩与形状、图案的结合所作出的富有美感并适于工业应用的新设计；从权利取得看，权利人自创作完成之日起即享有著作权，而外观设计专利权自国家知识产权局对专利进行授予之日起取得；从保护期限看，作品的发表权及著作权财产权利保护期限是作者有生之年加 50 年或首次发表后的 50 年，但是外国实用艺术作品保护期为自该作品完成起 25 年❶，而外观设计专利权保护期是自申请日起 10 年；从权利取得要件看，判断实用艺术作品是否能作为美术作品保护的要件是独创性，而外观设计专利权授权的实质性要件❷是新颖性、区别性以及不与他人在先合法权利相冲突❸；从保护范围看，外观设计专利权的保护范围限于相同或类似产品上相同或近似外观设计，而著作权则无此限制。

正是由于专利权和著作权对于实用艺术作品的保护具有明显区别，这也是实用艺术作品双重保护模式的合理性基础。我国法律并未禁止权利人在同一客体上享有多种民事权利，并且从司法实践来看，大多数国家的法律和我国大多数的司法案例都为实用艺术作品提供双重保护。不可否认，实用艺术品的外观设计专利权到期后，仍对其进行著作权保护，可能会导致权利人的权利得到不合理的扩展，从而会损害公众利益。从双重保护模式的区别也可以看出，无论是权利的取得、保护期限，还是保护范围，在著作权模式下的实用艺术作品都要优于外观设计专利权模式。若对著作权模式下的实用艺术作品的审查过于宽松，则可能损害外观设计专利制度，导致权利人从外观设计向著作权逃逸，进而导致权利人与社会公众利益的失衡。

四、实用艺术作品获得著作权法保护的审查标准

双重保护模式，在我国现行法律框架体系内有其合理性，为了避免双重保护模式带来的问题，尤其是可能对外观设计专利制度带来的破坏，在著作权模式下对实用艺术作品进行保护时，应当对独创性采用较高的判断标准，严格审

❶ 《实施国际著作权条约的规定》第 6 条规定："对外国实用艺术作品保护期，为自该作品完成起二十五年。"

❷ 详见我国《专利法》第 23 条的规定。

❸ 王迁：《知识产权法教程》（第五版），中国人民大学出版社 2016 年版，第 328—335 页。

查实用艺术作品独创性。

（一）实用艺术作品获得著作权法保护的构成要件

实践中，权利人通常主张实用艺术作品属于我国著作权法保护的美术作品。因此实用艺术作品是否构成我国著作权法所保护的美术作品则是该类案件审查的核心问题，审查该问题应从以下三个方面出发。

第一个方面，应从作品的角度审查判断。我国《著作权法实施条例》第2条规定："著作权法所称作品，是指文学、艺术和科学领域内，具有独创性并能以某种有形形式复制的智力成果。"《著作权法实施条例》第4条关于"美术作品"的定义如下：美术作品是指绘画、书法、雕塑等以线条、色彩或者其他方式构成的有审美意义的平面或者立体的造型艺术作品。可见，实用艺术作品是否构成美术作品首先应当判断其是否满足作品的三个构成要件：其一，是否属于文学、艺术和科学领域的一种表达形式；其二，是否具有独创性；其三，是否能以有形形式复制。同时，还应当满足美术作品的特殊构成要件，即以线条、色彩或其他方式构成；具有审美意义；平面或立体的造型艺术。

第二个方面，实用艺术作品能否作为美术作品获得保护，应对其是否具有"审美意义"或"美感"单独进行审查判断。著作权法的基本理念是保护思想的独创性表达但不保护思想，不具有功能性和实用性的表达才能有条件地被纳入著作权法的保护。从宏观层面而言，作品是一种满足人类精神需求的智力成果，所有的作品构成在理论上都有"美感"要求，即美感已经内含于独创性要件之中，其基本意义就是在某种程度上满足人们精神需求的思想表达。如同我国著作权法对于作品的"独创性"并不苛求高度，对于非实用性美术作品的"美感"亦没有作出过高要求。虽然"美术作品"规定了"审美意义"，但对于一般美术作品而言，只需要证明独创性，而无须将"审美意义"作为一个单独构成要件进行论证。实用美术作品是指具有实用性、艺术性并符合作品构成要求的智力创作成果。可见，是否具有"美感"或"审美意义"是区分一个实用工业品是否可以纳入美术作品获得保护的重要标准。因此，对于一般的美术作品只需要证明独创性即可，但对于实用美术作品还应当单独论证其是否具有"审美意义"❶。

第三个方面，从实用艺术作品双重保护模式的边界角度出发，即应当从著

---

❶ 袁博：《"审美意义"是美术作品的构成要件吗?》，载微信公众号"知产力"，2016年3月9日。

作权法和专利法保护客体的区别、各自权利的边界等角度考虑。在进行独创性判断时，实用艺术品创作性高度要求应高于其他非实用艺术作品，而非仅仅满足最低限度的创作性即可。著作权法通过功能性例外实现著作权法与专利法的合理分工。外观设计是指对产品的形状、图案或者其结合以及色彩与形状、图案的结合所作出的富有美感并适用工业应用的新设计。实用艺术作品兼具实用性和艺术性，往往也可以申请外观设计专利保护。以轩尼诗公司 Paradis 酒瓶为例，轩尼诗百乐廷干邑所使用的酒瓶已申请外观设计专利并获得授权，同时亦以其立体造型申请注册为立体商标。作为美术作品保护与作为外观设计专利保护是不一样的，两者在权利取得、保护范围、有效期限等方面都存在重要区别：前者自动取得，后者须经国家审核授权才能取得；后者保护范围限于相同或类似产品上相同或近似外观设计，前者无此限制；前者有效期为作者生平加50 年，后者仅为 10 年。如在实用艺术作品独创性要件判断上过于宽松，绝大多数外观设计权利人将感到没有必要费力去申请外观设计专利，外观设计专利制度将形同虚设。而如果所有外观设计权利人都求助于著作权法保护，则会导致本来以保护文化领域中的创作成果的著作权法的重心偏移。故而有必要严格审查作为美术作品保护的实用艺术品独创性要件。

（二）实用艺术作品构成美术作品的审查要件

判断实用艺术作品是否构成美术作品应重点分析并审查以下问题：第一，权利人主张保护的平面或立体的造型艺术作品是否具有美感；第二，该实用艺术作品的实用性与艺术性能否分离；第三，该实用艺术作品的平面或立体造型是否达到美术作品的创作性高度。

美无处不在，任何一个实用物品的设计或多或少都会有一些美学上的考虑。美感即人对美的需要被满足时所产生的愉悦反应。以轩尼诗公司 Paradis 酒瓶案为例，涉案 Paradis 酒瓶由瓶身和瓶盖两部分构成，瓶身为透明玻璃材质，瓶身正面下部有"Hennessy PARADIS EXTRA"等字样。瓶身整体呈扁葫芦形，瓶身两侧面各有一条上窄下宽的带状棱边；从左右两侧面看，瓶身正面和背面的外部轮廓过渡平滑且无凸起或凹陷，而且内部轮廓在瓶身中部向里凹进。瓶盖整体分为三部分，上部近似圆柱体，中部有一凸环，下部为圆柱体，顶部上表面略向外凸。酒瓶整体轮廓设计线条流畅，瓶身外表面没有任何装饰图案或雕刻设计，整体简洁大方；尤其是沿着瓶身两侧薄薄的带状棱边使得整个酒瓶体态轻盈，与瓶身弧线形的轮廓设计结合，优美雅致，使人产生美感。

虽然著作权保护不断延伸到具有实用功能的物品，但是只有那些美学或艺术特征能够与实用物品分离的艺术品或工业设计才能获得著作权保护。即使这些作品可能具有美学上令人愉悦的特征，但如若不能将其具有的美学特征与其实用性相分离，也无法获得著作权的保护。关于如何区分实用性与艺术性，我国著作权法没有明确的规则。有的实用艺术作品中的图片、雕塑等美学部分能够与实用产品的功能部分从物理上独立分开，这些物理上可分的美学部分则无须依赖功能性部分就可以成为独立的作品，获得著作权的保护。但有的实用艺术作品的实用性与艺术性特征融为一体，无法从物理上加以分离。轩尼诗公司Paradis 酒瓶案中，该酒瓶扁葫芦形的艺术造型与其作为容器的使用功能部分无法在物理上进行分离。故需要进一步判断涉案 Paradis 酒瓶的实用性与艺术性在观念上是否可分。

判断"观念上的分离"，应当关注实用物品独特的艺术或美学特征对于实现实用功能而言是否有必要。也就是说，如果将实用艺术作品的艺术部分进行改动，影响其实用功能的实现，则艺术性与实用性无法在观念上分离；反之，如果艺术部分设计的改动并不会影响实用功能的实现，则其艺术性与实用性可以在观念上分离❶。Paradis 酒瓶系酒瓶，酒瓶作为用来装酒的容器，为了实现作为容器的实用目的，酒瓶必须有用于注入酒液的瓶口及容纳酒液的瓶身，但酒瓶的整体外形轮廓、装饰图案、色彩等仍有较大的设计空间。可见，Paradis酒瓶即使不设计成本案扁葫芦形，尤其是将瓶身两侧薄薄的带状棱边设计予以改动，并不会影响其实用功能即作为容器储存酒液的功能。因此，Paradis 酒瓶的艺术美感能够与其实用功能在观念上进行分离。

关于实用艺术作品的平面或立体造型是否达到美术作品的创作性高度的问题，对于美术作品而言，其独创性要求体现作者在美学领域的独特创造力和观念。因此，对于那些既有欣赏价值又有实用价值的客体而言，其是否可以作为美术作品获得保护取决于作者在美学方面付出的智力劳动所体现的独特个性和创造力，那些不属于美学领域的智力劳动则与独创性无关。以轩尼诗公司Paradis 酒瓶案为例，轩尼诗公司提交外观设计专利及其国际注册信息、我国台湾地区《太平洋日报》等证据相互印证，足以证实涉案 Paradis 酒瓶系由阿涅斯·帝埃里独立创作完成。如前所述，独立完成和付出劳动本身并不是某项客体获得著作权法保护的充分条件。因而需要进一步审查涉案 Paradis 酒瓶是

---

❶ 王迁：《知识产权法教程》（第五版），中国人民大学出版社 2016 年版，第 78—79 页。

否体现了作者在美学领域的独特的、个性化表达。涉案 Paradis 酒瓶属于实用性与艺术性可在观念上分离的实用艺术品，该产品的创意主要体现在外观造型方面。如前所述，该酒瓶整体轮廓设计线条流畅，瓶身表面没有任何装饰图案或雕刻设计，造型简洁大方；尤其是沿着瓶身两侧薄薄的带状棱边使得整个酒瓶体态轻盈，与瓶身弧线形的轮廓设计结合，体现了作者个性化的表达，具有较强的艺术性和独创性，表现出简洁典雅的风格，富有美感，故其构成著作权法保护的美术作品。

五、结论

著作权模式下对实用艺术作品提供保护，通常是将其作为美术作品进行保护。因此，对于实用艺术作品是否构成美术作品应当在个案中严格审查，即应当重点审查该实用艺术作品是否具有美感；该作品的实用性与艺术性能否分离；该作品是否达到美术作品的创作性高度。

然而，在个案中严格审查实用艺术作品的独创性，并没有解决著作权制度与专利制度之间的冲突等双重保护模式所带来的问题。尤其是独创性的审查判断标准本就是司法审判的难题，而如何判断实用艺术作品的实用性与艺术性能否分离的问题，在理论界和实务届均未形成一致的判断方法或标准。这些因素导致法律适用的不确定性，权利人对于实用艺术作品能否获得著作权保护缺乏预期。这种不确定性亦促使权利人往往先申请不进行实质性审查的外观设计专利，专利到期后再尝试进行著作权保护。而这种保护路径无疑又导致公众预期的不确定性，即在实用艺术作品的外观设计专利权因期满而进入公有领域后，实施该专利仍可能存在侵犯著作权的风险。为了平衡权利人与社会公众的利益，增强法律适用的稳定性和确定性，应从立法上完善实用艺术品的保护模式，或提供外观设计专利保护模式，给予较长如 25 年的保护期；或提供著作权保护，保护期亦确定为 25 年。

网络游戏规则的著作权保护路径

朱晓瑾*

摘　要　游戏规则是网络游戏的核心内容，决定了一款游戏成功与否。基于"思想－表达"两分法，司法实践中，对于游戏规则属于"思想"还是"表达"的司法认定还存在争议，本文通过对国内外关于网络游戏规则方面较有影响力的司法裁判进行梳理，依据"抽象—过滤—比较"三步检验法，坚持从作品的独创性出发，探寻网络游戏规则的著作权保护路径。

关键词　思想　表达　抽象　过滤　独创性

引　言

网络游戏产业是目前全球范围内发展最为迅速的文化产业之一。《2019 年中国游戏产业报告》的数据显示，2019 年中国游戏市场实际销售收入 2308.8 亿元，同比增长 7.7%；2019 年中国游戏用户规模达到 6.4 亿人，同比增长 2.5%，预计 2020 年用户规模将达到 6.6 亿人。❶网络游戏在一路高歌猛进的同时，创新能力不足、同质化严重、"搭便车"等无序竞争情况也日益凸显，"换皮游戏"就是影响游戏产业秩序的一颗"毒瘤"，网络游戏的抄袭已经从场景地图、角色造型、UI 界面等美术元素的简单抄袭，进阶到对游戏规则、游戏玩法的抄袭。在现有的著作权法框架内，网络游戏并未纳入单独的客体予以保护，司法实践对网络游戏的保护仍然停留在游戏人物形象、场景地图、道具等较为浅显的层面，游戏规则能否授予版权性值得探讨。

---

* 朱晓瑾，广州互联网法院三级法官。

❶　朱永："2019 年中国游戏产业报告发布"，载搜狐网 2019 年 12 月 20 日，https：//www.sohu.com/a/361601544_362042，访问时间：2020 年 5 月 20 日。

一、"游戏通关语"案引发的思考

2015 年年底，创梦公司开发的《快乐点点消》游戏正式上线。2016 年 7 月，嗨翻公司、游比阁公司在苹果 Appstore 发行宣传、推广和运营一款名为《快乐点点消（单机游戏）》的游戏。2017 年 3 月，创梦公司以著作权侵权和不正当竞争诉由将嗨翻公司、游比阁公司告上法庭，要求对"干得漂亮！来试试飞弹的威力吧！""再消除 10 个蓝色方块就可以完成目标哦"等游戏通关语提供保护。一审法院驳回了原告该项诉请，判决书中认为："原告主张的游戏通关语，其实质是游戏的规则和玩法。鉴于著作权法仅保护思想的表达，而不延及思想本身，因此法院不予保护游戏规则和玩法。对于每一关的游戏通关语而言，其表达过于简单，难以达到著作权法所要求的独创性的高度，但是涉案游戏方块上的文字说明即游戏通关语系用于说明方块和道具在游戏中所具备的技能和功能，将其组成一个整体，可以视为游戏说明书而作为著作权法所规定的文字作品予以保护。"❶ 宣判后，被告嗨翻公司、游比阁公司提起上诉，二审法院维持了一审判决，认为"本案中被诉侵权游戏与原告主张保护游戏如果仅是规则、玩法、题材大致相同，在表达上存在不同，并非完全抄袭的情形下，可以认定不构成侵权"❷。

游戏通关提示语，是在游戏过程中以图文等方式告诉玩家游戏规则，通过告诉玩家运用相关技能或道具产生的效果以及闯关玩法，指引玩家一步一步通关的说明。该案一、二审法院均指出游戏通关语实质是游戏规则、玩法，一审法院坚持从作品的独创性角度出发指出单个通关语的表达太短，无法构成著作权法所保护的文字作品；二审法院则指出游戏规则相同，表达不完全相同，可不构成侵权。可以说，该案对网络游戏规则的著作权保护提供了不同的思路，有一定的借鉴意义。

二、游戏规则的司法保护趋势

网络游戏实质是一个复合体，包含了两个层面的内容，一个是浮现在表象的配音、配乐、游戏人物形象、游戏场景、界面布局等可供感知的信息；另一个是包含了框架设计、数值策划、技能体系等的规则和玩法。对于游戏玩家而

---

❶ 参见深圳市南山区人民法院（2017）粤 0305 民初 4888 号民事判决书。
❷ 参见深圳市中级人民法院（2019）粤 03 民终 11027 号民事判决书。

言，一款游戏设计的规则是否新颖、有趣或具有挑战性才是决定他们是否投入游戏的关键因素，因此，游戏规则和玩法才是网络游戏的核心内容。通说认为，游戏规则属于"思想范畴"，不能作为著作权法保护的客体，否则，会导致最先完成开发的游戏创作者享有整个领域垄断利益的情形，不利于行业发展。但是，游戏规则要想被游戏玩家所感知、了解，游戏设计师必须将游戏的具体玩法规则或通过界面内直白的文字形式，如游戏通关语，或通过连续游戏操作界面对外叙述表达，使玩家在操作游戏过程中清晰感知并据此开展交互操作。随着产业界、司法界对游戏规则认识的加深，司法实践中对待游戏规则的保护问题的态度已经从"不该保护"变成"该如何保护"。❶

（一）域内司法保护趋势

我国司法实践中，游戏规则第一次被明确提出作为保护客体的案例是2014年的《炉石传说》诉《卧龙传说》著作权纠纷一案，原告请求对《炉石传说》中"卡牌和套牌的组合"等属于游戏规则范畴的内容提供保护，上海市第一中级人民法院认为游戏规则属于思想的范畴，著作权法不予保护。该案判决书中指出："原告所主张的卡牌和套牌的组合，其实质是游戏的规则和玩法。鉴于著作权法仅保护思想的表达，而不延及思想本身，因此，本院对被告的抗辩予以采纳。"❷ 由于游戏规则无法受到著作权法的保护，因此一旦有市场欢迎度高的游戏推出后，"换皮游戏"在内在框架未改变的基础上，参考他人游戏的运行规则，仅仅修改了道具、音乐等表层的内容，对于游戏的性质和用户的体验却几乎不会造成影响，容易误导用户，严重影响原创游戏的市场价值，挫伤开发者开发游戏的积极性，严重破坏了网络游戏市场的竞争秩序。

2019年，上海市浦东新区人民法院在一起"换皮"类卡牌游戏的著作权侵权诉讼中，从思想和表达二分法规则出发，认为卡牌游戏对于三国时期人物的选择与人物事迹的凝练具有创作的空间，涉案卡牌文字说明系"作者基于史料、民间故事而对某些三国人物的艺术化再加工"，对卡牌游戏所依据的历史素材和建立在素材基础上的表达进行了区分，进而认定涉案游戏的文字内容系根据三国历史故事并结合桌面推理游戏规则创作而成且有独创性的部分，符合著作权法保护的文字作品特征的，应当认定作者对其创作性部分享有著作

---

❶ 孙磊：《电子游戏中设计及规则知识产权保护的调研报告》，载《中国知识产权》2016年第12期。
❷ 参见上海市第一中级人民法院（2014）沪一中民五（知）初字第23号民事判决书。

权。❶ 同样是卡牌游戏，该案并未一刀切地认为游戏规则属于思想而不受著作权法保护，而是从"思想 – 表达"二分法原则出发，传递出游戏规则通过特定方式呈现出来的具体表达，则有可能受到著作权法的保护，为游戏规则说明的著作权保护拓展了思路。类似的，在奇迹 MU❷、太极熊猫❸、守望先锋❹等案件中，法院也将相关的游戏规则中具有独创性的具体表达给予了著作权法的保护，明晰了游戏规则的著作权保护范围及保护路径。

（二）域外司法保护趋势

域外司法关于游戏规则的认定思路也经历了一个转变的过程，越来越倾向于保护游戏开发者。美国判例法上允许游戏克隆的案例如空手道游戏，原告 Data East 起诉被告 Epyx 抄袭自己的空手道比赛游戏，法院发现了 15 处相似之处，其中大部分都是武术动作。尽管如此，法院认为原告的游戏特征不能受到著作权法保护，游戏中空手道移动步伐，裁判的样子和比赛规则都是空手道竞技规则本身的体现，功能性规则不受法律保护。❺

时隔十五年，在俄罗斯方块案中，美国法院通过区分规则和与规则有关的表述，认定特定拼图造型的选择构成表达，可以受到版权保护。2012 年，Tetris 公司起诉 Xio 公司开发的游戏 Mino 明显抄袭了著名游戏俄罗斯方块（Tetris），然而 Xio 辩称俄罗斯方块中的每一个方块的设计都是为了实现让方块堆积起来的游戏规则，因而不受版权法保护。美国法院并未采纳被告的抗辩意见，在细分游戏的目的和实现目的的不同方法后，判定被告对特定拼图造型的选择已经超出了思想的界限，成为受到版权保护的表达，法院强调：几乎所有的游戏元素都或多或少地与游戏规则或功能相联系，然而，游戏空间的宽度、"淘汰线"的划分、下一个落下的方块的出现方式、方块颜色上的变化，当游戏结束时所有方块自动落下并填满游戏区域的方式等，都属于对规则进行的具体表

❶ 参见上海市浦东新区人民法院（2017）沪 0115 民初 27056 号民事判决书。

❷ 参见上海市第一中级人民法院（2014）沪一中民五（知）初字第 22 号民事判决书，法院将两款游戏中"等级限制""角色技能""装备属性"等具体规则设计与人物造型、场景设计等其他传统著作权元素一同纳入了实质性相似的比对范围。

❸ 参见苏州市中级人民法院（2015）苏中知民初字第 201 号民事判决书，法院在该案中认为游戏玩法规则的特定呈现方式构成著作权法保护的客体。

❹ 参见上海市浦东新区人民法院（2017）沪 0115 民初 77945 号民事判决书，法院认为地图的行进路线、进出口位置的设计、射击点和隐藏点的位置选择等游戏设计要素构成了对游戏规则的具体表达。

❺ SHIPA：《从 4 个美国判例法看游戏侵权司法裁判沿革》，载微信公众号"知识产权那点事"，2017 年 6 月 11 日。

达，而在对这些表达元素或细节进行具体设计时，由于计算机硬件的升级使得开发者能够脱离以往技术上的限制，如今的游戏开发者已经有足够发达的技术去设计出与原作有实质性差异的作品，然而被告并没有这样做，而是对原作进行了简单的重复。❶

梳理域外、域内针对网络游戏规则的侵权案例可知，随着游戏产业的发展和技术的演进，在遵循"思想－表达"二分法原则的基础上，游戏规则的保护是有路径可寻的，而找到"思想－表达"二分法在网络游戏侵权案件上的平衡点也成为司法实践的难点和重点。

三、"游戏规则"可版权性的判断路径

《与贸易有关的知识产权保护协定》（TRIPs 协定）第 9 条第 2 款规定，"版权的保护仅延伸至表达方式，而不延伸至思想、程序、操作方法或数学概念本身"。我国《计算机软件保护条例》第 6 条也明确规定，"本条例对软件著作权的保护不延及开发软件所用的思想、处理过程、操作方法或者数学概念等"。作为著作权法的一项基本原理，思想与表达的二分法贯穿著作权，对于确定著作权法保护的客体具有重要意义。但在实践中，思想和表达并不是非此即彼、非黑即白的关系，存在灰色地带。在司法实践中发展出了系列区分特定作品中的思想与表达的有效方法，其中美国第二巡回法院在 1992 年的 Altai 案提出的抽象—过滤—比较的三步检验法，可以说是区分思想与表达的集大成者。❷

（一）抽象

思想是作者对概念的理解、审美思想和个人观点的融合，是一种内化的不可感知的抽象，但是，思想必须通过"表达"方为人所知悉。从表达到思想，这是一个不断抽象的过程，著名的汉德法官指出："当越来越多的枝节被剔除出去以后，留下的是大量适用于任何作品，尤其是戏剧的具有普遍意义的模式。最后剩下的可能只是有关作品内容的最一般讲述，有时，甚至唯有作品的标题。这一系列的抽象在某一个点上不再受到保护，否则作者将会阻止对其

---

❶ 董瀚月：《网络游戏规则的著作权法保护》，载《上海政法学院学报〈法治论丛〉》2016 年第 3 期，第 102—109 页。

❷ 卢海君：《论思想表达两分法的法律地位》，载《知识产权》2017 年第 9 期，第 20—26 页。

'思想'的利用。"❶ 有学者将之总结成金字塔理论，认为"从无数具体的细节，到作品的最终主题思想，是一个由下至上的'金字塔'形的结构，从金字塔底端的每一句话的文字表达，至金字塔顶端的主题思想之间，可以有一个不断抽象和概括的过程"❷。按照金字塔模型的设计，随着抽象和概括程度的不断提高，越靠近金字塔顶点的部分可能就是抽象概念或抽象思想等，不受著作权法保护。针对游戏作品，金字塔顶端包括游戏立项阶段，解决的是游戏的类型定位，比如射击类枪战、斗地主、消消乐等类型定位；包括围绕游戏类型定位的游戏通用规则、玩法，比如射击类游戏基本玩法，就是移动、射击等功能；还包括围绕核心玩法的战斗目标，比如消消乐游戏的战斗目标就是通过彼此相邻配对消除来获胜。❸

值得注意的是，在游戏中，著作权法所不予保护的规则通常指的是行为规则、通用的科学规则、数学法则等，这些规则已经是给定的，不容改变的，因此著作权法不能予以保护，否则会造成垄断。但是，游戏规则允许并且力邀游戏开发者创设新的游戏规则，所以，玩家所称的游戏规则并非著作权法上讲的"规则"，不能把游戏规则所具有的传递信息的功能理解为抽象的思想，从而排除著作权法的保护。例如，在"三国杀"游戏中，游戏玩家摸到"关羽"卡牌就拥有了"武圣"的技能，在玩家看来，这就代表了"关羽"卡牌的规则，一张张卡牌上的规则就组成了整个卡牌的规则。但是，以卡牌文字说明体现的游戏规则，构成了对游戏玩法规则的特定呈现方式，是一种被充分描述的结构，构成作品的表达。卡牌"关羽"对技能"武圣"的文字说明是："武圣可以将任意一张红色牌当【杀】使用或打出。"❹ 具体到这个任务，因其典故比较多，游戏技能本来就可以有多种选择，如温酒斩华雄、桃园三结义等，但游戏开发者选择了"武圣"来代表关羽的技能，并充分描述出来赋予其可感知的表达，那么，该技能就可以受到著作权法的保护。

（二）过滤

任何一种作品的创作，都不可避免地要借鉴在先作品的经验，并且融入公

---

❶ 熊文聪：《被误读的"思想/表达二分法"以法律修辞学为视角的考察》，载《现代法学》第34卷第6期，第168—179页。

❷ 王迁：《著作权法》，中国人民大学出版社2015年版，第46—47页。

❸ 徐俊：《换皮游戏中实质性相似的认定》，载微信公众号"知产财经"，2020年5月21日。

❹ 详见百度百科"三国杀"，https：//baike. baidu. com/item/% E4% B8% 89% E5% 9B% BD% E6% 9D% 80/10981？ fr = aladdin，最后访问时间2020年5月21日。

有领域的通用素材，同时某些表达可能仅有一种或者极其有限的表达，在这种情况下，原本不受保护的"思想"和原本受到保护的"表达"混在了一起，这种通用素材和有限表达应该被过滤出去，否则可能导致"表达"所依附的"思想"本身也被垄断。理论界关于有限表达的界定总结出了"混同原则"和"场景原则"。如果一种"思想"只有一种或非常有限的表达，那么这些表达也被视为"思想"而不受保护。这就是著作权法中的"混同原则"。与"混同原则"密切相关的是"必要场景原则"，这一原则运用于排除创设特定的风格、主题、场景时所必不可少的表达的保护。如果不运用一定的资料和文学手法就无法创作特定历史时期或虚构主题的作品，那么这些资料和文学手法就不属于著作权法保护的对象。❶

如果某些游戏规则的设计非常简单，可供选择的表达范围非常有限，或者该游戏规则的设计属于该种游戏题材必不可少的，那么这些游戏规则的设计可能因与游戏种类这一笼统的思想密不可分而被排除在保护范围之外。❷例如消除类游戏，三个相同的元素连在一起即可消除既是通用设计也是有限设计，应予以过滤。在"游戏通关语"一案中，考虑到消除类游戏的表达方式、表达空间有限，而被诉侵权游戏与权利人主张保护游戏仅是规则、题材大致相同，在表达上存在不同，没有完全抄袭权利人主张保护的游戏通关提示语、没有整体利用游戏通关提示语的基本表达进行作品改编的情形下，法院因此认定不构成侵权，防止了消除类游戏通用规则设计被垄断。

除了过滤"有限表达"，还需要过滤公有领域的元素。最具代表性的是一些模拟现实类游戏，如模拟足球、在线五子棋等，其中的足球、五子棋规则本身已经属于公有领域，不属于著作权法保护范围。在几乎所有类型游戏都会设有的"地图"元素中，被广泛使用金字塔、巨石阵等场景的既有规则亦应当属于公有领域。❸

经过抽象思想、过滤不该保护的表达后，针对游戏中可以保护的表达再进行相似性的比较，已经成为司法实践中比较认同的做法。具体到个案中，每一个步骤的适用不一定会如此清晰明了，尚需裁判者把握"思想 - 表达"二分法鼓励创造、平衡利益的价值追求，在遵循"独创性"的标准下对思想的表

---

❶ 王迁：《著作权法》，中国人民大学出版社 2015 年版，第 51 页。

❷ 朱艺浩：《论网络游戏规则的著作权法保护》，载《知识产权》2018 年第 2 期，第 67—76 页。

❸ 曾晰、关永红：《网络游戏规则的著作权保护及其路径谈》，载《知识产权》2017 年第 6 期，第 68—73 页。

达作出认定。

四、"独创性"对游戏规则保护范围的影响

网络游戏涵盖角色扮演游戏、冒险游戏、射击类游戏、格斗游戏、体育类游戏、竞速游戏、卡牌游戏、消除类游戏等不同类型，不同类型的游戏可选择的游戏规则、玩法范围不一。一般来说，复杂、新颖的角色扮演游戏、卡牌游戏等游戏规则可供设计范围广，而类似射击、格斗类的游戏规则设计范围则相对有限，不论如何，因具备独创性时获得著作权法保护的基本要件，在探讨游戏规则能否获得著作权法保护仍需坚持"独创性"标准的前提下进行个案探索。

（一）简单、非新颖性游戏的游戏规则保护

对于已为公众所熟知的游戏类型而言，如大家熟知的"斗地主""诈金花""牛牛""德州"或者麻将"血战到底"等棋牌类游戏，其游戏规则、玩法的设计是老百姓的智慧，无论何种玩法，最后都是那54张牌或者108张牌，没有任何差别。游戏开发者对这种游戏规则不享有独创性，因此不能对该类型游戏规则主张予以著作权法保护，否则，会导致对棋牌类游戏规则的垄断。类似的还有上文援引的消除类游戏，这些游戏也因为已为公众熟知或者思想与表达混同而难以受到著作权法的保护。但是，如果游戏开发者编写了具有一定故事背景、故事情节，情景细节介绍完整，陈述了一遍游戏玩法的说明书，那么该说明书因为具有作者的观点和个性选择，并最终形成了可以被感知的表达形式，是可以成为文字作品而受到著作权法保护的。美国版权局就作了相关规定，一个详细描述游戏规则的文本是可以申请注册的，审查标准是其是否构成文字作品。如果游戏包含书面文字要素，如说明书或指南之类，可以作为文字作品提请著作权登记，将游戏中可获得著作权保护的部分，包括大量的图片元素，作为视觉艺术作品进行注册。❶ 该做法值得我们借鉴。

（二）简单但新颖游戏的游戏规则保护

随着计算机技术的进步，游戏开发者有了在常见游戏类型中加入创意的机会，开发出具有独创性的新颖游戏的机会。比如在消除类游戏"开心消消乐"

---

❶ 郝敏：《网络游戏要素的知识产权保护》，载《知识产权》2016年第1期，第69—77页。

中，开发者加入了顺着藤蔓前往"来自星星"的云端之上，消灭各种障碍，收集足够多的金色豆荚，去拯救神秘的"村长大大"的故事背景，设置了传送门、冰块、金豆荚、雪块等游戏障碍，加入了爆炸特效、模特鸟特效，以及小浣熊、小鸡等萌宠为消除对象，设定了分数过关、指定消除、获得金豆荚、云朵关卡四个游戏模板。❶ 这些游戏规则设计新颖、富有趣味，不属于消除类通常具有的游戏规则设计，因此有可能受到著作权法的保护。值得注意的是，对于该类游戏规则的保护仅限于其对游戏规则创新的部分，而不延及通用规则，譬如"开心消消乐"游戏中"把三个颜色相同的小动物连成一条直线，即可消除"的游戏规则是消除类游戏的通用规则，不能予以著作权法的保护，否则会造成垄断。

（三）大型游戏的游戏规则保护

大型游戏往往叙事性强，游戏规则、玩法的设计往往是其开发过程中最为耗时、耗资的部分，其游戏规则的设计独创性程度非常高。例如，"三国杀"是一种作者基于史料、民间故事而对某些三国人物的艺术化再加工而成的多人回合制战略卡牌游戏，体现了作者对不同类型文学作品、史料的筛选和取舍，同时设计者又需要精确计算每一张牌的数值平衡和技能平衡，其规则设计的精巧程度达到了较高的水准。譬如武器"青龙偃月刀"的技能被设计为"每当你使用的【杀】被目标角色使用的【闪】抵消时，你可以对其使用一张【杀】（无距离限制）"。"乐不思蜀"牌下注明："问禅曰：'颇思蜀否？'禅曰：'此间乐，不思蜀。'"简单的几句话就讲述了乐不思蜀的典故，足以感受到游戏开发者设计游戏规则的独创性。

随着网络游戏的发展，出现了一些非现实类、具有剧情的游戏，已经有了不少司法判例将连续动态运行的游戏整体画面认定为类电作品，比如太极熊猫、奇迹 MU、守望先锋、王者荣耀等，而新修订的《著作权法》增加了"视听作品"这一法定作品类型，使得游戏规则设计有了进一步得到著作权法保护的可能性。

五、结语

"换皮游戏"具有低成本、高效率的开发"优势"，是目前最受游戏开发

---

❶ 参见"快乐点点消"百度百科，https：//baike. baidu. com/item/% E5% BC% 80% E5% BF% 83% E6% B6% 88% E6% B6% 88% E4% B9% 90/2115253？ fr = aladdin#3，最后访问时间：2020 年 5 月 21 日。

商欢迎的游戏软件开发方式，如果对"换皮游戏"不予规制，将无法鼓励游戏的创新，并引发劣币驱逐良币的不良效应。著作权的立法目的在于保护智力创造者权利，促进知识广泛传播，有效配置治理资源，围绕着上述法律价值目标，在审理涉游戏规则案件时，裁判者应摈弃游戏规则就是"思想"这种一刀切的做法，从"思想－表达"两分法出发，通过个案厘清规则和规则的表达，针对不同的游戏类型，坚持"独创性"的标准认定游戏规则表达的可版权性，遏制"换皮游戏"侵权行为的发生，以司法裁判指引游戏产业健康、有序地发展。

商标权及反不正当竞争篇

互联网不正当竞争的司法审查范式研究

朱文彬*

摘　要　不正当竞争司法实践需要总结归纳司法审查范式，使司法兼具灵活性和可预见性。我国互联网不正当竞争诉讼中的司法审查范式主要包括权利保护的审查范式、禁止性的不正当竞争行为审查范式、道德评价的审查范式、归纳竞争规则的审查范式、多角度综合评价的审查范式这五种范式。基于反不正当竞争法的修订、最高人民法院的司法政策和疑难案件处理的现实需要，多角度综合评价范式将成为不正当竞争司法审查的重要研究对象，在实践中要综合运用道德评价、效能竞争、比例原则、竞争效果评估等方法，从多个角度对竞争行为的正当性进行评估。

关键词　互联网不正当竞争　司法审查范式　多角度综合评价范式

近年来我国竞争法领域的司法实践中，经营者为了在市场竞争中获得更多的收益，竞争手段层出不穷、花样翻新，特别在我国互联网行业迅速崛起后，伴随着新的技术手段、新的商业模式，经营者采取各种"创新"方式竞争而引发的新型互联网不正当竞争诉讼也日益增多。如"腾讯诉奇虎不正当竞争案"[❶]"百度诉奇虎插标不正当竞争案"[❷]"快乐阳光诉唯思软件屏蔽视频广告不正当竞争案"[❸] 等纠纷发生时，反不正当竞争法中明确列举并规定构成要件的不正当竞争行为，在规制和解决这些疑难纠纷时捉襟见肘，法官不得不通过适用反不正当竞争法的原则条款进行审理，而这往往又会带来理论界和实务界

---

* 朱文彬，广州知识产权法院四级高级法官。主审的案件曾获得第三届全国青年法官优秀案例评选特等奖，入选中国法院知识产权司法保护 50 件典型案例等。

❶　最高人民法院（2013）民三终字第 5 号民事判决。
❷　最高人民法院（2014）民申字第 873 号民事裁定。
❸　广州知识产权法院（2018）粤 73 民终 1022 号民事判决。

对于司法扩张适用原则条款并导致削弱可预见性的担忧。因此，司法实践需要总结归纳关于不正当竞争纠纷的司法审查范式，让法官面对日新月异的不正当竞争纠纷案件时，得以恰当地在反不正当竞争法设置的原则条款、兜底性条款与构成要件较为明确的不正当竞争行为之间来回穿梭审查、进行价值衡量和效果评估，并在裁判文书中将审查范式的具体要素予以阐明，使司法兼具灵活性和可预见性；同时，考虑到司法审查范式中所涉的市场竞争秩序、经营者利益、消费者利益、公认的商业道德等内容需要以具体领域、行业作为载体进行研究才能言之有物，而如前所述近年来互联网新型不正当竞争纠纷层出不穷，为范式研究积累了大量的素材，故本文主要以互联网不正当竞争的司法审查范式为切入点开展研究。

一、不正当竞争行为司法审查范式概述

司法审查范式是司法审判中具有可操作性的法律适用的方法和模式。例如，源自德国民法的"请求权基础探寻"方法❶，就是根据当事人的请求，依据理论归纳的契约请求权、缔约过失请求权、无因管理请求权、物上请求权、侵权和不当得利请求权等民法上请求权基础的检视顺序确定预选的请求权规范，继而将案件事实涵摄于请求权规范的构成要件之下，并结合考虑抗辩以及请求权竞合、聚合等内容进行法律适用推演的方法和模式；又如邹碧华法官针对民商事审判提出的"要件审判九步法"❷：固定权利请求、识别权利请求基础、识别抗辩权基础（又称识别对立规范）、基础规范构成要件分析、审查当事人诉讼主张是否完备（诉讼主张的检索）、争点整理、要件事实的证明（举证指导及心证公开）、要件事实的认定、要件归入并作出裁判，也属于类似审判方法的归纳。

与上述较为成熟的民商事审判方法和范式相比，不正当竞争的司法审查范式因其独特性而具有研究价值。根本原因在于，《反不正当竞争法》不仅兼具权利法和行为法的特性，如该法第9条保护的是《民法典》第123条规定的属于知识产权客体的商业秘密，但该法第8条规制的是不以具体权利为基础起点的虚假宣传行为；而且根据该法第2条规定，其保护的利益除了经营者利益之外，还应考虑代表市场竞争秩序的社会公共利益和消费者的合法权益，并且以

---

❶　王泽鉴：《法律思维与民法实例——请求权基础理论体系》，中国政法大学出版社2003版，第83—93页。

❷　邹碧华：《要件审判九步法及其基本价值》，载《人民司法》2011年3期，第4—8页。

上三种利益在一些特殊纠纷中由于存在冲突而需要司法裁判作出权衡和选择。这些都与以私权为核心、主要呈现权利法特性的民事法律关系存在一定的区别。

（一）不正当竞争司法的国外发展

反不正当竞争法起源于 19 世纪后半期的欧洲，最初是从侵权法部分发展而来，代表是法国依据其《民法典》第 1382 条侵权责任原则条款处理不正当竞争。发展至今，世界各国关于不正当竞争司法审查的依据和认定呈现多元态势，包括通过民法侵权条款予以规制（如法国）、反不正当竞争法专门立法（如德国）、反不正当竞争法与反垄断法合并立法（如美国）等多种情形；除了国家立法外，还有制止不正当竞争的国际保护和区域性保护规定，如《保护工业产权巴黎公约》的第 10 条之二、欧盟《不公平商业行为指令》等。❶

以德国为例，1896 年德国制定了关于反不正当竞争的专门立法，其后 1909 年德国反不正当竞争法首次引入原则条款，以违反善良风俗作为不正当竞争的判断标准。而德国同样面临"善良风俗"具体化的困难，因之产生了"道德说""习惯说""公共秩序说"等法律适用的学说及范式❷，后来进一步发展为"效能竞争"理论❸。2004 年，德国修改反不正当竞争法，从以保护诚实竞争者、维护善良风俗为基础转为保护未扭曲的竞争为基础，明确保护竞争者利益、消费者利益和社会公共利益。与此同时，德国关于不正当竞争纠纷的司法审查范式也随之改变。例如有学者指出，在互联网屏蔽广告案件中，与我国之前部分裁判以认定"免费+广告"商业模式属于受保护的合法权益为不正当竞争的基础要件不同，德国法院更多考量原告与被告双方的竞争均衡、消费者福利及创新的需求，作出竞争行为是否正当的裁判。❹

---

❶ 博德维希：《全球反不正当竞争法指引》，黄武双、刘维、陈雅秋译，法律出版社 2015 年版，第 3、17、37、40、60、284、765 页。另参见孔祥俊：《论反不正当竞争法的现代化》，载《比较法研究》2017 年第 3 期，第 37—42 页。

❷ 邵建东：《德国反不正当竞争法研究》，中国人民大学出版社 2001 年版，第 43—56 页。

❸ 郑友德、范长军：《反不正当竞争法一般条款具体化研究——兼论〈中华人民共和国反不正当竞争法〉的完善》，载《法商研究》2005 年第 5 期，第 124—126 页。

❹ 孔祥俊：《反不正当竞争法新原理（原论）》，法律出版社 2019 年版，第 83 页。

（二）不正当竞争司法审查范式的作用

1. 为法官适用原则条款或兜底条款进行裁判时提供帮助

《反不正当竞争法》修订后，第 2 条原则条款增加了消费者利益的规定，第 6 条和第 12 条也增设了兜底条款，为了防止这些条款的过度滥用以及适用时缺少充分说理等问题，有必要进行解释论层面的研究；而通过研究司法审查范式来明确法律适用的逻辑进路和尽量使适用依据具体化便是其中一种方式。司法审查范式研究一方面给法官审理不正当竞争案件提供方法论上的帮助，在遇到疑难案件时回归到反不正当竞争法的价值目标和保护的利益这个层面去深入思考和利益衡量；另一方面在面对不同的不正当竞争纠纷时，审查范式类型化的研究成果也可以帮助法官按图索骥、提供参考，进一步提升了可操作性。

2. 有利于市场竞争的指引和导向

司法审查范式蕴含在裁判文书的论理之中，是裁判理由所采取的论理模式，也是裁判结果的生成过程，对其进行研究其实是一种从自发到自觉再到自省的过程。通过司法审查范式研究，当法官经过思考对司法审查范式形成内心确信并且将其阐明在裁判文书中，这既增强了裁判文书的论理层次，也更有利于裁判标准的统一，从而提升了法律共同体以及市场经营者对于竞争行为及后果的预期，更好地指引经营者在增进效率、保护创新、维护公平等正确价值理念下进行市场竞争。

（三）我国互联网不正当竞争纠纷中存在五种司法审查范式

关于何为互联网不正当竞争，理论界和实务界存在不少标准。例如，部分学者根据竞争作用的载体、竞争机制的本质等不同标准将互联网新型不正当竞争行为进行类型化，进一步细分为屏蔽广告、恶意软件冲突、恶意风险提示、恶意软件评分、非必要软件捆绑、设置不合理的 robots 协议、劫持流量等具体行为[1]。但在司法实践中，相比而言根据 2019 年新修订的《反不正当竞争法》的规定，更具有可操作性的分类是将互联网不正当竞争分为以下几类：一是第 6 条仿冒混淆、第 8 条虚假宣传、第 11 条商业诋毁、第 9 条侵害商业秘密等传统不正当竞争行为经过"互联网＋"后产生的新变化；二是第 12 条互联网专

---

[1] 张冬梅：《互联网领域不正当竞争行为及法律监督问题研究》，载《电子知识产权》2014 年第 12 期，第 34—36 页；张今：《互联网新型不正当竞争行为的类型及认定》，载《北京政法职业学院学报》2014 年第 2 期，第 7—9 页。

条前三项明确规定的互联网领域特有的、利用技术手段进行的不正当竞争行为；三是第 12 条互联网专条第（4）项兜底条款规定的妨碍、破坏其他经营者合法提供的网络产品或者服务正常运行的行为；四是第 2 条原则条款规制的互联网不正当竞争行为。并且，上述四类互联网不正当竞争在法律适用时，应当依据《最高人民法院关于充分发挥知识产权审判职能作用推动社会主义文化大发展大繁荣和促进经济自主协调发展若干问题的意见》第 24 条的规定，凡属反不正当竞争法特别规定已作明文禁止的行为领域，只能依照特别规定规制同类不正当竞争行为，原则上不宜再适用原则规定扩张适用范围。即互联网不正当竞争在法律适用时存在顺位，第一和第二类属于第一顺位，其次是第三类，再次才是第四类。据此分类，在案件类型化研究基础上，笔者认为，我国互联网不正当竞争诉讼中的司法审查范式主要包括以下五种：权利保护的审查范式、禁止性的不正当竞争行为审查范式、道德评价的审查范式、归纳竞争规则的审查范式、多角度综合评价审查范式，以下将加以具体阐述。

二、前四种司法审查范式在互联网不正当竞争中的适用

（一）权利保护的审查范式

权利保护的审查范式与民法保护绝对权的侵权认定路径"权利—主体—侵害行为及损害后果—民事责任"基本相同，由于《反不正当竞争法》具有权利法的特性，以第 6 条规定的有一定影响的名称、包装、装潢等仿冒混淆以及第 9 条规定的商业秘密保护为代表，作为保护起点的商品名称、包装、装潢、企业名称权等权利以及商业秘密均具有相应的构成要件，审查范式的论证自始至终围绕该权利进行展开。在互联网纠纷中的适用亦不少见，例如在暴雪娱乐与分播时代公司等不正当竞争案❶中，法院审理的争议焦点之一就是以涉案在线游戏的"标题界面、登录界面和人物构建界面"是否属于知名服务特有装潢、能否产生区分服务来源的作用，并以此作为权利基础对被诉行为是否构成仿冒混淆不正当竞争进行认定。又如李某与要玩公司侵害商业秘密案❷，虽然属于因互联网移动办公所产生的纠纷，但法院首先审理的依然是商业秘密的内容、载体、产生时间以及秘密性、保密性、商业价值三项构成要件等关于

---

❶ 参见广东省高级人民法院（2016）粤民终 1775 号民事判决。
❷ 参见广州知识产权法院（2017）粤 73 民终 1874 号民事判决。

权利的事实和认定。

有一种观点认为，《反不正当竞争法》第6条第（4）项增设了"其他足以引人误认为是他人商品或者与他人存在特定联系的混淆行为"的兜底条款后，相当于在适用时增加了法律没有规定的权利，会对权利保护的审查范式产生冲击。但是，这种观点是不妥当的。正如"晨光笔特有装潢"不正当竞争案❶，当时反不正当竞争法仿冒混淆规定尚未增加兜底条款，最高人民法院便已指出，当商品外观形状构造通过在市场上的使用，相关公众已经将该形状构造与特定生产者、提供者联系起来，即该形状构造通过使用获得了第二含义，能够起到区别商品来源的作用，就可以依据仿冒混淆规定获得保护。因此，适用《反不正当竞争法》第6条第（4）项兜底条款的前提依然是某种客体通过使用获得了显著性，能够起到区别商品来源的作用，从而赋予其类似于该条规定的商品名称、包装、装潢、企业名称权等权利的地位。

但是，应当注意到，权利保护的审查范式在适用中也存在批评。例如在涉及新型商业模式的互联网纠纷中，部分裁判依然适用该种审查范式认定构成不正当竞争的起点在于认定原告涉案商业模式及其正常运营下所获利益属于反不正当竞争法保护的权利或者经营者权益。此处关于商业模式是否属于类似绝对权的权益引发了不少争议，权利保护范式的合理性受到质疑❷。因此，本文认为权利保护的审查范式应当限于《反不正当竞争法》第6条和第9条规定，不应扩张适用。

（二）禁止性的不正当竞争行为审查范式

除了上述损害权利的不正当竞争行为以外，《反不正当竞争法》中还规定了违反商业伦理的不正当竞争行为，体现为禁止性的法律规范，以第8条的虚假宣传、第11条的商业诋毁和第12条互联网条款的前三项为代表。在依据上述法律规定认定不正当竞争时，应适用禁止性的不正当竞争行为审查范式，采用类似于刑法构成要件的审查路径，以禁止性的行为替代权利作为审查的中心，即主体、客体、主观、客观等构成要件一旦符合，即作出否定性评价，而不必以存在具体构成要件的权利作为审查起点。

例如，在爱奇艺公司诉飞益公司案❸中，二审法院认定飞益公司的视频刷

---

❶ 参见最高人民法院（2010）民提字第16号民事裁定。
❷ 孔祥俊：《论反不正当竞争法的现代化》，载《比较法研究》2017年第3期，第52—53页。
❸ 参见上海知识产权法院（2019）沪73民终4号民事判决。

量行为导致公众对于视频的选择产生误导，构成虚假宣传行为。在蓝月亮公司诉笛梵尔公司案❶中，二审法院认定被诉侵权人在微信公众号、微博、腾讯视频和淘宝旗舰店等实施的比较广告宣传行为具有较明确的针对性和指向性，足以使消费者将"蓝月亮"洗衣产品与负面评价联系起来，对蓝月亮公司的商业信誉和商品声誉造成损害，构成商业诋毁行为。在百度诉奥商公司不正当竞争案❷、腾讯诉奇虎不正当竞争案❸、奇虎与百度网讯侵害商标权及不正当竞争案❹中，法院认定被诉侵权行为利用技术手段，通过影响用户选择或者其他方式，实施了妨碍、破坏其他经营者合法提供的网络产品或者服务正常运行的行为，分别对应并推动了《反不正当竞争法》第 12 条前三项规定的立法。

还应注意的是，在司法实践中，该种审查范式的局限在于其适用应以法律明确规定为前提，并且由于该种范式并未以确认权利为前提，因此生效判决属于不正当竞争行为的个案认定，而不能作为后起纠纷确定权利的依据。

（三）道德评价的审查范式

《最高人民法院关于充分发挥知识产权审判职能作用推动社会主义文化大发展大繁荣和促进经济自主协调发展若干问题的意见》第 24 条规定，反不正当竞争法未作特别规定予以禁止的行为，如果给其他经营者的合法权益造成损害，确属违反诚实信用原则和公认的商业道德而具有不正当性，不制止不足以维护公平竞争秩序的，可以适用原则规定予以规制。上述意见是道德评价范式的依据，该范式适用的基本思路如下：①反不正当竞争法未作特别规定予以禁止的行为；②对经营者的合法权益造成损害；③该行为违反诚实信用原则和公认的商业道德；④法律依据是原则条款第 2 条。据此，该范式的第二步为认定存在合法权益受损的情况，第三步再进行道德评价，其实质是在权利保护范式的基础上进一步增加了"该种竞争行为因确属违反诚实信用原则和公认的商业道德而具有不正当性"道德评价的内容，其进步之处在于认识到竞争的存在必然伴随着一方经营利益的减损，在法律未作特别规定时，经营利益的减损不构成不正当竞争的充分条件。

---

❶ 参见广州知识产权法院（2018）粤 73 民终 1981 号民事判决。
❷ 参见最高人民法院指导案例第 45 号。
❸ 参见最高人民法院（2013）民三终字第 5 号民事判决。
❹ 参见最高人民法院（2014）民申字第 873 号民事裁定。

例如，美商公司诉蓝飞公司等商标侵权及不正当竞争纠纷案❶，二审法院首先明确被诉行为不属于反不正当竞争法列明的具体不正当竞争行为；其次认定涉案 NBA 识别元素集合已经与 NBA 集体形象建立起稳定的指向关系与对应关系，美商公司对该识别元素集合进行的长期运营及事实上已在游戏领域进行的商业化使用，构成了美商公司在本案主张商品化权益的完整基础；在此基础上进一步认定被诉游戏对相关识别元素的使用远远超出了合理使用和正当使用所应当遵守的必要范围，属于足以引起市场混淆、误认的全面模仿使用，已明显违反诚实信用原则和公认的商业道德，应适用第 2 条原则条款认定构成不正当竞争。以上正是道德评价范式的具体运用。

当然，在司法实践中道德评价范式的适用也存在一些批评的声音。例如海淀法院课题组在《关于网络不正当竞争纠纷案件的调研报告（2012—2016）》中❷，归纳整理了 2012 年至 2016 年五年里海淀法院互联网不正当竞争案件认定的难点，指出了现实中存在过度适用原则条款的问题；又如，有学者结合互联网领域的特点指出，互联网领域注意力竞争的特性使得寻求道德共识愈加困难、互联网迅速自我演化的特性导致尚未形成统一的道德标准、互联网的技术性使道德的指引性受到限制等。❸

（四）归纳竞争规则的审查范式

面对互联网不正当竞争纠纷，也有法官在司法实践中结合互联网行业的特点，进一步将道德评价的内容转化为具体竞争规则，这实际上是归纳竞争规则审查范式的选择。例如，在百度诉 360 插标和修改搜索提示词不正当竞争纠纷案中，法官在主审的案件中归纳非公益必要不干扰原则，将竞争的正当性归纳为"公平竞争、和平共处原则、用户自愿选择原则、诚实信用原则"；并以客观原因导致的冲突、用户知情主动选择等作为例外情形。❹

---

❶ 参见广东省高级人民法院（2017）粤民终 1395 号民事判决。

❷ 海淀法院课题组：《关于网络不正当竞争纠纷案件的调研报告（2012—2016）》，载《司法前沿》2016 年第 62 期。

❸ 潘兴颖：《互联网领域不正当竞争行为认定标准的困境与反思》，载《江苏科技信息》2016 年第 5 期，第 71 页。

❹ 石必胜：《互联网竞争的非公益必要不干扰原则——兼评百度诉 360 插标和修改搜索提示词不正当竞争纠纷案》，载《电子知识产权》2014 年第 4 期，第 30—32 页。

但是，该竞争规则也受到部分学者的批评❶：因法官造法而创设的"非公益必要不干扰原则"将相对性的竞争利益提升到绝对权的保护水平，并以绝对权的排他性来划定竞争行为的边界，这不仅缺乏规范依据，而且严重偏离我国鼓励竞争并保护创新的互联网竞争政策。也有法官对此原则提出不同看法，认为互联网中的创新更多来自于经营者技术和商业模式之间激烈的撞击，而非各自在自己地盘上不干扰地和平共处。❷

三、多角度综合评价审查范式

（一）多角度综合评价审查范式的定义

时代在发展，司法也在进步。与国外不正当竞争的司法审查认定的发展脉络相似，有学者在多篇文章中从反不正当竞争法的发展历程、市场行为法的法律特性、竞争观（从公平的竞争观到效率和创新的竞争观）、法益观和损害观的三观重塑、反不正当竞争法与知识产权法的区别与联系等方面，论证我国不正当竞争的评价范式应全面转向经营者利益、消费者利益和公共利益三叠加利益衡量范式的合理性和必要性。❸ 最高人民法院的法官也提出类似观点，并更明确提出了多角度综合评价范式的定义和理由，指出由于道德评价标准与竞争效果的评估标准并无冲突，运用道德评价、效能竞争、比例原则、竞争效果评估等方法，从多个角度对竞争行为的正当性进行检验，可以增强判断结果的合理性和说服力。❹

2018 年，最高人民法院陶凯元副院长在讲话❺中将多角度综合评价作为

---

❶ 宋亚辉：《网络干扰行为的竞争法规制——"非公益必要不干扰原则"的检讨与修正》，载《法商研究》2017 年第 4 期，第 91 页。

❷ 范静波：《互联网环境下干扰行为是否构成不正当竞争的判断》，载微信公众号"上海知识产权"，2018 年 3 月 29 日。

❸ 孔祥俊：《论反不正当竞争法的新定位》，载《中外法学》2017 年第 3 期，第 736—757 页；孔祥俊：《新修订反不正当竞争法释评》，载微信公众号"上海交大知识产权与竞争法研究院"，2017 年 11 月 4 日；孔祥俊：《论反不正当竞争法的基本范式》，载《法学家》2018 年第 1 期；孔祥俊：《〈民法总则〉新视域下的反不正当竞争法》，载《比较法研究》2018 年第 2 期，第 92—116 页。

❹ 朱理：《互联网领域竞争行为的法律边界：挑战与司法回应》，载《竞争政策研究》2015 年第 1 期，第 16—17 页。

❺ 陶凯元：《以习近平新时代中国特色社会主义思想为指引 全面开启新时代知识产权司法保护新征程——在第四次全国法院知识产权审判工作会议暨知识产权审判工作先进集体和先进个人表彰大会上的讲话》，载微信公众号"知产力"，2018 年 7 月 9 日。

不正当竞争的司法审查范式予以明确，具体包括以下内容：从严把握原则条款的适用条件，对于法律没有明确规定的竞争行为，要综合运用道德评价、效能竞争、比例原则、竞争效果评估等方法，从多个角度对竞争行为的正当性进行评估，避免因"泛道德化"而过度限制竞争自由；对于网络环境下不正当竞争的判断，既要注意审查被诉竞争行为是否符合法律明文列举的行为类型，又要注意综合评估该行为对竞争的积极和消极效果，妥善处理好技术创新与竞争秩序维护、竞争者利益保护与消费者福利改善的关系。以上表明了最高人民法院对此的态度以及多角度综合评价范式在日后不正当竞争纠纷中的重要位置。

据此，多角度综合评价的审查范式适用于互联网不正当竞争的基本思路如下：①被诉行为不属于反不正当竞争法列明的不正当竞争行为（但涉及竞争效果评估的第 12 条第（4）项兜底条款除外）；②经营者的权益是否受到损害；③道德评价，该行为是否违反公认的商业道德；④依据效能竞争、比例原则、竞争效果评估等方法，从多个角度对竞争行为的正当性进行评估；⑤法律依据是第 12 条第（4）项的兜底条款、第 2 条的原则条款，同时应考虑互联网领域存在"颠覆性、破坏性创新"的合理性，因此判断被诉行为是否符合第 12 条第（4）项兜底条款"其他妨碍、破坏其他经营者合法提供的网络产品或者服务正常运行的行为"时，不应采取简单的"本身违法原则"[1]，而应当注意综合评估该行为对竞争的积极和消极效果，妥善处理好技术创新与竞争秩序维护、竞争者利益保护与消费者福利改善的关系。

以下将以浏览器屏蔽视频网站广告不正当竞争纠纷为例阐述多角度综合评价范式基本逻辑进路的展开。对于浏览器屏蔽视频网站广告的行为，由于1993 年施行的反不正当竞争法未作特别规定，因此对于 2018 年之前的纠纷应当依据 1993 年施行的《反不正当竞争法》第 2 条原则条款进行审查；在 2018年之后，《反不正当竞争法》进行了两次修改，增加了第 12 条互联网专条，由于浏览器屏蔽视频网站广告的行为不符合该条前三项的特别规定，故应审查认定该行为是否属于第（4）项兜底条款"其他妨碍、破坏其他经营者合法提供的网络产品或者服务正常运行的行为"，如有必要还应当考虑进一步依据第2 条原则条款进行审查。

（二）以经营者的权益是否受损为前提替代以竞争关系存在为前提

在过去相当长的一段时间内，不正当竞争纠纷首先审查的内容是双方当事人之间是否存在经营者的竞争关系，不存在竞争关系则不应以反不正当竞争法为依据予以救济，这种前提条件当需要适用兜底条款、原则条款时尤甚。近年来的司法实践中，关于以经营者的权益是否受损替代以竞争关系是否存在作为不正当竞争纠纷审查前提的呼声逐渐成为主流❶。具体到浏览器屏蔽视频网站广告的行为，该行为不仅会减少视频网站用户观看视频广告的人数，导致视频网站视频广告价值下降以及视频网站经营者的广告收益减少，而且也会减少为了免播广告而加入视频网站会员的用户数量，从而导致视频网站经营者的广告费和会员费收益受损。但应当注意的是，由于双方合法正当的竞争也可能令一方遭受损失，故双方竞争导致视频网站经营者受损的结果不能直接推导出浏览器经营者屏蔽行为的不正当性，仍然应依法审查该种竞争行为是否属于违反诚实信用原则和公认的商业道德的行为，以及评估该种竞争行为对于社会经济秩序产生积极还是消极的效果，是否属于扰乱社会经济秩序的行为。

（三）道德评价：浏览器屏蔽视频网站广告的行为是否违反了互联网领域公认的商业道德

最高人民法院在山东省食品进出口公司等与马某庆不正当竞争纠纷案❷中认为，在规范市场竞争秩序的反不正当竞争法意义上，诚实信用原则更多的是以公认的商业道德的形式体现出来的。公认的商业道德是指特定商业领域普遍认知和接受的行为标准，具有公认性和一般性。

具体到浏览器屏蔽视频网站广告的行为而言，由于纠纷发生在互联网领域，因此公认的商业道德应该包括互联网行业惯例、通行做法以及互联网相关公约等表现形式。

第一，《互联网广告管理暂行办法》第 16 条规定，互联网广告活动中不得有下列行为：①提供或者利用应用程序、硬件等对他人正当经营的广告采取拦截、过滤、覆盖、快进等限制措施；②利用网络通路、网络设备、应用程序等破坏正常广告数据传输，篡改或者遮挡他人正当经营的广告，擅自加载

---

❶ 朱理：《互联网领域竞争行为的法律边界：挑战与司法回应》，载《竞争政策研究》2015 年第 1 期，第 15 页。

❷ 参见最高人民法院（2009）民申字第 1065 号民事裁定。

广告。

第二，《互联网终端软件服务行业自律公约》第3条约定，本公约所称互联网终端软件，是指由互联网企业向上网用户提供并且可以下载、安装、运行在用户终端（包括移动终端）上，使用户能够访问互联网或者使用网络服务的各类应用软件，包括安全服务、浏览器、即时通信、下载分享、图像处理、媒体播放、网络电视客户端、游戏娱乐等软件。第19条约定，除恶意广告外，不得针对特定信息服务提供商拦截、屏蔽其合法信息内容及页面；恶意广告包括频繁弹出的对用户造成干扰的广告类信息以及不提供关闭方式的漂浮广告、弹窗广告、视窗广告等。

第三，国内使用的主要浏览器包括IE浏览器、QQ浏览器、搜狗高速浏览器等均不存在直接拦截屏蔽涉案视频广告的功能，因此浏览器包含直接拦截视频广告的功能并非行业惯例。

第四，由于屏蔽行为是浏览器经营者通过涉案浏览器设置的功能拦截屏蔽了视频网站经营者的视频网站视频中合法经营的广告，从法律性质而言浏览器经营者干扰和影响的是视频网站经营者对于其网站内合法经营的广告播放内容的处分权，属于对他人处分权的侵害行为。

综合以上四方面，根据关于互联网广告的部门规章、互联网的行业公约、互联网的行业惯例以及分析屏蔽行为的法律性质，浏览器经营者的屏蔽行为属于违反了互联网领域公认的商业道德的行为。

（四）比例原则的运用

浏览器既是用户登录互联网的入口，也是用户在浏览网页时可以发挥重要功能的基础软件，因此根据比例原则❶，浏览器的经营者在设定浏览器的功能时，应当审慎运用这种"特权"，履行应尽的注意义务，特别是当浏览器的功能可能对他人经营的互联网商品或服务造成干预和不利影响时，这种不利影响应被限制在尽可能小的恰当范围和限度之内，从而实现法益的均衡。

目前，浏览器经营者实现屏蔽行为常用的技术手段是在浏览器中安装Ad-block Plus插件，屏蔽广告的原理是将网页中广告部分的URL地址请求过滤掉❷。但是，Adblock Plus插件的过滤规则库是可选择、可编辑的，不同浏览

---

❶ 莫杰思：《知识产权正当性解释》，金海军、史兆欢、寇海侠译，商务印书馆2019年版，第308—313页。

❷ 参见广州知识产权法院（2018）粤73民终1022号民事判决。

器安装了 Adblock Plus 插件后对于相同视频网站的片头广告是否产生拦截屏蔽效果存在差异；假如涉案浏览器在使用该插件时选择了包含针对具体视频网站视频广告的过滤规则却未加以合理排除，那么浏览器经营者的屏蔽视频广告行为已包含了对于视频网站经营者的针对性和指向性，浏览器经营者对于视频网站视频广告的拦截屏蔽后果在主观上至少具有放任的故意。在此基础上，如果浏览器经营者对于浏览器屏蔽广告行为进行故意宣传以吸引用户注意，或者存在将浏览器的广告屏蔽功能设置为默认开启等行为，则其主观过错更大，更加偏离比例原则的要求。

（五）积极和消极的竞争效果评估

1. 浏览器屏蔽视频网站广告的行为是否符合技术中立的原则以及是否有利于技术创新

在此仍然以 Adblock Plus 插件的屏蔽广告技术为例，虽然该技术本身是中立的，但浏览器经营者的屏蔽行为并非单纯向用户提供 Adblock Plus 插件技术由用户按其需求安装于浏览器并自行选择、编辑过滤规则的行为，而是将插件作为一种工具使用在自己的浏览器中进行经营的行为。同时，由于 Adblock Plus 插件的过滤规则是可选择、可编辑的，使用该插件的主体可以根据其自主意思选择拦截屏蔽的特定对象。而且，浏览器经营者在浏览器中使用该插件，拦截屏蔽视频网站的视频广告，其实际使用的目的亦并非单纯为消费者谋福利，实质是为了增加浏览器自身的用户资源和谋求更多的交易机会，而非技术中立。

关于浏览器屏蔽视频网站广告的行为是否有利于技术创新，分析如下：

（1）最高人民法院在腾讯诉奇虎不正当竞争案❶中认为，互联网行业鼓励自由竞争和创新，但这并不等于互联网领域是一个可以为所欲为的法外空间。竞争自由和创新自由必须以不侵犯他人合法权益为边界。否则，任何人均可以技术进步为借口，对他人的技术产品或者服务进行任意干涉，就将导致借促进技术进步、创新之名，而行"丛林法则"之实。

（2）屏蔽广告的 Adblock Plus 插件在 2006 年就已经存在了，主要是通过添加过滤规则中的列表来实现过滤拦截，因此浏览器使用的 Adblock Plus 插件不属于当下互联网领域的新技术，换言之，浏览器经营者在浏览器中使用 Adblock Plus 插件并非基于技术创新必要性的考量。

---

❶ 参见最高人民法院（2013）民三终字第 5 号民事判决。

（3）屏蔽视频广告的结果会导致视频网站经营者的广告费和会员费等收入减少，甚至可能无法填补免费播放视频的运营成本而难以为继，但浏览器经营者在造成上述后果的同时却未能为用户继续观看免费视频的需求提供其他等效的替代解决方案，只见破坏而不见创新的行为不应获得肯定和鼓励。

（4）将屏蔽行为认定为不正当竞争行为予以规制，只是对浏览器经营者将 Adblock Plus 插件作为一种工具使用在自己的浏览器中进行经营的行为作出否定评价，而非对于 Adblock Plus 插件这类技术本身作出否定评价（使用这类工具屏蔽恶意广告是应当支持的），也不会影响屏蔽技术的进一步创新发展。

因此，在关于技术创新与竞争秩序维护的利益衡量中，浏览器屏蔽视频网站广告的行为对于技术创新不具有积极效果，不存在为了激励技术创新的目的，需要在适用法律时对于违反公认商业道德的行为保持一定的容忍从而为该行为预留创新和发展空间的问题。

2. 浏览器屏蔽视频网站广告的行为对于消费者长远利益的影响

消费者是市场中的利益主体之一，在审查市场竞争是否属于公平竞争时，消费者利益不应缺位；同时由于市场中的经营者与消费者呈现出信息不对称的状态，消费者在市场中处于弱势地位，因此在通过法益权衡、效果评估审查不正当竞争时，应在一定程度上向消费者利益倾斜。换言之，对于有利于消费者利益特别是消费者长远利益且未明显扭曲市场竞争秩序的行为，司法应当审慎地保持克制。

在此类纠纷中，视频网站经营者已经为消费者是否观看视频的片头广告、暂停广告提供了不同选择与合理安排，并且通过视频页面的"会员免广告功能按钮"等方式予以提示。视频网站经营者的这种处理兼顾其填补播放免费视频所需的运营成本（包括支付视频的版权费用等），同时满足"消费者可以选择免费观看视频的需求"的利益；而消费者亦可以在"广告＋免费视频"与"会员＋无广告"之间作出选择，事实上视频网站所播放的视频并非真正"免费"，只不过前者付出的对价是看广告的时间成本，后者付出的对价是真实的费用，以上选择是消费者意思自治的体现，所形成的视频网站与消费者之间的合意既保护了消费者整体的利益也不会影响消费者个体的自主选择权。

对于屏蔽视频网站广告的行为而言，浏览器经营者一则不能证明我国目前的经济发展水平足以让消费者轻松承担视频网站将广告费收入转嫁给消费者的成本；二则不能证明消费者付费观看网络视频的消费模式已然取代目前的模式在国内的互联网环境中占据绝对优势；三则不能证明浏览器经营者为用户继续观看免费视频的需求提供了其他等效的替代解决方案；四则不能证明消费者通过浏览器观看视频网站的视频相对于利用移动端 App 观看等其他方式而言已经降至极低比例，从而无论是否通过浏览器屏蔽视频广告均不影响视频网站存续的情形。

法律应根据时代的发展现状来决定最优先保护的价值，让视频网站经营者经营的视频网站保留消费者选择的多样性、为消费者继续免费观看视频提供可能，才更符合消费者的长远利益；而屏蔽视频网站广告的行为从长期而言则有可能令网络用户无法实现继续观看免费视频的需求，也没有提供其他等效的替代解决方案，对消费者的长远利益将产生负面的、消极的影响。

（六）经济分析

当然不可否认的是，将消费者利益、社会公共利益引入不正当竞争司法审查范式的尝试，在目前司法实践中仍属于摸索阶段，案例还比较少。除前述提及的快乐阳光诉唯思软件屏蔽视频广告不正当竞争案[1]以外，还有一些比较具有代表性的案例。如爱奇艺诉搜狗不正当竞争纠纷案，法院在经济者利益之外，增加了对于消费者利益的审查，指出对于符合消费者利益、未扭曲市场竞争秩序且具有创新效果行为，司法应保持克制。[2] 又如腾讯公司与世界星辉公司浏览器屏蔽视频广告不正当竞争纠纷案，法院认为反不正当竞争法所考虑的社会总福利包括经营者利益和消费者利益，并在分析消费者利益时结合腾讯公司提交的经济学分析报告，指明了经济分析对于证明消费者利益的作用。[3] 在判决后，该案代理人也针对经济学量化分析对经营者利益、消费者福利、社会整体利益和市场竞争秩序的作用作了进一步阐明。[4]

从竞争法的体系角度而言，由于一些国家和地区将反不正当竞争法与反垄断法合并立法并由同样的竞争执法机关执行，包括美国、澳大利亚、我国台湾地区等。例如，2015 年美国联邦贸易委员会《关于〈联邦贸易委员会法〉第 5 条的执法原则声明》明确规定，依据该条规定进行执法或者解读时会依照传

---

[1] 参见广州知识产权法院（2018）粤 73 民终 1022 号民事判决。

[2] 范静波：《输入法中加载"搜索候选"功能是否构成不正当竞争的认定》，载杨柏勇：《中国知识产权审判年度典型案例评析（2019 年卷）》，中国法制出版社 2019 年版；另参见（2018）沪 73 民终 420 号民事判决。

[3] 芮松艳：《浏览器过滤广告功能的不正当性认定》，载杨柏勇：《中国知识产权审判年度典型案例评析（2019 年卷）》，中国法制出版社 2019 年版；另参见（2018）京 73 民终 558 号民事判决。

[4] 周丹丹：《浏览器屏蔽视频广告行为不正当性分析——代理律师评腾讯诉世界之窗浏览器不正当竞争案》，载微信公众号"集佳知识产权"，2019 年 1 月 11 日。

统的反垄断分析原则进行，将考虑对消费者福利的影响，评估对竞争过程造成的正负效应，反不正当竞争与反垄断的法律标准更趋统一且深度融合。❶ 在我国反不正当竞争法修订过程中，《中华人民共和国反不正当竞争法（修订草案送审稿）》的第 6 条曾规定了滥用相对优势地位的条款❷，并引发激烈讨论❸，也说明我国对于不正当竞争行为和垄断行为在审查分析上存在融合与借鉴，垄断纠纷中的经济分析也将进一步迈入不正当竞争纠纷司法审查范式的视野。

综上所述，基于反不正当竞争法的修订、最高人民法院的司法政策和疑难案件处理的现实需要，多角度综合评价范式将成为不正当竞争司法审查的重要研究对象。本文在综合评价范式的研究中，试图回答范式的基本逻辑进路如何展开，道德评价、效能竞争、比例原则、竞争效果评估（积极和消极效果）等方法如何运用，是否损害经营者权益、消费者利益和社会公共利益如何加以证明，在互联网不正当竞争领域如何妥善处理好技术创新与竞争秩序维护、竞争者利益保护与消费者福利改善的关系等问题。同时应当注意到，由于司法实践中的适用范式与条文规范解读不同，审判人员在使用审查范式的过程中面对的往往并非对与错的选择，而是审理过程"更便捷"与"更恰当"之间的抉择。因此，互联网不正当竞争的司法审查不应只采用一种范式，而应结合互联网领域的特点分析以及案件类型化的成果，允许在司法审查中多种范式并存、区别运用。并且，世界各国关于不正当竞争的法律规制有多种面貌，采用的立法模式和执法机构均有其特色，因此我国的司法审查范式应在借鉴国外研究成果特别是反不正当竞争法的价值目标、利益保护的趋势变化、竞争法的经济分析等内容的基础上，立足于我国的国情和法治现状展开更进一步的研究。

---

❶ 孔祥俊：《论反不正当竞争法的现代化》，载《比较法研究》2017 年第 3 期，第 45 页。

❷ 《中华人民共和国反不正当竞争法（修订草案送审稿）》第 6 条规定："经营者不得利用相对优势地位，实施下列不公平交易行为：（一）没有正当理由，限定交易相对方的交易对象；（二）没有正当理由，限定交易相对方购买其指定的商品；（三）没有正当理由，限定交易相对方与其他经营者的交易条件；（四）滥收费用或者不合理地要求交易相对方提供其他经济利益；（五）附加其他不合理的交易条件。本法所称的相对优势地位，是指在具体交易过程中，交易一方在资金、技术、市场准入、销售渠道、原材料采购等方面处于优势地位，交易相对方对该经营者具有依赖性，难以转向其他经营者。"

❸ 龙俊：《滥用相对优势地位的反不正当竞争法规制原理》，载《法律科学（西北政法大学学报）》2017 年第 5 期，第 56—58 页。

驰名商标跨类禁用权的冲突与限制

石静涵[*]

摘 要 驰名商标作为商标中的"贵族",其商业价值和对消费者的吸引力都比一般商标更强。因此,司法实践中商标侵权的"重灾区"多发生在驰名商标领域。并且,驰名商标权一旦被侵害,尤其是发展到淡化或贬低驰名商标信誉的程度时,无论是对商标权人还是驰名商标本身,造成的侵害后果也比一般商标侵权更为严重和难以弥补。因此,包括我国在内的多数国家对驰名商标均给予特别保护。就我国而言,驰名商标司法保护的发展历程中,出现过混淆理论到淡化理论更替和交锋,在认定标准上出现了造成混淆、淡化至混淆可能性和淡化可能性的发展趋势。经历了这一过程的驰名商标权禁用权实际上处于不断扩张的态势。众所周知,任何权利的行使都必然附加他人的履行义务,驰名商标禁用权的不断扩张,也必然导致其他权利人和社会公众履行义务的扩张,亦即其他权利人和社会公众权利行使空间的不断压缩。虽然这种扩张和压缩的态势是由驰名商标特性决定的,也是维护市场良性发展必要的调整手段,但是与其他任何权利一样,驰名商标禁用权仍然应当维持在合理的范围内,不应以损害他人合法权益和消费者利益为代价,以维护市场良性发展,并促进各利益群体间形成动态的利益平衡。易言之,在驰名商标禁用权不断扩张的大趋势下,有必要就其扩张的条件进行深入探讨并在司法程序中严格把握。本文通过对驰名商标跨类别禁用权适用过程中所存在的冲突及问题进行分析,探讨限制驰名商标跨类别禁用权的具体条件,以期在权利保护与限制滥用之间寻求平衡,进一步完善我国驰名商标跨类别保护制度。

---

* 石静涵,广州知识产权法院四级高级法官。2013—2015 年,主审及参与审理的案件连续三年入选全国知识产权审判五十大典型案例。其中,华为诉 IDC 案被列入"2013 年度全国法院十大热点案件"。莲香楼老字号商标及不正当竞争纠纷案为 2014 年广东知识产权保护日新闻发布会重点案例之一向社会发布并接受媒体访问。

关键词　驰名商标　跨类保护

一、商标禁用权与驰名商标禁用权的界定

（一）商标专用权与商标禁用权

学界通说认为，商标权以权能的性质进行划分，可以分为"令行"的专用权和"禁止"的禁用权两个方面的内容，分别对应了商标权的积极权能和消极权能。但是，由于我国现行商标法及司法解释并未明确商标权的内涵，对于商标专用权和商标禁用权的关系，亦存在争论。❶ 例如，一些学者认为商标权就其本质属性来说就是一种专有使用权，所谓专有使用权就是一种排他权，因此没有必要将商标权抽象为两方面的权能。❷ 我们认为，对商标专用权和商标禁用权之间关系的研究，应当建立在正确分析二者效力范围的基础上。《商标法》第51条确定了商标专用权的权利范围，即注册商标的专用权，以核准注册的商标和核定使用的商品为限。《商标法实施条例》第2条则规定了具体的使用方式，即将商标用于商品、商品包装或者容器以及商品交易文书上，或者将商标用于广告宣传、展览以及其他商业活动中。商标禁用权是指禁止他人在同种或类似商品上使用相同或近似商标而对注册商标造成侵害的权利。其权利范围不仅及于核准注册商标和核定使用商品类别，还包括近似商标以及类似商品类别。由此可见，商标专用权涉及商标权人对其商标的使用问题，商标禁用权则涉及他人侵害商标权的问题，在以混淆理论为商标侵权标准的前提下，所有易造成混淆误认的行为都属于商标禁用权的效力范围，而在以反淡化理论为商标侵权标准的前提下，所有降低商标显著性的行为都属于商标禁用权的效力范围。故商标禁用权的效力范围远大于商标专用权。正如有的学者所言："注册商标人虽有权禁止他人使用'近似'标识，但自己却无权使用或许可他人使用该'近似'标识，否则会违反《商标法》第30条，从而会因'自行改变注册商标的文字、图形或者其组合'，被行政机关处罚。他的这项专有权的'禁'与'行'是不一致的。"❸

---

❶ 刘期家：《商标权概念的反思与重构》，载《知识产权》2009年第4期，第65—72页。

❷ 吴汉东：《知识产权法》，北京大学出版社2007年版，第254页。

❸ 郑成思：《知识产权论》，法律出版社2007年第3版，第219页。

（二）驰名商标禁用权

驰名商标，指部分被国内公众广泛知晓且享有较高声誉的商标，是一种基于普通商标，后经商家不断努力提升自身信誉与市场知名度，继而通过我国相关部门的认定而得来的一种具有较高商业价值的商品标志。从立法和司法实践来看，驰名商标的跨类保护直接导致了驰名商标禁用权范围的突破。对于这种突破，有观点认为，这种跨类禁止他人使用的效力仅仅是驰名商标禁用权的扩张，并不使其发生权利属性的根本变化。❶ 从商标法及司法解释的规定来看，我国2001年《商标法》第13条第2款和2013年《商标法》第13条第3款分别规定：就不相同或者不相类似商品申请注册的商标是复制、摹仿或者翻译他人未在中国注册的驰名商标，误导公众，致使该驰名商标注册人的利益可能受到损害的，不予注册并禁止使用。《最高人民法院关于审理涉及驰名商标保护的民事纠纷案件应用法律若干问题的解释》第9条第2款规定，足以使相关公众认为被诉商标与驰名商标具有相当程度的联系，而减弱驰名商标的显著性、贬损商标的市场声誉，或者不正当利用驰名商标的市场声誉的，属于《商标法》第13条第3款规定的"误导公众，致使该驰名商标注册人的利益可能受到损害"。理论界对前述规定是否确立了我国驰名商标反淡化保护标准存在较大争议，主要是针对前述规定中的"误导公众"的界定。有的观点认为，对驰名的注册商标的保护应当根据具体案件情况，考虑其知名度、显著性和被诉侵权行为的误导性后果等因素在个案中合理界定，在风马牛不相及的商品类别上使用与他人驰名商标相同或者近似的商标，不存在误导公众，致使该驰名商标注册人的利益受损害的可能性，就不应该认定侵害驰名商标权利。❷ 这种观点实际上还是将混淆理论引入到误导公众的范畴之内，不符合司法解释的本意。由此可见，合理界定混淆和误导的概念，厘清二者之间的相互关系，是明确"误导公众"这一定义内涵的前提。有学者认为，混淆与误导的概念内涵其实是一致的。这种观点无论从理论基础还是法律规定上，都无法找到依据支撑。从我国现行商标法的规定可见，混淆和误导是有明确区分的。司法实践中，在驰名商标侵权纠纷的认定过程中，混淆和误导也分别对应着未注册驰名商标和已注册驰名商标的保护，其功能并不一致。换言之，如果将二者进行比

---

❶ 孔祥俊：《商标与法案不正当竞争法：原理和判例》，法律出版社2009年版，第414页。

❷ 姚洪军：《法析驰名商标》，知识产权出版社2011年版，第190页。

较，可以看出，混淆是误导的终极结果，误导发展到一定程度后才有可能导致混淆，反过来讲，存在混淆却不必然存在误导，在混淆没有发生的情况下，也同样可能存在误导。在不相类似的商品上使用他人驰名商标，通常不会产生混淆商品来源的结果。❶ 就我国而言，现行法律法规和司法认定过程中，一般的思路都认为驰名商标的跨类保护是对商标侵权混淆理论的必要补充。但是，实际上，混淆理论与跨类保护分别具有不同的设置目的和实际功能，混淆理论源于消费者利益保护的需求，避免商品来源不明而对消费者权益造成实际损害，而跨类保护则源于商标权人利益保护的需求，禁止他人搭便车而损害驰名商标权人长期建立的商品声誉和市场地位。因此，作为驰名商标侵权认定要件之一的误导公众中不应包含有混淆商品来源的内容。综上，前述最高人民法院司法解释可以理解为正式确立了我国驰名商标保护领域的反淡化保护的标准，并且，从我国商标法与 TRIPs 协定的关系以及部分法院的司法实践看，我国已经开始适用反淡化标准对驰名商标进行保护。在此基础上，驰名商标本身即可以排斥他人的相同或者近似使用，不再考虑混淆可能性这种弹性因素，具有更强的物权色彩，从而可以与一般商标禁用权分隔开来，成为一项独立的权利客体。

二、驰名商标跨类别禁用权的理论基础

（一）商标的财产化

商标在其出现之时仅仅作为标志商品来源的一种符号，不具备财产属性。随着商标在市场经济中的作用增强，附加于其上的商业信誉不断凝聚，以致商标逐渐具有吸引消费者、提升商业竞争力的功能，也因此渐渐淡化甚至脱离其识别商品来源的初始意义，随着市场发展和商业模式的成熟，逐渐演进成为商标权人的一种可以进行估值、转化和交易的商业资产。19 世纪初，商标财产权的观念在衡平法院萌发，商标侵权之诉的归责原则开始转向严格责任。韦斯特布里法官在"米林顿诉福克斯案"中依据财产权理论，颁发禁令制止被告之侵权行为，他认为，纵使被告没有欺诈故意及善意不知悉原告商标，其在产品上使用了与原告相同商标的行为侵犯了原告的财产权。❷ 该案在衡平法上确

---

❶ 北京市第一中级人民法院知识产权庭课题组：《驰名商标司法保护中存在的问题及解决对策》，载《中华商标》2007 年第 11 期。

❷ Millington v. Fox，（1838）. 3. My. &Cr. 338，40Eng. Rep. 956（Ch.）.

认了商标的财产属性。此后，在商标制度的几百年发展中，对商标是否会增加产品的附加价值，或者商标本身就是产品的一部分，虽然争议不断，但越来越多的商标司法判例和理论都倾向于认为商标已经从依附于产品的一种标志而转化为一种资产，其内在价值是生产厂商不能剥夺的。与此相适应，在商标财产化的基础之上商标权人具有"准作者化"的趋向。这两种趋向奠定了现代商标权扩张的理论基础，对以混淆可能性为基础的传统商标法理论提出了挑战。❶ 需要指出的是，商标的财产化虽然为商标权扩张提供了理论基础和实践需求，但是主流观点所认可的能够通过财产化理论而得到反淡化救济的始终应当是具有相当知名度的商标，虽然各国司法实践中对商标驰名的定义及驰名程度有不同的规定，但一般都认为该救济方式不适宜扩张至不具有知名度的一般商标保护层面。

（二）混淆理论对驰名商标救济的不周延

从理论视角出发，混淆理论的逻辑起点是商标识别功能的正常发挥，而其逻辑归宿则是消费者利益的有效保障。美国司法实践中甚至有法官将混淆可能性作为认定商标侵权的"帝王"标准："救济永远取决于这种观念，即任何人不得误导公众认为其产品是原告的，除非原告证明该行为将有可能导致这种结果，否则不能获得救济。"❷混淆理论产生于19世纪，最初的目的在于区分不同产品制造者的商品和标识，为了防止相同或类似商品的不同制造商给消费者造成的混淆，法律授予某些商标权人专属的、排他的权利，禁止他人在相同、类似商品或者服务上注册、使用与其相同或近似的标识。由此可见，最初的混淆理论以混淆可能性的实际存在为适用前提。但是，在驰名商标保护领域，部分侵权行为并不导致消费者的混淆，比如在不相同或不相似的类别上使用与驰名商标相同或近似的标识，并不导致消费者的混淆，但是却对驰名商标本身产生淡化的效果，吞噬商标自身价值。这种情况下，商标是否受到侵害的司法认定标准与商品或服务之间的关联程度不大甚至完全无关，越是在远离商标核准使用商品的领域使用商标，越是会造成相关商标价值或声誉的损害。因此，这种情形下，驰名商标权人无法在混淆理论的框架下获得法律救济。在司法认定过程中，仅以一般的混淆理论为依据进行侵权判定，不符合司法追求实质正义

---

❶ 张惠彬：《商标财产化研究》，西南政法大学 2014 年博士学位论文。

❷ G. H, Mumm Champagne v. Eastern Wine Corp. , 142F. 2d 501（2d Cir. 1944）.

的内在价值，更是与市场发展和理论发展的规律和趋势不相适应。正因如此，最高人民法院在涉及驰名商标保护的司法解释中，均未把混淆理论作为驰名商标跨类保护的理论基础。这一规定无疑对驰名商标跨类保护的合理性提供了相对合理的理论依据，其实际上区分了混淆和误导的概念，准确界定了二者适用的不同领域和条件：对于未注册驰名商标，在构成混淆的前提下，禁止他人对该商标的使用，而对于已注册驰名商标，则以"误导"消费者为前提，进行跨类保护。

（三）驰名商标的反淡化保护

对于商标反淡化保护，一般认为，德国法院的"4711"香水商标案和"ODOL"牙膏商标案的判决中，最早蕴含了商标反淡化保护的理论基础。那么，如何正确理解驰名商标的淡化呢？理论通说认为淡化驰名商标的行为是指未经许可，在与驰名商标核准使用商品或服务不相同或不相似的商品或服务上使用与驰名商标相同或相似的文字、图形及其组合。这种行为扩充了驰名商标的核心商品，从而直接导致驰名商标的识别性和显著性的弱化，同时也有可能附带地造成驰名商标商誉的贬损。其表现形式主要有弱化、污损和退化三种，弱化形式比如用"周住牌"洗衣粉冒充"雕牌洗衣粉"，污损形式比如将抽水马桶命名为"奔驰"，退化形式比如"Thermos"注册商标退化为保温杯的通用名称。❶ 由此可见，传统商标侵权的形式和范围远远不及淡化行为对驰名商标权利造成的侵害，因此，一般混淆理论无法周延地保护驰名商标自身价值及商标权利人利益，反淡化保护应运而生。淡化理论与混淆理论产生的契机不同，二者关注点和立足点亦不同。整体而言，二者存在以下区别：①混淆理论和淡化理论适用条件不同。混淆理论适用的前提条件是商标的标识商品来源和表彰商誉的功能受损，淡化理论适用的前提条件是商标内在价值受损。②混淆理论和淡化理论的基本性质不同。淡化理论对驰名商标的保护落脚在商标内在价值和商誉的保护，因此更趋向于绝对权利，具有"准物权"的性质。相比之下，混淆理论提供的保护更注重于排除不正当利用驰名商标商誉的"搭便车"行为，以促进和维护基本商业道德和公平诚信的市场竞争秩序，不具有绝对的排他属性。③混淆理论和淡化理论对驰名程度的要求不同。正如一些学者提出的"手电筒"理论，混淆理论下商标的驰名度与其保护范围呈正比，

---

❶ 高国威：《驰名商标的跨类保护》，载《法制博览》2015 年第 32 期，第 99—100 页。

是具有弹性的保护范围。而淡化理论中，保护范围则相对确定，即只有符合驰名度高、显著性强的商标才能得到反淡化保护。

三、驰名商标跨类禁用权的冲突与限制

（一）驰名商标跨类禁用权扩张的条件

如前所述，驰名商标权的权能可以划分为"令行"的积极权能，即权利人享有的专用权，以及"禁止"的消极权能，即为社会公众设定义务的禁用权。对于商标专用权，法律并无过多限制，只要按照行政核准授权的范围正当行使，均为法律允许。但是，禁用权的使用却没有明确的行政核准授权范围或法律规定可以参照，禁用权的范围实际上是由商标本身显著性决定的一个弹性边界，因此，本文探讨的驰名商标权扩张，也主要是指禁用权的扩张。如前所述，驰名商标权人在维护驰名商标市场价值的过程中，付出了大量的时间、人力、物力成本，而考虑到商标权财产化的必然趋势，驰名商标已经成为商标权人最重要的财产形式之一。与之不相称的是，传统理论下以混淆为要件的侵权判定模式，却无法周延地为驰名商标提供保护。因此，有必要通过扩张驰名商标禁用权，将尽可能多的危害驰名商标显著性的行为加以禁止。那么，禁用权的扩张是否存在边界，是否应当赋予驰名商标禁用权"准物权"的效力以对抗驰名商标所面临的危险处境呢？从国际的司法实践来看，驰名商标禁用权的扩张在反淡化保护阶段获得了类似物权的对世权效力。如美国法律规定，任何未经注册的商标被用于同类或完全不同的商品上，都构成对商标权的侵害。但我国现行法律并未对驰名商标实行绝对保护，驰名商标禁用权的跨类别扩张必须符合一定条件：一是必须是已注册的驰名商标。该项规定符合 TRIPs 协议的要求。对未注册的驰名商标，可以混淆理论为基础进行保护。二是必须跨越不同商品类别。驰名商标跨类别禁用权不能在相同或相似商品类别上，而必须在不相同或不相类似商品类别上进行保护。三是必须满足"误导公众"和"利益可能受到损害"两个要件。首先，"误导公众"要求与"利益可能受到损害"有"相当程度"的联系；其次"利益可能受到损害"按照反淡化理论分析，可能会被弱化或丑化，即可能会发生显著性的减弱、市场声誉的贬损或被不正当利用的情况；最后，还要考虑"误导公众"与"利益可能受到损害"之间的因果关系。

（二）驰名商标跨类禁用权的冲突

驰名商标禁用权扩张固然为驰名商标提供了更彻底更周延的保护，但是由于商标作为文字符号的表达有限性和资源有限性，这种权利扩张同时带来了与他人权利冲突可能性的增加。具体表现为以下形式：

① 驰名商标跨类禁用权与所跨商品类别上在先使用的未注册商标权之间的冲突。从效力来源上看，注册商标的效力来源于行政授权，但未注册商标与注册商标不同，其未经行政授权，仅因经过实际使用而具有识别商品或者服务的实际意义，才可以受到法律保护。驰名商标禁用权扩张的过程中，有可能与其所跨类别上未注册但已在先使用的商标发生冲突，解决此冲突，应当考虑以下因素：

首先，在先使用的商标情况。我国《商标法》和《反不正当竞争法》对于未注册商标的保护，均以实际使用和具有相应的市场声誉或者影响为前提，因此，在与驰名商标跨类别禁用权发生冲突时，在先使用商标亦至少应当具备上述条件。此外，对于在先未注册商标使用时间的审查中应当注意，驰名商标并非一经注册即获得知名度和影响力，其驰名的过程是随着商标权人的使用和投入而不断发展的动态过程，认定在先使用商标的时间节点应当设置为驰名商标具备驰名条件之前，而非驰名商标注册之前，驰名商标在其未驰名前并不能扩张其禁用权至不相同亦不相类似的商品类别上，否则即有可能损害在先使用商标权利人的合法权益，亦不正当地扩大了驰名商标禁用权的范围。

其次，驰名商标的情况。如前所述，并非所有的驰名商标都可以任意扩张其禁用权，只有具备相当程度和范围的知名度及影响力的驰名商标才能将其禁用权扩张至不相同和不相似的商品类别上。与在先使用未注册商标产生冲突的驰名商标，自身应当具备相当高程度的显著性，对于这一程度的把握，学界亦存在较大分歧。一种观点认为，我国当前对驰名商标所有人不适当地扩张权利会阻碍公平竞争。驰名商标应当是在中国境内为一般公众或大多数消费者广为知晓的商标。❶ 从我国《最高人民法院关于审理涉及驰名商标保护的民事纠纷案件应用法律若干问题的解释》第 1 条的规定和《驰名商标认定和保护条例》第 2 条的表述来看，驰名商标是指在中国境内为相关公众广为知晓的商标，相关公众则是指某类商品或服务的生产者、销售者及消费者。因此，司法保护对

---

❶ 魏森：《商标权侵权认定标准研究》，中国社会科学出版社 2008 年版，第 213 页。

于驰名商标的认定，需要在相关公众范围内进行，而不是在所有行业或服务的公众范围进行认定。由此，驰名商标禁用权扩张范围亦应与其认定范围相一致，应当赋予禁用权在一定范围内扩张的权能。

最后，保护在先权利的基本原则。我国现行《商标法》第 31 条规定，两个或两个以上的商标注册申请人，在同一种商品或类似商品上，以相同或者近似的商标申请注册的，初步审定并公告申请在先的商标，同一天申请的，初步审定并公告使用在先的商标，驳回其他人申请，不予公告。由此可见，我国商标法的基本原则是申请在先，但也为使用在先原则的适用留出了余地，从法律规定上提供了保护在先权利的依据。

综上，在先使用的未注册商标与驰名商标跨类别禁用权发生冲突的，只要在先使用商标于驰名商标达到驰名程度之前已经开始在此类商品或服务上正式地、连续地使用，并因该使用行为获得了一定的市场影响力，则应当允许其在原有范围内继续使用，而不视为侵害驰名商标权。

② 驰名商标跨类禁用权与已注册在先商标权的冲突。驰名商标禁用权一旦扩张到不相同或不类似的商品或服务类别上，驰名商标权利人可以禁止他人在这些类别上注册、使用与驰名商标相同或近似的商标，其与注册商标专用权在特定情况下会发生权利范围的重合，从而导致权利冲突，二者边界如何划分直接关系到注册商标权人合法利益以及既有市场格局和竞争秩序的稳定，但目前我国司法实践对此问题鲜有涉及。实际上，注册商标专用权是经商标权人申请、国家机关审核后，国家机关依职权授予的权利，其作为一种行政授权的权利，一经法定程序核准，当然具备法定效力。权利人在依法核准注册商品类别上，正当地使用或依法转让自己的注册商标，系行使自己正当权益的行为，他人无权干涉更无权禁止。由此，我们认为，任何权利的行使均有其合理边界，驰名商标跨类禁用权并非全类别禁用权，而是与其驰名程度和显著性相适应的适度的禁用权，其行使仍应受到约束，不能绝对排他地禁止他人的正当、合理使用，亦不应跨入他人注册商标业已依法存续的领域。在处理在先注册商标与驰名商标的关系问题上，应当遵守公平诚信、利益平衡的基本原则，充分考量注册商标与驰名商标的权利边界，尊重既有法律秩序与市场格局，不能机械、简单地处理双方之间的冲突，以促进经营者之间实现包容性发展。❶

---

❶ 参见广东省高级人民法院（2015）粤高法民三终字第 143 号判决书。

四、结语

驰名商标禁用权的扩张，有利于更全面、有力地保护驰名商标权人通过驰名商标而实现的各种商业利益，无疑是符合商标法发展内在规律的必然趋势。值得探讨的是，驰名商标禁用权的不断扩张，也必然导致其他权利人和社会公众履行义务的扩张，亦即其他权利人和社会公众权利行使空间的不断压缩。为了给其他市场竞争者和社会公众留存合理空间，对驰名商标权既要有扩张也需有限制，防范权利被滥用或者出现不正当竞争等情形，使驰名商标的保护达到一个动态的平衡状态。

商标法惩罚性赔偿制度的司法适用

——基于 G 市 b 区人民法院五年侵害
商标权案件的审判实证分析

段静楠　　吕明洲[*]

摘　要　自 2013 年《商标法》第 63 条确立惩罚性赔偿制度以后已经有数年时间，但是该制度却在实务审判中鲜有适用。本文结合已有的部分审判实务数据，剖析惩罚性赔偿在司法适用中存在的问题，就惩罚性赔偿制度完善和实践运用等从不同层面提出了部分完善的建议，并探讨了扩大惩罚性赔偿制度的适用范围，延及法定赔偿的可能性。以期促进该制度能够在实务中得到更广泛的运用，增强其在司法实务中的可操作性，更好地发挥该制度的功能及价值。

关键词　商标侵权　惩罚性赔偿　法定赔偿

引　言

引入惩罚性赔偿制度，显著提高违法成本，依法重拳打击侵犯知识产权的违法行为，是我国进入有中国特色社会主义新时代，经济高速发展、实施创新驱动、实现经济全球化形势下，建立国际一流营商环境的重要举措。据此，我国现行的商标法以及其他知识产权领域，都已经修订或将要引入惩罚性赔偿制度。知识产权惩罚性赔偿制度旨在震慑、遏制情节严重的恶意侵权，提振权利人的维权信心，在全社会范围内形成良好的知识产权保护意识形态，故知识产权侵权惩罚性赔偿的具体司法适用及其对司法实践的影响越来越受到关注，本文中，笔者以 G 市 b 区法院五年的侵害商标权案件为样本，剖析惩罚性赔偿在司法适用中存在的问题、提出了完善建议，并探讨了扩大惩罚性赔偿制度的

---

* 段静楠，广州市白云区人民法院法官。吕明洲，广州市白云区人民法院法官助理。

适用范围，延及法定赔偿的可能性，以期促进该制度在司法实践中的广泛运用，加快该制度在司法适用中的完善进程。

一、商标法惩罚性赔偿制度的演变及作用

（一）制度起源及演变

我国于 1993 年颁布的《消费者权益保护法》第 49 条针对欺诈消费者的行为实行双倍赔偿的规定第一次确立了我国的惩罚性赔偿制度。2009 年《侵权责任法》更是将"惩罚性赔偿"五个字明确写入第 47 条中，正式宣告惩罚性赔偿在我国侵权责任领域普遍适用。❶

在我国 1982 年颁布的《商标法》中，第 39 条规定了商标侵权损害赔偿数额以"侵权人在侵权期间所获得的利润"或者"被侵权人在侵权期间因被侵权所受到的损失"两种方式计算，未明确二者次序。于 2001 年修订时增加了法定赔偿制度，即"当以上两种方式难以确定时，法院可根据侵权情节在 50 万元以下确定赔偿数额"，引入了法官的自由裁量权。在 2013 年修订的《商标法》第 63 条中规定："侵犯商标专用权的赔偿数额，按照权利人因被侵权所受到的实际损失确定；实际损失难以确定的，可以按照侵权人因侵权所获得的利益确定；权利人的损失或者侵权人获得的利益难以确定的，参照该商标许可使用费的倍数合理确定。对恶意侵犯商标专用权，情节严重的，可以在按照上述方法确定数额的一倍以上三倍以下确定赔偿数额。赔偿数额应当包括权利人为制止侵权行为所支付的合理开支。"此项规定是首次在知识产权领域引入惩罚性赔偿制度。同时，将法定赔偿额上限从 50 万元提高到 300 万元。

在 2019 年修订《商标法》以后，将惩罚性赔偿的数额范围提升为在确定数额的一倍以上五倍以下，同时再次将法定赔偿额上限从 300 万元提高到 500 万元。纵观商标法历次修改，可以发现法定赔偿数额上限随着经济发展而不断提高，从倍数调整也可以看到对于商标侵权的惩罚性赔偿的力度也有加强的趋势。

---

❶ 我国在《消费者权益保护法》（1993 年）首次引入惩罚性赔偿制度，此后，陆续在《合同法》（1999 年）第 113 条、《食品安全法》（2009 年）第 96 条、《侵权责任法》（2009 年）第 47 条、《旅游法》（2013 年）第 70 条及《商标法》（2013 年）第 63 条中引入惩罚性赔偿制度。

（二）惩罚性赔偿制度设置的作用

惩罚性赔偿是相对于补偿性赔偿而言的，近年来，商标侵权纠纷案件频发，传统的补偿性赔偿，难以完全填补受害人的损失，更无法对侵权人起到威慑作用，因此引入惩罚性赔偿制度主要有以下作用：

1. 损害填补作用

在传统的补偿性赔偿中主要是对于直接的经济损失进行考量，权利人得到的赔偿数额相比因侵权行为所受到的损失普遍过低，且诉讼周期较长，反而会进一步加重经济损失。对于被侵权人的精神损害和参与诉讼的成本等方面，通过惩罚性赔偿的方式可以更好地对权利人进行损害填补。

2. 惩罚和预防作用

通过倍数的惩罚性数额增加侵权成本，实质上对侵权人起到一定的惩罚作用，体现了对于商标侵权行为的严厉打击和制裁的目的。同时，在知识产权保护领域较长时间以来都存在着维权成本高、违法成本低的现象，侵权人侵权以后仅要求其进行补偿性赔偿，实质损失远小于违法所得的收益，从而导致商标侵权频发。通过明确该制度提高违法成本❶，给予进行商标侵权的侵权人的实质性处罚，起到一定的预防商标侵权行为频发的作用。

3. 威慑和遏制作用

通过惩罚性赔偿的案例，对社会上已经实施或即将实施商标侵权行为的其他个人或团体起到一定的威慑和警示教育作用，降低其违法所得利益预期，在一定程度上能有效遏制和减少市场主体商标侵权行为和损害结果的实质性发生，也可以达到相应地预防犯罪、减少犯罪的效果❷，有效引导人们遵循正确规范的行为准则。

4. 激励维权和创新作用

惩罚性赔偿的制度可以对权利人积极维权起到正面的激励作用，鼓励权利人积极保护自身的合法权益。同时，对于市场主体而言，也是激励经营者自主创新，积极发展自身的品牌，维护正常的市场竞争秩序，促使经济主体合法、

---

❶ 江帆、朱战威：《惩罚性赔偿：规范演进、社会机理与未来趋势》，载《学术论坛》2019 年第 3 期，第 61—67 页。

❷ 袁佩：《浅析知识产权惩罚性赔偿制度》，载《法制博览》2019 年第 22 期，第 270 页。

有序地开展竞争❶，构建积极健康的市场营商环境。

二、实务审判适用状况

（一）商标侵权案件基本审理情况

笔者以 G 市 b 区人民法院 2015 年至 2019 年内以侵害商标权纠纷为主要案由作为调查样本进行检索，共检索到商标侵权案件 3071 件。其中 2015 年至 2019 年，每年新收的商标侵权案件分别为 355 件、448 件、794 件、699 件、775 件。商标侵权案件收案数自 2017 年开始急剧上升，2018 年有所下降，2019 年又有小幅上升，整体来看呈现阶段性波动上涨的趋势（如图 1 所示）。

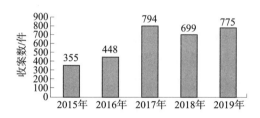

图 1　收案数

关于商标侵权案件的判赔数额方面，笔者统计了 2015 年判赔数额在 10 万元以下的有 344 件，10 万元~30 万元之间的有 6 件，30 万元以上的有 5 件。2016 年判赔数额在 10 万元以下的有 398 件，10 万元~30 万元之间的有 37 件，30 万元以上的有 13 件。2017 年判赔数额在 10 万元以下的有 719 件，10 万元~30 万元之间的有 56 件，30 万元以上的有 19 件。2018 年判赔数额在 10 万元以下的有 582 件，10 万元~30 万元之间的有 88 件，30 万元以上的有 29 件。2019 年判赔数额在 10 万元以下的有 657 件，10 万元~30 万元之间的有 85 件，30 万元以上的有 33 件（如图 2 所示）。

从整体趋势来看，判赔数额标准逐年提高，同我国近年来历次修订商标法，逐步提高赔偿数额上限的趋势相同。综上表明，近年来，随着社会经济不断发展，对于商标权利人的保护力度也在加强，同时逐步加大对商标侵权行为的打击力度，积极营造知识产权健康有序的发展环境。

---

❶ 韩震东：《商标侵权惩罚性赔偿法律适用探析》，载《商业经济》2018 年第 10 期，第 123—124 页。

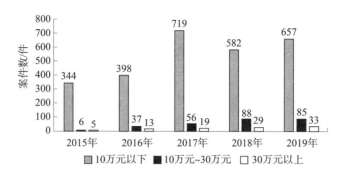

图2　判赔数额对应案件数

■ 10万元以下　■ 10万元～30万元　□ 30万元以上

（二）惩罚性赔偿制度适用状况

从2015年至2019年，商标侵权案件以判决方式结案的有1564件，其中仅有7件是未采用法定赔偿的方式确定判赔数额。法定赔偿的使用率高达99.5%，即绝大多数商标侵权案件在确定判赔数额时都采用了法定赔偿方式，其原因主要是在司法实践中当事人往往无法完全举证证明实际损失、侵权所获利益、商标许可费的合理倍数，因而法官只能综合全案情况酌定相应的赔偿数额。与法定赔偿适用率较高所形成鲜明对比的是惩罚性赔偿的适用率极低，在所检索的案件中，与惩罚性赔偿制度相关联的案件仅有1件（如图3所示）。

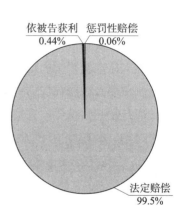

图3　法院判决结果比例示意图

其中，快尚时装（广州）有限公司诉被告广州业松皮具有限公司、云南金时代商务有限公司侵害商标权纠纷案判决书❶中采用了侵权人因侵权所获得的利益确定赔偿数额。原告提交被告广州业松皮具有限公司2014年、2015年、2016年税务报告。一审法院经审理认为，仅凭税务报告难以认定被告广州业松皮具有限公司的盈亏，但可根据上述税务报告确定被告广州业松皮具有限公司2015年、2016年、2017年三年的经营总收入合计为53123284.47元，平均每年经营总收入为17707761.49元，原告为证实同类型行业的平均营业利

---

❶　参见广州市白云区人民法院（2017）粤0111民初7989号民事判决书。

润为 22.16% 的事实，所提供的证据为被告广州业松皮具有限公司在另案中所提供的证据，证明的事实与原告所证明的事实一致，故法院对同类型行业的平均营业利润为 22.16% 的事实，予以认可。法院参照被告广州业松皮具有限公司经营项目范围酌定侵害涉案商标的产品占经营总收入的 1/20 份额，即侵害涉案商标的产品平均每年经营收入为 17707761.49/20 = 885388.07 元，按同类型行业的平均营业利润 22.16% 计算，即 196202 元。依照"侵权损害赔偿数额应当自权利人向人民法院起诉之日起向前推算二年计算"之规定，统计二年营业利润合计为 196202 元 × 2 = 392404 元。

路易威登马利蒂诉被告广州首沣贸易有限公司、临沂市鑫铭网络技术有限公司等商标权权属、侵权纠纷案❶中，经一审法院审理认为，因刑事判决书认定的被控侵权商品的销售数额 30819781.89 元，路易威登马利蒂明确其在该案中主张按照 2013 年我国皮革制品销售利润率的 3 ~ 4 倍确定侵权获利，进而确定赔偿数额。由于被控侵权商品是高仿品，没有产品设计开发、品牌运营和维护等成本支出，且该案侵权行为是向境外销售高仿商品，售价较高，利润也较高，故法院综合涉案注册商标的知名度、侵权规模、期间和后果、被控侵权商品的销售数量和价格等因素，酌情确定侵权者的实际获利数额为 2013 年我国皮革制品销售利润率 6.86% 的一倍，即 13.72%。据此，各被告的侵权获利应为 30819781.89 元 × 13.72%，即 4228474 元。二审法院对该判赔数额也予以维持。在此案中，对于侵权获利的销售利润率是通过综合分析以后裁量得出，再在此基础上计算侵权人的实际获利数额。

深圳美西西餐饮管理有限公司与被告广州凯美投资管理有限公司等侵害商标权纠纷案❷则首次明确在判决结果中引入了惩罚性赔偿的制度。关于侵权赔偿额，一审法院经审理查明的凯美公司特许的加盟商已有四家，经营地点遍布全国四个省市，现有证据显示凯美公司获利约为 15 万余元，前述事实表明，凯美公司不但在线上发布了大量的侵权网络信息，在线下也已实际发展特许加盟业务并获取收益，该司在线下、线上侵权行为均较为严重。在该案诉讼中，凯美公司拒不到庭应诉，收到该案诉讼副本后也没有删除侵权网络链接并停止线下侵权行为，认错态度较差，故法院综合参考凯美公司获利，适用惩罚性赔偿，以认定近五倍的系数，确定凯美公司应承担的赔偿金额为 70 万元。

---

❶ 参见广州市白云区人民法院（2016）粤 0111 民初 1317 号民事判决书。
❷ 参见广州市白云区人民法院（2019）粤 0111 民初 25748 号民事判决书。

自 2013 年惩罚性赔偿制度确立以后已经有数年时间，但是该制度在实务审判中却鲜有适用，则说明该项制度必然存在某些因素或问题，导致其在实际操作中不为当事人所选择，或不为法官所采纳。笔者在下文中通过剖析惩罚性赔偿在司法适用中存在的问题，并提出改进和完善该制度的思路，以期促进该制度能够在实务中得到更广泛的运用，更具有实用性。

三、剖析问题和反思

（一）制度层面的问题

《商标法》第 63 条规定了商标侵权惩罚性赔偿制度，但在实践中，相关规定的表述仍不够完善。规定中明确了适用时的要件包括有"恶意"及"情节严重"，首先对于"恶意"而言，在侵权责任中一般使用"故意"或"过失"描述主观心理状态，较少使用"恶意"一词，"恶意"与"故意"之间是否属于同等关系，其又是否包含"直接故意"和"间接故意"，又或者是比"故意"的性质更狭窄，仅包含"直接故意"，学者们也有不同的见解，而如果现有的"故意"或者"过失"的界定能够涵盖"恶意"的包含因素，则应无另行规定"恶意"作为主观要件的必要❶，因此，对于"恶意"的内涵界定并没有进行具体明确。

而对于"情节严重"一词，在《刑法》及关于行政责任规定的单行法中较为常见，但在民事法律体系中比较少见。有学者认为，对于"情节严重"的内涵及认定，可直接参考《刑法》中的相关表述，在《刑法》中与商标直接相关的罪名，如假冒注册商标罪等，"情节严重"作为其构成要件时，不法行为所得，即侵害商标权给权利人造成的损害后果的大小，是判断是否构成"情节严重"的重要依据。❷ 但民事侵权责任与刑事犯罪之间差异甚大，在知识产权等相关的法律规定并未对该要件包括的情形作出具体说明的情况下，在实务中运用时进行认定的标准也并不统一，具有很大的不确定性。对于商标权益的民事侵权损害，受到市场价值的影响，其具体数额变化往往难以确定，因此在实际中认定情节严重时，损害结果往往只能作为其中一个考量的方面，在实践中法官进行认定时不乏通过侵权表现形式、侵权次数、时间长度、侵权范

---

❶ 杨方程：《完善知识产权惩罚性赔偿数额确定的路径思考》，载《贵阳学院学报（社会科学版）》2018 年第 4 期，第 67—74 页。

❷ 张红：《恶意侵犯商标权之惩罚性赔偿》，载《法商研究》2019 年第 4 期，第 159—170 页。

围等因素确定是否构成情节严重，但具体考量时需要衡量哪些必要的因素，并没有一个明确的标准。

（二）意识层面的问题

司法机关在裁判案件时，受到不告不理原则的限制，如果权利人不主动提出惩罚性赔偿请求，法院在判决时一般不会主动适用该条款。虽然对惩罚性赔偿的适用是否需要以受害人提出为前提，在学界中有不同意见，但笔者认为该制度具有惩罚性因素，在适用时应注重其谦抑性，避免惩罚性赔偿泛化，故应在受害人有相关请求时，综合考虑案件侵权人的主观状态和情节等因素去判断是否适用。惩罚性赔偿以权利人提出设置为前提条件，可以通过程序性的安排更好地保障侵权人免受不公正处罚。❶ 因此就需要权利人在相应诉讼中具有提出惩罚性赔偿的意识。然而现状是权利人在诉讼中极少主张适用惩罚性赔偿制度，一方面可能是出于诉讼成本的考量，另一方面是举证困难，从而导致法院在实践中支持并适用该制度的案例也较少。种种实际因素导致权利人缺乏在诉讼中去考量并请求适用惩罚性赔偿的主观意识。

（三）权利人运用层面的问题

惩罚性赔偿适用的前提需要确定赔偿的基数，包括权利人的实际损失、侵权所取得的利益及商标许可费用的倍数。但在实际中，很难获得侵权人在侵权期间的销售额、销售量以及利润率等相关财务资料❷；商标本身的市场价值波动，难以界定权利人自身的市场价值损失；商标许可合同中约定的许可费明显不合理，或和侵权事实在种类、时间地域、使用范围等方面存在较大差异。以上种种因素导致无法确定计算基数，就难以进一步适用该制度，同时新修订的《商标法》中明确可在基数的一到五倍之间确定赔偿数额，这个倍数如何进行具体的划分，也没有明确的规定，容易导致实践运用中，可能会出现同类案件判赔金额差异过大，使权利人获取过高的利益，减损司法公信力等问题。

（四）法院实践操作问题

目前，法院在认识惩罚性赔偿制度的基数和系数上还存在不足。依据现有

---

❶ 黄蓉：《商标侵权惩罚性赔偿的现状及反思》，载《萍乡学院学报》2019 年第 1 期，第 33—40 页。
❷ 李慧颖：《商标侵权惩罚性赔偿及反思》，载《商场现代化》2019 年第 14 期，第 10—11 页。

法律规定，惩罚性赔偿的基数并不包括法定赔偿，对于法定的三种基数的计算方式，并没有统一的认定方式。因此，在法院认定适用惩罚性赔偿的判决说理部分，部分判决仅是在引用相关法条，简单说明事实后即进行适用，对于基数的来源方式并未进行详细严谨的分析，缺乏足够的说服力。另外，对于系数的确定也未进行相应的解释说明，容易导致最终判赔数额裁量空间过大。同时，惩罚性赔偿还需要依当事人的申请并提交充分证据证明符合相应的构成要件时才可适用，但是法院往往忽视这一点，部分法院在个案中仅通过自主审查后便认定侵权人构成惩罚性赔偿，导致惩罚性赔偿制度适用程序有一定瑕疵，出现超出请求范围进行认定的情况。

四、改进和完善的思路

（一）加强惩罚性赔偿制度的宣传引导

首先，应加强对惩罚性赔偿制度的宣传，让更多的受害人知悉该制度并积极主动在诉讼中提出相应请求[1]，并积极进行举证，这样才能在实务中有更多机会去适用该制度。同时也要适时引导并鼓励法官在审判时着重审查是否符合适用惩罚性赔偿的要件，及当事人能否在案件中提出较为可行的计算依据和方式，优先从意识方面来提高惩罚性赔偿适用的可能性。

其次，惩罚性赔偿适用的构成要件和具体情形在司法实务中往往难以界定，鉴于法官从规避裁判风险的角度，往往可能会在选择适用法条时采取较为保守的方式认定，相较而言，通过法定赔偿的方式确定数额，在说理与认定方面更为便捷，因此在实务中商标侵权纠纷法定赔偿的适用率较高，而惩罚性制度的适用率极低。另外一方面的原因也是部分法官对该制度并不熟悉，难以把握如何准确地适用。因此，建议最高人民法院多发布适用惩罚性赔偿制度裁判的相关指导性案例，法院系统定期组织相关的专题培训与讨论会，真正让大众去了解和熟悉该制度的运用。

（二）明确惩罚性赔偿制度构成要件

对于惩罚性赔偿的构成要件，应进行具体规定。如"恶意"一般认为包

---

[1] 关琳琳：《商标惩罚性赔偿制度实施情况分析报告》，载《中华商标》2018 年第 8 期，第 68—74 页。

括明知或希望侵害结果的产生，而不包括过失，但是否包含间接故意即放任侵害结果的产生，恶意与故意的含义如何区别，学界意见不一，因此仍需完善相关规定。笔者认为，"恶意"的描述程度从主观状态而言应高于故意，结合审慎适用该制度的原则，应仅限于直接故意❶，即明知自己的行为会侵犯他人的合法权利，仍然实施侵权行为，避免适用范围过于宽泛，且更应强调其主观恶性❷，在道德上具有可谴责性。

而对于"情节严重"，笔者认为应纳入考量的因素包括侵权行为的表现形式、侵权持续时间、损害程度和结果、恶劣影响等，为避免在实务认定中出现标准不一的情况，建议以司法解释等方式将常见的考量因素和情形等进行开放式的具体列明，以明确其内涵，也可以为法官在裁量时提供相应的参考标准，避免自由裁量空间过大。

"恶意"与"情节严重"两个构成要件应是并列关系，"恶意"强调一种主观状态，"情节严重"强调一种客观事实状态，两者共同决定是否适用惩罚性赔偿，以及适用的力度。

（三）完善惩罚性赔偿金额的计算

在现有规定下，适用惩罚性赔偿需要以实际损失、侵权所取得利益、商标许可费的合理倍数作为基数。为确定基数，对当事人的举证责任提出了相对较高的要求。权利人负有的举证责任包括向法院提供证据的责任及在待证事实真伪不明的情形下承担不利后果的责任。❸ 因此，合理分配举证责任，充分适用举证妨碍规则，即在对方当事人持有证据，无正当理由拒绝提交相关证据时，应承担证据妨碍的相关责任，法院可以结合有关情况推定原告的相关主张成立。❹ 同时，积极引导原告充分举证，对于原告怠于举证的，应不予支持或在支持数额上予以酌减，以此督促权利人端正心态，积极承担举证责任。

关于侵权损失或者实际获利的计算，在诉讼中，应要求当事人提出相关的计算方式及依据，计算方式可以是概括的区间，或者是精确的数额，法官需要在判决中明确基数的计算方式和计算依据。在上述路易威登马利蒂诉广州首沣

---

❶ 王利明：《论我国民法典中侵害知识产权惩罚性赔偿的规则》，载《政治与法律》2019年第8期，第95—105页。

❷ 常鑫：《我国商标侵权惩罚性赔偿制度适用研究》，深圳大学2018年，硕士学位论文第13页。

❸ 王太平、邓宏光：《商标法》，北京大学出版社2017年版，第154—157页。

❹ 详见《最高人民法院关于民事诉讼证据的若干规定》第75条。

贸易有限公司、临沂市鑫铭网络技术有限公司等商标权权属、侵权纠纷案中，对于侵权获利的销售利润率是经过综合分析以后结合已有计算依据裁量得出，但其并非法定赔偿，而是确定最终侵权获利数额的计算方式，是一种裁量式赔偿。另外，对于权利人的实际损失、侵权获利、许可使用费等，可以考虑通过资产评估，引入专家辅助人❶、鉴定机构等第三方，辅助进行相应数额的确定。

对于倍数而言，现有倍数规定为"一倍至五倍"，在具体的案件中，也缺乏具体的衡量标准。笔者认为，除应综合考量全案的情节等因素外，也需要考量倍数与基数之间的比例确定，如在基数认定时已经从重认定，则在倍数认定方面应酌定较低倍数，而在基数认定时已从轻认定，即基数采纳方面明显仍不及实际的数额，则在倍数认定时应酌定较高倍数，通过一定的比例原则，采取均衡思维去把握惩罚性赔偿数额的最终认定。

近期，有部分法院已经陆续发布相关的指导意见来明确和细化惩罚性赔偿制度，如北京市高级人民法院发布的《关于侵害知识产权及不正当竞争案件确定损害赔偿的指导意见及法定赔偿的裁判标准》、深圳市福田区人民法院发布的《侵害商标权案件适用惩罚性赔偿责任审理指引（试行）》等，在这些指导或者指引中均有对现有的惩罚性赔偿制度的构成要件及赔偿基数、倍数的一些细化的规定，当然在内容方面也不尽相同，考量的因素与标准也并不统一，但对于其他地区法院法官在认定方面也具有一定的参考意义，同时也从侧面说明现有的惩罚性赔偿制度确实需要通过司法解释等具有全国性效力的规定来进行一定的完善。

五、法定赔偿中引入惩罚性赔偿的思考

因为实际损失、侵权取得利益及商标许可费用的倍数等基数难以确定，而在实践中往往需要适用法定赔偿来确定赔偿数额。而在前文提到的深圳美西西餐饮管理有限公司与被告广州凯美投资管理有限公司等侵害商标权纠纷案中，引用《商标法》第 63 条的规定，并认定被告方具有"恶意"并且"情节严重"，并在法定赔偿中酌定基础上适用倍数确定赔偿数额。那么能否将法定赔偿作为惩罚性赔偿的基数依据呢？部分学者认为将法定赔偿纳入惩罚性赔偿会

❶ 蒋帛婷：《惩罚性赔偿在商标侵权领域的适用研究》，载《法制与社会》2018 年第 29 期，第 71—72 页。

导致当事人怠于举证、主观恶意的重复评价、补偿性还是惩罚性的性质模糊、自由裁量空间过大，法定赔偿适用更广泛，导致其他计算方式难以采用等问题。

笔者认为，法定赔偿在目前司法实践中占据较大比例，将其纳入惩罚性赔偿制度体系范围之内也有一定的合理之处。首先，从性质上分析，法定赔偿在惩罚性赔偿制度出现之前已经存在，因而其本质也应当是补偿性赔偿的一种方式，并非修订以后提高数额上限，就认为法定赔偿就一定带有惩罚性质。其次，关于重复评价主观因素的问题，目前在实践中适用法定赔偿时，确实会将当事人的主观状态也作为参考因素确定数额，而惩罚性赔偿中也将主观恶意作为构成要件，但主观因素并非法定赔偿的必要考量因素，解决重复评价问题，应当明确在法定赔偿作为基数时，相应数额的考量因素及范围。❶ 现有规定仅要求法定赔偿数额应根据侵权行为的情节在 500 万元以下确定，自由裁量空间较大，可以明确列明某些具体情形将法定赔偿的数额划分成数个不同的区间范围，将法定赔偿类型化、层级化。如依据涉案商标的知名程度、销售时间、地域范围等，划分不同的层级范围确定数额❷，再以此为基础考量惩罚性赔偿的构成要件，确定是否适用以及对应的倍数，这样也可以避免自由裁量空间过大的情形。如合理开支部分的费用，一般在适用法定赔偿时会一并考量赔偿额和合理开支，并包含在判赔最终数额中，但如果是作为惩罚性赔偿的基数时，合理开支不应作为基数范围内考量的构成要素，因为合理开支部分并无适用惩罚性赔偿的空间，仅是作为对原告的诉讼维权成本的赔偿。

考虑到在部分案件中，确实存在举证困难，但是侵权人又存在恶意和情节严重的情形，若能把法定赔偿纳入惩罚性赔偿的适用范围之内，对于权利人的合法权益可以有更有效的保护。有学者会有如将法定赔偿纳入惩罚性赔偿会导致当事人怠于举证，其他计算方式难以采用的疑虑，关于这一点，在《商标法》中对于赔偿数额的适用已经明确适用顺序是侵权损失优先于实际所得利益优先于法定赔偿，那么在作为基数考量时，也可以以此顺序确定，在前者情形中有计算方式和依据得以确定时，就不应再考虑以法定赔偿额作为基数。

虽然在当前司法环境下，有部分法院在适用法定赔偿时也会适当调整数额并说明其具有惩罚性因素的考量，以弥补惩罚性赔偿制度适用的不足，但是直

---

❶ 陈若雪：《我国商标侵权惩罚性赔偿规则及其适用研究》，华东政法大学 2018 年硕士学位论文，第 40—41 页。

❷ 吕莹：《我国商标侵权惩罚性赔偿研究》，中国政法大学 2018 年硕士学位论文，第 31 页。

接在法定赔偿数额中加入惩罚性因素没有具体的规定及衡量标准，缺乏严谨的逻辑体系，酌定的说服力不强❶，如何科学合理地确定惩罚数额也是进行认定所面临的一个困境。因此，完善法定赔偿与惩罚性赔偿之间的体系建设，确有必要。

六、结语

法律的生命力在于实施，法律的权威也在于实施。在《商标法》中引入惩罚性赔偿制度已经有数年的时间，但该制度在司法适用的层面上依然存在一定的缺陷，并不能完全适应现今日益增加的商标侵权纠纷，那如何调和法律规定与司法适用之间的矛盾也是本文的一个重点问题。

笔者结合近年来部分审判实务数据，分析惩罚性赔偿制度现有的一些问题，并就制度完善和实践运用等不同层面提出了部分建议，并探讨了扩大惩罚性赔偿制度的适用范围，延及法定赔偿的可能性。法定赔偿与其他三种赔偿额计算方式仅是存在操作层面的差异，即便是采用侵权损失或实际获利所得作为基数时，在计算方式上依然也会有裁量的空间，在适用惩罚性赔偿制度时更应着重于案件性质本身。笔者希冀能为该制度的后续发展提供一些优化的维度，增强其在司法实务中的可操作性，以期能更好地发挥该制度的功能及价值。

❶ 肖楚韵：《商标法惩罚性赔偿制度司法适用现状探析》，载《法制与经济》2019 年第 7 期。

商业秘密侵权的民事司法保护问题研究

——以《反不正当竞争法》修订为背景

刘巧静　杨　洁*

摘　要　我国建立了以反不正当竞争法为主，劳动法、刑法等单行法及行政法规为辅的商业秘密保护制度，《反不正当竞争法》于1993年颁布施行，2017年至2019年间短短两年内历经两次修订，对商业秘密的范围、侵权行为类型、举证责任分配、赔偿责任加以完善，商业秘密作为知识产权保护制度的重要一环，在审判实践中商业秘密本身是否成立及侵权行为的举证是长期存在的难点，此次修订对商业秘密保护内容的完善，有利于加强对商业秘密的司法保护。

关键词　商业秘密　构成要件　举证责任　司法保护

一、我国商业秘密保护的立法现状与司法现状

关于商业秘密的保护，有学者总结其历经了三个阶段，即合同保护阶段、破坏保密关系至侵权行为阶段、产权保护阶段。❶

---

* 刘巧静，广州市天河区人民法院法官。杨洁，广州市天河区人民法院法官助理。

❶ 唐昭红：《商业秘密研究》，载梁慧星主编的《民商法论丛》第6卷，法律出版社1997年版，第726—732页。

（一）《反不正当竞争法》关于商业秘密的立法转变（表1）

表1　《反不正当竞争法》关于商业秘密的立法转变

经营者不得实施下列侵犯商业秘密的行为：		
《反不正当竞争法》（2017年修订）	《反不正当竞争法》（2019年修订）	修改内容
以盗窃、贿赂、欺诈、胁迫或者其他不正当手段获取权利人的商业秘密	以盗窃、贿赂、欺诈、胁迫、电子侵入或者其他不正当手段获取权利人的商业秘密	新增"电子侵入"的获取手段
披露、使用或者允许他人使用以前项手段获取的权利人的商业秘密	披露、使用或者允许他人使用以前项手段获取的权利人的商业秘密	
违反约定或者违反权利人有关保守商业秘密的要求，披露、使用或者允许他人使用其所掌握的商业秘密	违反保密义务或者违反权利人有关保守商业秘密的要求，披露、使用或者允许他人使用其所掌握的商业秘密	违反"约定"修订为违反"保密义务"
	教唆、引诱、帮助他人违反保密义务或者违反权利人有关保守商业秘密的要求，获取、披露、使用或者允许他人使用权利人的商业秘密	新增间接侵权行为
	经营者以外的其他自然人、法人和非法人组织实施前款所列违法行为的，视为侵犯商业秘密	新增侵权主体
第三人明知或者应知商业秘密权利人的员工、前员工或者其他单位、个人实施前款所列违法行为，仍获取、披露、使用或者允许他人使用该商业秘密的，视为侵犯商业秘密	第三人明知或者应知商业秘密权利人的员工、前员工或者其他单位、个人实施本条第一款所列违法行为，仍获取、披露、使用或者允许他人使用该商业秘密的，视为侵犯商业秘密	
本法所称的商业秘密：		
《反不正当竞争法》（2017年修订）	《反不正当竞争法》（2019年修订）	修改内容
是指不为公众所知悉、具有商业价值并经权利人采取相应保密措施的技术信息和经营信息	是指不为公众所知悉、具有商业价值并经权利人采取相应保密措施的技术信息、经营信息等商业信息	新增"等商业信息"的兜底性表述

举证责任：

《反不正当竞争法》（2017 年修订）	《反不正当竞争法》（2019 年修订）	修改内容
	第 32 条　在侵犯商业秘密的民事审判程序中，商业秘密权利人提供初步证据，证明其已经对所主张的商业秘密采取保密措施，且合理表明商业秘密被侵犯，涉嫌侵权人应当证明权利人所主张的商业秘密不属于本法规定的商业秘密。 商业秘密权利人提供初步证据合理表明商业秘密被侵犯，且提供以下证据之一的，涉嫌侵权人应当证明其不存在侵犯商业秘密的行为： （一）有证据表明涉嫌侵权人有渠道或者机会获取商业秘密，且其使用的信息与该商业秘密实质上相同； （二）有证据表明商业秘密已经被涉嫌侵权人披露、使用或者有被披露、使用的风险； （三）有其他证据表明商业秘密被涉嫌侵权人侵犯	降低权利人初步举证要求

从上述对比可知，2019 年《反不正当竞争法》关于商业秘密的修订，充分考虑了网络空间领域的攻击行为，单独将电子侵入行为作为侵权手段纳入规制范围，无需通过将电子侵入视为"盗窃、贿赂、欺诈或胁迫"的具体实施行为而进行法律评价；将违反"约定"修订为违反"保密义务"，行为人的保密义务不仅源于双方之间的明确约定，也可能基于法律的直接规定，也可能基于双方未明确约定，但依据商业惯例、交易习惯应予以遵守的商业诚信，一定程度上提高了商业秘密接触者的保证责任；新增兜底性表述，为具备秘密性、商业价值并采取保密措施的其他类型的商业信息落入商业秘密保护范围内预留了空间。此外，新增间接侵害商业秘密的行为、举证责任分配等内容，兼顾实体层面与程序层面，为权利人主张得到商业秘密保护提供了充分保障。

（二）司法审判实践中商业秘密案件的审理情况

2019 年，全国人民法院共新收一审、二审、申请再审等各类知识产权案件 481793 件，地方各级人民法院共新收知识产权民事一审案件 399031 件，同比增长 40.79%，新收知识产权民事二审案件 49704 件，同比上升 79.95%。案件数量再创新高，从分布区域看，北京收案 80165 件、上海收案 23580 件、江苏收案 20249 件、浙江收案 27706 件、广东收案 157363 件，占全国法院知识产权收案数量 64.15%。❶

广东省人民法院共审结一审知识产权类民事、刑事、行政案件分别为 125694 件、1450 件、69 件，同比分别增长 56.56%、17.41% 和 13.11%。著作权、商标权和反不正当竞争案件增幅分别为 66.27%、40.48%、47.44%❷。

从地区来看，以广东省 G 市 T 区法院 2015 年至 2019 年 8 月为例，2015 年至 2019 年（截至 2019 年 8 月 31 日）不正当竞争案件中商业秘密案件收案情况见表 2。

表 2　2015 年至 2019 年反不正当竞争案件中商业秘密案件收案情况

年份	不正当竞争纠纷	侵害商业秘密纠纷
2015 年	31	1
2016 年	46	2
2017 年	195	3
2018 年	88	1
2019 年	133	5

从全国、广东省至 G 市 T 区的统计数据可见，知识产权案件在民事审判中的比重大幅提升。广东省作为经济活动活跃地区，收案数量占比最高，知识产权案件中不正当竞争案件的收案增幅也明显提高。有报告指出，不正当竞争中商业秘密案件数量少、比例低，原告败诉的案件数量明显大于胜诉的案件数量。❸ 该报告所呈现的结果与表 1 所列审判实践相吻合，侵害商业秘密案件起诉量明显少于其他类型不正当竞争纠纷案件，且原告胜诉率低，究其原因，不

---

❶　参见最高人民法院：《中国法院知识产权司法保护状况（2019）》，2020 年 4 月 21 日。

❷　参见广东省高级人民法院：《知识产权司法保护状况（2019）》，2020 年 4 月 20 日。

❸　北京市高级人民法院知识产权庭课题组：《〈反不正当竞争法〉修改后商业秘密司法审判调研报告》，载《电子知识产权》2019 年第 11 期，第 66 页。

难发现系与商业秘密范围认定、侵权行为认定、原告举证不能等诉讼难题相关联。有学者指出，与其他知识产权相比，在国际范围内，专利权、商标权、著作权得到统一认知和执行的确认度较高，但是商业秘密却因没有前置的权属认定凭证而在各国的法律体系中得到确认和执行的标准各不相同。❶ 美国贸易代表办公室连续 30 年发布《特别 301 报告》，自 1991 年开始涉及中国商业秘密保护问题，并宣称中国因对商业秘密保护不力需对美国工业的重大损失负责。其报告指出，商业秘密在中国没有得到充分的保护，而商业秘密的执法障碍来自于中国《反不正当竞争法》中诸如认定信息构成商业秘密的建构标准的困难、诉讼中收集证据的局限、刑事处罚威慑性的不足❷。美国随后将中国列为301 调查对象，据此拉开中美贸易战序幕，不可否认的是，我国商业秘密保护制度的建立与完善除了适应社会经济发展，在一定程度上也受到中美贸易谈判的影响。而 2019 年关于商业秘密条例的修订，在一定程度上也回应了美国长期以来对中国商业秘密保护的质疑。

二、商业秘密的构成要件分析

尽管商业秘密的保护已成国际共识，但各国法律或国际公约对于商业秘密的界定不尽相同，各国普遍采用阐释法和列举法对商业秘密的范围进行说明，这也说明了商业秘密本身是一个相对广泛且不确定的范畴，因此美国通说观点认为不可能为商业秘密下一个精确的定义❸，甚至有观点认为"对于特定事项是否属于商业秘密是一个极端难分清楚的问题，在法院作出判决之前，经常是难以预测其结果的"❹，尽管如此，各国对于商业秘密的界定始终围绕两个核心：一是设定商业秘密保护范围，二是确定商业秘密的构成要件。

（一）秘密性

秘密性是商业秘密的核心属性，我国关于商业秘密的秘密性的法定表述为"不为公众所知悉"，此处的"公众"应为限缩性解释，指特定范围内的公众，通常为特定领域内的相关人员，"不知悉"则要求该信息应不属于相关领域内

---

❶ 宋世勇、邢玉霞：《美国〈特别 301 报告〉商业秘密问题综述与中国对策分析》，载《法学杂志》2019 年第 5 期，第 85 页。

❷ 同❶。

❸ 杨崇森：《美国法上营业秘密之保护》，载《中兴法学》（台北）1986 年第 23 期，第 250 页。

❹ ILG Industries v. Scott，273 NE2d 393，at p. 398.

的常识、基本惯例或直接通过观察可获得。在"谁主张谁举证"的举证规则下，权利人要想获得商业秘密保护必须首先证明其主张的信息"不为公众所知悉"这一消极事实，具体而言权利人需要同时证明该信息不是常识、不能直接观察获得、未出版公开、未展示公开、没有公开获得渠道、不容易获得，举证难度不言而喻，这也是司法实践中长期存在的难点，虽然司法实践中审判人员通常基于"谁主张谁举证"原则要求权利人承担初步的证明责任，再根据实际情况灵活分配举证责任，但仍有不少反对观点认为权利人必须证明其权利的存在，在商业秘密案件中适用举证倒置并无法律依据。2019 年修订的《反不正当竞争法》新增了第 32 条的规定，明确了在权利人完成关于"秘密性"的初步举证后，涉嫌侵权人应就其否认权利人权利的抗辩承担举证责任，以此明确了举证责任的转移，降低了权利人的举证难度。

（二）保密性

保密性要求权利人对内、对外采取相应的保密措施，即权利人主观上具有保密意识，客观上采取了相应的、合理的，在正常情况下足以防止秘密泄露的措施。经济生活中，用人单位普遍在劳动合同中设置保密条款或要求员工签署保密协议，司法实践中员工也成为被指控侵害商业秘密的主要对象，而用人单位与员工签署保密协议的行为能否视为用人单位采取了符合法律评价的保密措施仍存在较大争议，虽然实践中受企业管理水平、法律专业知识等各方面的局限，不应对保密措施苛求过高，但企业如果仅通过协议简单要求员工负有保密义务，而缺乏对商业秘密范围的界定或范围过于宽泛，笼统要求员工保守所有跟从事的商业业务有关的信息，不宜认为采取了保密措施。

（三）价值性

商业秘密之所以有保护之必要，缘自该信息具有现实的或者潜在的商业价值，其掌控者据此掌握了竞争优势。相比于秘密性及保密性，价值性结合经济生活常识及惯例即可较为直观地加以判断，权利人也相对容易证明其主张的信息具有价值性。因此，审判实践中在涉案信息具有秘密性的情况下因不具有商业价值而被认定不构成商业秘密的案件极为罕见❶。

---

❶ 北京市高级人民法院知识产权庭课题组：《〈反不正当竞争法〉修改后商业秘密司法审判调研报告》，载《电子知识产权》2019 年第 11 期，第 70 页。

　　虽然商业秘密的构成要件在当前基本达成一致，但实践中商业秘密的认定标准仍存在不确定性。关于哪些信息能成为商业秘密，行政机关列举了产品配方、制作工艺、客户名单等技术信息和经营信息❶，客户名单是司法实践中企业主张商业秘密保护的热点，以客户名单为例，在麦达可尔（天津）科技有限公司（以下简称麦达可尔公司）与华阳新兴科技（天津）集团有限公司（以下简称华阳公司）、王某刚、张某星、刘某侵害商业秘密纠纷一案中，一审及二审法院认为华阳公司主张的客户名单包含客户名称、地址、联系方式，又有交易产品、交易价格、交易数量等深度信息，华阳公司采取了与员工签订保密协议及使用账号秘密登入信息管理系统的合理保护措施，华阳公司通过上述信息可以畅通产品销路，保持稳定的产品销售量，形成同行业的竞争优势，因此上述客户名单同时具备秘密性、保密性、价值性，构成商业秘密。再审法院认为上述客户名单为华阳公司与客户的交易记录，主要内容为订单日期、单号、品名、货品规格、销售订单数量、单价、联系人、电话、地址等，而在当前网络环境下，相关需方信息容易获得，且相关行业从业者根据其劳动技能容易知悉；关于订单日期、单号、品名、货品规格、销售订单数量、单价等信息均为一般性罗列，并没有反映某客户的交易习惯、意向及区别于一般交易记录的其他内容。在没有涵盖相关客户的具体交易习惯、意向等深度信息的情况下，难以认定需方信息属于反不正当竞争法保护的商业秘密。❷ 对于同一份客户名单，不同的审理机关得出了截然不同的结论，足以见商业秘密认定的不确定性。

　　2019年修订的《反不正当竞争法》，关于商业秘密的保护范围在沿袭列举包括技术信息和经营信息的惯例之外，增加了"商业信息"这一兜底性表述，扩大了法院在认定商业秘密时的自由裁量权，从某种程度上增加了新类型的信息获得商业秘密保护的可能性，但商业秘密同时涉及公共利益与私人利益，也时常面临与员工个人技能冲突的局面，商业秘密的认定标准如何把握尤为重要，虽然立法目的在于强化对商业秘密的保护，但审判实践中仍应严格遵循以构成要件为逻辑起点，对于权利人主张的信息或实践中出现的新类型的商业信息是否构成商业秘密进行判断。

---

　　❶ 国家工商行政管理局《关于禁止侵犯商业秘密行为的若干规定》第2条规定："本规定所称技术信息和经营信息，包括设计、程序、产品配方、制作工艺、制作方法、管理诀窍、客户名单、货源情报、产销策略、招投标中的标底及标书内容等信息。"
　　❷ 参见（2019）最高法民再268号民事判决书。

三、商业秘密侵权行为认定及举证责任分配

（一）商业秘密侵权行为的主要表现形式

《反不正当竞争法》规定了以下五种商业秘密侵权行为：①以不正当手段（如盗窃、利诱、胁迫、电子侵入等）获取他人商业秘密的行为；②不正当获取人披露、使用商业秘密的行为；③教唆、引诱、帮助他人获取、披露、使用或者允许他人使用权利人的商业秘密的行为；④正当获取人恶意披露、使用商业秘密的行为；⑤恶意第三人明知或应知前款所列行为，获取、使用或披露商业秘密的行为。

（二）"相似＋接触"推定原则在商业秘密侵权诉讼中的适用

法院在审理商业秘密侵权纠纷案件时，第一步是判断原告主张权利的信息是否属于商业秘密，第二步是对原告商业秘密与被控侵权信息进行比对，确定两者是否构成相同或相似。上述两个步骤完成后，法官将对商业秘密信息的来源是否合法进行判定。我国司法实践中对商业秘密侵权认定的适用标准是"相似＋接触"推定原则。[●] 此项原则虽然出自行政法规，但对司法审判实践有重要借鉴意义，在部分案件审理过程中已作为具体证明方式加以适用。在"相似＋接触"推定原则中，原告需证明自己所有的商业秘密与被告使用的信息内容相同或相似，且被告具有接触原告商业秘密的条件，在原告证明前述事实后，举证责任将发生转移，由被告就其使用的信息具有合法来源提出反证。

需要说明的是，最高人民法院《关于审理不正当竞争民事案件应用法律若干问题的解释》第 14 条明确将证明被告"采取不正当手段的事实"的举证责任分配给原告，此项规定并不与"相似＋接触"推定原则相抵触。笔者认为，原告证明侵权事实的存在是基础，证明侵权行为的存在是目的，而被告"采取不正当手段"是将两者连接的纽带。我国法律对商业秘密侵权采用过错归责原则，若仅能证明被告接触并使用原告的商业秘密，而无法证明其采取不正当手段，则不能必然推出被告实施了侵犯原告商业秘密的行为（如反向工

[●] 参见国家工商行政管理局《关于禁止侵犯商业秘密行为的若干规定》第 5 条第 3 款："权利人能证明被申请人所使用的信息与自己的商业秘密具有一致性或者相同性，同时能证明被申请人有获取其商业秘密的条件，而被申请人不能提供或者拒不提供其所使用的信息是合法获得或者使用的证据的，工商行政管理机关可以根据有关证据，认定被申请人有侵权行为。"

程）。无论"采取不正当手段"的举证责任是否分配给原告，此项举证内容都是原告举证环节中的关键一环。

（三）商业秘密侵权诉讼原被告举证责任具体分配

我国关于商业秘密保护体系与日本存在较多相似之处，2015 年日本对其《不正当竞争防止法》进行修订时在着重加强刑事处罚力度的同时对民事救济程序予以完善，关于涉及生产过程的技术秘密的举证责任设计了一个可推翻的机制，适当将举证责任转移至被控侵权者。❶ 2019 年我国《反不正当竞争法》修订关于举证责任分配也有所体现，降低了原告的举证负担。

1. 原告的举证责任分配范围

（1）证明其信息符合商业秘密构成要件。笔者在前文中已经阐述了我国法定的商业秘密三个构成要件——秘密性、实用价值性和保密性。原告需对其信息符合此三要件进行举证证明：秘密性——"不为公众所知悉"有两层含义，其一是未公知，即原告没有将信息放置于公开领域；其二是此信息非经正常渠道不能获取。实用价值性——原告在经营中使用其信息后能获得同行业中的竞争优势，且该信息正在使用中的事实。司法实践中，商业秘密的价值性表现为能够给权利人带来竞争优势，此种优势通常无法用金钱衡量，所以其给权利人带来经济利益的大小对价值性影响不大，原告无须对其商业秘密价值大小进行举证。保密性——前文中对权利人采取保密措施的主观性、客观性及合理性已有论述，原告亦应从以上三方面进行举证，三性中客观性和主观性的证明比较容易，而合理性较难把握，其不仅要求原告事实上已采取具体的保密措施，还应具有行动上的积极性，即采取保密措施的行为应当提前并及时，不能在侵权行为发生后才进行补救性行动。

（2）证明被告实施了侵权行为。司法实践中可以通过"相似＋接触"推定原则、"盖然性优势"、举证责任的转移三项结合来证明被告实施了侵犯原告商业秘密的行为。原告需证明自己拥有的商业秘密与被告使用的信息内容相同或相似，且被告具有接触原告商业秘密的条件，法官根据原告举证的事实与被告实施侵权行为之间的盖然性高低认定原告举证是否充分，举证责任是否将发生转移，由被告就其使用的信息具有合法来源提出证据。在此过程中，原告

---

❶ a. 原告提出被告不正当地获取了原告的商业秘密；b 被告制造了能够通过使用那些商业秘密生产出来的产品；c. 涉及的商业秘密是与产品制造相关的。参见郑友德、王活涛、高薇：《日本商业秘密保护研究》，载《知识产权》2017 年第 1 期，第 118 页。

需要积极组织证据，证明被告实施侵权行为存在高度盖然性，以增强法官的内心确信。

（3）证明被告主观上存在过错。无论是过失抑或故意，原告都无法通过举证直接证明，只能通过对被告侵权行为的方式进行判断来间接证明。我国《反不正当竞争法》中规定了四种侵权行为，其中"以不正当手段（如盗窃、利诱、胁迫等）获取、披露、使用"，"明知或应知"等侵权行为方式可视为以过失或故意为之，均为采用过错归责原则，原告可以举证证明被告实施的侵权行为符合上述表述确定其主观状态。

（4）证明侵权行为与损害事实之间存在因果关系。一般民事侵权行为的证明要件有：损害事实的存在；损害事实与侵权行为之间存在因果关系；行为的违法性；行为人主观上具有过错。上述要件应当同时具备，且由主张赔偿的当事人一方（原告）承担举证责任。❶ 我国的侵权法体系要求一般民事侵权的原告在诉讼过程中对"损害事实的存在"承担举证责任。因果关系是联系侵权行为和损害事实的纽带，亦是法官认定被告是否需要承担责任的判断依据。因此，损害事实与因果关系的举证责任皆需原告承担，这在司法实践中与理论界基本不存在争议，本文对此也不作深入阐述。

2. 被告的举证责任分配范围

（1）证明原告信息不符合商业秘密构成要件。被告举证应从商业秘密构成要件中的"秘密性"和"保密性"着手，因二者相辅相成，可以通过证明商业秘密早已成为"公众信息"而推出保密措施已经失效，亦可通过证明保密措施存在漏洞推出其秘密性已经丧失——如不负有保密义务的第三人泄密或保密管理流程松懈，不周密的保密措施使得商业秘密难以保持其秘密性的特性，也难以达到保密措施的合理性要求。

（2）被告使用的信息为合法取得。商业秘密可能同时属于多个权利人，每位权利人对其商业秘密的占有都不是排他的。正由于商业秘密的这种特性，被告可以通过证明以下事实作为其行为违法的阻却事由：被告使用的信息是其独立开发研究的；通过反向工程获得信息；通过许可协议合法受让的方式获取。在司法实践中，被告可提供诸多证据证明上述事实存在：独立开发研究的数据资料和人力投入、资金投入等证据；已生效的合法受让许可协议或合同文本等。此外，通过反向工程获取信息有例外情况不属于被告可用的阻却事

---

❶ 韩象乾：《民事证据理论新探》，中国人民公安大学出版社 2006 年版，第 337 页。

由——信息的获取与员工"跳槽"有关联性，在此过程中不能排除侵权行为的存在。

（3）证明被告使用的信息与原告商业秘密不同。法官在案件审理过程中会要求原被告出示其使用的信息并对主要特征进行比对，必要时亦可委托专门的鉴定人员或专业机构进行分析鉴定，认定二者之间是否存在差别。在举证过程中，法院应当严格按照民诉法相关要求采取合理措施对双方出示的信息进行保密，避免造成"二次泄密"，损害当事人的利益。

商业秘密侵权诉讼中原被告举证责任的具体分配是其民事司法保护的关键问题，相较于一般民事诉讼而言，对于举证规则的合理性要求更为严格，只有经得起实践考验的举证责任分配才能更好地维护当事人的合法权益。

四、小结

2019 年《反不正当竞争法》关于商业秘密内容的修订反映了我国经济生活的必然趋势与发展规律，同时也反映了全球知识产权政策冲突博弈及借鉴融合的过程。司法实践中商业秘密案件占比低并不表明商业秘密纠纷少发，其深层原因在于商业秘密案件中商业秘密本身是否成立尚是一个难点，同时权利人肩负较重的举证责任，商业秘密案件通常涉及合同、个人信息、专业技能等多方面内容，包含违约、侵权等多重法律关系，更因涉及行业专业知识而具有相对的专业性，同时还涉及公共利益与私人利益、经营者利益与员工技能之间的权衡，2019《反不正当竞争法》修订对于商业秘密保护内容进行了完善，扩展了保护范围、侵权主体、侵权行为类型，减轻了权利人举证责任及加重了侵权赔偿责任，兼顾实体层面及程序层面，强化对商业秘密的司法保护，但同时也赋予审判机关较大的自由裁量权，实践中仍需在遵循立法精神的基础上，审慎认定商业秘密的保护范围，合理分配双方举证责任。

粤港澳大湾区跨域驰名商标
司法保护之路径探析

——从解构"荣华月饼"案的视角

黄彩丽*

摘 要 知识产权的保护，究其目的，在于通过维护创新价值、维持有序竞争市场，从而促进无形资产作为生产要素的流动。《粤港澳大湾区发展规划纲要》于2019年2月18日正式出台，以大湾区的科技创新和深化合作为目的，这将引起粤港澳大湾区内城市群从区域化市场向单一市场转变，意味着大湾区内部市场互联互通的水平将不断提升、生产要素的流动将更加高效便捷，同时意味着大湾区内保护知识产权的司法机构将应对新竞争市场的保护需求，并面临"三法域"之间知识产权制度冲突和知识产权司法保护跨境协作的挑战。因此，粤港澳大湾区的知识产权司法保护如何在现有的法律框架内实现应有的张力，并在粤港澳大湾区由区域市场向单一市场的转变过程中，为维持有序的竞争市场作出有益的尝试，如何加强与大湾区内知识产权司法保护机构的协作，对创新市场上的保护需求作出及时的回应，均是亟须解决的课题。本文从个案入手，通过解构同一法律关系在不同案件中出现迥异的处理思路，并从商标法律制度的沿革及发展的角度分析跨域驰名商标保护思路变化之成因，进而在此基础上，探析在现有法律框架内解决跨域驰名商标保护问题及知识产权司法保护跨境合作问题之路径，以期对大湾区单一市场形成过程中"三法域"间知识产权制度冲突和知识产权司法保护跨境协作挑战等问题的解决有所裨益。

关键词 驰名商标 商标扩张 权利边界 法历史学

---

* 黄彩丽，广州知识产权法院四级高级法官，全国法院办案标兵，全国法院知识产权审判工作先进个人。

引　言

　　未注册驰名商标的保护，往往涉及商标权扩张的边界及其正当性基础的判断。驰名商标的跨域保护，更是如此。我国香港地区商标制度与内地商标制度并不相同，但随着经济全球化的发展，尤其是粤港澳大湾区的发展，商品要素的流动将越来越频繁，同时，商标权扩张的疆域也越来越广，这为跨域商标与本地商标权之间的冲突带来了可能。事实上，跨域商标导致的权利冲突，已引发一系列的诉讼，为商标的司法保护带来新的挑战。在司法实践中，支持商标注册主义的观点认为，注册商标应当得到优先保护❶；商标使用主义的支持者认为，应当保护在先使用的权利❷。解决商标权的扩展与冲突问题，应回到商标问题的本质，从商标保护制度溯源。本文拟用梅因在《古代法》中提出的法学方法论——历史法学论为基础，回到商标受保护的历史及商标法的演进中去寻找解开商标司法保护逻辑之匙。

一、问题的提出：权利冲突之缘起

　　"荣华"商标之争是典型的湾区跨域商标之争。香港荣华饼家有限公司（以下简称香港荣华）与佛山市顺德区勒流镇苏氏荣华食品厂（以下简称苏氏荣华）、苏国华之间的"荣华"品牌之争的系列诉讼由来已久。香港荣华认为苏氏荣华月饼使用的商标与香港荣华公司的未注册商标"荣华"及知名商品名称"荣华月饼"近似，且苏氏荣华使用的月饼盒与香港荣华公司的月饼盒近似，上述行为构成商标侵权及不正当竞争，遂提起一系列诉讼。据统计，自1999年起，双方之间的诉讼达58起，众案件的诉讼费合计已超过1000万元。❸

（一）注册商标与未注册驰名商标之争

　　关于苏氏荣华的注册商标"▨"。苏氏荣华使用的第533357号"▨"

---

　　❶　参见最高人民法院（2012）民提字第38号民事判决，北京市高级人民法院（2013）高民终字第4324号民事判决。

　　❷　参见佛山市中级人民法院（1999）佛中法知初字第124号民事判决、东莞市中级人民法院（2006）东中法民三初字第35号案件判决及广东省高级人民法院（2007）粤高法民三终字第412号。

　　❸　参见《香港荣华和顺德苏氏荣华因什么争议而陷入无休止的法律诉讼?》，载http：//dwz.cn/f4ZwCGub? u = 83726af0e8b797cc，2019年12月23日访问。

商标是其经营者苏国荣于 1997 年 12 月 28 日受让自山东省沂水县永乐糖果厂，该商标于 1990 年 11 月 10 日获准授权在第 30 类"糖果、糕点"商品上使用。

关于香港荣华的未注册商标"荣华"。香港荣华公司在其所生产的月饼上使用"荣华月饼"字样及花好月圆图案。自 1966 年起，香港荣华公司及其关联企业开始在《华侨日报》等香港地区的报纸上刊登广告销售"白莲蓉月饼"，20 世纪 80 年代和 90 年代期间，香港荣华公司及其关联企业在众多国内外报刊上刊登有关"荣华月饼"的广告。香港荣华公司在内地销售荣华月饼，至少自 1987 年起，在 1987 年 9 月 22 日发行的报纸《今天日报》刊载广告载明在省港直通车等处有售荣华月饼；1991 年 9 月 7 日，香港荣华在《广州日报》刊登销售荣华月饼的广告；自 1996 年起，《广州日报》《羊城晚报》等众多国内报刊以及广播电台、电视台陆续刊登或发布销售荣华月饼的广告。香港荣华的"荣华月饼"曾在我国内地获得"名牌月饼""国饼十佳"等诸多荣誉。

香港荣华公司在案件中主张"荣华"为其未注册驰名商标，曾获法院支持❶。在（2006）东中法民三初字第 35 号案件判决中，法院认为，根据香港荣华公司及关联公司所提交的其在内地长期持续宣传、销售荣华月饼及其所获行业奖项荣誉、消费者对荣华月饼的认知和反响等证据来看，无论从相关公众对香港荣华公司的"荣华"未注册商标的知晓程度，还是该商标使用的持续时间，以及该商标宣传的持续时间、程度和地理范围，"荣华"均符合一个驰名商标的特征，且该商标驰名的事实早于苏国荣 1997 年 12 月 28 日受让第 533357 号注册商标之前。由于香港荣华公司在内地早于永乐糖果厂在月饼上使用"荣华"商标，构成在先权利，且亦无证据证明该厂曾将该注册商标使用于月饼商品之上，因此永乐糖果厂享有专用权的第 533357 号注册商标不能阻却和限制香港荣华公司在月饼上使用"荣华"未注册商标，香港荣华公司

---

❶ 详见东莞市中级人民法院（2006）东中法民三初字第 35 号案件判决，法院认为，"荣华"未注册驰名商标与苏国荣的第 533357 号注册商标产生权利冲突有其历史的原因，应当根据公平、诚实信用及保护在先权利的原则进行处理。如上所述，香港荣华公司无论较之苏国荣还是永乐糖果厂，均在先使用"荣华"商标于月饼之上，且其使用方式也与第 533357 号注册商标并不相同，其对于"荣华"商标的贡献无疑是独特和巨大的。在后注册的第 533357 号注册商标被核准使用的范围是"糖果、糕点"，并不包含月饼这一商品项目，且既无证据证明该厂曾将该注册商标使用于月饼之上，亦无证据显示其对于香港荣华公司和东莞荣华公司"荣华"品牌的驰名有任何贡献，如将二者的使用方式混淆，必将导致消费者对于相关商品来源的混淆和误认。为此，按照诚实信用原则和公平原则，苏国荣及其他制造商应当对第 533357 号注册商标的使用作严格规范，以避免造成相关公众的误认，引起市场的混乱，使其真正成为各自商品来源及制造商的识别依据。

使用"荣华"未注册商标也并不侵犯第533357号注册商标的专用权。

（二）注册商标与知名商品特有名称之争

关于商品名称"荣华月饼"。香港荣华公司主张"荣华月饼"是知名商品特有名称的观点，曾得到数份生效判决的支持。如佛山市中级人民法院于2000年4月28日作出（1999）佛中法知初字第124号民事判决，认定"荣华月饼"为香港荣华的知名商品，其包装、装潢为知名商品特有的包装、装潢。

（2007）粤高法民三终字第412号案件中，法院认为，香港荣华公司在内地最早将"荣华月饼"作为商品的名称使用在月饼类商品上。现有证据已表明，早在第533357号"▨"商标核准注册和苏国荣核准受让该商标之前，香港荣华公司已大量销售"荣华月饼"，通过抽奖活动、赞助世界女排大奖赛等方式，使"荣华月饼"在香港地区和内地具有相当高的知名度。故认定香港荣华公司在内地最早将"荣华月饼"作为商品名称使用在月饼产品上符合客观事实。[1] 该判决还认为："由于香港荣华公司对'荣华月饼'具有排除他人作相同使用的专有效力，通过认定知名商品特有名称并适用反不正当竞争法足以保护香港荣华公司的合法权利，故'荣华'文字在本案中无须认定为未注册驰名商标。"[2]

可见，苏氏荣华的"荣华"注册商标与香港荣华知名商品特有名称"荣华月饼"存在权利冲突问题。

（三）注册优先与使用优先之争

关于使用"荣华月饼"标识的正当性判断。苏氏荣华主张其享有合法商

---

[1] 广东省高级人民法院在（2007）粤高法民三终字第412号案件的案例分析中认为，香港拥有与内地的注册原则不同的商标法律制度——使用商标制和注册商标制两套体系并存，即使用和注册皆可产生商标权，基于使用的商标权人可以在七年内享有对他人就其使用的商标申请注册提出异议的权利。由于现有的证据均无法证明第533357号商标注册后使用在核定商品上，即使苏国荣于1997年12月28日受让该商标后，在相当长的时间内也没有持续使用该注册商标。一个是历经半个世纪持续使用的、具有较高知名度的商品名称，另一个是注册后未实际使用长达十余年之久的注册商标，事实上后者成功阻却了前者的注册。此举既违背了我国保护注册商标的初衷，也揭示了我国商标法对商标的"使用要求"过低的弊端。注册商标的生命在于使用，商标也只有在使用的过程中才能发挥其功能和作用。商标权人无论自己使用或者许可他人使用注册商标，均负有规范使用、诚实使用之义务，以免引发不正当竞争，及至侵犯他人合法权利。香港荣华公司与苏国荣的商标之争在国家商标局已呈白热化态势，由此引发的行政诉讼或侵权诉讼也纷至沓来，这无疑会影响和限制各自企业的发展壮大。希望本案的审判能促使双方握手言和，把精力真正投放到打造品牌、提升商品质量上来。

[2] 参见广东省高级人民法院在（2007）粤高法民三终字第412号民事判决书。

标权并要求香港荣华公司停止在月饼类商品上使用"荣华"文字的观点，曾获法院支持。（2012）民提字第 38 号案件中，最高人民法院认为，苏氏荣华的月饼商品上，所使用文字的主要识别部分"荣华"与第 533357 号商标的文字组合及呼叫基本相同，且月饼商品是该商标的核定使用类别，故苏氏荣华在其商品上使用"荣华月饼"文字的行为具有正当性。最高人民法院因此认为，二审法院认定香港荣华公司对"荣华月饼"享有知名商品特有名称权不当。❶

北京市高级人民法院在（2013）高民终字第 4324 号案件中认为，"第533357 号商标早在 1989 年 11 月就申请注册，并在 1990 年 11 月被核准注册，现有证据并不足以证明在第 533357 号商标申请注册前，香港荣华公司使用在月饼或类似商品上的'榮華'商标已经在大陆地区实际使用并已形成足以对抗第 533357 号商标专用权的民事权利或者合法权益。"❷ 法院还认为，认定香港荣华公司"榮華月饼"并不享有在先权利，也未构成在先使用的知名商品特有名称是正确的。被诉侵权月饼的外包装铁盒上印有"榮華月餅""榮華"，月饼独立包装袋印有"大榮華月餅""香港榮華月餅"，月饼上印有"榮華"，与第 533357 号商标在含义、呼叫上相近且容易导致消费者的混淆误认，故已构成近似商标。❸

从前述案件来看，法院在保护商标及解决跨域商标争议时所使用的措辞包括"排他权利""对抗商标专用权的合法权益"等，由此可见，法院在商标侵权诉讼中，作出判断时的考虑，往往是基于商标的财产价值。然而，商标权扩张是否具有正当性，不能简单地以商标的财产化而笼统地加以否定，判定商标保护是否过度的标准应当在于其保护是否能够服务于商标的功能❹。

对于商标制度而言，其保护的价值包括两个方面，既包括商标的识别价值，亦包括商标的财产价值。正如 McCarthy 教授所言，在传统的商标侵权的法律框架下，商标法的两个重要目标，即保证消费者利益、防止消费者被欺诈或混淆，与保护商标权人的财产利益是并重的。但是淡化保护仅仅强调商标权

---

❶ 详见最高人民法院（2012）民提字第 38 号民事判决书。

❷ 详见北京市高级人民法院（2013）高民终字第 4324 号民事判决书。

❸ 北京市高级人民法院（2013）高民终字第 4324 号案件中，由于法院认定香港荣华公司使用"榮華"标识构成侵权，判决判令香港荣华公司赔偿苏氏荣华 300 万元。

❹ Michael Pulos：A Semiotic Solution to the Propertization Problem of Trademark，53 UCLAL. Rev. 833，835（2006）.

人的利益，而不管消费者是否混淆，因此这两个目标之间产生了内在冲突。❶

因此，解决跨域商标冲突问题之前，我们需要回到商标制度的发展历史中，了解商标的基本功能及商标保护的客体性质，并在此基础上判断商标扩张的边界，防止消费者被欺诈，维持竞争市场的有序进行。

二、关于方法论：法学历史方法论

对于我国而言，商标法律制度根植于欧美商标法律制度，在司法实践中，往往囿于对商标法律制度基础的了解，仅在技术的层面适用商标法律制度，难以在原理的理解及制度保护的客体等根本性问题上判断技术的正当性。因此，对于跨域商标的权利扩展与保护问题，在本文论述的方法论基础上，法历史分析法是必然的选择。

梅因认为，要理解法律，除了考察它的历史形态、历史进程，还应该考察那些非法律的因素。❷ 需把法作为一个历史发展的过程考察研究，才能改变华而不实的学风，才能真正地领悟法律。❸ 梅因在《古代法》中认为："法律并不是自己产生自己，自己改变自己的，所以我们应当从法律事件入手而不是从法律原则入手来考察和研究法律。"❹ 对法律的解读而言，"法学家对新的法律而言是起到一个助产婆（midwife）的作用，而不是去做法律的母亲"。❺

由于纯理论的研究方法，"忽视了它们出现的特定时间以前很遥远的时代中，法律实际上究竟是怎样的"。❻ "纯理论的创造者详细地观察了他们自己时代的各种制度文明以及在某种程度能迎合他们心理的其他时代的各种制度和文明，但是当他们把其注意力转向和他们自己的在表面上有极大差别的古代社会状态时，他们便一致地停止观察而开始猜想了。因此，他们所犯的错误，正和一个考察物质宇宙规律的人，把他的考察从作为一个统一体的现存物理世界开始，而不以最简构成要素的各个分子着手时，所犯的错误，很相类似。这种在科学上违背常理的方法，在任何其他思想领域中不可采用，那在法律学中当然

---

❶ J. Thomas McCarthy, McCarthy on Trademarks and Unfair Competition §2：2（4th ed, 2010）. 转引自李小武：《商标反淡化研究》，浙江大学出版社 2011 年版，第 208 页。

❷ 台湾大学法律系：《固有法制与现代法学》，成文出版社有限公司 1979 年版，第 89 页。

❸ 梅因：《古代法》，沈景一译，商务印书馆 1959 年版，第 164 页。

❹ 同❸。

❺ 台湾大学法律系：《固有法制与现代法学》，成文出版社有限公司 1979 年版，第 87 页。

❻ 叶秋华、郝刚：《梅因与〈古代法〉及法学历史方法论》，载《河南省政法管理干部学院学报》2005 年第 1 期，第 93 页。

也是同样不足取的。"❶

商标权利的扩展和冲突问题，涉及竞争市场中商标权利行使的正当性，本非纯理论问题，商标权利冲突导致市场无序状态的产生。解决该类商标冲突问题，了解商标权的本质，唯有从商标保护的历史出发，考察商标法律制度的演进和商标保护方向的转变，从最简构成要素入手进行分析，以期在此基础上，探析商标的真正价值所在，寻求解决商标权冲突问题的基础和思路。

三、关于商标保护制度的历史维度

（一）商标保护的开端：防欺诈基础的确立

虽然现代商标法可追溯到行会时代，但因行会的标识具有特殊性，这类标识的保护是从管制贸易的角度出发的，对于标记识别来源功能的保护只是行会管制的一种反射效应❷。行会消亡后，现代意义上的自由竞争秩序逐渐形成，作为识别产品来源工具的商标伴随着地理市场的扩展被广泛地使用于贸易中，商业标识的假冒现象也越来越严重，大量商标案件被诉至普通法法院，其后，在普通法法院逐渐确定以制止欺诈为基础的商标制度。❸

关于普通法中商标保护的起点，虽至今缺乏确切的史料，但众多学者和法院通常将该问题追溯至 16 世纪末英国王座法院审理的 Southern v. How 案件，认为该案同时是现代仿冒法和不正当竞争法的源头。❹ 因此，通常接受度较高的观点是，普通法上的商标保护源于欺诈之诉。❺

出版于 1682 年的《波帕姆报告》（*Popham Report*）中载明，关于 Southern v. How 案件，"在伊丽莎白 22 年，发生过一起由纺织者向民事法院提起的诉讼。鉴于原告已经因纺织品经营而获得很大的声誉，并借此获得巨额利润。通常他会在其纺织品上使用自己的标识以表明该纺织品由他生产。另一纺织者发现这种情况，将相同的标识使用在他所生产的质量低劣的纺织品上，其目的是

---

❶ 梅因：《古代法》，沈景一译，商务印书馆 1959 年版，第 182 页。
❷ 行会法在 17 世纪对商标法作出了比普通法本身更为重要的贡献。参见朱冬：《财产话语与商标法的演进—普通法系商标财产化的历史考察》，知识产权出版社 2017 年版，第 31 页。
❸ Keith M. Stolete：How Early Did Anglo‐American Trademark Law Begin? An Answer to Schecheter's Conundrun，8 Fordham Intell. Prop. Media & Ent. L. J. 505，543（1998）.
❹ J. Thomas McCarthy：McCarthy on Trademarks and Unfair Competition §5：2（4th ed, 2010）.
❺ 朱冬：《财产话语与商标法的演进——普通法系商标财产化的历史考察》，知识产权出版社 2017 年版，第 27 页。

为了欺骗，可以确定的是，原告提起该诉讼是具有合理依据的。"❶

19 世纪 40 年代，英美两国的法院开始将 Southern v. How 案件奉为对商标侵权或者不正当竞争提出救济的基础。❷ 该案例被认为是早期普通法制止欺诈为基础的商标保护原则的奠基性判例，由此可见，普通法上商标保护起源的非财产性。

（二）商标保护的发展：欺诈客体的演变

从商标法在 18—19 世纪的发展来看，关于商标保护案件的提出，均是基于制止欺诈的目的。❸ 在 1824 年的 Sykes v. Sykes 案件中，法院强调被告具有欺诈故意，将与原告相同的标识使用在品质低劣的相同产品上是欺诈之诉的重点，被告质量低劣的商品导致对原告声誉的损害，亦即被告的产品质量低劣是早期商标保护案件的构成要件之一。❹ 在 1847 年的 Rodgers v. Nowill 案中，民事法院归纳普通法上商标保护的要件，包括"作为生产者的原告已经习惯于使用特定标记标示其所生产的产品；该标识在特定的贸易领域中被广为知晓；以及被告具有欺诈故意地采用该标记，并在其销售的产品上使用该标记以将其产品假冒为原告的产品"❺。由此可见，早期普通法上的商标保护是基于欺诈之诉，其欺诈的客体是作为生产者的标记使用人，法院认为，被告的行为是对原告（标识的在先使用者）的欺诈。

从 19 世纪后期开始，有的商标案件中，法院开始认为被告的行为同时对标识使用者和消费者（或者社会公众）进行欺诈，即双重欺诈。❻ 随着商标侵权纠纷案件的增加，商标案件中的欺诈原则，逐渐被纯化为对社会公众或者消费者的欺诈，即被告通过对社会公众或消费者的欺诈达到损害标识使用人利益的目的。这使得普通法上商标保护被打上维护交易秩序、保护社会公众或者消费者利益的烙印。无论是商标保护的实际效果还是政策目标，保护社会公众或

---

❶ 李小武：《商标反淡化研究》，浙江大学出版社 2011 年版，第 182 页。

❷ Keith M. Stolete：How Early Did Anglo – American Trademark Law Begin? An Answer to Schecheter's Conundrun, 8 Fordham Intell. Prop. Media & Ent. L. J. 505, 518（1998）.

❸ 详细可见 1769 年的 Greenough v. Dalmahoy 案及 1783 年的 Singleton v. Bolton 案，参见朱冬：《财产话语与商标法的演进——普通法系商标财产化的历史考察》，知识产权出版社 2017 年版，第 32 页。

❹ 朱冬：《财产话语与商标法的演进——普通法系商标财产化的历史考察》，知识产权出版社 2017 年版，第 33 页。

❺ 同上，34 页。

❻ 同上，37 页。

者消费者利益都成为商标法历史发展中无法回避的话题。❶

（三）商标双重保护制度的确定：衡平法救济确立

从救济的效果来看，衡平法的救济方法为颁发禁令和支付侵权所得利润，而普通法上的损害救济是给予名义上的损害赔偿金❷，两者的优劣明显。因此，为有效地制止标识侵权行为，经营者开始寻求衡平法上的救济。

早期，衡平法上的商标判例延续了普通法所确立的制止欺诈原则并明确指出商标并非财产，但到了19世纪中期，随着商标诉讼的增加，法官开始将商标本身说成是一种财产，衡平法院逐渐将商标保护的基础由制止欺诈转向保护财产。❸ 在1863年的Leather Cloth Co. v. American Leather Cloth案件中，法官认为，衡平法上的商标保护是建立在财产基础之上的，维斯特伯里法官在判决书中论述到："在商标侵权案件中，构成受衡平法救济的权利的要件与侵犯其他财产权的案件相同，只不过商标财产权有其特定含义：那种认为离开了使用，在构成商标的标记中不存在任何排他性所有权的观点是正确的；'商标'一词是指那些被使用在销售的产品之上的标记，以这种方式使用标记的排他性权利应当被称为财产权。因此，衡平法院商标保护的真正原则是建立在财产权基础之上的，衡平法院之所以颁发禁令是因为这是此种财产获得有效保护的唯一模式。"❹ 由此，至19世纪60年代，以使用为内容的财产观念逐步在英国建立起来。

由于以制止欺诈为基础和以财产为基础的商标保护原则，对于商标侵权案件中原告商标权的性质持有完全相反的观点，而该分歧是本质性的，不同的商标保护基础，无疑会左右商标法发展的方向。事实上，美国法院较为一致地采纳了以财产为基础的商标保护原则，并在此基础上，对商标财产权的本质、可以构成商标标识及商标财产权的取得等问题，在案件中进行探索，形成现今的商标法保护制度。❺

---

❶ 李阁霞：《论商标与商誉》，知识产权出版社2014年版，第113页。

❷ S. F. C. 密尔松：《普通法的历史基础》，李显东译，中国大百科全书出版社1999年版，第92页。

❸ 朱冬：《财产话语与商标法的演进——普通法系商标财产化的历史考察》，知识产权出版社2017年版，第42页。

❹ 同❸，第56页。

❺ 杜颖：《社会进步与商标观念：商标法律制度的过去、现在和未来》，北京大学出版社2012年版，第58页。

四、关于跨域驰名商标保护的路径探讨

从商标保护制度的发展来看，商标的保护经历了以制止欺诈为基础的普通法保护和以保护财产为基础的衡平法保护两个阶段。而在我国的商标法制度中，虽有多处规定引入了混淆的判断标准，但在处理商标权的冲突时，又基于财产保护制度的理念作出判断，以至于在"荣华月饼"的系列诉讼中作出截然不同的认定。因此，笔者认为，对于商标权利的冲突问题，尤其是越来越多的跨域驰名商标保护问题，应当回到商标问题的本质，从社会公众的角度，以厘清商标权利边界为目的，梳理保护跨域驰名商标的基本思路及其基础。

（一）竞争市场之具象化：相关消费者为阈

如前所述，在商标保护制度的发展过程中，商标保护案件中的欺诈原则，逐渐被纯化为对社会公众或者消费者的欺诈，即被告通过对社会公众或消费者的欺诈造成损害标识使用人利益的后果。也就是说，商标保护，其基本的功能在于维护交易秩序、保护社会公众或者消费者利益。这也是在商标侵权案件中强调消费者利益的原因，"无论是商标保护的实际效果还是政策目标，保护社会公众或者消费者利益都成为商标法历史发展中无法回避的话题"。

在"荣华月饼"案件中，亦应将香港荣华公司的"荣华月饼"名称及苏氏荣华的"⬛"商标之间的冲突，放置于该类产品的竞争市场里进行考虑，以产品的相关消费者利益作为考量的重要因素之一，如双方对其标识的使用行为导致相关消费者的混淆，则应认为该行为导致竞争市场的无序，不利于消费者利益的维护，需要在案件中划定商标权利的边界，以免混淆持续发生。

（二）保护客体之定性化：识别功能为界

在"荣华月饼"系列案件中，从判决书述及的法律关系和用语来看，法院对商标权利的判断及商标利益的处理都是基于商标的财产特性和商标财产保护制度的思路。而商标财产化，导致商标权被物权化，由于物权是对世权，属排他性权利，也因此商标权被视为绝对的权利，对商标权的保护也基于其财产性能而相应地被不断扩大。甚至有观点认为，商标权的扩张，在某种程度上可以归因于法院在商标案件中不加区分地使用商誉的概念，并以此为基础对商标

所有人提供保护。❶

商标制度保护的客体首先应当定性为商标的识别功能。"荣华月饼"系列案件，是跨域驰名商标与本地商标权冲突类问题的典型案例，处理该类问题仍应回到商标的基本功能进行判断，从商标作为标记的产生来看，商标的第一大功能仍是识别功能。在商标权冲突纠纷中，如权利商标的识别功能已受到被诉行为的影响，则该类行为应当受到规制。商标财产化，不应成为商标权肆意扩张的理由。

（三）纠纷解决之路径：司法谦抑为器

"荣华月饼"系列案件所引发的纠纷，以及在此基础上不同观点的判决，表面上看，所涉及的是商标保护制度和跨域商标司法保护理念的问题，但事实上，无论在商标纠纷案件中，采用保护注册在先原则，还是保护使用在先，最终需判断的均是对双方的使用行为在市场中是否导致混乱及如何恢复市场有序发展的问题。

商标权冲突问题，终究是市场竞争问题，故在司法实践中，对商标权扩张的正当性进行判断时，法院应秉持谦抑原则。将跨域商标权利冲突问题，放置在竞争市场中去判断，当市场中"看不见的手"可以自行调节商标权的冲突时，则不宜在商标权利的划分时作过多的判定。在相关市场中，当双方竞争主体的商业行为，已各自形成相应用户，或者说，社会公众（相关消费者）并未因双方的商品上均有"荣华"二字而导致混淆，并可自行识别"元朗荣华"和"苏氏荣华"时，法院可因循市场生态作出应对，维护商品市场的交易秩序，保护社会公众或者消费者利益。

在现代生产和销售条件下，厘清商标的真正性质和功能，是为现有的或潜在的商誉提供保护的真正手段，也是打击那些隐藏于交易领域边缘地带的商标侵权者的最有效手段。商标所有人花费大量金钱，使商标成为商品卓越品质的象征，并保证商品为公众所知，虽使商标在一定程度上承载商誉而具有价值的表征，但将商标划入财产范畴并非商标保护的关键。即使是衡平法，也须制止可能破坏或者损害商业预期的行为，而商标就是这种预期的符号，也是创造这种预期的重要因素。❷

---

❶ Robert G. Bone, Hunting Goodwill: A History of the Concept of Goodwill in Trademark Law, 86B. U. L. Rev. 547, 553（2006）. 朱冬：《财产话语与商标法的演进——普通法系商标财产化的历史考察》，知识产权出版社 2017 年版。

❷ 弗兰克·I. 谢克特：《商标法的历史基础》，朱冬译，知识产权出版社 2019 年版，第 182 页。

惩罚性赔偿在商标侵权诉讼中的适用

刘小鹏[*]

摘要 我国《民法总则》新增了"法律规定惩罚性赔偿的，依照其规定"的内容，在民法基本法上确定了惩罚性赔偿。我国现行的知识产权法律中，只有《商标法》第63条明确规定对商标侵权适用惩罚性赔偿，但实际上，因为立法规定不明确，司法适用难于操作，在司法实践中惩罚性赔偿制度很少适用。商标侵权现象越来越严重，在加强知识产权保护的大环境中，人民法院应当重视惩罚性赔偿。如果惩罚性赔偿的适用效果显著，也可为专利法和著作权法引入惩罚性赔偿提供引领作用，同步实现知识产权领域保护力度的加强。人民法院适用惩罚性赔偿，应当充分运用证据披露与证据妨碍制度，查明权利人的损失或侵权人获利，或者认定真实可信的商标许可费，以此作为适用惩罚性赔偿的计算基数。在适用填平原则的基础上，明确惩罚性赔偿的"恶意"与"情节严重"的适用条件。发挥惩罚性赔偿与法定赔偿在侵权赔偿诉讼中各自的功能，处理好两者的关系，准确适用惩罚性赔偿。

关键词 惩罚性赔偿 商标侵权

2017年3月15日通过的《民法总则》第179条规定了承担民事责任的方式，其中新增了"法律规定惩罚性赔偿的，依照其规定"的内容，这标志着我国立法在民法一般法上确定了惩罚性赔偿制度。知识产权侵权是一种最常见的侵权，且引起了社会广泛关注。因为知识产权调整对象的无形性，赔偿损失是知识产权诉讼承担侵权责任的主要方式。我国专利法、著作权法和商标法均

---

* 刘小鹏，广州知识产权法院四级高级法官，曾在《法律科学》《社会科学》《知识产权》《人民司法》等法学核心期刊上发表学术论文多篇，参编《医疗损害责任纠纷》（民商事裁判精要与规范指导丛书之一）等多部学术著作。

规定了知识产权损害赔偿的具体方式，但对于惩罚性赔偿，目前只有《商标法》第 63 条第 1 款有相关规定。我国专利法与著作权法的修改草案中也有惩罚性赔偿的内容。❶ 国务院于 2015 年 12 月 18 日发布的《关于新形势下加快知识产权强国建设的若干意见》要求"针对情节严重的恶意侵权行为实施惩罚性赔偿"。最高人民法院于 2017 年 4 月 20 日印发的《中国知识产权司法保护纲要（2016—2020）》要求对知识产权侵权实行"补偿性为主、惩罚性为辅"的赔偿制度。既然我国现有立法明确规定、最高行政机关和司法机关明确要求在商标侵权诉讼中适用惩罚性赔偿，这项制度在司法实践中的实施效果如何？是否实现了立法的初衷？这是司法实务部门应当考虑的问题。

一、商标侵权诉讼中适用惩罚性赔偿的现状和原因

惩罚性赔偿是加害人给付受害人超过其实际损害数额的一种金钱赔偿，是一种集补偿、惩罚、遏制等功能于一身的赔偿制度。❷ 其主要目的在于实现对恶意侵权人的惩罚，防止恶意侵权人或潜在的恶意侵权人再次实施相同或类似的侵权行为。在商标侵权诉讼中，惩罚性赔偿是法院根据侵权人的主观过错和具体侵权情节，判决侵权人给付商标权人超过其实际经济损失的金钱赔偿。惩罚性赔偿由被侵权的商标权人在商标侵权诉讼中提出，既是当事人的诉讼权利，也是他们要求侵权损害赔偿的请求权基础，同时，也是人民法院审理商标侵权案件应当具体适用的规则。

（一）商标侵权诉讼中适用惩罚性赔偿的现状

立法规定，商标侵权惩罚性赔偿的主要目的在于保护商标权人、惩罚或威慑恶意侵权人。但是，这项"看上去很美"的制度，在司法实践中却几乎没有适用。如广州知识产权法院这个审理知识产权民事侵权案件最多的专门法院，自 2014 年 12 月 16 日成立后，在 2015 年、2016 年和 2017 年上半年共受理商标侵权案件 948 件，其中有 39 件案件当事人提出惩罚性赔偿请求，在判

---

❶ 《中华人民共和国专利法修改草案（送审稿）》第 65 条第 3 款规定："对于故意侵犯专利权的行为，人民法院可以根据侵权行为的情节、规模、损害后果等因素，将根据前两款所确定的赔偿数额提高至二到三倍。"《中华人民共和国著作权法》（修改草案）第 72 条第 3 款规定："对于两次以上故意侵犯著作权或者相关权的，应当根据前两款赔偿数额的一至三倍确定赔偿数额。"

❷ 王胜明：《〈中华人民共和国侵权责任法〉解读》，中国法制出版社 2010 年版，第 233 页。

决结案的 817 件❶案件中，无一适用惩罚性赔偿。笔者在中国裁判文书网上共搜索 100 份商标侵权的裁判文书，其中有 27 件的当事人提出惩罚性赔偿，但仅有 1 件判决支持惩罚性赔偿请求。

（二）商标侵权诉讼中较少适用惩罚性赔偿的原因

司法实践中较少适用商标侵权惩罚性赔偿大致有以下几个原因：

1. 立法规定的惩罚性赔偿适用条件不明确

根据《商标法》第 63 条的规定，适用惩罚性赔偿有"恶意"和"情节严重"两个条件，但这两个条件应当如何界定、两者是并列还是择一关系等问题，商标法及相关司法解释均没有明确规定，法官在具体案件审理中如何适用并不确定，也难以统一。行为人的侵权主观"恶意"与"故意"有无区别？"情节严重"应考虑哪些因素？行为人实施两次侵权是否就认定为"恶意"？侵犯驰名商标是否一定比侵犯其他商标更有"恶意"？如果侵权没有造成实际损失能否适用惩罚性赔偿？法院能否主动适用惩罚性赔偿？法官在案件审理中遇到诸如此类的难题，也就增加了适用惩罚性赔偿的难度。

2. 适用惩罚性赔偿的计算基数难以确定

商标侵权惩罚性赔偿的计算基数为"权利人实际损失""侵权人获得的利益"或"商标许可使用费合理倍数"。但是，在商标侵权诉讼中，权利人对其损失难以举证；经济活动中权利人经营不善、市场波动等多种非商标权因素可能与商标被侵权共同作用导致损失产生，权利人难以证明其非商标权因素对权利人损失的影响程度。目前我国个体户或中小企业工商户财务账册建立得不完善，即使当事人有完整的财务账册，但因财务账册或专项审计报告由其单方面制作，真实性常遭到被告质疑。权利人难以取得侵权人获利证据，侵权人又不会主动提供真实可信的财务账册。权利人为诉讼而准备的商标许可费证据，如与关联企业签订虚假许可合同，商标许可他人使用的事实不能认定。因此，上述确定权利人损失的三种基数难以确定，惩罚性赔偿就缺乏可靠的计算基础。

3. 法官适用法定赔偿时已含有惩罚性赔偿

法定赔偿是商标侵权赔偿四种计算方式中的一种，也是司法实践中适用最

---

❶ 数据来源于广州知识产权法院审务中心司法统计数据。

多的一种方式。当"权利人损失"等三种方式都不能确定而只能适用法定赔偿时，法官除了考虑商标的知名度和显著性，侵权人的主观过错和侵权情节是最重要的酌情因素。如在一份商标侵权案件判决书中法官论述的那样：侵权人"傍品牌""搭便车"的主观恶意越强烈，对侵权人酌定判赔金额也应相应提高，予以惩罚性赔偿，酌情确定 100 万元的赔偿损失数额。❶ 侵权人的主观恶意、侵权情节决定法定赔偿数额的高低。因此，法官在适用法定赔偿时已含有惩罚性赔偿的内容，自然很少再考虑适用惩罚性赔偿。

二、商标侵权诉讼中应当重视适用惩罚性赔偿

（一）填平赔偿原则不足以"填平"权利人的损失

在侵权诉讼中，当侵权责任确定后，损害赔偿数额的认定就成了诉讼的核心内容，❷ 商标侵权诉讼亦不例外。确定侵权损害赔偿的数额实行全部赔偿原则，又称填平原则或补充性原则，将权利人受损的财产状况恢复到侵权前的状态。目前，这一原则在各国的侵权法中已经得到普遍的确认。❸ 但在商标侵权中填平原则难以完全实现，事实上出现"填不平"的状况，需要加大对侵权行为的遏制和惩罚力度。

1. 侵权人的获利并不等同权利人的损失

根据我国商标法及相关司法解释的规定，侵权人获利是根据侵权商品销量与侵权商品或注册商标商品单位利润乘积计算，而权利人损失是根据权利人商品销售减少量或侵权商品销量与注册商标商品单位利润乘积计算。但侵权人没有付出开发与维护商标所需要的成本，也不用支付商标许可费用，侵权产品的成本比权利人的产品成本自然要低。而且，侵权产品的价格和利润一般也低于权利人的产品。在实践中，网络销售平台上销售的侵权产品价格大致是权利人产品价格的 1/3 ~ 1/2。因此，即使权利人举证证实了侵权人的获利，该获利并不能填平权利人的损失。

2. 商标权人因侵权造成的损失远大于其直接经济损失

完全赔偿原则要求赔偿受害人的所有可赔偿的损害（或称为法律上的损

---

❶ 参见广东省深圳市中级人民法院（2015）深中法知民初字第 556 号民事判决书。

❷ 刘小鹏：《从新百伦案看我国商标侵权赔偿原则的司法适用》，载《知识产权》2015 年第 10 期，第 76 页。

❸ 王军：《侵权损害赔偿制度比较研究》，法律出版社 2011 年版，第 3 页。

害），而并非所有"自然"意义上的损害。[1] 但适用填平原则实际上只赔偿了权利人因侵权造成的法律上的损害，因侵权造成的无形财产损害，如市场被侵占、商誉被损害和淡化等"自然"意义上的损失则难以填平。在这些不能获得赔偿的损失中，以商誉的损失最大。商标权是营销领域的知识产权，其商标知名度或是商誉影响力决定了商标权的市场价值。[2] 而恰恰是那些具有知名度和显著识别性的商标容易被假冒和攀附。侵权产品的低价和次质无疑会对商誉造成极大的伤害。因此，一些国家和地区在确定赔偿数额时会考虑赔偿受损的商誉。

3. 商标权人的损失难以举证证实

在司法实践中，商标侵权损害的证据专业性强、隐蔽性高、容易毁损，无论当事人收集还是法院依职权调取都很困难。权利人为证明侵权人获利而提供侵权人在工商、税务部门填报资料中的销售量或获利情况，广告、宣传册所述的销售量，或者网络销售平台上的销售量等证据，但这些证据因关联性与真实性不够，法院一般不会直接采信，而只是作为一个酌情参考的因素。侵权人对能直接证明其获利情况的财务账簿、销售记录等材料不愿提供，即使向法院提交的这些资料，也有可能经过篡改。商标权人的损失和损失范围难以确定，侵权人的获利更难以收集证据和计算，权利人的损失事实上难以填平。

4. 填平原则造成权利人怠于维权、侵权人无所畏惧

在商标侵权中，侵权成本与救济收益是权利人与侵权人均要考虑的两个问题，且这两个问题又相辅相成。权利人是否寻求救济除了考虑因侵权造成的损失，还要考量救济成本与救济收益。如果维权收益大于维权成本，他们就会逐渐丧失维权的动力。如果侵权收益大于侵权成本，行为人就有可能实施侵权行为。即使法院采信权利人的证据并判决侵权人败诉，侵权人最大的损失也是从侵权行为中获得的利益或者最高赔偿 300 万元，而这个数额仍可能低于他们的实际获利，否则在司法实践中不会出现侵权人拒绝提交获利证据、任由法官酌定赔偿的现象。而如果侵权不被发现或权利人举证不足，侵权人的非法获利就更多。基于"一方面权利人的损失难以确定，且损失和侵权行为之间的关系

---

[1] 周友军：《我国侵权法上完全赔偿原则的证立与实现》，载《环球法律评论》2015 年第 2 期，第 103 页。

[2] 吴汉东：《知识产权损害赔偿的市场价值基础与司法裁判规则》，载《中外法学》2016 年第 6 期，第 1492 页。

更难以证明；另一方面，权利人的损失常常可能是长期的"❶，适用填平原则难以遏制商标侵权行为，导致商标侵权愈加普遍。因此，在商标侵权诉讼中有必要实施惩罚性赔偿，提高侵权成本，降低维权成本，充分补偿被侵权人。

（二）惩罚性赔偿能够惩戒和预防商标侵权

根据我国《侵权责任法》第 1 条的规定，在一般侵权行为中，预防、补偿、制裁三种功能均可适用。商标侵权诉讼也应当实现这三种规范功能，但实际上预防和惩罚功能并未彰显。填平原则的适用并未有效遏制愈演愈烈的商标侵权行为，而惩罚性赔偿具有不同于填平原则的优势，人民法院应当重视惩罚性赔偿的适用。适用填平原则赔偿权利人的损失仅考虑侵权行为造成的客观损失或获利。而惩罚性赔偿的主要功能体现惩戒恶意侵权行为，威慑和预防潜在的侵权行为，在实现路径上关注侵权人的主观状态。对于侵权人或潜在的侵权人来说，承担侵权责任的可能性和后果越大，侵权的畏惧和顾虑也就越大。而权利人在其实际损失获得赔偿外，还可以得到额外赔偿，就会激发他们维权的积极性。TRIPs 协定强调了各缔约方保证司法救济及时性、威慑性的义务。在美国惩罚性赔偿已经被看作一项确定的制度并得到广泛实施。❷《美国商标法》第 35 条第 2 款规定的目的在于惩罚、遏制恣意的商标侵权。美国等国的法院一旦认定被告侵害商标权，判决的惩罚性赔偿金额非常惊人。❸

三、商标侵权诉讼中惩罚性赔偿适用的完善

在商标侵权诉讼中，人民法院应当重视惩罚性赔偿的适用，既要加大对权利人的补偿力度，又要加强对恶意侵权的制裁。但惩罚性赔偿作为一种严厉的赔偿制度不得滥用，"不应将惩罚性赔偿作为一种普遍适用的侵犯财产权的责任形式"。❹ 因此，为准确适用惩罚性赔偿，应对其进一步完善。

---

❶ 罗莉：《论惩罚性赔偿在知识产权法中的引进及实施》，载《法学》2014 年第 4 期，第 29 页。

❷ See Richard Blatt et al.，Punitive Damages：A State – by – State Guide to Law and Practice，2012 – 2013.

❸ 如 LVMH v. e Bay 案中，LVMH 因 eBay 网站上有假冒其品牌的商品在销售向法国巴黎商事法院起诉。2008 年 6 月 30 日法院判决：eBay 在网络交易中不是一个消极的网络服务商而是一个积极的经纪人，明知网上有欺诈行为却仍然为卖方提供服务并从中渔利，由于其未采取有效的反假货措施，在主观上存在过错，应赔偿 LVMH6100 万美元损失。eBay 的经营模式和我国的淘宝相似，这种巨额判赔数额在我国难以想象。

❹ 许明月：《资源配置与侵犯财产权责任制度研究——从资源配置的效果看侵犯财产权民事责任制度的设计》，载《中国法学》2007 年第 1 期，第 90 页。

（一）明确惩罚性赔偿的适用条件

在商标侵权诉讼中，只有原告明确提出惩罚性赔偿的诉讼请求，法院才审查是否适用惩罚性赔偿。原告在提出惩罚性赔偿请求后，还应对被告的主观过错、侵权情节、损害后果等事实进行举证。

1. 准确认定"恶意"

（1）明确"恶意"的含义

根据《商标法》第 63 的规定，侵权人"恶意"和侵权"情节严重"是适用惩罚性赔偿的两个条件。法官在适用惩罚性赔偿时，不仅要审查权利人的实际损害，还需要考虑侵权人的主观过错等因素，首先应当准确判断行为人主观是否"恶意"。但何为"恶意"，商标法没有界定，相关司法解释也没有明确"恶意"的含义，理论上也有不同理解。

第一，"恶意"不等于"故意"。在侵权法上，很多侵权行为的成立以"故意"为构成要件，但惩罚性赔偿只惩戒那些具有较大主观恶性的侵权人，"惩罚性赔偿因其以'故意侵权'为适用要件而强化了过错责任"。❶ 但"恶意"不是"故意"，仅有"故意"而未到"恶意"程度，还不足以适用惩罚性赔偿。

第二，"恶意"是"故意"的一部分，是主观恶性较强的那一部分。故意侵权行为的形态有多种，行为人主观恶性程度也不一样。对需要进行惩罚的"恶意"侵权行为，行为人应当具有特别严重的"故意"过错程度。"恶意与故意都是当事人有意识的主观意图，明知不应或不必这样做而这样做。只是恶意行为者在做出其行为时还怀有不良的居心和坏的用意，其程度更甚。"❷

第三，"恶意"可理解为"直接故意"。"故意"有直接故意和间接故意之分。"直接故意"表明行为人希望发生侵权后果，且采取积极行动，过错程度特别严重，也就具有应受到惩罚的"恶意"。"'恶意'应当理解为'故意'中过错程度特别严重的部分，是'故意'中的直接故意，间接故意不

---

❶ 冯晓青、罗娇：《知识产权侵权惩罚性赔偿研究——人文精神、制度理性与规范设计》，载《中国政法大学学报》2015 年第 6 期，第 35 页。

❷ 曹新明：《知识产权侵权惩罚性赔偿责任探析——兼论我国知识产权领域三部法律的修订》，载《知识产权》2013 年第 4 期，第 8 页。

属于恶意。"❶ 将"恶意"理解为"直接故意"在司法实践中相对更易于认定。

（2）司法实践中行为人"恶意"的常见情形

在司法实践中，对于侵权人的主观过错权利人难以举证，法官也只能在审查案件事实与证据后，通过行为人具体的侵权情节和损害后果来推定其主观上的"恶意"。侵权人的下列情形应认定为"恶意"。

第一，重复侵权。对重复侵权有两种观点。广义说认为，重复侵权是指对同一类权利的重复侵权行为，其不限于同一权利和同一权利人；狭义说认为，重复侵权仅指针对同一权利的再次侵权行为。❷ 对商标侵权适用惩罚性赔偿，应当采用广义说。现代网络技术十分发达，商标检索非常容易，那些曾因商标侵权承担过侵权赔偿责任或受过行政处罚的经营者，在经营相同或类似商品时，应当负有更高的注意义务，避免再次侵犯他人商标权。行为人的第一次侵权行为，既可以通过法院判决认定，也可以通过行政处罚认定。行为人的再次侵权行为，只要其行为在相同或类似商品，甚至关联商品上侵害了同一商标权人或者同一商标而被起诉，就应当认定为"恶意"。甚至行为人在收到权利人的警告或维权声明后，有足够证据证明其明知自己的行为侵犯他人商标权仍继续实施该行为，也可以认定为重复侵权。

第二，侵权人因与权利人存在法律关系而熟知被侵权商标。侵权人与权利人曾经存在雇佣、合作、合同等法律关系，如侵权人曾为商标权人的员工，或者与商标权人合作生产、销售过被侵权商标商品，或者与商标权人签订过被侵权商标的代理合同、许可合同等，侵权人基于双方法律关系而非常了解被侵权商标商品的特点、商标权人的经营信息、销售地域和销售渠道等，实施的侵权行为主观恶性非常强，对商标权人的损害很大，应认定为"恶意"。

第三，被侵权商标属于驰名商标或知名商标。相对于普通商标，驰名商标的权利人付出的成本更高，驰名商标更为相关公众所熟知。基于驰名商标或知名商标本身的知名度和显著识别性，一般经营者更容易判断其行为是否侵犯这些驰名商标或知名商标。如果经营者在相同或类似商品上，使用与驰名商标或知名商标相同或近似的商标标识，该行为显然具有"恶意"，且被侵权商标的知名度越高，行为人侵权的"恶意"就越强。

---

❶ 朱丹：《侵犯商标专用权惩罚性赔偿责任的司法适用》，载《人民法院报》2014年8月27日，第7版。

❷ 李国泉、黄文旭：《相同商标的认定标准》，载《人民司法》2013年第3期。

第四，侵权人以侵权为业或者为主营业务。在实践中，有些侵权人专门经营假冒商标商品，或者以经营假冒商标产品为主营业务，侵权行为已经转化为其商业上的利益，对于这种侵权行为应当适用惩罚性赔偿。

2. 准确认定"情节严重"

（1）明确"情节严重"的具体含义

除了准确认定侵权人的主观"恶意"，适用惩罚性赔偿还要考量侵权行为的客观效果。"情节严重"是侵权人主观"恶意"的客观体现。"情节严重"一般指侵权行为性质恶劣、损害后果严重。侵权情节严重，也表明侵权行为的可责难程度高。认定"情节严重"应当考虑侵权行为性质、侵权情节和手段、侵权行为造成权利人或社会的损害后果等。我国刑法及相关司法解释对商标侵权"情节严重"表现形式规定了量化的上限。在商标侵权适用惩罚性赔偿时，可参照我国刑法及相关司法解释，设置一个与之相对应的幅度，对侵权行为的"严重情节"作出判断与量化。

（2）司法实践中侵权"情节严重"的常见情形

第一，侵权人非法经营数额或者违法所得数额较大。在商标侵权民事诉讼中，参考刑事认定标准，商标侵权非法经营数额在十万元左右或者违法所得数额在八元左右，就构成情节严重。

第二，权利人因侵权造成的损失重大。权利人因侵权造成的损失重大，权利人的损失达到十万元左右，或者造成权利人经营难以为继，就可以认定为侵权情节严重的情形。

第三，侵权时间连续较长。在实践中，侵权行为持续一年以上即可以认定为侵权情节严重。侵权持续时间一年以上，侵权人可能以侵权为业，获利较多，对商标权人造成的损失严重。

第四，侵权规模大。侵权规模可以用多种方式来衡量：如侵权人组织实施侵权行为的人员在 10 人以上就应认定为情节严重；侵权人为合法成立的公司一般就比个体户的侵权规模大；侵权商标数量多，侵权商标两个以上就可以认定为情节严重等。

第五，侵权行为造成较恶劣社会影响。如侵权行为涉及食品、药品等商标商品，侵权产品有可能对人身健康、生命安全造成影响。

如有上述情形，可以推定为侵权人实施侵权行为具有主观"恶意"或"情节严重"。但实践中不只上述情形，需要法官在具体案件审理中进行个案分析和认定。

3. "恶意"与"情节严重"的关系

侵权人的"恶意"与侵权"情节严重"这两个条件应为同一侵权行为的两个方面,"恶意"由"情节严重"来反映,"情节严重"是"恶意"的体现,两者互为表里,互为补充。侵权人的一些侵权行为与情节,如长期侵权或重复侵权,既可以证明侵权人"恶意",也可以证明侵权"情节严重"。不同的主观状态常常对应不一样的客观影响,行为人的主观状态可作为行为客观效果的表征加以运用。在适用惩罚性赔偿时,这两个条件可以进行单独考量,只要行为人在侵权过程中具有两者之一的,就可以适用惩罚性赔偿。

(二)确定适用惩罚性赔偿的计算基数

1. 依法确定赔偿基数,完善赔偿基数的证据运用规则

完善惩罚性赔偿制度,必须解决赔偿基数的问题。我国商标法采用的是弹性金额模式兼赔偿金上下限模式。我国借鉴英美法系的证据开示制度,在民事诉讼法和商标法中引入了证据披露与举证妨碍制度,修订证据规则大大缓解了商标侵权赔偿难的问题。商标法建立的证据披露制度,责令侵权人提供与其侵权行为相关的账簿、资料,如果侵权人不提供或者提供的账簿、资料虚假,则应承担不利的法律后果。法官应当积极引导和督促当事人举证,合理分配举证责任,准确适用证据披露制度、证据妨碍制度和优势证据制度,充分查明商标侵权损害造成的实际损失或者侵权人的实际获利。如权利人申请披露侵权人掌握的财务账册、销售单据、发票等证据,法官要根据《公司法》《会计法》等法律规定、行业惯例及日常生活经验等,综合判断侵权人是否持有或应当持有权利人请求披露的证据。

2. 确定惩罚性赔偿与填平性赔偿的关系

根据我国商标法的规定,在商标侵权诉讼中,法定赔偿与惩罚性赔偿共存,供当事人选择。惩罚性赔偿与填平性赔偿的目的和功能不同,前者在于惩戒侵权人,后者在于给予权利人充分的补偿。[1] 从法理上说,实际损失、侵权所得、许可使用费倍数属于数量计算方法,法定赔偿属于自由裁量方法。[2] 惩罚性赔偿以填平性赔偿的成立为前提,是填平性赔偿的补充,但法定赔偿不能作为惩罚性赔偿的计算基数。法定赔偿本身就是在前三种赔偿方式难以计算的

---

[1] 萝莉:《论惩罚性赔偿在知识产权法中的引进及实施》,载《法学》2014年第4期,第32页。

[2] 吴汉东:《知识产权损害赔偿的市场价值基础与司法裁判规则》,载《中外法学》2016年第6期,第1481页。

情况下，采用的酌定赔偿方法。我国法定赔偿并不是独立于损害赔偿的另一种金钱救济方式，所有权利人无法证明的损害赔偿都可以由法院综合现有证据以作出最终裁判。❶ 目前，我国社会诚信体系不够完善、商事主体财务制度并不健全，权利人损失或者侵权人获利难以查明是客观事实；权利人基于诉讼成本和效益的考虑也不积极举证，直接主张适用法定赔偿。对于解决赔偿难的问题，法定赔偿具有不容忽视的优越性，"法定赔偿是针对知识产权权利难以估值、侵权损失或获利难以计算、知识产权许可并不普遍且难有实际许可费可供参照等困难，而特别设计的简化赔偿计算方式的重要制度"。❷ 在具体的案件中，法院对商标权人的损失、侵权人的获利或者商标许可费都无法查明，也就不能适用惩罚性赔偿，此时将法定赔偿作为一种特殊的惩罚性赔偿比较符合现实。"惩罚性的理念可以在法定赔偿中得到体现。只要符合惩罚性赔偿的要件，在无法查明损害的情况下，法官也可在法定范围内加以'惩罚'"。❸ 虽然法官适用法定赔偿应立足于案情并遵循相应的审判规则，但法定赔偿数额的确定离不开法官的自由心证。法官适用法定赔偿已经综合考虑了侵权人的主观恶性和侵权情节等因素。将法定赔偿作为一种特殊的惩罚性赔偿，发挥了法定赔偿补偿性与惩罚性相互结合的作用，体现了司法保护的主导功能。

（三）适用惩罚性赔偿应当酌情考虑的因素

1. 侵权人的侵权行为

《商标法》第 57 条规定了侵犯商标权的行为，商标法司法解释也规定了其他商标侵权行为。在适用惩罚性赔偿时，应当考虑侵权人的具体侵权行为，对不同的侵权行为决定是否适用惩罚性赔偿或者确定惩罚性赔偿金额。在众多商标侵权行为中，无疑对被侵权商标商品的制造行为，主观"恶意"、侵权情节和损害后果最为严重，因此，也应当给予其惩罚性赔偿或更高的惩罚性赔偿金额。

2. 侵权人的赔偿能力

在司法实践中，既有大公司组织大规模经营被侵权商标商品，也有小摊小

---

❶ 王迁、谈天、朱翔：《知识产权侵权损害赔偿：问题与反思》，载《知识产权》2016 年第 5 期，第 37 页。

❷ 宋健：《知识产权损害赔偿问题探讨——以实证分析为视角》，载《知识产权》2016 年第 5 期，第 15 页。

❸ 袁秀挺：《知识产权惩罚性赔偿制度的司法适用》，载《知识产权》2015 年第 7 期，第 28 页。

贩销售被侵权商标商品，法院在适用惩罚性赔偿时应当适当考虑侵权人的赔付能力，对那些有赔偿能力的侵权人适用惩罚性赔偿，因为"惩罚的目的在于使侵权人畏惧和痛苦，而同样的赔偿数额给不同财力侵权人带来的畏惧和痛苦并不相同。为施加同样的畏惧和痛苦，偿付能力更强的侵权人必须支付更多的赔偿"。❶ 这样既可以更加有针对性地发挥惩罚性赔偿的惩戒和威慑功能，还可以保证惩罚性赔偿的判决得到顺利执行，避免因侵权人财力不够而无法赔付，从而损害司法权威的现象。

3. 侵权人在诉讼过程中有恶意行为

在法院审理过程中，侵权人存在隐匿、毁弃证据；在保全程序中拒不配合法院调查取证；滥用管辖异议制度，无故拖延诉讼时间等恶意行为，表明其侵权主观恶性较强，没有主动悔改，应当适用惩罚性赔偿。

四、结语

适用填平原则是商标侵权赔偿机制的基础，惩罚性赔偿是补充，以完全补偿和最佳预防为目标的损害赔偿制度，既保留了填平原则的法律救济客观主义立场，也吸纳了加重赔偿的实用主义风格，从理论上协调了二者的并存。❷ 我国专利法修改草案和著作权法修改草案引入了侵权惩罚性赔偿，如果商标侵权惩罚性赔偿的司法适用效果显著，将对后面的立法有着引领作用。因此，在司法适用中应关注商标法惩罚性赔偿在具体制度设计存在的问题，并通过修法或司法解释等方式进一步完善，在完善的规范设计下，同步加强知识产权领域的保护力度。

---

❶ 蒋舸：《著作权法与专利法中"惩罚性赔偿"之非惩罚性》，载《法学研究》2015 年第 6 期，第 93 页。

❷ 同❶，第 94 页。

综合篇

持续侵权状态下前诉裁判对后诉的影响

——兼议停止侵害执行力的扩张

程方伟*

摘 要 既判力的核心要义在于阻断当事人对既判事项再争议以及禁止法院对既判事项的再判断。对既判力理论及其法律效果认识上的分歧，加剧了知识产权持续侵权诉讼中重复诉讼、事实预决效力识别的困难，由之引发的裁判相反、法律适用不统一远非孤例。借助真实个案切入，结合指导案例，对"后诉审理前诉期间持续的同一被诉行为"和"前诉已决事实对后诉产生免证效力"两大常遇难题找寻裁判依据、法理支撑，论证、阐明取舍观点。并切换思路，对停止侵权判令作扩张解释，使前诉判决执行力延及整个知识产权存续期，被诉侵权人如有异议时须以执行异议或确认不侵权之诉对抗执行，以有效缓解权利人因反复证明而致的对立情绪，及时化解纠纷。

关键词 持续侵权 既判力 重复诉讼 预决效力 停止侵害

一、问题的提出

作为确定判决的通用力，既判力的核心在于阻止当事人重复起诉和羁束法院作出相互矛盾的裁判。与既判力存在内在联系的《最高人民法院关于适用〈中华人民共和国民事诉讼法〉的解释》（以下简称《民诉法解释》）第93

---

* 程方伟，广州知识产权法院四级高级法官。成功调处了广州御艾化妆品有限公司与法国丝芙兰（SEPHORA）商标权纠纷案、七天酒店（广州）与禹通宾馆、伟才科教与昌莉特许经营合同等一批复杂案件，取得了良好的社会效果。

条❶，审判实践并没有仅停留在"无须举证证明"情形，而是频繁地牵涉到前诉裁判对后诉的影响或拘束作用❷，这样，实务操作及其理论基础层面，作为直接反映既判力程序规范的《民诉法解释》第 247 条就与第 93 条出现了程度不同的耦合。因此，在前诉裁判对后诉可能具有的种种影响中，既判力乃是分析的中轴线。然而，在持续侵权的知识产权诉讼中，看似完整的既判力理论却面临着许多适用中的困难，并引发许多模糊认识。本文以一起疑似持续侵权案例❸引入，展示笔者推理取舍过程，并在多种选项一时尚难以合并的场景下，尝试"跳出案件看问题"，提出解决思路，期望对持续侵权——这一长期困扰知识产权审判的突出问题有所裨益。

简要案情：前诉甲以 A 公司侵犯其商业秘密（食品配方和工艺）为由向法院诉请判令 A 公司停止侵权并赔偿损失，一审驳回其诉请，二审支持其诉请，后经两次再审，再审均维持二审判决。时隔两年，甲又以 A 公司仍在生产该食品、侵犯其商业秘密为由诉请判令 A 公司停止侵权；后诉中，A 公司抗辩在前诉二审期间已经改变了生产配方和工艺，并提交初步证据、提出鉴定申请；甲则主张 A 公司自认使用的是前诉二审期间的技术，而二审判决判令其停止侵权，故直接援引前诉二审判决就可认定侵权，坚持不同意鉴定。法庭另查明，前诉一、二审期间双方对被控行为是否持续没有主张和抗辩，二审判决对此亦未表述。

后诉引发的问题，既有一般持续侵权案件的共性，更有其特殊性而致的法

---

❶ 专指本条中的"已为人民法院发生法律效力的裁判所确定的事实，当事人无须举证证明"情形。该条内容先后见于《最高人民法院关于适用〈中华人民共和国民事诉讼法〉若干问题的意见》第 75 条、《最高人民法院关于民事诉讼证据的若干规定》第 9 条，不过，本条另增加了"当事人有相反证据足以推翻"的规定。

❷ 王亚新、陈晓彤：《前诉裁判对后诉的影响——〈民诉法解释〉第 93 条和第 247 条解析》，载《华东政法大学学报》2015 年第 6 期，第 6—20 页。

❸ 本文的"疑似持续、重复侵权"用语，是指某产品被判定为侵权产品，后又发现被控侵权人仍在继续生产、销售相同或类似产品，该产品的规格、形状等外部特征均未变化，但制造方法、工艺流程或产品结构、配方可能已经发生变化，比如涉及实用新型、发明专利、技术秘密等纠纷，该"疑似"的证实证伪问题尚未解决。基于篇幅和讨论主题，引入的案例将次要事实略去，案例原型（前后诉历经十年、三级七审）可参见——前诉：广东省广州市天河区人民法院（2008）穗天法民初字第 256 号民事判决书、广东省广州市中级人民法院（2011）穗中法民三终字第 196 号民事判决书、广东省高级人民法院（2013）粤高法民三申字第 71 号民事裁定书、广东省高级人民法院（2015）粤高法审监提字第 56 号民事判决书；后诉：广东省广州市天河区人民法院（2014）穗天法知民初字第 1339 号民事判决书、广州知识产权法院（2017）粤 73 民终 455 号民事判决书、广东省高级人民法院（2018）粤民申 9510 号民事裁定书。

律适用的分歧，集中在：①针对前诉审理期间持续侵权行为提起的诉讼是否构成重复诉讼？②如果后诉可以成诉，那么，前诉裁判确认的侵权事实对后诉是否具有预决效力而发生证明责任的转换？③如何理解和适用前诉判决的"停止侵害"判项？

二、后诉审理前诉审理期间持续行为的法理逻辑

准确、完整把握既判力理论，可以站在更高视野俯瞰重复诉讼这一相对微观的问题。判断后诉是否构成重复诉讼，静态考察前诉既判力的客观范围和主观范围固然不可或缺，但鉴于民事法律关系的基础事实经常变动，特别是疑似持续侵权状态下，后诉被诉事实是否在前诉既判力基准时之前而受前诉既判力遮断，更需认真审视。

（一）通说识别持续侵权状态下后诉能否成诉的疑惑

法院终局判决判定的当事人之间诉争事实状态或权利状态存在的特定时间点，谓之为既判力的基准时（或称既判力的标准时，又指既判力的时间范围），其所针对的是确定判决对所判断事项产生既判力的时点问题。[1] 通说认为，事实审言词辩论终结日为既判力的基准时，并且，"发生既判力的判决只确认特定时刻的权利状态，而不是确认所有未来的权利状态……涉及实质既判力的时刻与双方当事人在诉讼中能提起新的事实主张的截止时刻相同"[2]。基准时一旦确定，将产生以下三种法律效果：

第一，对当事人在基准时前已提出的主张，生效裁判表现为"确定力"。此种确定判决对基准时之前发生的事项具有既判力，对后诉产生约束力，其影响包括：一是与法院在基准时上作出的"诉讼标的存在或者不存在"之判断发生抵触的主张将在后诉中被排除；二是后诉裁判须以前诉法院在基准时上作出的判断为前提。[3]

第二，为确保法院在基准时上作出的判断不再被挑战和攻击，发挥既判力"终局地强制解决纷争"的制度目的，生效裁判对当事人在基准时前应提未提的主张产生"遮断效"。在前诉当事人的辩论权已经充分保障的前提下，后诉

---

[1]　沈德咏：《最高人民法院民事诉讼法司法解释理解与适用【上】》，人民法院出版社 2015 年版，第 634—635 页。

[2]　奥特马·尧厄尼希：《民事诉讼法》，周翠译，法律出版社 2003 年版，第 332 页。

[3]　高桥宏志：《民事诉讼法》，林剑锋译，法律出版社 2003 年版，第 489—490 页。

当事人提出前诉基准时以前存在事由试图改变前诉法律关系认定的行为将被禁止。

第三，生效判决确定的权利状态会随着新事由的出现发生变动，确定判决仅对基准时之前发生的事项具有既判力，基准时后发生新的事实，不受既判力的约束，当事人可再次提起诉讼。

上述第一、第三种法律效果在《民诉法解释》第 247 条、第 248 条有直接对应。至于第二种，《民诉法解释》第 248 条关于裁判生效后以"新的事实"为由提起的后诉不视为重复诉讼的规定，权威解读把"原审结束前就已存在的事实，当事人应主张而未主张的事实"❶明确排除于"新的事实"的范围之外，就是对该种法律效果的确认。

对于"事实审的言词辩论终结日"为既判力的基准时，学界和实务界并无分歧，❷但该时点是指一审还是二审言词辩论终结日或是其他时点？学界普遍认为，在我国由于二审既是事实审，也是法律审，如一审生效的裁判，既判力的基准时是一审法庭辩论终结日，如经过二审则为二审法庭审理结束日。❸在实务界，该结论（观点）尚未见诸于裁判❹，不过，在类似判例上却似见倾向性意见。在广州大明联合橡胶制品有限公司与四川华奥药业有限公司侵害商标权纠纷申请再审案中（以下简称大明橡胶案），关于被诉商标标识再次出现在原审被告网站上、后诉是否构成重复诉讼问题，最高人民法院认为，网站显示标识录入时间为 2007 年，大明橡胶公司亦未提交证据证明该标识是在前诉二审判决作出后重新录入，故不是新的商标侵权行为，后诉构成重复诉讼。❺该裁定容易传导的信息是：二审判决作出前的同一行为不是新的侵权行为，权

❶ 沈德咏：《最高人民法院民事诉讼法司法解释理解与适用【上】》，人民法院出版社 2015 年版，第 637 页。

❷ 如在周口市利民垃圾处理有限公司与周口市人民政府再审审查一案中，最高人民法院指出，"就时间范围而言，通说认为，既判力的基准时为事实审言词辩论终结时，确定判决仅对基准时之前发生的事项具有既判力，对基准时之后的事项没有既判力"。参见最高人民法院（2017）最高法行申 1185 号行政裁定书。

❸ 林剑锋：《民事判决的标准时与既判力的时间范围》，载《民事程序法研究（第三辑）》，厦门大学出版社 2007 年版，第 96 页；吴明童：《既判力的界限研究》，载《中国法学》2001 年第 6 期，第 76 页；郑涛：《论既判力之禁止重复起诉效果》，载《苏州大学学报（法学版）》2018 年第 3 期，第 126—136 页；王娣、王箴新：《论既判力的时间范围》，载《时代法学》2008 年第 4 期，第 51—59 页。

❹ 截至 2019 年 2 月 15 日，在笔者以"言词辩论终结"为关键词在"中国裁判文书网"上共检索到 15 篇裁判文书，但均未提及该时点为一审还是二审法庭辩论终结日。

❺ 参见最高人民法院（2015）民申字第 218 号民事裁定书。

利人就其再诉构成重复诉讼。

这样看来，二审法庭辩论终结日或者判决作出日应为既判力基准时。如此，因A公司承认被诉产品是采用前诉二审期间的技术生产的，而前诉二审判决判令A公司停止生产、销售侵犯甲商业秘密产品行为，这样一来，即使A公司改变了生产技术，因该事实发生在前诉二审期间，要受前诉既判力遮断，当事人就该事实再起争执的后诉应不予受理或驳回起诉。但是，如此处置，以下疑惑却难以消解：①前诉一、二审甲未主张，也未举证证实被诉行为一直持续，A公司也未就该事实抗辩、质证，以二审判决为依据认定被诉行为在前诉诉讼期间持续，事实基础和法律依据为何？②前诉一、二审审理事实均是起诉时业已存在的事实，因二审判决而将侵权行为"拉长"至二审法庭辩论终结日，说明甲在起诉时就已经预测到侵权行为一直持续，这种推定是否符合常理？

（二）后诉审理前诉期间持续行为的裁判机理

无独有偶，在上述结论明显缺乏说服力、逻辑上亦难以自洽时，最高人民法院发布的第16批第84号指导性案例——礼来公司诉常州华生公司侵害发明专利权纠纷案（以下简称第84号指导案例）指出另一路径，对照该案前后诉情况：

（1）前诉：2003年9月29日，礼来公司起诉华生公司侵害其专利权，一审法院于2008年4月驳回其诉请。二审法院于2011年12月撤销一审判决，判令华生公司停止使用专利方法生产奥氮平，赔偿礼来公司经济损失50万元。

（2）后诉：2013年7月25日，礼来公司再次以前案起诉日至涉案专利权有效期届满日（2011年4月24日）期间，华生公司侵权行为一直在持续为由提起后诉，请求判令华生公司赔偿其该期间的经济损失、维权开支152588800元。

华生公司认为，礼来公司针对同一侵权事实再次起诉，违反一事不再理原则，构成重复诉讼。对此，最高人民法院认为，前诉审理期间虽自2003年直至2011年，但礼来公司确实难以在起诉之时就预见到被诉侵权行为持续进行并将损害赔偿数额计算至八年后的涉案专利权到期日。前诉二审法院判令华生公司赔偿礼来公司"经济损失50万元"仅为针对前案起诉日之前的被诉侵权行为所作的裁判。现礼来公司就前案起诉日至涉案专利权到期日期间的被诉侵权行为提起本案侵权诉讼，两案诉讼请求不同，礼来公司对前案裁判结果也不持异议，故本案不属于重复诉讼。

细察后诉的"诉讼请求不同"的推导理由，结合前诉二审"闭庭"后礼来公司又就侵权行为持续而增加诉讼请求（诉赔金额）但二审法院并未"理涉"的事实❶，在笔者看来，该理由还可解读出：一是前、后诉审理对象并不同一。前诉处断的是前诉起诉日时业已存在的被诉侵权行为，起诉时礼来公司既未预料到被诉侵权行为在诉讼期间一直持续，在前诉二审"闭庭"前也没有就此提出主张。"不诉不理"，前诉二审对礼来公司在"闭庭"后才主张的持续行为未予"理涉"。由此，后诉中基于新事由提出的诉讼主张因与前诉具有可分性，从而形成了与前诉不同的可以另诉的诉讼对象。二是诉讼请求是否相同，诉请金额的有无或增减不是判断依据❷，前、后诉审理事项是否"同一"才是权衡标准。对此，最高人民法院在丹东市新友谊商场等与大连金石高尔夫俱乐部有限公司追偿权纠纷再审案中也曾指出，"友谊商场再次以相同的事实和理由向高尔夫俱乐部行使追偿权，尽管此次诉讼请求的数额有所增加，但与前诉仍然属于同一性质的诉讼请求"。❸ 因此，不能把第 84 号指导案例前、后诉的诉赔金额不同理解为诉讼请求不同，而是因为前、后诉审理的事项分属不同时段才导致诉讼请求不同。

就此，第 84 号指导案例就知识产权持续侵权确立的裁判规则是：如被诉侵权行为有持续状态的，后诉可以审理前诉二审判决作出日前未审理的同一持续行为，对方主张审理的事实属同一侵权事实而构成重复诉讼的不予支持。❹ 应该说，该裁判规则对前述的"二审审理结束日为基准时"的观点具有颠覆性，似对大明橡胶案的裁判观点也带来冲击，不过，需要注意的是，最高人民法院公布的指导案例是对社会广泛关注、法律规定比较原则、具有典型性、疑难复杂或者新类型及其他具有指导作用的案例，指导性案例虽然不作裁判依据引用，但"各级人民法院审判类似案例时应当参照"，并"应当作为裁判理由

---

❶ 参见最高人民法院（2015）民三终字第 1 号民事判决书。

❷ 刘庆国：《重复诉讼的识别与规制——以〈民事诉讼法司法解释〉第 247 条为视角》，载《山东法官培训学院学报》2018 年第 2 期，第 146—156 页。

❸ 最高人民法院（2016）最高法民申 330 号民事裁定书。

❹ 该案前诉诉讼期间是 2003 年 9 月—2011 年 12 月（二审判决作出日是 2011 年 12 月 19 日），后诉审理的侵权期间为 2003 年 9 月—2011 年 4 月，即后诉审理对象是前案诉讼期间未处理的持续行为。如果该案认为既判力基准时应是前诉二审法庭辩论终结日，则后诉审理前诉期间的持续行为就无依据。

引述"❶,此其一。其二,经查阅,大明橡胶案的前诉一审案号是(2008)天法知民初字第52号❷,显然该案(后诉)侵权时间点(2007年)在前诉一审起诉日前,前诉起诉时业已存在的同一侵权行为当然不是新的侵权行为,重复诉讼禁止不致引发歧义。其三,与第84号指导案例不同,大明橡胶案涉及的是商标侵权,尚不存在疑似持续侵权问题,仅凭外部观察即可得出侵权成立与否的结论。

(三)既判力基准时的补正

既判力是一种具有强制性的制度效力,权利及法律关系一旦被纳入既判力的作用范围,那么,无论是对权利人还是对被诉对象都将产生法律上的约束力,因此,该时间点的确定应当慎之又慎。

笔者注意到,基于"事实审言词辩论终结日"的通说造成的个案不公平,国外学者提出新的见解探寻对传统理论的缺陷作出修正,其中最具代表性的学说是"基于可预料性加以调整说",该说要义是对于某些发生在前诉基准时前的事由,如果当事人对其提出主张没有可预料性,那么就意味着在前诉中关于该主张的审理没有获得程序保障,因此,不应受前诉既判力遮断,换言之,基于该主张的不可预测性可以允许当事人另诉。❸应该说,第84号指导案例中的"礼来公司确实难以在起诉之时就预见到被诉侵权行为的持续进行并将损害赔偿数额计算至八年后的涉案专利权到期日"的表述及其不将前诉事实审言词辩论终结日作为既判力基准时正是该说在中国的生动实践。

既判力时间范围理论的新发展给我们的启示是:虽然一审或二审言词辩论终结日的划线适用具有确定性、经济性和操作便利的特点,这与防止"法官造法"、司法擅断的大陆法系习惯具有天然的亲和性,但是,在机械适用通说、实行一刀切式的遮断(失权)会产生明显不公平时,对于"该事由是否受前诉既判力遮断"问题的处理,需要委诸于法官综合各种具体因素权衡取舍更为妥当。

就持续侵权而言,如果概莫能外地将基准时确定于二审法庭辩论终结日

---

❶ 参见《最高人民法院关于案例指导工作的规定》(法发〔2010〕51号)第2条和第7条,《〈最高人民法院关于案例指导工作的规定〉实施细则》(法〔2010〕130号)第10条。

❷ 参见最高人民法院(2013)民申字第1197号民事裁定书。

❸ 高桥宏志:《民事诉讼法:制度与理论的深层分析》,林剑锋译,法律出版社2003年版,第492页。

（案经二审），对于权利人，或者丧失前诉审理期间而前诉并未"理涉"的持续侵权事实的诉权（请求权），或者权利人因之轻易获取不当利益；对于被诉侵权人，或者丧失对该持续事实的抗辩和防御机会，不得不因既判力的遮断效力而接受没有经过程序保障的推定事实，或者因权利人失去诉权而轻易避过追诉。这双重相反且"对冲"的效果恰好在第 84 号指导案例和文首案例映照无遗。

由上观之，欲准确确定民事判决的基准时，在笔者看来，应当至少考虑以下因素：一是民事法律关系有无发生变动。与刑事、行政法律关系不同，民事法律关系经常处于变动状态中，一个案件在经历一审、二审后，有时即便同属一个诉讼标的，起诉时的"此"事实在终审裁判作出时就可能已经变为"彼"事实。二是诉讼期间审理对象有无变化。一般而言，多数民事纠纷的争议事实及诉讼请求在一审阶段就已经固定，法院应当根据当事人的诉讼请求和答辩事由确定审理范围，而不能超出诉讼请求裁判。如果一审、二审中当事人没有主张新的事实、增加或变更诉讼请求，无论一审还是二审，审理范围还是一审起诉时业已存在的被诉事实。三是是否已经赋予充分的程序保障。就争议的事实，应当给予当事人充分的攻击防御机会，所有认定案件事实的基础诉讼资料都要充分展开，接受双方质证、发表意见，这种形成判决的既判力才有正当性可言。四是兼顾实体正义。如果把诉讼中的某一时点作为基准时会产生明显不公平时，那么这个时点本身就值得怀疑。

综上，笔者认为：受"上诉变化禁止"❶ 和"审理范围受诉讼请求及答辩事由羁束"两方面的限制，案件虽经二审，但二审与一审相较，如果诉讼资料、诉讼请求、审理（争议）事实均未发生变化，既判力的基准时应是一审法庭辩论终结日；对于持续性侵权情形，参照第 84 号指导案例执行；至于其他类型化的例外情形，可以赋予法官针对个案的特殊性一定的裁量权，当然，为了控制裁量权的滥用，最高人民法院应当及时总结审判经验以司法解释的形式明文实定化，或者发布指导性案例指引。

---

❶ 当事人在二审增加诉讼请求或提起反诉，学理上称为"上诉变化"。为保障当事人的上诉权及其他程序利益，对于上诉变化，据《民诉法解释》第 328 条的规定，除双方当事人同意外，不得径行裁判，而是需要告知当事人另诉。另因"第二审人民法院应当对上诉请求有关的事实和法律问题进行审查"，故二审审理范围一般仍是一审审理的事实。相关上诉变化禁止论述参见沈德咏主编：《最高人民法院民事诉讼法司法解释理解与适用【下】》，人民法院出版社 2015 年版，第 869 页。

三、前诉裁判对后诉产生预决效力的作用基础

在回答第一层次的问题后，与之俱来的是：前诉裁判确认的侵权事实后诉能否直接援用，或者产生证明责任转换效果，即由 A 公司举证证明其不侵权？

（一）预决事实与基准时的事实重叠

如前所述，根据《民诉法解释》第 93 条的规定，生效法律文书（包括法院裁判和仲裁裁决）所确认的事实法院可以直接认定，当事人无须举证证明，除非对方有相反证据推翻。学理上对我国司法解释反复表述的"事实预决效力"的多种诠释，尽管观点各异，但"已为人民法院生效裁判所确认的事实属于当事人免证的事实，其理论基础和依据来源于民事诉讼中的既判力理论"❶。这种论点的基本面得到学界和实务界多数学者的认同❷。故而，探寻前诉裁判对后诉是否发生预决效力，只有借助既判力的理论框架才有可能理解和把握。

应当承认，预决效力与既判力作为确定判决的不同效力，二者存在一定的区别，比如，预决效力指向的是实体事实，属判决理由，预决事实在后诉中可以直接援引，无需另行证明，而既判力针对的是诉讼标的，其产生的效力是禁止重复争讼和审判，等等。但是，由于预决效力的作用基础来源于生效裁判的既判力，因此要受到既判力基本要素的拘束。其中，既判力的基准时往往容易被忽视，比如，有学者认为预决效力对于前后诉当事人不相同的情形更为重要，故时间因素在预决效力概念的建构中意义十分有限。❸ 在笔者看来，任何一个案件都是由主体、客体和时间三个层面的因素构成，相对应的是，欲完整把握该案确定判决的既判力及其产生的预决效力，既判力的主观范围、客观范围、基准时"一个都不能少"（三要素不可或缺），应当说，过往对预决效力

---

❶ 李国光：《最高人民法院〈关于民事诉讼证据的若干规定〉的理解与适用》，中国法制出版社 2002 年版，第 141 页。也有论者直接使用既判力概念来说明预决效力的法源，认为"已为发生法律效力的裁判所确认的事实，是法院确定裁判中的预决事实。确定裁判所预决的事实不必证明，归根结底取决于生效裁判的既判力"。参见肖建华：《民事证据法理念与实践》，法律出版社 2005 年版，第 145 页。

❷ 其他类似观点参见江伟、常廷彬：《论已确认事实的预决力》，载《中国法学》2008 年第 3 期；梁书文：《〈关于民事诉讼证据的若干规定〉新释解》，人民法院出版社 2006 年版，第 217 页；王宝发：《〈最高人民法院关于民事诉讼证据的若干规定〉释义——民事诉讼证据规则实用问答》，法律出版社 2002 年版，第 40 页。

❸ 王亚新、陈晓彤：《前诉裁判对后诉的影响——〈民诉法解释〉第 93 条和第 247 条解析》，载《华东政法大学学报》2015 年第 6 期。

认知上出现的障碍和偏差，正是与没有在完整意义上去把握既判力的基本要素有关。[1]

争议事实是否受前诉既判力遮断，重要标尺是该事实与基准时的先后关系。由预决效力是既判力的下位效力[2]决定，预决效力不可能于既然力基准时之后的事实发生作用，换言之，前诉裁判认定事实对后诉产生预决效力的前提是：前、后诉争议的事实是前诉既判力基准时的相同或同一事实，且该事实在基准时后未发生变动，即没有因时间的经过、当事人处分或其他法律事实的出现而发生变更、出现新的事实或归于消灭。可见，正是基准时加遮断效，才构成了确定判决时间范围上的完整意义。基准时的法律意义在于防止诉讼突袭，遮断效的法律意义在于维护程序效力，二者共同作用使确定判决对争议事实的约束力以及前诉裁判对后诉预决力的时间范围向前可以回溯到事实审法庭辩论终结时，向后可以延伸至相同当事人提起的后诉。

返归文首案例，如前所述，因前诉裁判既判力仅及于甲起诉时的业已存在的 A 公司的被诉行为，至于起诉日后被诉行为是否持续并不为前诉既判力覆盖。既判力犹未产生，预决效力及免证效果也就无从谈起了。后诉主张事实不受前诉既判力羁束时，前诉认定事实对后诉不产生预决效力。此结论，在第 84 号指导性案例中也得到佐证。该案后诉仍然涉及新产品的制造方法，其举证证明责任既未因前诉生效裁判而免除，也未因前诉生效裁判的存在而发生证明责任的转换，就此，最高人民法院指出："华生公司应当提供证据证明其实际使用的奥氮平制备工艺反应路线未落入涉案专利权保护范围，否则，将会如前案二审判决所述因其举证不能而承担推定礼来公司侵权指控成立的法律后果。"[3]

（二）预决效力的相对化动向

需要指出的是，事实预决规则自司法解释确认以来，始终存在着理论基础不明、学理解释多元、审判适用不一的问题[4]，这些解释论上的纷争和适用标

---

[1] 吴英姿：《预决事实无需证明的法理基础与适用规则》，载《法律科学（西北政法大学学报）》2017 年第 2 期，第 68—77 页。

[2] 有学者认为，再诉禁止效力、预决效力和遮断效力等均为民事判决既判力的下位效力。笔者认同这种观点，认为该观点较准确地揭示了预判效力的效力渊源。参见胡军辉：《论离婚判决的既判力及其程序保障》，载《法学家》2014 年第 3 期，第 74—84 页。

[3] 参见最高人民法院（2015）民三终字第 1 号民事判决书。

[4] 吴英姿：《预决事实无需证明的法理基础与适用规则》，载《法律科学（西北政法大学学报）》2017 年第 2 期，第 68—77 页。

准的分歧，不仅值得关注，更为理解和适用提供了参考价值。

其一，在理论研究上，事实预决效力理论支撑乏力、学理上犹未达成共识且质疑不断。有学者指出，并非所有被确认的事实都具有免除证明的效力，自认事实因其源于推定不应产生预决效力❶，有的学者批评预决效力的概念不清、制度属性不明，无法保证规则的准确适用。❷ 甚至有学者研究后认为，判决预决效力除了散见于苏联法，在英美及大陆法判决效力种类中皆无其踪影。其既不同于英美法的争点效力，也与大陆法既判力等判决的法律效力有所区别。其规定在我国理论现状下实属过于超前，从立法上应予废除。❸

其二，从审判实践来看，即便是证明标准较高的刑事判决所确认的事实，其预决效力也未得到完全遵从。❹ 较为典型的案例是：宜兴清新粉体机械有限公司诉宜兴市宏达通用设备有限公司、陆某根侵害商业技术秘密纠纷案，该案一、二审法院均未把在先刑事判决中认定的"宜兴市宏达通用设备有限公司、陆某根的行为均属侵犯商业秘密行为"作为免证事实而在后诉的民事侵权案件直接援引，并在宜兴清新粉体机械有限公司未能就其技术秘密完成举证义务时驳回其诉讼请求。❺

其三，在程序保障和证据裁判原则方面，事实预决效"损害了法官认定事实的独立性，褫夺了后诉当事人接受裁判权且有违程序保障的基本要求"。❻ 预决事实对后诉应只具有证据法上的意义，后诉法官对前诉的事实认定是否采用及程度，属于后诉法官自由心证的范畴，需根据后诉的举证状况而定。因此，前、后诉的判决可以在同一事实认定方面作出不一致甚至是完全矛盾的判决。不过，在笔者看来，也不宜矫枉过正，就利用方法而言，判决书可作为书证，对后

---

❶ 张卫平：《民事诉讼法》，法律出版社2013年版，第400页。

❷ 丁宝同：《论争点效之比较法源流与本土归化》，载《比较法研究》2016年第3期，第75—91页。

❸ 段文波：《预决力批判与事实性证明效展开：已决事实效力论》，载《法律科学（西北政法大学学报）》2015年第5期，第106—114页。其他大致持相同观点的还可参见李浩：《〈证据规定〉与民事证据规则的修订》，载《中国法学》2011年第3期，第31—40页；曹志勋：《反思事实预决效力》，载《现代法学》2015年第1期，第130—138页。

❹ 一般认为，刑事诉讼证明标准高于民事诉讼证明标准，刑事诉讼所确认的事实理应对后诉的民事、行政诉讼产生预决效力。参见邵明：《论法院民事预决事实的效力及其采用规则》，载《人民司法·应用》2009年第15期，第93—97页；朱川、周晶：《判决理由既判力的再认识》，载《人民司法·案例》2011年第8期，第98—101页。

❺ 参见无锡市中级人民法院（2005）锡知初字第20号民事判决书、江苏省高级人民法院（2005）苏民三终字第119号民事判决书

❻ 段文波：《预决力批判与事实性证明效展开：已决事实效力论》，载《法律科学（西北政法大学学报）》2015年第5期，第106—114页。

诉法官认定事实理应产生一定影响，但不宜由法律硬性规定其证明力强弱。

四、可执可诉的进路展望

基于以上讨论，文首案例因甲拒绝鉴定证明待证事实，其主张在既有规定及指导案例的框架内不能得到支持。结论虽出，但透过个案，留给我们的思考却是多方面的。一方面，案涉既判力、重复诉讼、新事实识别等多个复杂且犹未达成共识的法律概念。就重复诉讼而言，"无论是在我国，还是大陆法系国家，禁止重复诉讼的理论和实践均涉及诸多问题，主要问题还是如何理解和把握什么是重复诉讼？"[1] 而关于既判力，"我国传统民事诉讼法律理论框架及现行法并不认可既判力理念，既判力理念上绝对化把握与作用范围相对化理解，在我国分别呈现出相对化与绝对化的悖反特征，进而造成制度解释与司法实务的困境"。[2] 这些对立认识及其引发的紧张关系，已非仅仅停留在学者观察层面，而是频频地走上裁判前台，如"新疆农洋洋国际贸易有限公司诉新疆农资（集团）有限责任公司侵害商标权纠纷案"（2015 年中国法院 50 件典型知识产权案例)[3]、"深圳市基本生活用品有限公司与深圳市思派硅胶电子有限公司侵害外观设计专利权纠纷案"[4]（2018 年最高人民法院公报案例）等，略览这些并非刻意提取的案例，一、二审法院对是否构成重复诉讼均作出了相反的认定。就文首案例，三级法院对后诉是否构成重复诉讼也看法各异。[5]

另一方面，从司法实践来看，知识产权侵权在同一主体上的复发率高，反复、持续侵权、前后混淆侵权，致使权利人不断重复追诉、漏诉，不仅浪费审判资源，更严重的是，因审判与执行阶段缺乏规范的衔接机制，涉及持续、重复侵权情形时，审判程序和执行程序可能"自说自话"，致使权利人在审判、

---

[1] 张卫平：《重复诉讼规制研究：兼论"一事不再理"》，载《中国法学》2015 年第 2 期，第 77 页。

[2] 林剑锋：《既判力相对性原则在我国制度化的现状与障碍》，载《现代法学》2016 年 1 月（第 38 卷第 1 期），第 130—142 页。

[3] 最高人民法院知识产权审判庭：《中国知识产权指导案例评注（第八辑）》，中国法制出版社 2017 年版，第 287—293 页。

[4] 参见广东省深圳市中级人民法院（2014）深中法知民初字第 552 号民事判决书、广东省高级人民法院（2016）粤高法民三终字第 1036 号民事判决书。

[5] 前诉：广东省广州市天河区人民法院（2008）穗天法民初字第 256 号民事判决书、广东省广州市中级人民法院（2011）穗中法民三终字第 196 号民事判决书、广东省高级人民法院（2013）粤高法民三申字第 71 号民事裁定书、广东省高级人民法院（2015）粤高法审监提字第 56 号民事判决书；后诉：广东省广州市天河区人民法院（2014）穗天法知民初字第 1339 号民事判决书、广州知识产权法院（2017）粤 73 民终 455 号民事判决书、广东省高级人民法院（2018）粤民申 9510 号民事裁定书。

执行阶段数度辗转，期间容易失去申请执行期限，而侵权行为却在持续，从而引发新的社会矛盾，这些问题虽然早有论及，但一直未得到有效解决。❶

有同志就此提出，就同一侵害行为而言，法院判令停止侵害的，该判决应该是直到该知识产权保护期届满都有效，所以侵权人无论继续实施还是再次实施相同的侵害行为，理论上权利人依据已有判决即可以制止该行为。❷ 这种永久禁令观点撇开前诉既判力的基准时，将未来的相同侵权内容直接被前诉既判力覆盖，这种处理虽利于及时制止侵权行为、减轻权利人反复举证负担，但目前，该思路在理论和实践中还存在以下障碍：一是与权威解释和主流观点不相符。全国人大法工委和最高人民法院对《侵权责任法》的释义都明确说明，停止侵害针对的是行为人正在或者继续侵权的情形。多数专家学者也持这种观点。❸ 因此，"依据现行法律，停止侵害只是适用于在原告起诉时正在进行的侵权行为。司法实践中，多数判决遵从上述规定"❹。二是与我国申请强制执行的两年期限规定不相容。三是疑似持续或重复侵权状态下，对是否属同一侵权行为的认定问题。实践中，大量的案例是疑似"同一"，从疑似"同一"至"同一"的判断是通过诉讼程序还是执行程序解决尚无规范调整。

尽管还有诸多障碍，但面对持续侵权、重复侵权的突出问题及由之引发的民事法律关系长期不稳定、裁判标准不统一问题，知识产权审判应当正视并着力解决。笔者注意到，中共中央办公厅、国务院办公厅印发的《关于加强知识产权审判领域改革创新若干问题的意见》要求要"以改革的思维解决知识产权审判领域改革中面临的问题和困难，使改革创新成为知识产权审判持续健康发展的动力源泉……建立符合知识产权案件特点的诉讼证据规则……合理分配举证责任，适当减轻权利人举证负担，着力破解知识产权权利人'举证难'问题"。这些无疑为破解难题指明了路径。

---

❶ 郭晓堃：《谈几种专利侵权责任的适用》，载《人民司法》2003 年第 3 期，第 54—55 页。

❷ 卜元石：《重复诉讼禁止及其在知识产权民事纠纷中的应用——基本概念解析、重塑与案例群形成》，载《法学研究》2017 年第 3 期，第 91—106 页。

❸ 王利明：《侵权行为法研究（上卷）》，中国人民大学出版社 2004 年版，第 39 页；张新宝：《侵权责任法原理》，中国人民大学出版社 2005 年版，第 175、532 页；王胜明：《〈中华人民共和国侵权责任法〉条文解释与立法背景》，人民法院出版社 2010 年版，第 65 页；杨立新：《〈中华人民共和国侵权责任法〉条文释解与司法适用》，人民法院出版社 2010 年版，第 85 页；曹志勋：《停止侵害判决及其强制执行——以规制重复侵权的解释论为核心》，载《中外法学》2018 年第 4 期，第 1070—1100 页。

❹ 张玲：《论专利侵权诉讼中的停止侵权民事责任及其完善》，载《法学家》2011 年第 4 期，第 106—117 页。

（一）停止侵害的再解读

如前所述，多年来，与"停止侵害"主流观点还并存另一声音，认为已经发生的侵害无法用停止侵权来救济，因为时光不能倒流，判令侵权人在过去的某个时间段里"停止侵害"没有意义，判决更要体现禁止未来侵权的功能。❶ 从民事救济角度而言，停止侵权救济只是预防未来可能发生的侵权行为，不管是否有责任，法院都不可能对未来侵权是否有过错作出明确的判断。各国对停止侵权救济的判定原则基本相同，都是把未来有可能造成侵权的问题当作判定标准。❷ 而且，与他国的禁令具有同样目的，我国关于停止侵害民事责任的设立宗旨也是为了阻止尚未发生的侵权损害，而不是对已经发生的损害的救济。❸ 甚至于，有学者直接提出，"停止侵权"责任可以说是禁令在中国司法实践中的一种具体表现形式，相当于英美法中的永久性禁令。❹

特别是在知识产权领域，停止（进行中）侵害和对应妨害预防的消除危险请求权在功能上得到认可，从而在实体法基础上扩大了停止侵害的请求权范围。吴汉东教授在阐述知识产权的物上请求权时，认为这种停止侵害请求权既包括请求除去现实已经产生之侵害，也包括预防将来可能出现之侵害。❺ 这种停止侵害请求权在实体法上的开放性，王利明教授也有论及，他既提到停止侵害可针对"未来可能发生的侵权行为"，也强调了"侵害民事权益的状态处于持续性状态"❻。停止侵害与妨害预防在实体法上的叠加、重复效果，为把实体请求权与停止侵害判项结合及在程序法禁止未来持续或重复相同（相似）侵权行为的尝试开辟了进路。

事实上，将停止侵害判决作宽泛解释，也有比较法的支持。在美国，在

---

❶ 和育东：《专利法上的停止侵权救济探析》，载《知识产权》2008 年第 6 期，第 72—77 页。

❷ 刘文静、许彤彤：《浅议专利法上的停止侵权救济》，载《中国发明与专利》2014 年第 11 期，第 99—101 页。

❸ 张广良：《知识产权侵权民事救济》，法律出版社 2003 年版，第 101 页。

❹ 李菊丹：《论专利侵权诉讼中的永久禁令》，载《中国法学会知识产权法研究会 2008 年会暨实施国家知识产权战略研讨会会议论文集》，第 135—138 页。

❺ 吴汉东：《试论知识产权的"物上请求权"与侵权赔偿请求权—兼论〈知识产权协议〉第 45 条规定之实质精神》，载《法商研究》2001 年第 5 期，第 3—11 页。

❻ 王利明：《侵权责任法研究（上卷）》，中国人民大学出版社 2016 年版，第 638—640 页。相关观点还可参见贾小龙：《知识产权侵权与停止侵害》，知识产权出版社 2014 年版，第 166—167 页；李承亮：《损害赔偿与民事责任》，载《法学研究》2009 年第 3 期，第 135—149 页；姚辉：《民法上的"停止侵害请求权"》，载《检察日报》2002 年 6 月 25 日第 8 版。

ebay 案前，法官可以不考虑侵害人是否有过错，只要认定将来有继续侵害可能的，就可以判令停止侵害。[1] 并且，有意思的是，一旦发出禁令，将直接影响被诉侵权人的行为自由，此后，债务人的行为必须与被禁止的侵害行为保持距离，如债务人再进行相关行为，其有义务提前通过申请法院解释或者变更停止侵害命令的方式，请求法院确定其后续新行为的合法性。[2] 被诉侵权人后续相同或相似行为因此前行为被科处一定义务，这种做法对于我国涉及持续或重复侵权的后诉的举证责任分配无疑有较好的借鉴价值。

在德国，特定案件的既判力时间范围允许扩张，可以发生指向未来的效力。比如抚养请求诉讼中形成的反复给付判决，该类判决被告的给付义务以状态、持续时间和数额大小来确定，经常持续数年。如被告败诉，则判决既判力就还包括在可预测范围内的未来的抚养给付内容。此外，司法还可以对判决的既判力进行干预，这种做法，在德国联邦最高法院的判例中也得到认可。[3]

（二）停止侵害执行力的后延扩张

一般而言，在判决效力当中，只有形成力是在既判力基准时之后发生作用，而执行力的功能一般在于强制性的"回复过去"，但在判决不作为行为给付场合下，会同时出现执行力向既判力基准时前后"双向扩张"情形。[4] 与实体法上停止侵害双重含义的扩张理解相对应，"停止侵害"命令可表现为在知识产权有效期内既针对既存侵害，亦针对侵害风险，将过去侵权行为以及未来相同或实质相同的侵害行为都纳入禁止之列，这样，在一诉中就可实现知识产权存续期间的永久保护，这种保护符合知识产权"严格保护"的司法政策。反之，就会大大减损权利人对于胜诉判决的功能预期，既降低判决书的公信力，又削弱了司法保护力度。其实，早在 20 多年前，就有论者提出在不作为义务的履行期限内，重复侵权仍是对原生效法律文书的违反，应当另行立案加以执行。[5]

可"点赞"的是，实务部门为解决痼疾，已经迈出重要一步，对于涉持

---

[1] 董美根：《美国专利永久禁令适用之例外对我国强制许可的启示——兼论〈专利法〉（第三次）修订》，载《电子知识产权》2009 年第 1 期，第 44—48 页。

[2] 曹志勋：《停止侵害判决及其强制执行——以规制重复侵权的解释论为核心》，载《中外法学》2018 年第 4 期，第 1070—1100 页。

[3] 奥特马·尧厄尼希：《民事诉讼法》，周翠译，法律出版社 2005 年版，第 333—336 页。

[4] 曹云吉：《论裁判生效后之新事实》，载《甘肃政法学院学报》2016 年第 3 期，第 105—116 页。

[5] 孙加瑞：《强制执行实务研究》，法律出版社 1994 年版，第 463—464 页。

续或反复侵权案件，可不受申请执行期限限制，如权利人在申请执行期限内未申请执行的，浙江高院允许权利人在辖区内申请强制执行，只有当被执行人提出执行异议且法院驳回执行申请时，权利人才可就新的事实再次起诉。❶ 即针对判决生效后存在、为判决所覆盖的同一侵权行为，不是强求权利人另诉，而是侵权人如果要反驳侵权主张的，需要提起执行异议来对抗既有判决的执行。而目前普遍的做法是，如果执行期限届满侵权人再次或持续实施侵权行为的，权利人必须另诉。

不过，此处值得讨论的是执行异议被驳回的事由，从纪要的本意看，执行期限届满当然不是驳回理由。所以，一个可能的驳回理由应该是新的侵权事实与已有判决所认定的侵权行为不同。对于外观设计、商标等侵权案件，仅从产品表面形态或产品的广告宣传、许诺销售图片就可准确判断，但涉及疑似持续或重复侵权时，是执行机构认定，还是需要另诉通过审判程序解决则成为一个突出问题。如果是后者，问题仍回到原点。此处，最佳方案是也将该事实交由执行机构审查判断，如对这种判断有异议，当事人可以申请执行异议。进而将这种"新"事实引发的争执在执行程序中解决。"与诉讼程序相反，执行程序偏重追求效率价值，因此在该领域设立救济机制时应当尽可能地降低对执行效率的减损，在救济手段、救济力度和救济频率等方面，均应区别于诉讼程序。"❷ 为既实现执行程序的效率价值，又体现利益衡平原则，执行异议阶段处断该疑似侵权，应考虑以下配套程序规则：一是，适当扩张执行异议的内容，不宜仅限于民诉法规定的"执行行为违反法律规定"情形，可以在知识产权特别程序法中，将后续的疑似持续、重复侵权行为的认定纳入审查范围；二是，将举证责任转移至债务人承担，即由债务人就其异议的该疑似侵权行为与生效判决禁止行为不同或有实质性区别承担证明责任❸。显然，这里不仅体现出停止侵害的面向未来功能，更考虑到债务人在被判侵权后应与被禁止行为保持足够距离、应谨慎行事而应设定相应义务，从而缓和权利人因反复证明而致的对立情绪，节约有限的司法资源。

---

❶ 参见浙江省高级人民法院《关于妥善处理知识产权重复侵权行为若干问题的纪要》（浙高法办〔2015〕44 号）第 3 条。

❷ 潘剑锋：《论建构民事程序权利救济机制的基本原则》，载《中国法学》2015 年第 2 期，第 29—42 页。

❸ 如开启诉讼程序，除法定举证倒置情形外，须由权利人举证证明该疑似行为是否侵权，此点极易造成权利人不理解而反复争讼。参见广州知识产权法院（2017）粤 73 民终 455 号民事判决书、广东省高级人民法院（2018）粤民申 9510 号民事裁定书。

虽然如此，基于对持续侵权、重复侵权行为再诉可以判赔更高损害赔偿金的期许，或者再度获得权威判决宣告排他权利的冀望，高效执行程序的设置还不能完全阻止后诉的发生。此时，仅通过对不作为执行程序执行力的解说无法得到回应，是否具备启动再次诉讼的条件及前诉对后诉有何影响的甄别问题，还会浮出水面。因而，抛砖引玉，期待就文中所涉问题进一步研讨早日达成共识，尽快结束仍在路上的诸种困惑，正是本文另一旨义所在。

互联网时代电子送达的路径构建

——立足互联网法院电子送达的实践探索

戴瑾茹　李　婷[*]

摘　要　自《民事诉讼法》以法律形式确认电子送达制度以来，各法院均在实践并创新电子送达方式，我国电子送达进程进入探索"初驶阶段"，送达过程出现了送达地址收集难、身份校验核对难、送达效力认定难、送达安全保障难等诸多难题。随着互联网法院的设立，互联网法院网上全流程审理丰富了电子送达智能化的实践探索，使我国电子送达制度进入"提速阶段"。笔者立足于考察不同法院电子送达的探索经验，采用实践探索—追本溯源—路径重构的研究思路，提出建立电子送达联动平台、完善电子送达校验技术、细化电子送达程序规则、加强电子送达技术保障等合理化意见，试图构建互联网时代电子送达发展完善之有效路径，以期我国电子送达制度进入持续"高速阶段"。为"强化知识产权司法保护，服务保障双区建设"助力。

关键词　电子送达　互联网法院　技术保障　联动平台

送达是司法诉讼程序的"第一环节"，随着"互联网＋司法"的发展大趋势，各地都在探索电子送达发展新路径。电子送达能有效方便群众诉讼、节约司法资源、提升司法效能，在诉讼中应用的广度及深度均在不断增强。"行棋当善弈，落子谋全局"，电子送达为助力双区司法建设，充分发挥"双区驱动效应"，由点到线辐射至面，带动全国智慧法院建设具有重要意义。

---

* 戴瑾茹，广州互联网法院主审法官。李婷，广州互联网法院法官助理。

一、实描：传统法院❶电子送达之实践评析

2012 年修正的《民事诉讼法》以法律形式确认了电子送达制度❷，后相关司法解释以及《最高人民法院关于进一步推进案件繁简分流优化司法资源配置的若干意见》中对电子送达制度进行了进一步的补充规定❸

（一）传统法院之电子送达实践

传统法院采用的电子送达方式多为电话、短信、电子邮箱，除此之外，亦有一些法院进行了创新性的探索。

1. 全国法院统一新型电子送达平台❹

2017 年 3 月 1 日，该平台在浙江省杭州铁路运输法院、吉林省吉林市丰满区人民法院等四个试点法院上线试运行，该平台基于查找受送达人电子地址，试运行阶段是通过新浪微博、新浪邮箱、支付宝三大平台实现多渠道电子送达，当事人可以通过登录电子送达平台查询和下载电子文书。目前全国法院统一送达平台仍在使用中，可通过输入证件号及短信验证码登录。

2. 司法送达网❺

各个省份有其对应的司法送达网站，以湖南省司法送达网为例，网站首页显示湖南省电子送达平台上线法院 143 家，累计电子送达文书 3857 份，选择电子送达比例高达 89%。❻ 网站采用半封闭性质的文书送达系统，法院在立案时将征询当事人是否愿意通过电子送达方式送达文书，若同意则签订《电子送达确认书》并为当事人创建手机绑定账号，短信提示查收文书并自动生成"发送状态报告和阅读报告"，平台后台管理员可通过查看报告文书查阅情况。

---

❶ 本文指的是除北京互联网法院、杭州互联网法院、广州互联网法院之外的其他普通法院。

❷ 详见《民事诉讼法》第 87 条的规定。

❸ 详见《最高人民法院关于适用〈中华人民共和国民事诉讼法〉的解释》第 135 条和《最高人民法院关于进一步推进案件繁简分流优化司法资源配置的若干意见》第 3 条的规定。

❹ 参见 http：//songda. court. gov. cn（人民法院送达平台）。

❺ http：//sfsd. hunan. gov. cn：8000/deli/web/index. html（湖南省司法送达网）、http：//jx. sifa-songda. com/deli/web/index. html（江西省司法送达网）、http：//www. sifasongda. com（广东省司法送达网）等。

❻ http：//sfsd. hunan. gov. cn：8000/deli/web/mService. html，2020 年 6 月 14 日访问。

3. 开通专用送达邮箱进行电子送达

在当事人同意后将送达文书链接或者生成专用送达邮件发至当事人手机上，然后当事人通过关注"文书送达"相关微信公众号或者查阅邮件签收文件，全程留痕并生成送达报告。如广州市中级人民法院电子邮件送达确认书中提到，如果同意采用电子邮件方式送达的，人民法院将为受送达人开通专用送达邮件，邮箱账号为："受送达人身份证号码 + @ sd. gzcourt. gov. cn"，该送达邮箱为诉讼文书收取专用邮箱，只能阅读邮件，不能用于发送电子邮件，也无通讯录等其他邮箱功能。

（二）传统法院电子送达之困境及成因分析

在电子送达的实践探索中，出现了送达地址难确定、身份校验难核准、送达效力难认定、送达安全难保障等问题。

1. 踪迹难寻：送达地址收集难

电子送达中大部分送达地址主要依靠原告提供。原告会提供部分电子送达地址，但司法实践中，由于原告举证能力和调查能力的局限性，原告提供的电子送达地址数量有限且易为无效地址，手机号码空号或者邮箱无回应等现象较常出现。法院在收集电子送达地址时途径亦有限，电子送达与信息技术未能深度融合，各类基础平台数据资源整合不足，未能实现电子送达地址相关数据的集成、联动。法院既未与公安、民政、三大运营商或其他大型互联网企业建立统一的信息共享联动平台，亦未开通任何电子送达地址的搜查权限，在原告无法提供有效送达地址时，法院承担了过重的调查搜集送达地址的责任。

此外，法律明确承认的电子送达方式十分有限及效力优先情况不明。电子邮件、电话短信等电子送达方式中适用的先后顺序、公信力及社会接受程度的排序法律无明确规定。另对于微博、微信等即时通信工具账号；支付宝账户；淘宝、京东、唯品会等大型网购平台账户；涉案网站"联系我们"等语音留言或网站弹窗设置；微信公众号等新型媒介并未纳入电子送达地址的采集范围。

2. 扑朔迷离：身份校验核对难

我国法院缺乏统一的电子送达政务通道及成熟的当事人核验技术，因此身份校验困难主要体现在电子送达通道的"两个端点"，即当事人端和法院端。对于当事人而言，其无法校验法院的身份。当前，电子送达使用频率较高的是电话、短信或邮件，但全国法院没有统一的短信通道号、电话通信号或者邮箱公共号，亦没有类似于 110、114、119、12345 等具有身份象征、大众皆知的统一通道。同时当事人手机软件可能会对来自法院的号码进行自动拦截，特别是异地电话，即使当事人成功接收到信息，也会误以为是垃圾消息、诈骗消息而予以屏蔽，加之冒用公检法身份诈骗的事件常有发生，当事人也容易不采信此类信息。无统一送达通道及标识的电子送达会降低司法公信力并削弱司法的权威性，导致部分当事人主观上不信任、不重视电子送达。

对于法院而言，在电子送达中校验当事人身份亦存在难点。网络用户账号注册程序简单，流转频繁，很难精准定位并传达到当事人。通常电子送达地址以当事人提供为首要来源，在当事人无法提供准确信息时，法院可依职权主动调取电子地址，目前法律规定应采用"优先送达地址"，即受送达人本人的近三个月内处于活跃状态的手机号码、电子邮箱、即时通信账号等常用地址❶。为尽量减少送达不能的情况，法院通过选择使用频率高的地址进行送达以提高受送达人及时获得有效通知的可能性，但是这也存在一些问题：第一，如何核验当事人身份，在司法实践中，电话号码变更频繁、网络账号交易等现象均会导致当事人核验困难，网络账户也不必然采用实名制登记；第二，如何核查三个月活跃账户，并不是所有的法院都有相应合作平台或者技术手段能鉴别三个月活跃账户从而完成电子送达。

3. 送而不达：送达效力认定难

依据《民事诉讼法》第87条的规定，电子送达效力认定规则中有两个关键环节：一是当事人同意规则，二是当事人收悉规则。法律对于电子送达的具体操作规则暂无详细的规定，随着互联网时代的发展，这些规则也需要适应互联网趋势进行一定变通。

依据法律规定，电子送达须经受送达人同意，由此确立了当事人同意规则，这在一定程度上赋予了受送达人程序上的自由选择权，尊重了受送达人的意思自治，有其积极意义，然而该规定在操作中仍有需要完善与补充之处，比如对"同意"的进一步解读。法律层面上的"同意"内容很丰富，有明示同意、默示同意与推定同意。明示同意通常体现为当事人签订送达地址确认书，此种方式最无争议，然而当事人同意是否包含默示同意、推定同

---

❶　参见《最高人民法院关于互联网法院审理案件若干问题的规定》第16条第2款的规定。

意在司法实践中存在争议，默示同意、推定同意的具体含义在法律上亦无明确规定。

当事人收悉原则主要源自法律条文表述"人民法院可采用电子邮件、传真等能够确认其收悉的方式送达诉讼文书"。对具体如何认定"确认收悉"、判定送达完成并未作出详细规定，导致司法实践中的法院没有具体操作指引。传统的以纸质材料为媒介向受送达人进行送达的，如直接送达、邮寄送达等方式，法院的工作人员当场亲自确认受送达人的收悉情况或依据送达回证上的签名、邮单回执等来判断是否是有效送达。然而电子送达方式有别于传统送达方式，其通过虚拟化、电子化的传输路径送达，因此导致了实践中一些问题：一是难以确定受送达人本人收悉司法文书和诉讼材料及具体收悉日期。二是有些受送达人为逃避法律义务而谎称未收到相关诉讼文书，浪费法院司法资源。如在电话送达中，当事人接到通知却不登录平台关联案件，亦不参加开庭的现象时有发生，该种情形能否认定送达成功还需进一步明确。

4. 居安思危：送达安全保障难

通过电子渠道传递的电子送达诉讼文书经数字化处理后流动、保存，其更容易受到偶然甚至恶意的更改、破坏与泄露等"硬件"性的缺陷，故而电子送达方式在带来高效便利的同时，亦同样会带来风险，可能无法保障受送达人的程序参与权。

主要问题如下：第一，电子形式的司法文书与传统方式一样亦存在送达途中损毁灭失的可能，电子数据在系统中产生、传播、存储等诸多环节中都面临着被删减修改、内容丢失的潜在风险，电子诉讼文书亦面临着同样的数据安全问题，可能导致文书内容与实际不一致、文书数据被系统修改或误删且无法恢复。第二，系统网络服务突然中断、工作时发生异常等常见的不稳定干扰因素都将导致送达阻碍，无论是人民法院的电子送达系统端还是受送达人的接收设备端发生技术故障，将引发系统传送障碍，导致送达推迟或送达未完成、当事人未收到或及时收到通知而延误诉讼期间、送达时间无法显示或显示错误等。第三，不法侵害实施者利用非法手段从电子输送中破坏、盗取、泄露信息，可能导致转移财产甚至进行网络诈骗，从而引发侵犯包括隐私权在内的人格权、财产权的民事纠纷，严重时将涉嫌犯罪。

二、探索：互联网法院电子送达之新探索

2017—2018 年，杭州、北京、广州三家互联网法院先后设立，互联网法院在电子送达中的探索路径具有可复制性与可推广性。究其原因，一方面，互联网法院具有"电子"天然优势。由于互联网法院管辖涉网案件，当事人通常对互联网环境适应度高、与互联网媒介接触颇为频繁，数字化的账号较为精准地代表着每一位"网络用户"，其能更精准、有效地接收电子文书。另一方面，互联网法院具有"送达"新技术，通过采用技术支撑，融合通信并应用到司法送达领域，进一步增强电子送达的有益探索。

（一）广州互联网法院："点即达"智能系统

广州互联网法院联合电信运营商、手机生产厂商，采用大数据、人工智能、区块链技术，构建了"点即达"智能短信送达系统。2019 年，广州互联网法院共发送立案、庭审、执行等相关短信 300 余万条，送达成功率超过 98%。试运行以来，从诉讼短信发出到当事人登录诉讼平台关联、应诉的平均时间间隔约 3 小时，较原本普通短信送达缩短了近92%。第一，"点即达"智能短信送达系统在普通短信的基础上增加了法院标识显示，诉讼短信通过国家工信部审批的广州互联网法院专用短信通道号发送，短信界面顶部显示互联网法院名称和标识（图 1）；第二，该系统能实现"一键跳转"，当事人通过短信界面下挂菜单按钮，即可直接点击跳转至广州互联网法院"智慧平台""诉讼平台""解纷平台""庭审直播"等官方网站，实现一键查阅案件进度，一键进入案件诉讼过程，有效增强短信送达的交互性、便捷性；第三，该系统能实现大数据后台统计分析等功能，系统后台自动实

**图 1 广州互联网
"点即达"智能短信送达
系统前端送达示例**

时记录送达数据，让短信送达像快递一样实时可查询、可追溯，解决短信送达无回音、无实效现状（图 2）；第四，系统采用失联修复技术，对于无法联系的当事人，系统自动比对，可确定受送达人近三个月内处于活跃状态的电子地址。

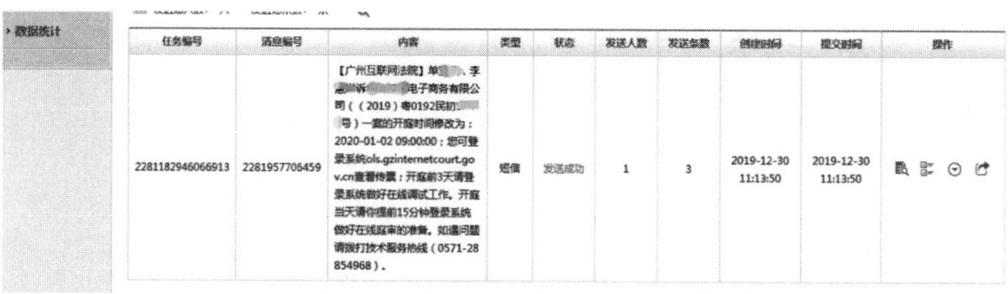

图 2　广州互联网"点即达"智能短信送达系统后台示例

（二）杭州互联网法院：杭州互联网法院电子送达平台❶

杭州互联网法院于 2018 年推出了"杭州互联网法院电子送达平台"。第一，该系统能自动检索，一键获取有效地址，通过该功能只需使用当事人姓名和身份证号等信息，就可以查询到该当事人的所有手机号码、电子邮箱、电商平台账号乃至绑定的宽带地址等常用电子地址。第二，该系统能深度挖掘、比对筛选，自动对当事人名下的手机号码、宽带地址、电商收货地址等信息进行深度挖掘。根据活跃度对当事人名下所有手机号码进行排序，自动过滤出已被强制停机以及三个月内没有通话记录、无上网流量的无效号码。根据宽带地址、电商收货地址等对当事人的户籍地址或者经常居住地进行校对，找出当事人的实际地址。第三，该系统采用弹屏短信，确保"阅读送达"❷，在确定有效手机号码后，系统自动将诉讼平台网址、线上关联案件验证码等推送给当事人，并可同时发送弹屏短信进行提醒。弹屏短信无法被拦截，以对话框的形式出现在当事人的手机页面，当事人须点击"关闭"才能继续使用手机，确保当事人已阅读电子送达内容。

（三）北京互联网法院：多主体、多途径电子送达❸

北京互联网法院一是与京东、阿里等大型互联网公司签订平台集约送达协议，开设平台官方送达账号，通过京东客服、淘宝"旺旺"等通信咨询软件

---

❶　载中国蓝新闻网 http：//k. sina. com. cn/article_1829407315_6d0a8a53020006h6l. html，2020 年 6 月 4 日访问。

❷　张聪然：《送达不再难！杭州互联网法院电子送达平台上线》，载《科技日报》2018 年 4 月 12 日。

❸　北京互联网法院《网上审判方式与审理机制研究》课题组：《"互联网＋"背景下电子送达制度的重构》，载《法律适用》2019 年第 23 期。

进行线上送达；二是联合三大通信运营商，为法院账户建立官方认证身份，在短信、电话送达中直接显示账号者名称，并且确保该账号不受安全杀毒软件等的信息拦截；三是向受送达人公司网站、公众号、应用软件中"联系我们"所留网上联系方式或微信、QQ 号等即时通信工具送达，还可采用手机弹屏短信送达。

互联网法院在电子送达探索中迈进"一大步"。截至 2020 年 3 月，我国网民规模达 9.04 亿，互联网普及率达 64.5%，手机网民规模达 8.97 亿❶，如此庞大的网民群体也意味着电子送达必然是未来司法发展大趋势，应用前景十分广阔，若能充分构建互联互通、畅通共享的统一司法送达平台，必将真正突破"送达难"，实现"官司掌上打、诉讼指尖办"的司法愿景。

三、绘图：电子送达之发展路径构建

电子送达的应用前景广阔。在互联网时代，可吸收、总结互联网法院在电子送达中采取的积极探索经验的基础上，再拾缺补遗，加以整合，重构电子送达新常态。

（一）建立电子送达联动平台，构造多元化电子送达路径

1. 建立送达信息共享联动机制

法院可与通信运营商、公安部门、银行系统、大型互联网平台等多主体建立一套电子送达信息共享联动机制。若当事人提供无效地址时，法院系统可以与上述主体接洽合作，检索、调取当事人的电子邮箱地址、手机号码、即时通信账号等常用电子地址作为电子送达地址，如 2015 年 11 月浙江省高级人民法院通过淘宝平台的大数据调取并锁定了当事人常用电话和地址，最终把诉讼文书寄往其淘宝收货地址。❷

具体联动平台构建由内向外拓展可分为五大层级（图 3），按层级逐级搜索相关信息，监控受送达人实际活跃电子地址：第一级是司法内部大数据平台，全国各法院实现案件信息的互联互通，建立统一联通的司法大数据平台，在该系统内可调取受送达人近一年在全国各个法院诉讼、仲裁、调解、提供或者确认的电子地址，受送达人若有其他诉讼、仲裁案件，可直接使用其进行民

---

❶ 参见第 45 次《中国互联网络发展状况统计报告》，2020 年 4 月。
❷ 郑旭江：《互联网法院建设对民事诉讼制度的挑战及应对》，载《法律适用》2018 年第 3 期。

事活动的电子地址❶；第二级是公安系统大数据平台与法院系统对接，法院可采用账号模式登录公安系统平台，用于个人户籍身份信息、企业登记备案等信息查询；第三级是三大运营商大数据平台，包含了移动、电信、联通等运营商中个人用户的实名认证信息及联系方式查询；第四级是银行大数据平台，获取当事人在办理银行账户时预留的个人联系方式；第五级是网络平台大数据，与微信、微博等社交媒体以及淘宝、京东等大型门户网站进行合作，将电子地址的收集前置。

通过五大层级数据平台的共通共享，互相补充，法院可实现对当事人电子送达地址进行精确搜查与时效筛选，基于大数据对受送达人的电子地址信息进行有效性、相关性的分析评估，以确定当事人近期活跃、实际适用的有效地址。

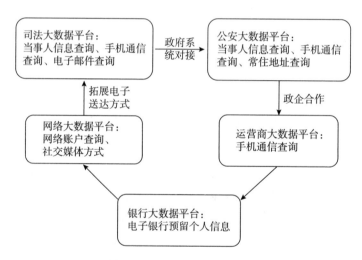

图3　电子送达联动平台五大层级示意图

2. 拓宽电子地址的适用范围

将新型媒介方式纳入电子送达地址的采集目标，并通过网络平台电子地址、即时聊天软件、官方网站平台等多路径定位当事人：第一，微博、微信等即时通信工具实名制搜索并语音留言或文本留言；第二，支付宝账户留言或者通知；第三，大型网购平台当事人的留言或通知；第四，针对被告为企业并经营相关网站的当事人，可在涉案公司官网点击"联系我们"并进行语音留言

---

❶　陈锦波：《电子送达的实践图景与规范体系》，载《浙江学刊》2020年第1期，第138—146页。

或弹窗设置提醒当事人诉讼相关信息，对于寻找被告不失为一种有效的方式；第五，关联公众号或小程序，当事人注册并完成身份验证后生成个人专用诉讼系统，在程序里相应文书均可浏览。北京法院诉讼服务公众号、深圳法院诉讼服务公众号、上海法院 12368 公众号以及京东司法电子送达小程序、浙江移动微法院等已有成功先例，值得推广。

（二）完善电子送达校验技术，建立可校验的法院送达系统

1. 建立可校验的法院送达系统

法院电子送达要有可识别性与确定性。第一，短信、电话号码要以统一的专用短信、电话通道号权威发送，同时积极通过电视、网络等新媒体方式向社会公众公开法院专用号码，另互联网法院采用的将法院标识插入短信的真实性校验方式也值得推广与借鉴。第二，在全国层面建立官方认证的政务系统专用域名网站并及时公开宣传，例如，CN 域名下的 GOV 域名❶，即指代表中国政府机构的域名，仅有全国范围内的机关组织机构类型享有注册该域名的资格，另可在全国法院相关网址中统一标识，如".court"等，方便民众识别并确认法院的权威地位。

2. 建立网络空间身份认证系统与校验机制

引入当事人实名制人脸识别、核验技术，受送达人在签收相关诉讼文书时需人脸核验通过。同时落实电子签名核验制度，受送达人在每次签收诉讼文书时需进行电子签名，系统将自动比对每次签名的字迹重合度。此外，为减少反复核验的烦琐程序，亦可参考德国关于电子送达的相关规定❷，即向限定主体进行电子送达，一次核验通过便无须再次核验，主体包括律师、公证员、可信度高的其他职业人员、官署、团体或者公法机等❸。

（三）细化电子送达程序规则，明确可操作的送达效力规则

电子送达的法律规则本身应在科学理念之指引下制定，因此细化电子送达程序规则需进一步贴合电子送达制度设计的原初目的及功能定位：

---

❶ 北京互联网法院课题组：《"互联网 ＋"背景下电子送达制度的重构——立足互联网法院电子送达的最新实践》，载《法律适用》2019 年第 23 期，第 20—28 页。

❷ 德国《民事诉讼法典》第 174 条第 3 款：法院可以向律师、公证员、法院执达员、税务咨询师或者因其职业原因拥有较高可信度的其他职业人员、官署、团体或者公法机构送达电子文档。

❸ 周翠：《德国司法的电子应用方式改革》，载《环球法律评论》2016 年第 1 期，第 103 页。

1. 建立"概括同意"向"径行送达"转化的送达发展路径

"概括同意"指的是应以法律形式确定同意，包含明示同意、默示同意、推定同意等多种方式。当事人明示同意的情形下，要及时落实当事人送达地址确认制度❶，同时应记录收发件时间、页面截图等；默示同意与推定同意的含义则可以参考英国实践规定，1999 年英国《民事诉讼规则》第 6.2 条便明确规定电子送达方式，确立电子送达判例与成文法两种形式的法律规定，因此电子送达经验相对成熟。在英国的"Schilling&Lom 公司案"❷ 中法院对"受送达人同意"作了扩大化的解释，以电子邮件方式向被告发送司法禁令的做法并确定了英国关于电子送达收悉规则的具体情形，法院在受送达人拥有电子送达地址且没有以书面形式拒绝使用的情况下均可采用电子送达方式，当事人只要未明确表示不接收电子送达，便均能采用电子送达方式。

传统的送达方式包括直接送达、留置送达、委托送达、邮寄送达、公告送达等，法律并未对任何一种送达方式规定"当事人同意"的前提条件。笔者认为，送达应致力于保障与诉讼结果有利害关系的主体都有权参加该程序，提出有利于自己的证据及意见，反驳对方之主张与证据，倘若电子送达能充分保障该权利，便应当如传统送达方式一样，均是由法院自由选择送达的一种方式。法院应无须当事人的同意，即可选择最大可能联系到当事人的方式，便捷高效地完成案件送达，提高司法效能。目前，互联网法院对电子送达中"当事人同意"进行了一定程度的扩大，《最高人民法院关于互联网法院审理案件若干问题的规定》第 15 条第 2 款规定，当事人未明确表示同意，但已经约定发生纠纷时在诉讼中适用电子送达的，或者通过回复收悉、作出相应诉讼行为等方式接受已经完成的电子送达，并且未明确表示不同意电子送达的，可以视为同意电子送达。第 3 款规定，经告知当事人权利义务，并征得其同意，互联

❶ 参见《最高人民法院关于进一步加强民事送达工作的若干意见》的规定。

❷ 1996 年伦敦 Schilling&Lom 的公司收到了一封来自于欧洲的信件，在这封信件中寄信方对 Schilling&Lom 公司进行言语威胁，称其将在网络上发布一些关于该公司的诽谤性材料，该公司可在其给出的宽限期内，通过信件中提及的电子邮件地址与其取得联系。Schilling&Lom 公司的代表律师为防范寄信人的行为给原告造成损失，就代表原告 Schilling&Lom 公司向英国皇室法院申请了禁令救济。当时英国在其《最高法院规则》中设置了许可规则，该规则规定必须亲自送达禁令。然而本案即便根据被告寄来的信件上的邮戳可推知该信件的寄出地位于欧洲也无济于事，因为信件中除了被告提供的电子邮件地址外，再没有其他地址可作为亲自送达的途径。基于此种情况，Schilling&Lom 公司的代表律师就根据《最高法院规则》中规定的另一规则——替代送达规则，请求法官行使自由裁量权，批准运用传统亲自送达之外的替代送达方式进行禁令的送达。最终英国皇室法院的法官接受了原告代表律师的请求，允许通过电子邮件方式向被告发送禁令。

网法院可以电子送达裁判文书。当事人提出需要纸质版裁判文书的，互联网法院应当提供。"互联网＋"已融入各行各业，逐渐实现由"概括同意"到"径行送达"的电子送达模式亦是大势所趋。

2. 建立"收悉主义"向"到达主义"转化的电子送达制度的发展路径

《最高人民法院关于适用〈中华人民共和国民事诉讼法〉的解释》第 135 条第 1 款要求电子送达的到达适用"收悉标准"，综合考虑了受送达人的知情权。《最高人民法院关于互联网法院审理案件若干问题的规定》第 17 条对送达的效力分情况予以认定："互联网法院向受送达人主动提供或者确认的电子地址进行送达的，送达信息到达受送达人特定系统时，即为送达。互联网法院向受送达人常用电子地址或者能够获取的其他电子地址进行送达的，根据下列情形确定是否完成送达：（一）受送达人回复已收到送达材料，或者根据送达内容作出相应诉讼行为的，视为完成有效送达。（二）受送达人的媒介系统反馈受送达人已阅知，或者有其他证据可以证明受送达人已经收悉的，推定完成有效送达，但受送达人能够证明存在媒介系统错误、送达地址非本人所有或者使用、非本人阅知等未收悉送达内容的情形除外。"

依据传统送达方式，送达标准是要求"可知悉"而非"实际知悉"，即采用的送达标准是"到达主义"。也就是确认当事人收到诉讼材料便视为成功送达，如对于邮寄送达中收到邮件后是否拆封、是否阅读了解诉讼文书内容不予要求。笔者认为，确认电子送达效力的标准不应高于传统送达标准。实际上，"到达主义"的具体适用亦可借鉴国外相关规定，在电子送达制度发展较为成熟的国家，如美国、韩国等均采用"到达主义"，它们并不要求受送达人实际阅读，而采用"一经发送即视为已经送达"的客观主义送达标准，这通常借助网络服务器来确定被告系统接收情况来推定其已收悉。❶

（四）加强电子送达技术保障，筑牢信息送达通道的安全屏障

技术手段为电子送达提供技术服务，保障司法公正，依据功效理性学说❷，为达成此目标，只有通过电子送达改进这一合乎成本效益的方法，电子送达具有广阔的司法应用前景，因此加强电子送达通道技术保障实乃"磨刀不误砍柴工"。电子送达处在复杂的电子通信网中，容易出现网络病毒侵蚀、

---

❶ 张振新：《论民事诉讼电子送达制度的相关问题》，华东政法大学 2019 年硕士学位论文。
❷ 德国社会学家马克斯·韦伯提出的学说，又称"工具理性"，或称"效率理性"学说，即应当用什么样的方法和手段达成目标，参考因素包括是否有效、是否节省精力、是否合乎成本效益。

电脑黑客攻击、端口技术故障等问题，因此，应采取以下措施：第一，提高技术性投入，电子送达的顺利完成离不开安全的电子送达系统和稳定的电子通信网络环境，为此法院应当重视实践中电子送达系统的开发与建设，避免使用免费或低端的服务器进行文件传输，及时做好相关的安全防范措施。第二，采用加密技术，在实施电子送达时必须采用特定的文档格式加密送达。此方面可借鉴德国相关经验，其不仅在《民事诉讼法》中规定了电子送达安全细则，而且在实践中为防范电脑黑客入侵等各项风险也采用先进的电子签名技术保障电子送达的安全，法院依据送达的电子文书种类的不同，使用的电子签名技术有普通的电子签名和加重的电子签名。第三，建立司法信息数据的保管与处理制度，依据涉密程度、案件类型等进行分层管理，人民法院应当结合自身实际情况设立信息监督制度，配备信息监督人员，避免对个人隐私的过度挖掘与信息泄露。

四、结语

凡益之道，与时偕行，在粤港澳大湾区、先行示范区"双区建设"机遇下，应强化司法服务和保障，推动粤港澳大湾区规则体系的相互融合，进一步释放改革创新发展活力。立足互联网"黄金时代"，唯有充分理解送达方式的法律基础与制度设计，深度融合互联网思维与法治思维，才能全面创新电子送达发展路径，着力夯实司法服务保障当事人诉讼知情权，切实增强人民群众的司法获得感和幸福感。

知识产权审判中专家辅助人启动程序的重塑

——以 155 例民事判决书为分析样本

佘丽萍[1]

摘 要 《最高人民法院关于适用〈中华人民共和国民事诉讼法〉的解释》第 122 条、第 123 条，细化了专家辅助人的启动程序规则，凸显了专家辅助人程序在技术事实查明中的独立价值。然而，现有关于专家辅助人的相关法律规范规定相对谨慎，在专家资格确定、程序启动主体、法院审查事项三个方面存在缺失；而审判实践中，该制度的启动程序主要呈现三个问题，即两种启动模式条件不明、专家身份资质各异、申请期间过严，严重影响了专家辅助人程序的推广适用。而究其根本，法律规范对专家辅助人诉讼地位及资质的隐晦，启动程序的留白，申请期间的局限，才是造成专家辅助人程序启动不畅的根源。

本文以中国裁判文书网与"专家辅助人"相关的 155 例民事判决书为研究样本，重点围绕专家辅助人启动程序中"申请"与"审查"环节，推动专家辅助人启动程序重塑，畅通启动渠道，扩张适用范围，以期促进技术类知识产权诉讼制度的健全完善。首先，从明晰功能价值、理顺诉讼地位、启动程序入手，明确专家辅助人程序的启动应以当事人申请为主，以法院聘请为辅；其次，提出专家资质的审查应以形式要件为主，以实质要件为辅，建立三项具体审查要件，辅以审查程序设计；最后，建议司法解释适度放宽对申请期间的严格限制，提出以辩论终结前为宜。

关键词 专家辅助人 启动程序 当事人申请

专家辅助人制度具有识别技术要点、转化技术语言、共享专业知识的功能

---

[1] 佘丽萍，广州市南沙区人民法院法官。

优势，有助于充实当事人的诉讼权利，保障当事人履行举证责任，发挥质证的实质功效，● 是技术事实查明机制"五维模式"中的重要一环。❷ 五种技术事实查明路径的法律规范对比如图 1 所示。2015 年颁布实施的《最高人民法院关于适用〈中华人民共和国民事诉讼法〉的解释》（以下简称《民诉法解释》）进一步细化了专家辅助人制度的启动程序规则，辅之以审判实践的深入开展，专家辅助人制度逐渐摆脱"贴标签"式改革举措形象，凸显独立的价值功用，但依然羽翼未丰，法律留白之处仍大有可为。

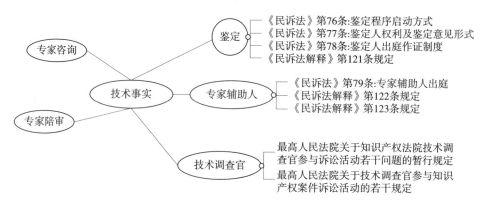

图 1　五种技术事实查明路径的法律规范对比图

一、检视：专家辅助人启动程序的规范与实践

检视现状发现，相对于法律规范"谨慎"样态而言，审判实践对专家辅助人的启动程序持较为开放的态度。

（一）"谨慎"的法律规范

专家辅助人制度集中规定于 2001 年《最高人民法院关于民事诉讼证据的若干规定》（以下简称《证据规定》）第 61 条，《中华人民共和国民事诉讼法》（以下简称《民诉法》）第 79 条，以及《民诉法解释》第 122 条、第 123 条规定，如图 2 所示。关于启动程序，证据规定设置"当事人申请"和

---

❶ 李学军、朱梦妮：《专家辅助人制度研析》，载《法学家》2015 年第 1 期，第 147—163 页。

❷ 郑飞：《论中国司法专门性问题解决的"四维模式"》，载《政法论坛》2019 年第 3 期，第 66—77 页。文中指出，四维模式包括司法鉴定、专家辅助人、司法技术人员（技术咨询专家）、专家陪审员。鉴于技术调查官制度的发展，本文将技术调查官与专家咨询相区分，称为"五维模式"。

"法院准许申请"两个环节，《民诉法解释》新增了申请期间和申请人数规定。有些法院制定了相应的规范性文件，细化了启动程序规则，例如 2014 年《浙江省高级人民法院关于专家辅助人参与民事诉讼活动若干问题的纪要》，要求应当书面申请，并提交专家辅助人证明材料。与其他技术查明路径相比，专家辅助人启动程序的法律规范仍然相对"谨慎"，比如，法院能否依职权启动，专家辅助人的权利义务等未作规定；对专家辅助人意见定性等，存在争议。

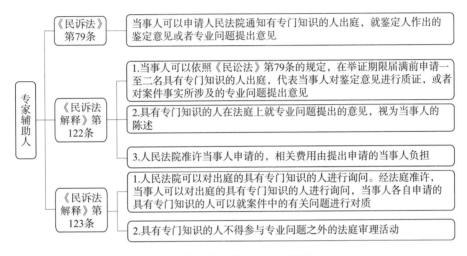

图 2　关于专家辅助人制度的规定

（二）"开放"的审判实践

专家辅助人并非严格意义上的法定术语，是对法律规定的"有专门知识的人"的通称，[1] 但在理论上和审判实践（包括庭审与裁判文书）中不乏有学者将其称为"专家证人"。[2] 笔者以"知识产权与竞争纠纷"案由为限，以"专家辅助人""专家证人"为关键词，在中国裁判文书网进行检索，分别获得有效样本 113、42 例，涉及基层人民法院至最高人民法院四级法院，形成于一审、二审、再审程序，涵盖北京、上海、浙江、广东等 17 个省市自治区。

---

[1] 李永泉：《功能主义视角下专家辅助人诉讼地位再认识》，载《现代法学》2018 年第 1 期，第 157—167 页。

[2] 郭华：《对抗抑或证据：专家辅助人功能的重新审视——兼论最高法院审理"奇虎 360 诉腾讯"案》，载《证据科学》2016 年第 2 期，第 133—142 页。

整理上述有效样本发现，专家辅助人启动程序的运行存在如下问题：

1. 启动模式冲突

实践中专家辅助人的启动模式与法律规定不一致。《民诉法》规定的启动模式为"当事人申请"，而实践中却存在"当事人申请""法院聘请"两种模式，且两种模式启动条件不明、并行交叉，造成程序的重复混杂，具体分为三种情形：依当事人申请启动；当事人申请的同时，法院亦聘请专家辅助人；当事人未申请，法院经审查认为需要邀请或聘请专家辅助人，如图3所示。

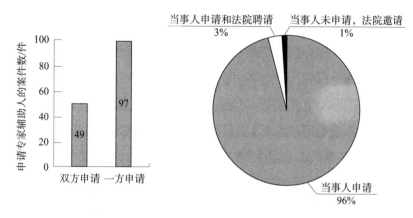

图3　专家辅助人程序启动模式占比图

2. 专家资质不明

首先，专家资质在文书中介绍不明确，过于笼统。据统计，有105例样本仅在审理经过部分列明"专家辅助人""专家证人"到庭情况，未表明专家身份资质，占67.74%；有48例在事实查明部分对专家身份资质简要列明，占30.97%。其次，专家的身份资质不一。样本中专家主要有大学教授、副教授，产品研发设计人员，公司技术人员、工程师，公司股东、董事、总经理、员工，行业协会会员，专家所属地区如图4所示。

3. 申请期间受限

《民诉法解释》规定申请期间为"举证期限届满前"。但样本中专家辅助人的出庭阶段涵盖一审、二审、再审阶段，其中仅有1例因申请超出举证期限提出，法院不予准许。❶ 在准许申请的样本中，有1例是在一审证据保全阶

---

❶　参见湖北省高级人民法院（2017）鄂民终2796号民事判决书。

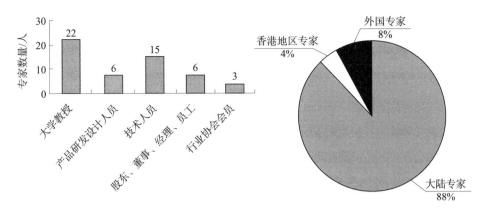

图4　专家所属行业分布和地区分布展示图

段，由法院邀请专家辅助人到场，2 例是在一审第一次庭审中提出申请，3 例是在二审第二次庭审中提出申请，剩余未列明申请时间。

　　综上，由于技术查明路径有司法鉴定、技术调查官、专家辅助人、专家陪审、专家咨询的五维模式，专家辅助人程序在夹缝中生存，整体适用率偏低，❶ 多数样本形成于中级以上人民法院，基层法院适用率较低（图5）。专家辅助人程序适用的地域分布如图6所示。专家辅助人程序与鉴定程序同时被写入 2001 年的《证据规定》，但鉴定程序的适用率远远高于专家辅助人程序。即便是 2014 年异军突起的技术调查官制度，现在也颇受青睐，短短几年便在查明机制中占有一席之地。实践中，基层法院在启动专家辅助人程序时，往往心有余而力不足，主要矛盾是法官日益增长的拓宽技术查明路径的需要与启动程序规范的不确定性之间的矛盾。"司法的核心难题也就在于，如何使得偶然生成的法律之适用，既具有内部的一致性，又能得到外部的理性证立，从而同时保障法律安定性与正确性。"❷

---

❶　笔者以"知识产权与竞争纠纷"案由为限，在中国裁判文书网分别以"司法鉴定""专家咨询""专家陪审""技术调查官""专家辅助人"为关键词进行检索，获得 1833、35、0、106、117 例文书，其中，专家咨询、专家陪审无法通过公开途径查询数据。

❷　罗伯特·阿列克西：《法律的不确定性与司法的理性——评哈贝马斯〈事实性与有效性〉第五章》，冯威译，载《中国应用法学》2017 年第 2 期，第 135—147 页。

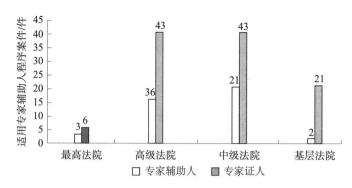

图 5　四级法院适用专家辅助人程序数量

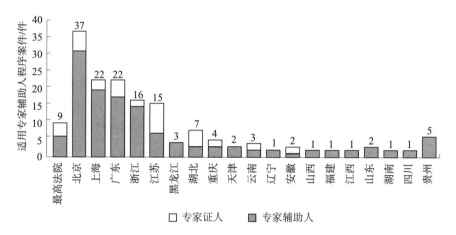

图 6　专家辅助人程序适用的地域分布图

二、反思：围绕"启动"产生问题的归因

围绕"启动"，问题集中于启动主体、专家资格、申请期间三个方面。剥茧抽丝，固然有法官在严格程序与能动司法徘徊时的不自信，究其根本，法律规范对专家辅助人的诉讼地位及资质的隐晦，启动主体的留白，申请期间的局限，才是造成启动不畅的根源。

（一）诉讼地位的困惑

对比鉴定程序的两种启动模式，即当事人申请和法院依职权启动，实践中普遍认为，《民诉法解释》隐含规定了专家辅助人仅依"当事人申请"而启动。对法院能否依职权启动存在分歧，探究原因是对专家辅助人诉讼地位的困惑。学界对此众说纷纭，莫衷一是，大致有四种观点：专家证人说、诉讼辅佐人说、区分说、独立诉讼参与人说。各种观点均有一定的合理性，其分歧的原因在于参照系不同。各观点视角单一且缺乏共识，导致专家辅助人的性质长期悬而未决。❶ 有学者认为，专家辅助人与当事人之间是一种委托与被委托、服务与被服务的关系，与当事人的诉讼代理人或辩护人的诉讼地位并无二致。专家辅助人的倾向性是支撑该职业得以存在并发展的基本特征之一。❷ 加之专家辅助人意见"视为当事人意见"，使得其立场定位客观上难以避免呈现出偏向聘请一方当事人的"倾向性"。❸ 有学者认为，专家辅助人虽然与证人、鉴定人、诉讼代理人等其他诉讼参与人有着类似功用，但也有着本质区别，故应独立存在，成为我国法定诉讼参与人中的新成员。❹ 由于专家辅助人的身份在鉴定人、证人、辩护人、其他诉讼参与人之间徘徊，所以相关条文和司法解释表现出"身份困惑"。❺

身份的困惑映射在立法上，便呈现出立法语言的模糊性。立法语言的模糊性是必然的，其原因包括认识的局限性、语言本身的有限性、立法者的差异性以及立法技术的选择等。❻ 由此引发连锁式疑问，比如，《民诉法》第 44 条第 3 款规定的回避情形，是否适用于专家辅助人；权利义务如何设定，参审程序如何设计。相应地，在庭审及法律文书存在"专家辅助人""专家证人"的不同称谓。

（二）资格界定的隐晦

《民诉法》采用"具有专门知识的人"的表述，但司法解释却对其内涵和外延未作进一步解释与说明。何为"专家辅助人"？从比较法角度，我们在国外的教科书、法学论著甚至立法或司法实践中似乎还无法寻觅完全相同的术语或概念。但从专业角度而论，无论专家辅助人还是专家证人，均属于在自然科

❶ 裴小梅：《论专家辅助人的性格——中立性抑或倾向性》，载《山东社会科学》2008 年第 7 期，第 152—155 页。

❷ 同❶。

❸ 李盛荣、张璇：《专家辅助人立场定位中的紧张关系及其消解——以知识产权审判为视角》，载《法律适用》2018 年第 5 期，第 83—89 页。

❹ 李学军、朱梦妮：《专家辅助人制度研析》，载《法学家》2015 年第 1 期，第 147—163 页。

❺ 胡铭：《鉴定人出庭与专家辅助人角色定位之实证研究》，载《法学研究》2014 年第 4 期，第 190—208 页。

❻ 杨颖：《立法语言：从模糊走向明确》，载《政法论丛》2010 年第 6 期，第 43—49 页。

学领域的专家或者专业人士，他们采用科学专业知识、经验与技能来协助一方当事人证明案件事实。❶

专家到底是什么？什么人能成为专家？我国语言学界将专家解释为对某一门学问有研究的人，这样的解释仍然很模糊。资格界定的含糊，直接导致产生两种审查标准：严格的实质审查标准与宽松的形式审查标准。前者倡导不仅要具备相应的学历、职称、证书等硬性指标，而且要具备相关领域一定的学术知名度和影响力，甚至认为专家辅助人的资格标准应该高于鉴定人；后者认为专门知识既包括科学知识，也包括个人在生活和工作中积累或者形成的经验，而科学知识包括自然、社会科学知识。毕竟，专家辅助人可以就诉讼中涉及的专业性问题向法庭进行陈述、解释、说明，避免法官因专业知识的缺漏导致对技术事实认定可能存在的瑕疵和偏颇。对专家资质不作实质性审查的另一个原因，是希望将复杂的事情简单化，这是我们处理错综复杂的社会问题的重要思路。❷

研究样本中对专家辅助人的资质只是一笔带过，因此，对于出庭的专家是如何确定资质，审查哪些材料，采用何种程序等，我们并不清楚。法律规范对此问题的"回避"，法官不得不依托对程序问题的惯性处理方式，由此形成的审查标准不一而足。简单的事情认真化，是我们处理错综复杂社会问题的另一种思路，即针对不同的技术事实，专家的资质因案而异，但可以通过确定标准化的审查流程来提供有效的外部监督。

（三）申请期间的局限

申请期间的规定，犹如一把"双刃剑"，用得好有利于提高诉讼效率，避免给对方当事人造成程序上的突袭，防止诉讼过分拖延，查明案件事实，用得不好也可能会成为回避适用专家辅助人程序的"法律依据"。从法律语言的表述方式来分析，严格意义上讲，法律规范采用的是"可以"而非"应当"，是否可以作另一种解读，当事人也可以在举证期限届满后提出，那么此处规定"申请期间"的意义何在？虽然前文展示出样本中仅有1例因申请超出举证期限而不予准许，但是审判实践中势必存在以此为由不予准许而未写入裁判文书的情形。

从法律规范的逻辑结构来分析，民诉法规定专家辅助人出庭有两种情形，一是代表当事人对鉴定意见进行质证，二是对案件事实所涉及的专业问题提出

---

❶ 毕玉谦：《辨识与解析：民事诉讼专家辅助人制度定位的经纬范畴》，载《比较法研究》2016年第2期，第99—111页。

❷ 刘鑫、王邈民：《论专家辅助人资格的审查》，载《证据科学》2014年第6期，第698—715页。

意见。在第一种情形下，前提条件是鉴定机构已作出鉴定结论，而此时举证期限往往已经届满；在鉴定机构未作出鉴定结论时，当事人对是否启动专家辅助人程序则难以确定。在第二种情形下，对技术类知识产权案件的审理，往往经过证据交换甚至庭审后，技术争点、难点才逐渐显露，难以符合申请期间的规定情形。民事诉讼"期间"是民事诉讼主体尤其是双方当事人为实施诉讼行为所应遵守的期限。故期间制度设计之良窳不仅攸关民事诉讼程序能否得以顺畅进行，更关乎当事人双方之诉讼利益能否得到妥适保护。❶

三、破茧：专家辅助人启动程序（图7）的重塑

（一）启动模式的选择：以当事人申请为主，以法院聘请为辅

作为启动程序的首道关卡，启动模式的选择，直接影响专家辅助人程序的发展进路。有观点认为，在当事人未申请的前提下，法院直接邀请专家辅助人出庭，确实可以解决当事人均不聘请专家而导致一些专业问题无法查清的问题，但这种做法是否妥当值得进一步研究。❷

由此，我们有必要回到专家辅助人程序设置的出发点，探究一下专家辅助人程序的功能价值。

1. 明晰功能价值

启动专家辅助人程序，有助于查明技术争点事实。所谓"术业有专攻"，随着科技日新月异，知识产权审判涉及的技术问题日趋复杂，已非一般知识范畴所能解决，即便以具有理工科背景的法官为核心，组建审理技术类案件专业法官团队，❸ 仅凭一己之力进行事实查明亦有困难。专家辅助人的重要性在于其结合专业背景知识，将技术争点事实中晦涩难懂的技术语言转化为法官能够理解的普通语言，辅助法官理解专门性问题；对所涉的技术问题充分发表意见，针对分歧较大、无法达成共识的问题进入讨论，在争论与辩驳中拨开技术迷雾，发掘事实真相。

启动专家辅助人程序，有助于补强当事人的质证能力。鉴定意见应当经过

---

❶ 占善刚：《民事诉讼"期间"的法律规制思考》，载《理论探索》2012 年第 4 期，第125—129 页。

❷ 沈明磊、董蕾蕾：《民事诉讼专家辅助人制度适用问题研究》，载《法律适用》2017 年第 1 期，第78—83 页。

❸ 张玲玲：《我国知识产权诉讼中多元化技术事实查明机制的构建——以北京知识产权法院司法实践为切入点》，载《知识产权》2016 年第 12 期，第32—37 页。

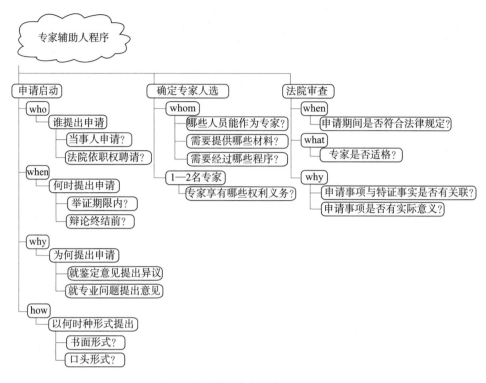

图 7　专家辅助人程序启动流程图

双方质证后，才能作为认定事实的依据。实践中，由于当事人或诉讼代理人不具备相应的专业知识，难以对鉴定意见展开充分有效的质证。于是，专家辅助人制度在此情境下应运而生。各地法院不断有法官提出，由当事人各自申请"专家"出庭，协助其对鉴定意见中有关专门性问题进行质证，能够取得很好的效果，并建议将这种做法在司法解释中固定下来，以解决审判实践中有关鉴定意见质证困难的问题。这就是 2001 年《证据规定》第 61 条出台的直接动因。❶

　　启动专家辅助人程序，有助于提高诉讼效率。与其他技术查明路径相比，专家辅助人程序耗费的审理周期较短，与简单知识产权案件的审理轨迹一致，无需额外扣除审理期间。例如，鉴定程序中仅确定鉴定机构及鉴定过程两个节点，短则耗费两三个月，长则需要半年至一年，且鉴定程序一经启动，审理将处于被动搁置状态。

---

❶ 窦淑霞：《法官对专家辅助人意见的采信与心证形成的路径分析》，载《法学杂志》2018 年第 2 期，第 108—123 页。

启动专家辅助人程序，有助于提高可接受性。与其他技术查明路径相比，专家辅助人程序能够有效供给外部监督和制约。例如，技术调查官作为审判辅助人员，其出具的技术调查意见不对外公开，如果意见被采纳，也是转化为合议庭意见体现在裁判文书中；专家咨询及专家陪审意见也不对外公开；专家辅助人意见则需经过庭询与质证，可接受性更高，如图8所示。

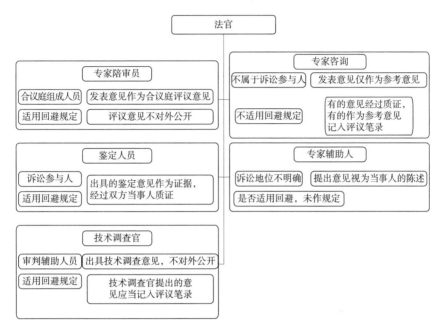

**图8　专家陪审员、专家咨询、鉴定人员、专家辅助人、
技术调查官诉讼地位及意见属性对比图**

从技术查明路径的五维模式看，为与辅助法官的技术调查官、专家陪审、专家咨询等形成对抗模式，设立辅助当事人的专家辅助人制度。从专家辅助人"倾向性"与"中立性"的争论中，我们不难发现如下问题：如果专家辅助人定位为辅助当事人，那么依法院聘请而启动的依据何在？如果通过其他查明路径无法实现时，当事人未申请专家辅助人，能否适用举证责任分配进行认定？如果法院聘请的专家作出不利于当事人的陈述时，其意见效力如何规避"视为当事人的陈述"之规定？因此，在梳理专家辅助人程序的功能价值后，还应进一步理顺专家辅助人的诉讼地位。

2. 理顺诉讼地位

首先，专家辅助人不同于证人，前者是通过共享专业知识帮助查明事实，后者是陈述所经历的客观事实。其次，专家辅助人不同于诉讼代理人。虽然均基于专业知识辅助当事人陈述意见，但前者是以自己名义进行陈述，后者是以当事人的名义进行诉讼。虽然《民诉法解释》第 122 条规定专家辅助人陈述意见视为"当事人的陈述"，但这种规定实际"混淆了意见证据和言词证据，忽视了专家辅助人的职业操守，弱化了专家辅助人意见的效力"。❶ 再次，专家辅助人不同于鉴定人。两者的资格标准、意见采纳、费用负担均有明显区别。最后，《民诉法》对专家辅助人的规定设置在"证据"章节，未列入"诉讼参与人"章节，故从法律规范体系来看，现阶段专家辅助人尚不属于诉讼参加人中的当事人、诉讼代理人，也不属于证人、鉴定人。

综上，应当赋予专家辅助人独立的诉讼参与人地位。首先，从专家辅助人的功能价值分析，其出庭提供意见，是根据自己的专业背景及专业知识，对鉴定意见辅助当事人进行质证，对所涉及的技术争点进行说明。法官对专家辅助人意见是否采纳，仍然是综合考量案件的所有证据作出认定，不能将诉讼地位与意见效力简单等同。理论界与实务界对专家辅助人的"倾向性"提出质疑，认为从法官角度而言，专家辅助人制度一方面可能会揭露科学证据存在的问题，但另一方面其倾向性可能会造成其提出的意见有所偏颇，从而可能会使本来就对科学证据有所困惑的法官对所涉专业问题更加困惑。❷ 其次，从诉讼程序规则层面分析，专家辅助人出庭参与庭审活动，应当受到尊重与保护，赋予其相应的诉讼权利，接受庭审规则的约束。

3. 启动程序设计

① 申请启动的形式设计。尽管现行法律规范未对申请专家辅助人的形式作出规定，但当事人申请专家辅助人的，应当提交书面申请，载明申请事由、专家辅助人名单等。

② 依职权启动的条件设计。专家辅助人制度，固然能够帮助法官查明技术事实，但应以当事人申请启动为主，以法院依职权启动为辅。法院依职权启动时，应合理限定启动条件。具体而言，在其他四维查明路径无法适用时，当事人不申请专家辅助人程序，无法进一步查明技术事实的，或虽可适用其他查明路径，但基于诉讼经济原则，启动专家辅助人程序更便于迅捷查明技术事实

---

❶ 窦淑霞：《法官对专家辅助人意见的采信与心证形成的路径分析》，载《法学杂志》2018 年第 2 期，第 108—123 页。

❷ 朱晋峰：《以审判为中心诉讼制度改革背景下科学证据审查的困境及出路》，载《法律适用》2018 年第 13 期，第 113—123 页。

的情形下，法院可依职权启动该程序。回应上述问题之一，即能否通过举证责任分配规则进行认定，而无需法院依职权启动该程序。举证责任分配规则的适用，是法官依靠现有证据仍无法查明事实时的最后一条路径。赋予有限度的法院依职权启动效力，也是降低被上级法院撤销发回裁判风险的应对之策。

③ 依职权启动的配套设计。首先，法院依职权启动时，专家作出不利于一方当事人的陈述时，其意见效力如何认定。此处应适当突破"当事人的陈述"认证规则，法官应基于利益衡平的考量作出恰当的选择。其次，《民诉法解释》规定"费用由申请一方负担"，法院依职权启动时，该专家的费用如何分担。对此，出庭专家的费用标准应参照鉴定人员出庭费用的基础上，结合区域范围内教授、专家的课酬标准酌情予以确定。在费用负担方面，根据双方当事人胜诉、败诉的比例，结合当事人责任的大小，由双方按比例予以分担。

（二）专家资质：以形式要件为主，以实质要件为辅

作为启动程序的第二道关卡，专家资质的确定标准，现行法律规范未予明确，但通过实践逐渐形成了一套成熟的经验。

1. 确立审查要件

首先，应符合"明确"要件。专家辅助人应当是明确具体的，申请人应当提供专家的基本身份信息，如姓名、性别、身份证号码、工作单位、住所等。对于当事人仅提交申请，但未提供专家辅助人的相应身份信息，则不予准许该申请。例如，在泰州市中级人民法院（2013）泰中知民初字第 0076 号民事判决中指出："本院认为，申请专家辅助人到庭提供意见，应当由申请方提出具体的专家人选，但本案中，被告并没有能提出具体的人选，法庭也无法通知相关的技术专家到庭。"

其次，应符合"形式"要件。确立专家资质的原则性要件，即具备与待查技术事实相对应的专业知识、技能、经验，而非要求必须具有高学历、高职称或权威的学术地位。无论专家辅助人在诉讼中的地位如何，他首先是专家，两大法系的共同点是：专家必须是具备专业学识或经验、技能的人。[1] 采用较为宽松的形式审查标准，符合专家辅助人的功能定位，也能更好地满足诉讼需求。参考域外司法经验，如《美国联邦证据规则》第 702 条规定，专家证人基于通过专业学习或特殊培训而获得的知识和经验提供证据，这些知识和经验

---

[1] 胡震远：《我国专家证人制度的建构》，载《法学》2007 年第 8 期，第 92—97 页。

允许他们以某种方法对事实认定者感到不明白的数据进行拼合或解释。专家证人并不仅仅限于科技方面的专业知识,只要在各方面有一定特殊了解的证人都可以成为专家证人。❶ 同时,可适当考察如下因素:①所获的相应学历资质;②在相关领域的从业时间;③是否获得相应专业资格认证;④所获得的奖励及荣誉;⑤如特定地域范围内建立有知识产权专家库,该专家是否列入专家库名单;⑥如建立行业协会的,该专家是否具备行业协会会员资格。专家辅助人既可以是当事人内部人员,也可以是外部人员,还可以是外国专业技术人员。

再次,特定情形下专家应符合"实质"要件。对重大疑难、影响较大、新类型和在适用法律上有普遍意义的案件,专家辅助人对相应的专门知识具有一定的研究深度,比如在该技术领域具有专业研究成果或权威的学术地位。

最后,不具备"一票否决"的禁止情形。对于具有如下因素的人员,不予准许作为专家辅助人:①受过刑事处罚的;②在学术资质和技术能力等方面存在造假情形的;③曾提供过虚假、明显违背科学知识意见的;④在一个审判程序中作为审判组织成员或其他诉讼参与人身份参与过案件诉讼活动的;⑤具有不宜作为专家辅助人的其他情形。

考察 155 例研究样本,实践中对专家资质的审查标准均较为宽松。但采取宽松的审查标准,设置形式审查要件,并不等同于审查流于表面。针对以申请专家辅助人为名,实为拖延诉讼程序,设置诉讼障碍的,法院应遵循诚信诉讼原则,审查时作出大胆回应,对未提供明确专家人员,或申请的专家明显不具备专业知识等,应不予准许该申请,如图 9 所示。

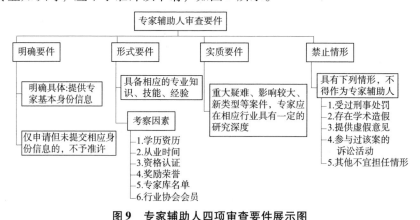

图 9　专家辅助人四项审查要件展示图

---

❶　蔡颖慧:《对抗制危机中的专家证人制度》,载《河北法学》2014 年第 9 期,第 74—83 页。

2. 设置配套程序

首先，对准许当事人申请的，法院应及时制作并送达通知书，并载明申请事项、审查依据、审查结果及专家基本信息，于开庭前三日送达各方当事人。

其次，向专家送达权利义务告知书和出庭通知书。专家应享受与其他诉讼参与人同等程度的尊重与保护，赋予其相应的权利及义务，如图 10 所示。

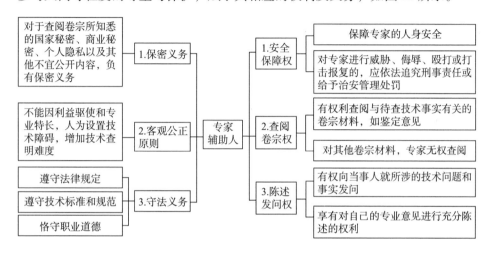

图 10 专家辅助人的权利和义务展示图

再次，专家出庭时应签署保证书，保证其提供的专业意见真实，如虚假陈述应承担相应的法律责任。对拒绝签署保证书的，不得作为专家辅助人出庭提供意见，并自行承担相关费用。

最后，建立专家不良记录库，在区域内法院实现信息共享。对于专家提供虚假或明显违背科学知识的陈述意见，应当纳入不良记录名单，当该专家再次被申请为专家辅助人时，通过信息共享，可将上述不良记录纳入资格审查的决定因素。

（三）申请期间的固定：以辩论终结前提出为宜

对申请期间的规定，主要是基于避免证据突袭以及诉讼经济原则的考量，这也与鉴定程序中"可以在举证期限届满前提出"的规定一致。然而，无论从法律规范的逻辑性分析，还是对审判实践的运行考察，都验证了应将申请期间突破至"辩论终结前"为宜。

1. "举证期限内"的局限性

首先，专家代表当事人对鉴定意见进行质证的，隐含前提是已作出鉴定结论，但此时举证期限已届满。其次，考察其他案件中举证期限的适用情形，尤其是在基层法院审理的案件，当事人的举证能力具有一定的差异性，超过举证期限进行举证的案件占有一定比例。在程序价值与实体价值权衡的情形下，为避免案件被改判发回的风险，法官倾向于实体价值优先，即以查明案件事实为首要考虑因素。再次，申请专家辅助人出庭的案件通常是疑难复杂的技术类知识产权案件，往往会经历庭前会议或证据交换，固定争点后，再经过一次至两次庭审完成事实查明。单纯限制在举证期限届满前提出申请，对此类案件并不具有实际操作意义。

2. "辩论终结前"的适宜性

首先，法庭辩论终结，一定程度上表明在固定诉请与答辩意见后核查证据，对案件的法律适用充分听取当事人辩论意见后，法官对案件事实已基本查明。其次，法官在审查时着重考虑以下问题：一是审查当事人申请事项是否与案件事实认定具有关联性，是否具有实际意义。对于不具有关联性或实际意义的，虽在申请期间内提出，法官仍应履行审查职责，作出不予准许的通知。二是对于法庭辩论终结后提出申请的，尤其对于恶意提出申请，阻碍庭审进程、拖延诉讼的，应适用诚实信用原则予以严格审查，并进行相应处罚。在现有法律规范的情形下，应慎重适用《民诉法解释》第 122 条规定，作出不予准许的决定。因为该项规定采用的表述为"可以"而非"应当"，对超期申请的处理结果会因法律术语的不同表述产生争议。

四、结语

专家辅助人制度具有两面性，既有功能价值优势，也有专家技术话语权垄断的倾向。若不能深刻把握好其中的内在规律，就有可能使该项制度的弊端大于其益处。因此，本文对专家辅助人程序的重塑，以回应与解决审判实践中启动需求与困境为首要考量因素，突显专家辅助人专业知识的共享机能，仍坚持专家辅助人意见陈述的客观性与科学性，为专家辅助人制度的发展进路提供更为广阔的空间。

公司法人格否认制度在知识产权纠纷中的适用

谭卫东　汤家丽[*]

摘　要　随着经济社会的发展及我国知识产权保护力度的提升，公司股东在知识产权纠纷案件中被列为被告的情况越来越多。公司法人格否认制度本身比较复杂，且我国制定的相关规则又比较原则性，在司法实践中的应用存在着重重困难。在厘清债权属性的前提下，如何判断是否适用公司法人格否认制度要件，如何确定各要件在司法实践中的判断标准，如何划定公司法人格否认后的责任承担，成为解决此类知识产权纠纷的难题。因此，本文尝试通过具体案例来分析阐述公司法人格否认制度的适用条件及司法裁判思路。

关键词　知识产权　法人格否认适用要件　人格混同　人格滥用

一、问题的提出

在知识产权纠纷案件中，原告将公司股东与公司作为被告一并起诉或者在诉讼过程中追加公司股东作为被告的情形越来越多。若原告能够提交充分证据证明公司股东需要对公司债务承担责任的，则股东一般会被法院判决对公司债务承担连带责任。但是，对于公司股东承担责任的依据，各地法院存在不同意见：是适用侵权法中的共同侵权还是适用公司法中的公司法人格否认？

江苏省高级人民法院发布的 2016 年江苏法院知识产权司法保护十大典型案例之一——原告樱花卫厨（中国）股份有限公司与被告苏州樱花科技发展有限公司、屠某灵等商标侵权及不正当竞争纠纷案，法院审理后认为屠某灵、余某成在明知樱花卫厨（中国）股份有限公司享有"樱花"系列注册商标及

　＊　谭卫东，广州知识产权法院四级高级法官。审理过佛山市南海区蓝飞加工厂诉胡某亮专利权宣告无效后返还费用纠纷案等精品案件。汤家丽，中共党员，现任广州知识产权法院商标著作权审判中心法官助理。

商誉的情况下，通过控制苏州樱花科技发展有限公司等四家公司来实施侵权行为，其个人行为在该案侵权关系中起到了重要作用，于是判决屠某灵、余某成和苏州樱花科技发展有限公司等四家公司构成共同侵权，对该四家公司所实施的侵权行为产生的损害结果承担连带责任。由此可见，该案作出裁判所适用的法律逻辑是侵权责任法中共同侵权思路，而并非公司法人格否认思路。

最高人民法院在 2013 年发布的第 15 号指导案例❶中认为，该案的债务人公司与其两个兄弟公司构成"人格混同"，参照《公司法》第 20 条第 3 款之规定，判决两个兄弟公司对债务人公司的债务承担连带清偿责任。该指导案例的裁判要点确认了以下两个规则：第一，如果关联公司在财务、人员、业务等方面存在交叉或混同，相互之间无法明确区分各自的财产，那么关联公司之间构成人格混同；第二，关联公司构成人格混同导致债权人利益受损的，关联公司均需要对相互之间的外部债务承担连带责任❷。最高人民法院对该案的处理采取的裁判思路是因公司构成"人格混同"而否认公司法人的独立人格地位。

上述两个案件中公司股东承担责任的依据各不相同，由此可见，知识产权纠纷案件中往往夹杂着较为复杂的多元法律关系，个案的特殊性决定了举证责任的承担、赔偿责任分配的多样性。公司法人格否认制度的适用是司法实务中争议较大的问题。我国《公司法》第 20 条第 3 款仅是公司法人格否认制度原则性的规定，并未明确具体的适用规则，从而给司法实务带来了诸多困难。笔者认为，有必要分析公司法人格否认制度在适用过程中常见的争议点，通过理论研究和实务调研，整理归纳出一套规范的裁判规则。

二、公司法人格否认制度的相关理论及构成要件

（一）相关理论

公司法人的独立地位与股东的有限责任是现代公司法中最重要的两个原则。股东与公司在法律上是分别独立的主体，各具独立的法律人格，股东以其出资额为限对公司债务承担有限责任，公司对外承担责任的基础和范围是其全部财产。司法裁判应当尊重公司法人的独立地位和股东的有限责任。但是，现实生活中，某些公司股东利用公司法人独立的地位和股东有限责任来谋取不正

---

❶ 徐工集团工程机械股份有限公司诉成都川交工贸有限责任公司等买卖合同纠纷案。

❷ 该案的一审法院为江苏省徐州市中级人民法院，案号为（2009）徐民二初字第 0065 号；二审法院为江苏省高级人民法院，案号为（2011）苏商终字第 0107 号。

当利益或者实施侵权行为，通过各种手段逃避债务，从而损害了公司债权人的利益。股东有限责任是债权人利益与股东利益产生冲突的根本性原因，如何解决两者之间的冲突又是公司法的永恒话题。因此，作为调和两者利益冲突的"公司法人格否认制度"势必会承担更多的义务。

"公司法人格否认"（Lifting the veil of Incorporation）是美国法院于1905年在一个具体案件中首创的判例法原则❶，桑伯恩（Samborn）大法官在此案中明确地阐明了否认公司法人格的基本思想："作为一般原则，公司应当被看作法人并具有独立的人格，除非存在充分的相反理由；但是，如果公司的法人人格被用以阻挠公共利益、将错误正当化、保护欺诈行为或者为罪行辩护，那么在法律上就应当将公司视为人的集合体❷。"显然，"公司法人格否认"有着内在的价值取向——任何权利的行使均不得损害社会和他人的利益，目的在于实现一个"矫正的正义"。而在我国，公司法中规定的"公司法人格否认"制度是公司债权人诉请股东承担连带债务清偿责任的请求权基础。为了设立一个明确的法律标准来衡量股东滥用公司法人独立地位和股东有限责任的行为，我国于2005年修订的《公司法》第20条第3款❸首次正式以一般规则的地位确立了公司法人格否认制度，第64条❹则以特殊规则的地位确立了公司法人格否认制度。

公司法人格否认制度，亦可称"揭开公司的面纱"，是指在普遍承认并尊重公司法人独立地位和股东有限责任的前提下，在特定的债权债务关系中否认债务公司的独立人格，令其股东对公司债务承担连带责任，以免债权人的利益因股东滥用公司人格的行为而受到损害的法律制度❺。设立该制度的主要目的是防止股东滥用公司法人的独立地位，对股东有限责任进行特殊的限制，以此来调整因股东滥用公司法人的独立地位行为而导致的利益失衡，保障债权人的利益。

---

❶ 1905年美国法院的"美国诉密尔沃基冷藏运输公司"案（U. S. V. Milwaukee Refrigerator Transit Co.）。

❷ Michael Richardson, The Helter Skelter Application of the Reverse Piercing Doctrine, 79 U. Cin. L. Rev. 1629（2010）.

❸ 该条款的内容是："公司股东滥用公司法人独立地位和股东有限责任，逃避债务，严重损害公司债权人利益的，应当对公司债务承担连带责任。"

❹ 该条款的内容是："一人有限责任公司的股东不能证明公司财产独立于股东自己的财产的，应当对公司债务承担连带责任。"

❺ 毛卫民：《一人公司"法人格滥用推定"制度的法理评析兼论公司立法的价值抉择》，载《现代法学》，2008年第3期，第162—167页。

（二）构成要件

当法律赋予的公司法人独立地位和股东有限责任偏离了其设立的正当目的，被当事人利用牟取不当利益、损害他人权益时，法院可以在个案中基于公平原则而否认公司的法人独立地位。虽然我国《公司法》设立了公司法人格否认制度，但关于该制度的法律规定仅是原则性的，并未对"公司股东滥用公司法人独立地位和股东有限责任"进行定义，亦未明确其构成要件，而是赋予法官自由裁量权。❶ 无论是学术界还是实务界，对公司法人格否认制度的适用均为"慎重适用""从严掌握"的立场，最高人民法院在 2013 年发布的第 15 号指导性案例即反映了上述立场。

理论研究表明，公司法人格否认制度在司法实践中的适用要件为：

第一是主体要件。实践中最具代表性的观点认为，公司法人格否认制度的适用主体只能是公司债权人。笔者认为，根据债权的"相对性"原则，债权人仅能对特定的债务人行使请求权。此处的"债权人"应当是指狭义的债权人，包括自愿债权人和非自愿债权人。有学者提到，应当将该制度的适用主体扩展到"利益相关者"，除了狭义的债权人外，还应当包括员工、顾客、社会团体、国家等其他利益相关者，从而进一步约束公司履行社会责任。❷ 笔者认同此观点，应当将主体要件定义为广义的债权人，现代公司企业是一个由投资者、劳动者及消费者等多种民事主体所组成的有机体，兼具营利性和社会性。公司的法人独立人格不仅与股东相联系，与其利益相关者也是紧紧联系在一起的，应当将利益相关者也纳入公司法人格否认的诉求主体范围。

理论研究学者对行为人的主观要件是否应当纳入考量范围的问题上也存在较大的争议。众所周知，行为人的主观意识状态难以通过直接证据予以证明，如果坚持过于严格的举证责任分配制度，那么就会增大债权人的举证难度，诉讼程序就难以开展下去，同时也加大了法官适用公司法人格否认制度的难度。因此，部分学者认为可以将主观要件纳入考量范围，但是只要有足够证据证明股东客观上存在滥用公司法人独立地位的行为，那么就可以直接推定股东存在

❶ 石冠彬、江海：《公司人格否认制度在认缴登记制中的适用》，载《江西社会科学》2015 年第 12 期，第 174—183。

❷ 雷兴虎、刘斌：《拓宽公司法人格否认诉求主体之范围－强化公司社会责任的最佳途径》，载《西南政法大学学报》，2010 年第 5 期，第 81—89 页。

故意逃避债务的主观恶意❶。此种做法既降低了债权人的举证难度，节约了司法资源，又提高了公司法人格否认制度的适用效果。

第二是行为要件。主要是指股东存在"滥用"公司法人格的行为，主要包括以下两类：一是股东通过各种方式使得公司与股东完全混同的行为，表现为公司与股东的财产混同、业务混同和机构混同；二是股东利用公司法人格来实施逃避法定义务和契约义务的行为，通过合法形式掩盖其非法目的。

第三是结果要件。"滥用"的结果须是损害他人或者社会的利益。如何判断因滥用公司法人格的行为所造成的损失？笔者认为，应当考量受损害的主体和损害的范围，前者如公司债权人、其他第三人、国家及社会等主体，后者如已经实际发生的损失及预期利益的损失。同时，滥用行为与利益损害之间要存在直接的因果关系。因此，在司法实践中就须要求债权人提供充分证据证明其利益受损与股东的滥用行为之间存在直接因果关系。

三、我国公司法人格否认制度的发展历程及不足之处

公司法人格否认制度在我国的立法实践和理论研究起步较晚。在 2005 年以前，我国《民法通则》及《公司法》均未有公司法人格否认的法律规定，只是在司法实践中通过适用民法中的"诚实信用"和"禁止权利滥用"两大基本原则来间接地、合法地适用公司法人格否认制度，在一定程度上保护因股东滥用公司法人格而遭受利益损害的债权人。我国首次以成文法的形式确立公司法人格否认制度是在 2005 年对《公司法》进行修订，修订后的《公司法》第 20 条第 3 款确立了一般规则❷，第 64 条设置了特殊规则❸。

随后，公司法人格否认制度的进一步发展和完善主要是通过指导性案例和司法解释的形式来实现，将不具有股东身份的关联公司、实际控制人纳入这项制度的规制对象范围。指导性案例主要是指上述最高人民法院 2013 年发布的第 15 号指导案例。司法解释主要是指《最高人民法院关于适用〈中华人民共和国公司法〉若干问题的规定（二）》（以下简称《公司法司法解释二》），该司法解释中的第 18 条、第 19 条、第 20 条、第 22 条分别从清算程序的设立、

---

❶ 张晓腾：《论公司法人格否认制度在我国司法实践中的适用》，华东政法大学 2019 年硕士论文。

❷ 该条款的内容是："公司股东滥用公司法人独立地位和股东有限责任，逃避债务，严重损害公司债权人利益的，应当对公司债务承担连带责任。"2013 年、2018 年修订的《公司法》继续保留此条款。

❸ 该条款的内容是："一人有限责任公司的股东不能证明公司财产独立于股东自己的财产的，应当对公司债务承担连带责任。"2013 年修订为《公司法》第 63 条。

履行等方面对股东、董事、控股股东、实际控制人进行规制，进一步丰富了公司法人格否认制度的适用规则。

最高人民法院于 2019 年 11 月 15 日发布了《全国法院民商事审判工作会议纪要》，再次强调了公司法人格否认制度，并对于该制度的适用提出了"坚持慎用、当用则用、个案处理"的原则，要求审判既不能动摇公司法人格独立和股东有限责任制度的基石，又要敢于运用《公司法》第 20 条第 3 款揭开公司面纱，综合判断，从而保障当事人的合法权益。《全国法院民商事审判工作会议纪要》还提出，准确把握《公司法》第 20 条第 3 款规定精神，在适用公司法人格否认制度时需要严格审查以下三个方面：第一，适用的前提条件，即股东在客观上实施了滥用公司法人独立地位和股东有限责任的行为且该行为导致公司债权人利益严重受损。判断是否受损，主要是指由于股东的滥用行为导致公司财产不足以清偿公司的债务。第二，适用的对象范围，即只有实施了滥用行为的股东才需要对公司债务承担连带清偿责任，其他股东无需承担责任。第三，适用的效力范围，即在特定的诉讼案件中适用，仅限于该诉讼中的各方当事人，不能延伸至其他诉讼，不影响公司独立法人资格的存续。该纪要还列举了实践中常见的人格混同、过度支配与控制、资本显著不足等"滥用"情形。

2020 年 5 月 28 日，第十三届全国人民代表大会第三次会议表决通过了《中华人民共和国民法典》，我国以法典的形式进一步确立公司法人格否认制度。《民法总则》中的第 83 条第 2 款再次重申了该制度的内涵，并进一步明确其在我国法律体系中的重要地位；第 84 条对该制度适用的责任主体范围进行了扩大。

从上面的梳理来看，公司法人格否认制度在我国从初步建立到逐渐完善，经历了较长的理论探讨及实践检验阶段。但经过研究分析，可以看出上述制度存在着一定的不足：

① 如何解释该制度中的诉求主体范围？采用广义"债权人"还是狭义"债权人"的界定标准？哪些主体能够适用该制度来保障自身的利益？

② 行为人的主观状态是否应当纳入构成要件范围？如何理解并审查法律规定中的"滥用""逃避"行为？若要将主观状态纳入构成要件，又当如何认定？

③ 结果要件中的损害后果如何认定？如何界定"无力清偿"的性质和范围？股东是否具有先诉抗辩权？"公司债务"的范围如何划定？

④ 股东的责任性质是违约责任还是侵权责任？连带责任是一般连带责任还是补充连带责任？

若要推动公司法人格否认制度在我国正确、统一、适当地运用，就必须解决上述问题，提出明确的法律规则。

四、公司法人格否认制度在知识产权纠纷中适用的案例分析

民法中关于债的分类主要有四种：契约之债、侵权之债、不当得利之债和无因管理之债，而公司对外所负之债绝大多数属于契约之债与侵权之债。但纵观我国的司法实践，法官在侵权诉讼中适用公司法人格否认制度的情形较少，在契约之债和侵权之债中对这项制度的适用采用不同的裁判规则的更少。在我国，虽然公司立法中并未限定具体"债务"的类型，但是可以在知识产权纠纷案件中主张适用公司法人格否认制度的主体既有契约之债的债权人也有侵权之债的债权人。从目前的司法实践经验来看，公司法人格否认制度能够适用在契约之债中已形成了共识，但该制度能否适用侵权之债仍存在一些分歧。其实，侵权之债与契约之债的债权内涵及价值相似，诸多理论研究和司法实践均表明公司法人格否认制度可以适用在侵权之债中。确立了此认识，就可以提高法官对公司法人格否认制度的理解，正确把握其适用标准及适用领域。

知识产权民事诉讼案件类型包括：知识产权侵权纠纷案件、知识产权合同纠纷案件、知识产权权属纠纷案件。《民法典》第118条对何为债权进行了定义❶，在上述类型案件中，债务的形成原因不同、债务类型不同，要根据不同债务类型及属性实施不同处理方法：

① 侵权之债。当事人依法取得的人身权、物权、知识产权等权益，他人不得侵犯。若他人实施了侵权行为，则会对权利人利益或社会秩序产生不良影响。为了防止及减少不法侵害行为的发生，立法部门特定设立了侵权行为责任制度。当权利人的权益受到不法侵害时，侵害行为人和权益受害人之间就产生了特殊的法律关系。此时，在法律上，侵害人被称为债务人，受害人被称为债权人，受害人享有要求侵害人对其侵害行为所造成的损害后果承担法律责任的请求权，侵害人负有向受害人因其侵害行为所造成的损害后果承担法律责任的义务。

---

❶ 该条款的内容是："民事主体依法享有债权。债权是因合同、侵权行为、无因管理、不当得利以及法律的其他规定，权利人请求特定义务人为或者不为一定行为的权利。"

② 合同之债。民事主体为了实现某种目的，将其人身权益、物权和知识产权以某种形式在不同主体之间有序流通起来，由此产生特殊权利义务的债权债务关系被称为"合同之债"。在履行契约的过程中，若债务人能够诚信依约履行其合同义务，则债权人设立该契约的目的能够实现，社会秩序得以正常维持；若债务人违背诚信不履行其合同义务，则债权人设立该契约的目的就会落空，社会秩序可能会遭到破坏。为了防止和减少违约行为的产生，立法部门特定设立了违约行为责任制度，规制违约者的不诚信行为。

③ 权属之债。权属纠纷一经确定，即会引向侵权纠纷或者合同纠纷，故关于该债务的属性及处理，可以参照上述侵权之债和合同之债的规定。

下面，笔者将结合自身审理的几个典型案例，整理并归纳公司法人格否认制度在知识产权纠纷中的适用情况：

（一）人格混同

1. 关联公司

在原告珏睿公司与被告长维公司、延梦公司、刘某光知识产权合同纠纷案中，珏睿公司与长维公司签订《游戏推广合作协议书》，共同运营手机游戏《放开那三国 2》。根据合同约定，长维公司应按月支付珏睿公司运营合作收益分成。然自 2017 年 5 月起，长维公司便一直拖延拒不支付相关收益分成。2017 年 8 月 3 日延梦公司的法定代表人刘某光偿还了部分分成款 50000 元。珏睿公司认为，长维公司于该案合同约定的运营平台为 www. yanmengplay. com，该平台的主办单位为延梦公司，同时在本次合作履行过程中，延梦公司的法定代表人刘某光作为实际付款人出现，由此可知，延梦公司亦为本次合作的主体之一，应共同连带承担相应的法律责任。同时，鉴于在前期运营款项支付的过程中，刘某光屡次通过自己的私人账户向珏睿公司支付部分运营款项，因此，珏睿公司主张刘某光和延梦公司构成公司法人格混同，刘某光应承担相应的连带赔偿责任。经审理，笔者认为长维公司与延梦公司之间存在合作关系，长维公司使用延梦公司的平台自行运作。由此可见，第一，两者存在交叉经营的关系。第二，刘某光将其所持有的延梦公司 99% 的股权转让给长维公司持有，长维公司持有延梦公司 99% 的股权，长维公司与延梦公司之间存在控制和被控制的关系。第三，延梦公司确认其将公司的银行账号、法定代表人刘某光的个人银行账号及网站后台信息等向长维公司进行了移交，其行为表明两者之间存在财务混同的情形。综合上述分析，该案合同的相对人名义上是长维公司，但在实际履行中不能证明是长维公司独立完成该案合同义务。长维公司和延梦公司表面上是独立存在的公司，但两公司之间存在经营混同、财务混同，实际上构成了公司的人格混同。因此，延梦公司应当对长维公司的该案债务承担连带清偿责任。另外，刘某光名下的银行账号向珏睿公司支付该案合同的分成款，但其付款行为并不能证明其个人财产与延梦公司的财产存在混同。且在2017年刘某光将其所持有的延梦公司的股权转让后，其并非延梦公司的股东，不符合《公司法》关于股东滥用权利损害债权人利益的规定，故珏睿公司认为刘某光与延梦公司构成法人格混同没有事实和法律依据，未予采纳其要求刘某光对长维公司、延梦公司的债务承担连带清偿责任的诉讼请求。

该案涉及认定法人格是否混同的两种情形极具代表性，包括长维公司与延梦公司的法人格是否混同及延梦公司与刘某光之间是否构成法人格混同。该案合同的相对人名义上是长维公司，但在实际履行中不能证明是长维公司独立完成该案合同义务。长维公司和延梦公司表面上是独立存在的公司，但两公司之间存在经营混同、财务混同，实际上构成了公司的人格混同。该案的裁判思路参照适用最高人民法院2013年发布的第15号指导性案例，类推适用《公司法》第20条第3款的规定。

当前，我国《公司法》未对关联公司的定义及内涵作出明确规定，但可以从其他行政法规中查找相关的内容。最高人民法院案例指导工作办公室在2013年发布的第15号指导性案例的解读中明确可以参考相关行政法规来认定何为关联公司❶。相关的行政法规应该是指以下两个规定：国务院2007年颁布的《企业所得税法实施条例》第109条，主要从资金、经营、购销、与第三方联系等方面的控制关系来判断是否关联；国家税务总局2009年发布的《特别纳税调整实施办法（试行）》第9条，详细列举了可以构成关联关系的8种情形，对《企业所得税法实施条例》第109条进行了细化，实务操作性更强了。

关于如何认定"人格混同"，笔者认为可以参照最高人民法院案例指导工作办公室关于关联公司是否构成人格混同的考量因素：①表征因素，例如财务混同、人员混同、业务混同；②实质因素，形成公司即股东、股东即公司；③结果因素，债权人利益严重受损，不适用公司法人格否认将无法保障债权人利益。❷

---

❶ 最高人民法院案例指导工作办公室：《指导案例15号〈徐工集团工程机械股份有限公司诉成都川交工贸有限责任公司等买卖合同纠纷案〉的理解与参照》，载《人民司法（应用）》2013年15期，第34—37页。

❷ 同❶。

何为"公司法人格形骸化"？其实质就是公司与股东完全混同，公司完全由其背后的股东控制或支配，股东将自己的意思强加于公司之上，公司丧失了独立的决策能力，而成为股东的另一个自我或成为其代理机构和工具❶，主要表现为财产混同、业务混同和机构混同。

（1）财产混同，是指公司的财产与股东的财产无法明确区分。现实生活中的表现形式主要有以下三种：一是账簿混同，公司与股东共用账簿；二是收益混同，公司收益与股东收益共同放在同一个存储地方；三是财产互转，公司财产与股东财产随意互相转化。值得注意的是，不能简单地认为公司与股东之间有资金往来即存在财产混同，需要区分资金往来的合法性与非法性。当资金往来具有合法性时，应当从交易方式、交易目的、钱款用途等方面进行审查，保护正常的商业往来。当资金往来属于非法性时，其表现为股东对公司财产的挪用、侵占或者抽逃出资时，法律另有特别规定对这些行为进行处理，并不必然适用公司法人格否认制度。

（2）业务混同，是指公司的业务和股东的业务存在交叉混淆。主要表现为公司与股东共同经营同一业务，无法区分交易主体，交易形式、业务人员、业务物资等方面存在混淆。在认定业务混同时，应当采取较为严格的标准，"无法辨认"应当达到较高的程度。此时就需要正确区分母子公司、集团公司在日常经营活动中实施了哪些控制手段，例如下达生产计划、调整经营策略、控制公司的合并分立等管理行为。我国公司法明确赋予了股东对公司的决策权，母公司或者控股股东通过股东会按照公司法或者公司章程行使表决权，决策公司的生产经营，属于合法行使权利。人格的独立并不意味着一切独立，特殊的管理制度只要在法律法规规定的范围内，且未导致业务不分的，应当尊重公司的"自治"，不能随意否定公司法人格的独立性。

（3）机构混同，是指公司与股东在组织机构上无法明确区分。主要表现为人员和场所的高度重叠，"一班人马、两块牌子"，管理层所作出的决策无法区分是代表公司的还是代表股东的，公司独立的意思表达荡然无存。但也存在一种例外情形——《公司法》第4条的规定，股东享有选择公司管理者的权利。而我国法律并不禁止管理人员在不同的公司进行兼职，因此不能简单地认为管理人员相同就存在着组织机构混同情形。

公司赖以生存及发展的基础是公司的全部财产，对外承担责任的形式也是

---

❶ 朱慈蕴：《公司法人格否认法理研究》，法律出版社1998年版，第150—152页。

公司的全部财产，所以在司法实践中对"人格混同"进行审查时，应当着重分析公司的财产状况。

2. 一人公司

在原告晶日公司与被告炬莹隆公司、陈某妮侵害外观设计专利权纠纷案中，晶日公司认为炬莹隆公司在未取得其许可的情况下，擅自实施了制造、销售、许诺销售与涉案专利相同或相近似的产品，构成侵权应当承担赔偿责任，并主张陈某妮是炬莹隆公司的唯一自然人股东，在不能举证证明其财产与公司财产独立的情况下，应当对炬莹隆公司债务承担连带清偿责任。经审理后，法院判决被告陈某妮对炬莹隆公司的债务承担连带清偿责任。

只有一个自然人或者一个法人的有限责任公司被称为"一人公司"，最明显的特征就是其股东的唯一性，没有设立可以相互制衡的股东会、董事会和监事会，公司与股东在财务、人员、场所等方面存在混淆。在诉讼中，起诉方主张适用公司法人格否认制度来要求唯一的股东对公司债务承担连带清偿责任。笔者审理的众多侵害外观设计专利权纠纷案件中，如果被告公司是自然人独资的企业，原告在起诉时会将公司股东同时列为被告，适用《公司法》（2018 年修订）第 63 条的规定来主张股东对公司债务承担连带清偿责任。该条款的规定将财产是否混同的举证责任分配至公司股东，实行举证责任倒置，与一般的"谁主张谁举证"的原则不同。在司法实务中，只要公司股东未能举证证明其个人财产独立于公司财产的，法院就会判决唯一的股东对公司债务承担连带赔偿责任。根据学者黄辉的实证研究，法院对一人公司是否存在财产混同的事实进行查明时，采用的是举证责任倒置规则，只要一人公司的股东无法举证证明其个人财产独立于公司财产，即构成财产混同，可以否定公司法人的独立人格。根据统计，在我国一人公司的法人格基于财产混同被否认的概率为100%，而美国相应的否认率为 49.64%，澳大利亚相应的否认率为 50%。❶

那么，一人公司的股东到底该如何举证？我们可以从《公司法》第 60条、第 61 条、第 62 条找到一些启示，上述条文规定一人公司要将公司章程和股东决议提交到相关部门进行备案，建立财务会计并按时进行审计。由于公司章程和股东决议是公司内部文件、形式性的，债权人对其真实性持有较高的否认态度。公司对外披露某一特定时期的经营成果、现金流动、交易往来等情况，往往需要通过财务会计报告的形式来完成，包括会计报表、会计报表标准

---

❶ 黄辉：《中国公司法人人格否认制度实证研究》，载《法学研究》2012 年第 1 期，第 3—16 页。

和财务情况说明书三部分，内容十分丰富，能够反映企业整体的经营和财务情况。因此，一人公司可以通过提交财务会计报告和审计报告来举证证明公司财产与股东财产相互独立。典型案例如应某峰诉嘉美德（上海）贸易有限公司、陈某美其他合同纠纷案❶，嘉美德（上海）贸易有限公司、陈某美在该案中向法院提交了一定时期内的财务报表和审计报告等一系列财务资料，拟证明公司唯一股东陈某美的个人财产与公司财产不存在混同，二审法院采纳了上述证据。

通过分析研究，笔者认为，是否应当否认一人公司的法人独立地位，可以遵循以下裁判思路进行判断：首先，进行举证责任分配并释明，要求一人公司股东提交证据证明其个人财产独立于公司财产；其次，如果股东提交了经审计的财务会计报告，那么可以认定其初步完成了举证责任；最后，要求债权人进行质证，如果债权人没有充分证据推翻上述财务会计报告的，则可以采纳债务人及其股东的抗辩意见，如果债权人提出异议和质疑，并要求债务人及其股东给出正当合理的解释时，若债务人及其股东不能给出合理解释的，则可以不采纳债务人及其股东的抗辩意见。

（二）人格滥用

1. 典型的滥用行为

在原告深圳市镜玩科技有限公司（以下简称镜玩公司）诉被告珠海约见网络科技有限公司（以下简称约见公司）、颜某、姚某侵害计算机软件著作权纠纷案中，镜玩公司认为约见公司的"咪聊"的 App 侵犯了其"兔聊 rabbit live"软件的著作权，并以颜某、姚某是约见公司的实际控制人为由主张颜某、姚某与约见公司共同实施了被诉侵权行为，应当共同承担侵权责任。

笔者认为，共同侵权应当具备以下要件：①侵权主体为两人或者两人以上；②侵权人之间主观上具有共同意思表示；③侵权人共同实施了侵权行为；④侵权人造成的损害后果在其共同意思的范围内。经审查后，认定镜玩公司提交的证据未能证明颜某、姚某在主观上与约见公司形成侵权合意，颜某、姚某与约见公司共同实施了侵权行为等事实，于是不认定颜某、姚某与约见公司构成共同侵权。但是，根据《公司法》第 20 条第 1 款和第 3 款的规定，股东承担连带赔偿责任的条件有：①公司股东滥用股东有限责任和公司法人独立地

---

❶ 载于 2016 年第 10 期《最高人民法院公报》。

位，过度控制公司，致使公司形骸化；②公司债权人的利益受到严重损害；③公司股东的行为与债权人的损害之间存在因果关系。

该案中，姚某作为约见公司的股东，在该案侵权行为中，将其在镜玩公司任职期间拷贝至其U盘的涉案软件源代码带至约见公司，提供给约见公司的技术人员进行拷贝，组织约见公司的技术人员对被诉侵权软件开发，并以约见公司的名义将开发完成的被诉侵权软件上传至互联网。因此，其在该案的侵权行为当中，实际上利用了其为约见公司股东的身份决定了被诉侵权软件的开发及以发布运营，以约见公司的名义侵害了涉案软件著作权人的权益，符合上述法律规定应对公司的债务承担连带责任的情形，故应当对约见公司在本案中应当承担的债务承担连带责任。

公司法人格被滥用的内在含义其实就是股东在背后控制着公司，利用公司获取不当利益。故在审查股东是否存在"滥用"行为的过程中，应当将支配要件与目的要件纳入考量范围并仔细分析。法官在个案处理时，应当分析股东的支配目的、支配行为、支配程度等方面及其轻重程度。如何判断"支配"要件？笔者认为，可以从公司与支配者之间是否存在实质同一性方面来判断，也即判断可否将公司与支配者视为同一体。对这方面因素的判断，可以借鉴关联公司人格混同的考量因素。"目的"要件的判断存在一定的难度，可以参考股东身份情况、公司设立过程等因素来综合判断。

公司股东利用公司独立法人格的地位获取利益，又以此为外衣开展侵害他人知识产权的活动，此种做法不仅损害了公司债权人的合法权益，扰乱了正常的社会秩序，而且破坏了法律本身的公平正义。

关于公司法人格否认制度构成要件中结果要件的判断，笔者认为，在知识产权侵权纠纷中，"损害填平原则"只是一种理想状态，权利人因他人的侵权行为所遭受的损失往往无法用金钱来衡量，技术被利用、市场被抢占、商誉被攀附后所带来的后果，无法通过事后的金钱赔偿来恢复。因此，审理知识产权侵权案件，衡量债权人的利益受损严重程度，除了要审查侵权行为人的公司偿债能力，还要审查侵权手段、侵权性质、是否重复侵权、受损利益恢复的难易程度等方面。因此，结果要件的审查亦应采取个案考量的裁判思路，不宜限定在固定的范围内。

2. 股东未依法清算

在原告张某甫与被告郑某源、郑某梅侵害外观设计专利权纠纷案中，张某甫主张广东荧光侠光学有限公司未经其许可，擅自制造、销售与其外观设计专利完全相同的侵权产品，该公司股东郑某源、郑某梅为逃避债务在2019年2月22日注销公司，但本案侵权事实发生在该公司注销前，而且该公司在作出注销公司的股东会议决议时，对公司因注销引起的债权债务已有承诺，另外，郑某源、郑某梅在清算时提供存在重大瑕疵的清算报告，足以影响清算的真实性和合法性，应属于未经清算即注销的情形，故要求郑某源、郑某梅对广东荧光侠光学有限公司的债务承担连带责任。经审理后笔者认为，郑某源、郑某梅作为公司股东和清算义务人，提供内容存在重大瑕疵的清算报告办理法人注销登记，应对公司债务承担赔偿责任。

而在另外一个案件中，则出现了不同的裁判结果。原告亿迅公司与被告黄某俊计算机软件开发合同纠纷案中，亿迅公司与黄某俊设立的蓝禧公司签订合同，约定亿迅公司为蓝禧公司开发"蓝禧食品科技营养岛二期项目"软件，蓝禧公司凭亿迅公司出具的发票以及付款通知书等资料付款。亿迅公司以蓝禧公司未按照合同约定付款、黄某俊作为蓝禧公司的唯一股东未将蓝禧公司解散清算事宜通知亿迅公司应当承担赔偿责任为由提起该案诉讼。笔者经审理认为蓝禧公司注销程序合法，亿迅公司请求黄某俊作为清算组成员承担赔偿责任的诉讼请求没有事实和法律依据，不予采纳。最终，以该案付款条件未成就，亿迅公司请求黄某俊作为蓝禧公司的清算组成员和公司股东赔偿损失的理由亦不能成立，驳回了亿迅公司的全部诉讼请求。

以上两案分别就股东是否依法履行了清算义务进行审查。《公司法司法解释二》第18条和第19条规定了涉及公司清算中人格否认制度的适用情形，否认的理由主要有：①怠于清算，指清算义务人怠于履行清算义务但未能造成清算不能的后果；②怠于清算致使公司无法清算；③怠于清算且恶意处置公司财产。如何判断"怠于清算"？法律法规并没有列举具体的行为或情形，这就给法官提供了较大的判断空间及裁量空间。笔者在此也无法总结归纳具有普适性的判断方法。但是，笔者注意到，《公司法司法解释二》与《公司法》在关于责任承担范围方面的表述有所不同：《公司法》第20条第3款的表述为"对公司债务承担连带责任"；《公司法司法解释二》第18条第1款的表述为"在造成损失范围内对公司债务承担赔偿责任"，第2款的表述为"对公司债务承担连带清偿责任"，第3款的表述为"对公司债务承担相应民事责任"；《公司法司法解释二》第19条的表述为"对公司债务承担相应赔偿责任"。《公司法》第20条第3款的责任承担主体是公司股东；《公司法司法解释二》第18条第1款、第2款以及第19条的责任承担主体为有限责任公司的股东、股份有限公司的董事和控股股东;《公司法司法解释二》第18条第3款的责任承担主体是实际控制人。从上述内容可见,责任承担方式和范围的不同存在着主体、行为、结果等方面的差异。司法实践中,法官对上述条文的理解和应用存在着较大的差异,从而导致裁判结果多种多样,特别是关于责任承担的划定方面各不相同。关于责任财产范围的界限具体应当在何处,当前学术界仍存在争论,笔者认为,在适用公司法人格否认制度时,可以从相关主体承担的责任形式以及承担责任后是否具有内部追偿权两方面综合考量,应当视具体的个案需求,将责任财产范围限定在合理范围内。想必立法者作出上述法律规定时,亦考虑到了这一点。

五、结语

股东滥用公司法人格在我国具有普遍性和严重性,发生在知识产权纠纷领域的情况越来越多,如何适用《公司法》第20条第3款变成司法实务中亟待解决的问题。落实公司法人格否认的原则性规定,关键在于为法官裁判提供具体的衡量标准,但是至今未有明确的法律条文供法官援引,公司法人格否认制度的适用在我国司法实践中存在重重困难。英美法系国家也是采用个案认定的方式来适用该项制度,始终亦未制定统一的认定标准。究其原因,应该是公司法人格否认制度自身的复杂性,适用与否、怎样适用的背后需要考量多层次的因素。当前,有部分法官开始了小心翼翼的尝试,但多数司法实务者在等待最高人民法院的司法解释。而在等待过程中,案例指导是较为适宜并有助于完善公司法人格否认规则的妥当方式。

在上文的具体案例分析中,笔者阐述了关联公司的人格混同判断标准、一人公司举证审查、人格滥用中损害结果的评估等内容,认为虽然公司法人格否认规则是一个个案适用的规则,但是通过不断积累类似的个案经验,还是可以逐步确立要件审查的标准、举证责任的配置、责任承担范围的划定等方面的指引性规范。

知识产权重复诉讼问题之司法应对

——以推进民事诉讼繁简分流改革为切入点

邹宇婷*

摘 要 知识产权案件不同于普通民事案件，存在侵权行为具有持续性、重复侵权现象严重、侵权范围广泛、不同部门法存在交叉重合部分等情况，致使重复诉讼问题在知识产权案件中突出爆发。进而引发一系列的连锁反应，不仅不利于纠纷一次性解决、容易导致矛盾裁决出现、影响诉讼程序安定性，也影响了目前司法系统大力推行的民商事案件繁简分流的效果。值此，本文通过实证分析及调查，重构了知识产权重复诉讼的审查要点，提出司法应对重复诉讼问题的本土路径，包括裁决主文列明停止侵害具体内容、裁决划分侵权损害赔偿范围、起诉时列明牵连案件情况、重复侵权列为惩罚性赔偿适用条件、创新推广行为保全及禁令等措施，并总结出多款裁判主文及说理的范式，力求为新一轮民事诉讼制度改革提供有益借鉴。

关键词 重复诉讼 知识产权 繁简分流

引 言

近年来，全国法院受理知识产权案件数量急剧上升，一方面体现出我国知识产权司法保护力度的不断加强，权利人愈加信赖司法诉讼维权方式，但另一方面无形中也给各地法院知识产权审判部门增加了巨大的审判压力。❶ 2020年，最高人民法院下发《民事诉讼程序繁简分流改革试点实施办法》，这次改革首次将部分知识产权案件纳入了小额诉讼的范畴，体现出简单知识产权案件

---

* 邹宇婷，广州市白云区人民法院法官。

❶ 参见近年来最高人民法院工作报告。

全面实现快审快结的导向。❶ 然而，随着知识产权客体价值的逐渐体现，侵权人重复侵权问题突出，由此引发的重复维权诉讼增多，❷ 简单的知识产权案件一旦面临重复维权问题，直接导致该案件无法快速审结。如何能在重复侵权案件中高效区分出真正意义上的重复诉讼，一直困扰着知识产权审判的理论与实践界。本文从司法实践中面临的典型案例出发，剖析知识产权重复诉讼问题增多的原因，探讨重复诉讼问题的实质，寻求减少或解决重复诉讼问题的本土路径，提出判决主文及查明认定部分的范式，以求减少审判实践中重复诉讼反复出现的乱象，推进知识产权民事诉讼繁简分流改革。

一、调研：知识产权重复诉讼的基本情况

（一）实证考察之三个典型案例

【案例一】A 公司两次起诉 B 公司，要求 B 公司停止商标侵权行为并赔偿损失，后案主张 B 公司的商标侵权行为发生在前案一审庭审辩论终结之后判决生效之前，B 公司抗辩后案构成重复诉讼。一审法院裁定后案构成重复起诉，二审法院认为发生既判力的判决只确认特定时刻双方当事人之间实体法律关系的状态，而不是确认所有未来双方当事人之间的实体法律关系的状态，该特定时刻应当是指双方当事人在诉讼进行中能够提起新的事实主张的截止时刻，也即是一审程序中法院对案件事实问题进行开庭审理当中，双方当事人辩论终结的时刻，遂认为后案并不构成重复起诉。❸

【案例二】A 公司两次起诉 B 公司，前案要求 B 公司停止使用被诉侵权标识的商标侵权行为，后案要求 B 公司停止使用被诉侵权标识的不正当竞争行为，两案的被诉侵权标识均一致，B 公司在后案中抗辩构成重复起诉。❹ 部分法院认定不构成重复诉讼，分别予以处理，部分法院在前案判决了停止使用侵权标识的前提下，后案中关于停止侵权部分表述为"不再予以重复处理"。

【案例三】A 公司诉生产者 B 公司及销售者 C 公司商标侵权及不正当竞争

---

❶ 详见最高人民法院《民事诉讼程序繁简分流改革试点问答口径（一）》第十一项问题。

❷ 潘从武、张蕾：《知识产权"重复侵权"问题因何难根除》，载《法制日报》2017 年 5 月 17 日。

❸ 详见广东省广州市天河区人民法院（2016）粤 0106 民初 2157 号、广州知识产权法院（2018）粤 73 民终 2237 号民事判决书。

❹ 详见广东省广州市白云区人民法院（2019）粤 0111 民初 30224 号、（2019）粤 0111 民初 32966 号民事判决书。

纠纷案件审理过程中，A 公司又另案起诉生产者 B 公司及销售者 D 公司构成商标侵权及不正当竞争，两案的被诉侵权产品均一致。部分法院判决后案中对生产者 B 公司主张权利的部分构成重复诉讼，而部分法院认为后案并不构成重复起诉，在不同案件中针对不同的销售渠道分别判决。❶

以上三个典型案例中，被告均抗辩构成重复诉讼，而是否应该认定为重复诉讼，不同法院有着不同的处理模式。比如案例一，两级法院持不同观点，而浙江省高级人民法院于 2015 年亦出台过"裁判执行完毕六个月"作为认定重复起诉时间认定的规定，❷ 即裁判执行完毕后六个月内，侵权人再次实施相同侵权行为的，权利人可依据该裁判重新申请执行、要求停止侵权。案例二中，出于对商标法及反不正当竞争法相关内容的不熟悉，原告针对同一侵权行为采取两案分别主张商标权纠纷和不正当竞争纠纷的方式。部分法院已准许权利人在一个案件中对一种侵权行为既主张商标侵权又主张不正当竞争。❸ 案例三中，对于生产者的不同案件是否属于重复起诉，部分法院认为不构成，可通过明确判赔金额指代的侵权行为范围来分别判决，否则不利于损害赔偿数额的计算，无法保障权利人的合法权益；而部分法院则认为基于"纠纷一次性解决"的思维，权利人人为地将生产者的维权诉讼拆分成多个案件，增加了被告的应诉成本。值得考量的是，深圳市中级人民法院曾有生效判决认定，某公司就相同权利向同一被告提起 30 余起诉讼及 20 余起专利侵权行政处理请求的行为，属于重复诉讼，且属于为谋求市场竞争优势，滥用诉讼权利，构成了不正当竞争行为。❹

（二）数据发声之案件样本分析

笔者通过选取审判案例进行样本分析，整理出知识产权重复诉讼的审理及裁决情况如下❺：

① 2017 年 1 月—2019 年 12 月，民事案由下的涉"重复起诉"关键词的裁

---

❶ 详见广东省中山市第二人民法院（2018）粤 2072 民初 1195 号、广东省中山市中级人民法院（2018）粤 20 民终 7309 号民事判决书。
❷ 详见 2015 年浙江省高级人民法院《关于妥善处理知识产权重复侵权行为若干问题的纪要》。
❸ 2011 年《最高人民法院关于印发修改后的〈民事案件案由规定〉的通知》第三部分第 3 条规定："同一诉讼中涉及两个以上的法律关系的，应当依当事人诉争的法律关系的性质确定案由，均为诉争法律关系的，则按诉争的两个以上法律关系确定并列的两个案由。"
❹ 详见深圳市中级人民法院（2018）粤 03 民初 170 号民事判决书。
❺ 裁判文书数据来源于"中国裁判文书网"，搜索截止日期为 2020 年 6 月 6 日。

判文书占文书总数的 3.30‰，知识产权及竞争纠纷案由下占比 4.04‰，知识产权案件中"重复起诉"关键词出现比例已远超民事案件的平均值，见表 1。

表 1　2017 年 1 月—2019 年 12 月涉"重复起诉"裁判文书基本情况

项　目	知识产权及竞争纠纷案由	全部民事案由
涉"重复起诉"裁判文书数量	1948 份	77017 份
裁判文书总数	481149 份	23332414 份
占比	4.05‰	3.30‰

② 2009—2019 年，涉及"重复起诉"关键词的知识产权类裁判文书（案由为知识产权及竞争纠纷）的数量呈总体大幅增长趋势，如图 1 所示。

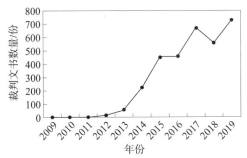

图 1　2009—2019 年涉"重复起诉"知识产权类裁判文书数量

③ 上述知识产权案件中，G 省所占数量为 1272 份，在所有省/直辖市区域内数量占比最高。其中 G 市共有 330 份，主要涉及类型如图 2 所示。

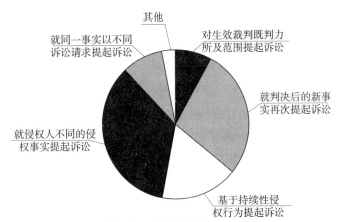

图 2　G 市裁判文书中涉及重复诉讼类型占比

④ 通过对一线知识产权法官的调查及访谈，将案件审理工作进行详细分解，涉及重复诉讼的知识产权案件较普通案件，需要额外增加工作时长，如图 3 所示。

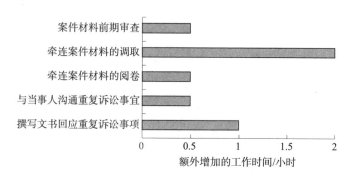

图 3　涉重复诉讼知识产权案件需额外增加的工作时长

二、剖析：知识产权重复诉讼爆发的原因

（一）知识产权侵权行为具有持续性

不同于其他类别民商事案件，知识产权案件重复诉讼问题主要集中在知识产权侵权纠纷中。知识产权侵权行为的持续性及其客体的无形性，使得其有别于其他普通的侵权行为。知识产权侵权大部分是一种持续性的侵权，即对同一权利不间断进行侵权的行为，或者停止了侵权行为但侵权后果不断对权利人造成损害。比如，在诉讼过程中，案件尚未得出最终结果，侵权人在判决生效前持续进行侵权，而一审法院往往只能依据庭审辩论终结前查明的侵权事实进行裁决，从而导致一审、二审审理期间成为恶意侵权人持续进行侵权的空白期。只要存在持续侵权行为，那么未经审判的侵权行为是否允许另行起诉，还是为节省司法资源将该类案件纳入重复诉讼范畴，实践中尚未统一做法，这是重复诉讼问题增多的重要原因。

（二）侵权成本低导致重复侵权情况严重

知识产权现已成为品牌的核心竞争力，"搭便车""傍名牌"的侵权行为所能获得的不法收入越来越多，进而导致不法分子不断制造假冒伪劣产品，以谋求巨额的经济利益。但由于提起知识产权维权诉讼面临着难以取证、耗费时间长等问题，惩罚性赔偿制度又尚未得以全面精确适用，法定赔偿数额若低于侵权所获利益，侵权者的利益就未受触动，常常改头换面继续实施侵权行为，权利人只得不断维权，侵权者就不断采取重复诉讼的抗辩。因此，加大对知识产权侵权违法行为的惩治力度，对具有重复侵权、恶意侵权以及其他严重侵权情节加大赔偿力度，提高侵权损害赔偿的数额，亦能在一定程度上减少重复侵权的出现。

（三）侵权范围较广致管辖连接点法院众多

随着信息网络技术的发展，侵权产品所能流通的市场不断增大。侵权者一旦生产出侵权产品，可能立刻就销售至全国各地乃至世界各地。权利人即便起诉了根源生产者，但销售者已遍布全国，部分权利人为了避免分别前往销售者所在地的法院维权，就采取在生产者法院进行统一维权的方式，不可避免地产生了在不同案件中重复将生产者列为被告的情形，这也是导致被告提出重复诉讼抗辩增多的原因。即生产者与销售者等多人实施的侵权，权利人有选择地分别起诉，就会导致牵连案件数量增多。❶但若仅在一个案件中统一起诉生产者，生产者往往拒绝将财务账册等资料提供给法院，在无法查明生产者的侵权行为后果时，判处的赔偿数额极大可能无法与实际获利相当。因此，从加大对侵权源头的惩处方面考量，法院是否可以考虑允许权利人在不同案件中均将生产者列为被告，从而针对不同销售渠道对生产者的生产行为进行裁决，使得侵权源头获得应有的惩罚，也可相应减少重复诉讼的认定。

（四）不同知识产权的规制存在交叉部分

随着专利法、商标法、著作权法、反不正当竞争法等部门法的不断完善，对于知识产权客体的保护力度也不断加强，品牌无法通过商标法、著作权法进行全方位保护时，亦可寻求反不正当竞争法的兜底保护。而不同部门法虽然在保护对象、规制方式和效力范围上并不相同，但对知识产权权益的保护仍存在诸多交叉、重叠之处。❷部分权利人也出于增加损失赔偿数额的考虑，试图针对同一侵权行为起诉多个案件，分别主张商标侵权、著作权侵权、专利侵权及不正当竞争，而被告就一味采用重复诉讼抗辩。另外，我国目前知识产权人才缺口仍较大，国家培养知识产权人才的工作亦刚起步，部分企业对于知识产权

---

❶ 张利锋：《论重复诉讼的法律治理——以知识产权重复诉讼为例》，载《北京政法职业学院学报》2014年第3期，第57页。

❷ 郝发辉：《知识产权纠纷中重复诉讼的解决路径》，载《江汉论坛》2017年第10期，第130页。

维权模式不了解，反复维权时容易构成重复诉讼。专门从事知识产权诉讼的律师也为数不多，部分律师接手知识产权案件后，为了避免起诉不准确而无法获得法院的支持，往往采取同时起诉商标权、著作权及不正当竞争纠纷等"地毯式维权"方式，最终也导致了重复起诉问题的不断增多。

三、探究：知识产权重复诉讼增多引发的问题

（一）影响知识产权民商事案件繁简分流效果

一旦案件审理过程中，被告抗辩构成重复起诉，经办法官就需要了解牵连案件的情况，在判决书未详尽论述整个案件事实的情况下，法官还需调取牵连案件的卷宗仔细审查。如若遇到当事人有多个牵连案件的情况，调取的卷宗多的可达五六件，当牵连案件卷宗分别分布在不同的法院时，还需逐个联系并发送调查取证函或律师调查令等文书材料。这一系列工作不仅给审判团队增加了大量的工作，还耗费了许多审判时间，被告一旦在开庭时采用证据突袭的方式，法院在调取证据后还需二次开庭进行质证，这直接导致简单知识产权案件复杂化，无法进行快速审结，往往快审审判团队在遇到这类案件后只能转为普通案件，大大影响了知识产权民商事案件的繁简分流效果。

（二）不利于牵连案件纠纷一次性解决

民事诉讼案件中各方当事人的诉讼地位平等，也均享有平等的程序性权利。然而，重复诉讼的增多，给对方当事人增加了诉累，使对方陷入不必要的多个诉讼中，耗费了不必要的精力。重复诉讼亦不利于纠纷的一次性解决，因而许多法院为了实现司法的效率正义，鼓励当事人在一个诉讼中尽可能解决围绕同一纠纷事实而产生的牵连诉讼，也导致了知识产权纠纷当事人越来越多、并列案由越来越多的情况出现，也就是"以一个诉讼为契机，全面解决关联纠纷"的司法理念。但问题是，要求知识产权权利人在一个案件中一次性提出关联纠纷，从而降低重复诉讼概率的做法是否具有正当性？如果过分追求一次性解决纠纷的理念，程序正义往往容易被忽视，权利人应有的争诉机会和处分权利将无法保障。因此，如何平衡重复诉讼问题及维权程序保障问题，在纠纷一次性解决的理念下构建出知识产权纠纷特有的重复诉讼制度，是我国知识产权司法实务中所面临的难题。

（三）容易导致矛盾或尺度不同的裁决出现

重复诉讼问题的增多，尤其是具有管辖连接点的法院增多，在其他法院具有牵连案件的情况下，重复诉讼所面临的不仅仅是司法资源的浪费，更多面临的难题是如何平衡不同法院间的裁判思维和尺度。❶ 比如，商标权利人在某法院起诉某被告商标侵权，而该被告常常又会在另外的法院起诉商标权利人构成擅自使用有一定影响的商品名称或虚假宣传的不正当竞争纠纷。在这种情况下，部分法院会中止诉讼等待前案尘埃落定后再行裁决，而部分法院为了追求审判效率和数字考核，往往各自径行判决，很有可能出现两份冲突甚至矛盾的判决，将如何平衡裁判尺度及规避矛盾判决的难题丢给了二审法院。因此，知识产权重复诉讼问题的增多，切切实实增加了法院司法的负担，也增加了出现相矛盾或抵触判决的风险。

（四）影响知识产权诉讼程序的安定性

程序安定是指民事诉讼程序运作过程中，法院审判应依法在规定时间空间中展开，并作出终局性的确定判决，使诉讼秩序保持有条不紊的状态。❷ 知识产权已成为各类品牌的核心竞争力，知识产权民商事诉讼程序安定性将决定品牌的安定性，这样才能营造出稳定的法治营商环境。知识产权重复诉讼，致使同一案件不断被重复审理，容易造成知识产权民事案件判决所认定的法律关系长期处于不稳定状态，加之相关立法中无既判力的明文规定，当事人的投机重复诉讼的行为更加重了民事诉讼判而不定的局面。在知识产权审判过程中，法官在定纷止争的同时，更重要的是对破坏知识产权权利秩序的修正和对权利人权利的修复，判决的终局性可以使处于争执状态的法律关系得以拨乱反正，而重复诉讼正在不断挑战诉讼程序的安定性，❸ 影响司法权威性，如何将程序安定理念融入重复诉讼制度建设亦是当前知识产权诉讼实务的当务之急。

---

❶ 夏璇：《论民事重复起诉的识别及规制》，载《法律科学（西北政法大学学报）》2016 年第 2 期，第 168 页。

❷ 陈桂明、李仕春：《程序安定论——以民事诉讼为对象的分析》，载《政法论坛》1999 年第 5 期，第 79 页。

❸ 郑涛：《禁止重复起诉之本土路径》，《北方法学》2019 年第 3 期，第 78 页。

四、路径：知识产权重复诉讼的司法应对措施

（一）重构知识产权重复诉讼的审查要点

《最高人民法院关于适用〈中华人民共和国民事诉讼法〉的解释》第 247 条确立了重复诉讼的一般审查要点，包括：①后诉发生在前诉审理过程中或裁判确定后；②前诉与后诉的当事人、诉讼标的相同；③后诉与前诉的诉讼请求相同或者后诉请求实质上否定前诉裁判结果。如前所述，知识产权案件具有侵权范围广、不同类型知识产权保护有交叉等特点，导致牵连案件的原、被告一般不完全相同甚至经常相互对调，诉讼标的和诉讼请求也因表述的不同而大相径庭，则单纯依照民事诉讼法解释规定的一般审查要点难以准确分辨出重复诉讼，致使不同法院对于重复诉讼的裁判标准存在差异，因此有必要单独明确知识产权重复诉讼的审查标准。

笔者认为，基于规制重复诉讼的目的是减少当事人诉累、避免矛盾裁判及维护程序安定性等，因此可重点将当事人诉讼请求作为重复诉讼的裁判标准，在前诉已出具判决书的情况下，法官在判断是否构成重复诉讼时亦可增加对前诉判决有无既判力的审查。具体考察可分为以下两种类型：

1. 后诉与前诉的诉讼请求类型相同

审查后诉与前诉的诉讼请求是否相同，实质上应审查后诉的诉讼请求是否是为了实现前诉未达成的目的，如果是为了实现与前诉诉讼请求一致的目的时，构成相同的诉讼请求。若存在以下几种情形，则不能认定为重复诉讼：一是后诉变更权利基础依据，如前文典型案例二中，前后两诉虽然指向同一侵权事实，具体的诉讼请求可能都表述为停止使用侵权标识，但前后两诉所依据的法律规范分别为商标法及反不正当竞争法，后诉变更了请求权基础依据，前诉并未涉及后诉的审理范围，应允许后诉当事人提起后诉，不应认定为重复诉讼；二是后诉变更法律关系，比如前后两诉虽然指向同一法律事实，但前诉主张被告的行为构成知识产权侵权，而后诉主张被告的行为违反了知识产权许可使用合同、特许经营合同等，构成违约，则法律关系性质进行了变更，在不违反法律明确规定的竞合问题外，应属于新的诉讼，不应认定为重复诉讼；三是后诉基于客观原因另行提出部分请求，如前文典型案例三中，权利人对侵权产品生产者提起多个诉讼，如果是权利人故意为之，法院发现存在这种情况后，可在审理时予以必要释明，当事人拒绝在一案中完整提出诉讼请求的可视为恶

意诉讼，后诉应认定为重复起诉。❶ 若权利人是基于客观原因无法在一个诉讼中完整提出对生产者的诉讼请求，如无法短时间收集侵权证据等，其在后诉另行提出部分诉讼请求，应视为具有正当理由，不应认定为重复诉讼。❷

2. 后诉请求实质上否定前诉裁判结果类型

该类型的重复诉讼又称为对抗型重复起诉。在知识产权案件中，该类型的重复诉讼尤为典型，比如前诉中原告主张被告构成侵犯知识产权行为，而被告提起后诉主张确认其行为不构成侵犯知识产权；前诉中原告主张被告停止使用原告的注册商标标识，被告提起后诉主张原告停止使用包含前述标识的商品名称；前诉中论证了知识产权许可使用合同有效并据此作出判决，当事人又提起后诉请求确认知识产权许可使用合同无效，等等。在前述所列情形中，后诉本质上隐含着否定前诉判决结果的逻辑，挑战了前诉判决的既判力，也容易对司法程序安定性和司法公信力造成较大影响，应严格予以制止。因此，在审查此类案件时，可以以前诉判决有无既判力为重点审查要点，若前诉判决主文明确了当事人间的特定事项，判项有积极的既判力，则无论后诉中当事人的诉讼请求如何变动，只要试图挑战或推翻前诉的判决结果，就应认定为重复诉讼；如若前诉判决无积极的既判力，仅为驳回原告的诉讼请求等，就需进一步考虑前诉与后诉的诉讼标的及认定的法律事实，认定是否仍具有前诉遮断后诉的消极既判力，进而判断是否构成重复诉讼。

（二）应对重复诉讼问题之本土路径

1. 裁决主文详尽列明停止侵害具体内容

知识产权侵权案件中，权利人一般会提出要求侵权人停止侵权的诉讼请求，法院如若认定涉案侵权行为成立，需依据《民法总则》第 134 条的规定作出"停止侵害"的判项。"停止侵害"作为一项承担民事责任的方式，各地法院在如何表述该项主文时存在很大差异。部分法院会根据原告的诉讼请求来判决，如原告要求立即停止侵害注册商标专用权，则判决主文也只会简单表述为被告停止侵害。而事实上，正义不仅要实现，还要以人民看得见、理解得了的方式实现，"停止侵权"是责任的概括性文字，必须对其进行具体描述，才有具体理解并执行的可能。同样，结合重复诉讼问题来看，如若牵连案件的判

---

❶ 罗绍丽：《重复起诉问题的司法困境及立法建议》，载《法律实务研究》第 10 期，第 192 页。
❷ 万亿：《重复起诉规范要件再解释与裁判标准构造》，载《人民司法》2018 年第 10 期，第 96—97 页。

决主文仅为简单的停止侵害表述，被告采取重复诉讼抗辩的可能性就越大，对于后案的法官审核是否构成重复诉讼的难度就越大。基于对前述因素的考量，虽然目前没有强制要求知识产权判决书的统一模式，建议案件审理过程中应对涉案侵权行为进行详尽的查明并作出明确判断，释明权利人需具体明确侵权人的侵权行为，而法院判决书中应当详尽表述为侵权人停止哪些侵害行为，并对侵权人实施各项侵权行为的前提条件进行处理，以有效保护权利人的合法权益，并有效减少重复诉讼的问题，减轻牵连案件审判团队审查重复诉讼问题的难度，整体提升知识产权案件的审判质效。

以侵害商标权纠纷案件为例，判项可具体描述为以下几类：

【范式1】被告停止生产、销售侵害原告第××号注册商标专用权的××商品。

【范式2】被告停止侵害原告第××号注册商标专用权的行为，即停止使用××侵权标识。

2. 裁决可划分侵权损害赔偿的具体范围

前文典型案例三中，针对权利人同一时期对同一侵权人提起多个诉讼的情形，各地法院在认定是否构成重复诉讼的问题上持不同意见。经分析，如权利人确有客观原因无法短时间收集侵权证据，而法院强行要求权利人在同一诉讼案件中完整主张诉请的方式，可能增加权利人维权时间成本，对权利人无形资产造成更大的损失。因此，排除恶意诉讼的情况下，权利人针对侵权人的多范围、多种类、多渠道的侵权行为采取逐案维权的方式，具有合理性和可行性，不应受到禁止二重起诉的限制而阻断了其权利救济的途径。同时，在侵权人拒绝提供与侵权行为相关的账簿、资料情况下，允许权利人针对不同渠道、不同种类的侵权行为分别起诉，也能使法定赔偿数额更接近侵权人实际所获利益数额，倒逼侵权人积极举证侵权行为相关资料及主动停止侵权。因此，在审判实践中，法官需在案件审理查明部分将关联案件情况列明，并可以针对不同的侵权产品、不同的销售渠道、不同的侵权行为分别进行判决。特别注意的是，为避免后案在审查是否构成重复诉讼时难度较大，简易裁判文书不应省略或简写侵权事实部分，仍应保留侵权事实的查明，以方便牵连后案的审查工作。

以侵害商标权纠纷案件为例，侵权损害赔偿数额可具体描述为以下几类：

【范式1】结合本案关联案件共四件、原告共购买被诉侵权产品四种的事实，酌情确定针对本案被诉侵权××产品的赔偿数额为××元（含合理费用）。

【范式2】因原告明确其在本案中主张的侵权表现形式仅限于被告授权区域内即广东省××市境内，故本院仅考虑该授权区域内的侵权情况确定的赔偿数额为××元（含合理费用）。

【范式3】酌情确定被告仅针对其销售及发布侵权网络信息的侵权行为承担赔偿金额××元（含合理费用）。

3. 权利人起诉时列明牵连案件具体情况

重复诉讼的问题属于诉讼要件的范畴，应由法院依职权调查，但实践中法院往往难以依职权探知，需依赖侵权人提起抗辩后再行审查。目前，知识产权案件中，权利人一般会将维权事宜交由律师代理，而侵权人大部分都是当事人自行应诉，当事人对于法律的不了解或不理解，导致无法区分重复维权及重复诉讼，在二次被起诉时普遍归责法院未尽到诉前审查义务，继而引发对司法的不满。考虑到前述现实情况，并出于对重复诉讼问题的预防及当事人诉权保障之需要，法院在知识产权案件审理过程中尤其是案件材料送达之前，可通过审判系统或中国裁判文书网查询是否存在牵连案件，若发现存在重复诉讼的可能时，应充分发挥法官的释明作用，告知需列明牵连案件的具体情况，并阐述不构成重复诉讼的理由。若在审查案件时发现当事人提出的诉讼请求不完整，不能彻底解决纠纷且将来容易引发重复诉讼的问题时，亦可适度释明，告知在举证期限内可变更或补充诉讼请求，逾期则视为放弃该部分主张。当事人明确放弃部分诉讼请求或拒绝变更诉讼请求时应记录在案，案件审理终结后若当事人就放弃的诉讼请求另行提起民事诉讼，则可以以构成重复诉讼为由驳回起诉。在法官行使释明权后，当事人确实属于重复诉讼而不告知的，应承担妨碍民事诉讼的法律责任。

4. 重复侵权作为惩罚性赔偿的适用条件

2007年最高人民法院曾提出，对于停止侵权的生效裁判作出并采取执行措施后侵权人继续其侵权行为的，权利人可依法另行起诉追究其新发生行为的民事责任；经审理认定确属侵权人继续实施其经原判认定的侵权行为的，法院应当根据实际情况协调公安、检察机关依法以拒不执行判决、裁定罪追究其刑事责任。这个意见就给权利人指明了路径，如果在前诉判决进入执行阶段后，侵权人仍继续实施原侵权行为，权利人起诉虽然构成了重复起诉，法院也可向公安、检察机关移送相关线索，追究侵权者拒不执行判决、裁定罪的刑事责任。现实中，侵权者往往会通过不断更换侵权标识等方式变换侵权行为，名义上停止了原判认定的侵权行为，实际上又开始了另一侵权行为，均是为了向权利人的商标进行靠近，造成消费者混淆以获得不法利益。这种情况下，权利人只能不断寻求司法的保护，增加了权利人维权的人力、物力消耗，司法对于该类行为应加大处罚。

我国于 2013 年修订《商标法》时，增加了对恶意侵犯商标权行为的惩罚性赔偿条款，但该条款在司法实践中较少适用，一个重要的原因就是该条款对于"恶意"和"情节严重"等构成要件的规定较为笼统，未详细列明适用条件，实践中也缺乏可操作性的司法解释或指导案例。原则上，"恶意"应至少包含"明知不应或不必而坚持这样做"的含义，过错程度较为严重，❶ 比如恶意昭昭、屡诉不改等，这种情况下的重复侵权是可以纳入惩罚性赔偿制度中归责的。❷ 因此，对于侵权人多次侵害同一权利人、侵权人因侵权多次被判决赔偿又侵权的情形，可采用惩罚性赔偿，让侵权人在经济上付出沉重的代价，剥夺了其再次侵权的能力和条件，扭转"维权成本高、侵权代价低"的局面，减少重复侵权行为的发生。

5. 广泛推广行为保全或相关禁令措施

2019 年 1 月 1 日，《最高人民法院关于审查知识产权纠纷行为保全案件适用法律若干问题的规定》正式施行。该规定完善了知识产权行为保全制度，即权利人可以在起诉前或审理中向法院申请采取责令停止有关行为的措施，并详细规定了申请条件、审查标准和解除条件等，该规定的颁布和施行对于促进诚信经营、减少重复诉讼问题也发挥了积极作用。❸ 比如审判实践中，法院依权利人申请采取了诉前及诉中行为保全措施，就能有效减少侵权者利用诉讼期间进行持续侵权或重复侵权的情形，避免由此引发的重复诉讼问题。同时，考虑到行为保全的审查认定难度较高，特殊情况还需召开听证会，❹ 一定程度上会影响案件的审结速度，部分法官亦提出对行为禁令措施的改革意见，比如行为保全一般在起诉前或审理中提出，那么在案件一审终结后，对不及时执行将使权利人合法权益受到难以弥补的损害的，是否可允许权利人在提供担保的前提下，对于停止侵权的判项先予执行或者申请一审法院作出责令停止侵权行为

---

❶ 王利明：《论我国民法典中侵害知识产权惩罚性赔偿的规则》，载《政治与法律》2019 年第 8 期，第 100 页。

❷ 参见知产庭、罗法官微：《知产以案说法五：恶意重复侵犯商标专用权可以适用惩罚性赔偿标准》，载微信公众号"深圳市罗湖区人民法院"，2020 年 4 月 20 日。

❸ 详见 2018 年 12 月 13 日最高人民法院民三庭关于通报上述行为保全规定的新闻发布会稿。

❹ 参见 2020 年《广州知识产权法院关于审查知识产权纠纷行为保全案件的工作指引（试行）》。

的行为禁令措施。如此，因侵权行为已经一审法院实质审查后认定需停止侵权，故要求侵权者立即停止侵权亦存在合理性和可行性，也能有效避免上诉期间持续或重复侵权的问题。

五、结语

重复诉讼一直是知识产权审判实务面临的重大难题。权利人一味维权，侵权人疲于应诉，而法院被迫应对着日益增长的案件数量及日益复杂的牵连纠纷。只有着眼于知识产权案件本身，作为前诉时采取必要措施避免引发重复诉讼问题，作为后诉时严格把握知识产权重复诉讼的审查标准，才能降低重复诉讼出现频率。囿于篇幅限制，笔者仅提出应对知识产权重复诉讼问题的司法路径，但要彻底扭转重复诉讼大幅增长的局面，单纯从法院自身出发难免杯水车薪，仍需知识产权各界人士的共同努力。值得注意的是，为鼓励更多专业人才投身知识产权事业，2019 年 4 月我国将"知识产权"列入经济专业技术资格考试的新增专业之中，知识产权专业也享有直接以专业命名的职称，这一重大改革对知识产权人才培养起到积极作用。期待各方献策及努力后，能有效减少重复诉讼问题，提升知识产权审判工作质效，进一步深化民事诉讼繁简分流改革，为我国良好法治营商环境提供强有力的司法保障。

深入推进"分调裁审"机制改革

——以广州知识产权法院实践为样本

摘　要　"分调裁审"机制改革具有满足人民群众多元司法需求、优化司法资源配置、完善社会综合治理体系等三个层面的实践价值。广州知识产权法院在推进落实"分调裁审"机制改革过程中,构建了比较完善的制度规范体系,纠纷多元化解机制基本得以有效运行,繁简分流效果显著,同时搭建了具有跨区域管辖特色的远程诉讼服务平台,但同时该院"分调裁审"机制在运行过程中亦存在不少问题。深入推进"分调裁审"机制改革中应着眼于三个层面实践价值,不断完善其运行体系,发挥出其应有的效果和价值。

关键词　纠纷多元化解　繁简分流　诉讼服务　信息化

"分调裁审"机制是司法体制改革中与法官员额制、司法责任制相配套的顶层制度设计。"分调裁审"即"分流—调解—速裁—快审","分调裁审"机制主要包含了繁简分流机制和矛盾纠纷多元化解机制两个方面。2019 年 12 月,全国人大常委会授权最高人民法院在部分中基层法院和专门法院开展民事诉讼程序繁简分流改革试点,广州知识产权法院为试点专门法院之一;2020 年 2 月,最高人民法院下发《关于人民法院深化"分调裁审"机制改革的意见》,要求深化"分流、调解、速裁、快审"机制改革工作。面对新要求,有必要就深入推进"分调裁审"机制运行情况进行研究,着眼于制度价值与实践情况,分析问题并进一步探索完善路径。

---

[*]　黄惠环,广州知识产权法院级高级法官。刘世汀,广州知识产权法院智慧办科员。

一、溯源："分调裁审"机制改革的价值目标

（一）"分调裁审"机制改革的提出

繁简分流和矛盾纠纷多元化解机制的提出，直接动因在于全国法院系统的"诉讼爆炸""案多人少"矛盾的进一步加剧。据统计，我国法院案件受理数量由 1978 年的 61 万件增加到 2015 年的 1952 万件，增长达 30 多倍；而在此期间，我国法官人数仅从 1978 年的 6 万人增加到 2015 年的 20 万人左右，增长仅 3 倍多。[1] 在 2019 年，全国法院受理案件数量达到了 3160 万余件[2]，是 2015 年的 1.6 倍，可见全国法院新收案件一直呈大幅增长趋势，执法办案压力不断增大。为切实缓解"案多人少"矛盾，最高人民法院先后制定出台了《关于人民法院进一步深化多元化纠纷解决机制改革的意见》《关于进一步推进案件繁简分流优化司法资源配置的若干意见》《关于人民法院特邀调解的规定》《关于人民法院深化"分调裁审"机制改革的意见》等文件，上述文件可以说是"分调裁审"机制改革的纲领性文件，为我们深入推进"分调裁审"机制改革提供了基本遵循制度和目标范式。

（二）"分调裁审"机制改革的实践价值

虽然繁简分流和矛盾纠纷多元化解机制提出的直接动因是缓解"案多人少"矛盾，但其实践价值却远不局限于此。总的来说，繁简分流和矛盾纠纷多元化解机制具有如下实践价值：①满足人民群众的多元司法需求。在司法活动中，公正与高效是人民群众的迫切需求。[3] 推进繁简分流机制改革，通过简案快审，节约诉讼成本，促进司法高效；通过繁案精审，增强庭审对抗性，促进庭审实质化，实现司法公正。在多元化司法需求中，以人民为本位，针对不同案件采取不同分流措施，建立纠纷多元化解决机制，有助于确保当事人行使更为广泛的程序选择权。②优化司法资源配置，激发司法效能。现全国法官员

[1] 胡仕浩、刘树德、罗灿：《〈关于进一步推进案件繁简分流优化司法资源配置的若干意见〉的理解和适用》，载《人民司法（应用）》2016 年第 28 期，第 23 页。

[2] 数据来源自周强院长于 2020 年 5 月 25 日在十三届全国人大三次会议上所作的《最高人民法院工作报告》。

[3] 李少平：《坚持改革 创新落实司法责任 全面推进案件繁简分流机制改革》，载《人民法院报》2017 年 7 月 19 日，第 5 版。

额制改革已基本完成，法官人数短期内不会有太大变化，"分调裁审"机制将不同案件在诉前、立案后、审理中、审理后各个流程环节对司法资源进行优化配置，将司法职责在法官和审判辅助人员之间合理分配，简化诉讼流程，使法官能够将更多的精力投入到审判核心事务中去，激发了司法效能。③改进社会综合治理能力，推进社会法治进程。司法体制改革是新时代全面深化改革的重要一环，而"分调裁审"机制改革是深入推进司法改革的具体制度落实。在矛盾纠纷多元化解机制运行下，行政机关焕发出解决纠纷的内在潜能，社会团体和调解组织健康发展、助推纠纷解决，司法机关与其他社会治理主体共同发挥预防与治理矛盾纠纷的作用，构建多元复合型社会治理体系，是改进社会综合治理能力和推进社会法治进程的重要举措。

二、现状：广州知识产权法院"分调裁审"机制运行情况

（一）广州知识产权法院历年案件受理审结的基本情况

广州知识产权法院自 2014 年 12 月建院以来，收案数量总体呈逐年增长趋势，2019 年新收案件达到 12896 件，是 2015 年 4940 件的 2.6 倍；2019 年审结案件数达到 13488 件，接近 2015 年 3393 件的 4 倍，如图 1 所示。历年结案率亦在 2019 年达到新高（图 2）。而法官人均结案数，从 2015 年的 261 件增长到 2019 年的 499 件，如图 3 所示。该院作为新型法院及全国三大知识产权法院之一，核定中央政法编制为 100 名，其中法官员额为 30 名，法官员额数并未随案件增长而增加。在案件数量不断增长的情况下，深入推进"分调裁审"机制改革，实现案件繁简分流、诉讼与非诉讼分流，减轻法官办案压力，具有重要的现实意义。

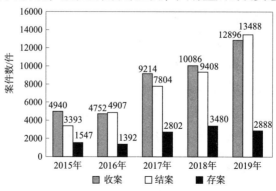

图 1　2015—2019 年广州知识产权法院收案、结案、存案情况

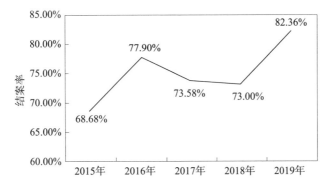

图 2　2015—2019 年广州知识产权法院结案率情况

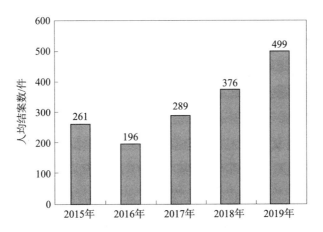

图 3　2015—2019 年广州知识产权法院法官人均结案数情况

（二）广州知识产权法院"分调裁审"机制运行情况

1. "分调裁审"机制制度规范的建立

最高人民法院司改办提出，考虑到审判实践惯例、法官水平差异、法院所处层级等原因，在如何区分繁案与简案、如何确定分流规则等问题上，不同地区法院之间存在较大差别，不能搞"一刀切"[1]。因此，推进"分调裁审"机制的落实要坚持因地制宜的原则，从实际出发，积极探索。广州知识产权法院在推进繁简分流和矛盾纠纷多元化解机制过程中，建立了表 1 所列制度规范，

---

❶　胡仕浩、刘树德、罗灿：《〈关于进一步推进案件繁简分流优化司法资源配置的若干意见〉的理解与适用》，载《人民司法（应用）》2016 年第 28 期，第 24 页。

保障了"分调裁审"机制的有效落实。

表1　广州知识产权法院制定的与"分调裁审"机制相关的制度规范文件

分　类	文　件
繁简分流	《关于一审、二审速裁案件简化裁判文书的实施细则（试行）》
	《关于扩大独任制适用范围实施细则（试行）》
	《关于健全电子诉讼规则实施细则（试行）》
	《关于建立涉行政、医药、网络游戏等特定类型案件专业审判团队的通知》
	《重大疑难复杂、新类型案件处理暂行规定》
纠纷多元化解	《关于民事调解协议司法确认程序的实施细则》
	《关于申请民事调解协议司法确认的工作指引》
	《关于聘任特邀调解员驻院开展诉前调解工作的管理办法》
	《关于"阿里旺旺"电子送达账号的管理使用暂行规定》

2. 纠纷多元化解机制建设情况

广州知识产权法院依托多层次诉讼体系的"分流漏斗"功能，将诉至法院的矛盾纠纷通过诉前分流、调判结合等形式予以分流，提高了纠纷解决效率和矛盾化解效果。

首先，与广州市司法局、广州市律师协会推动在院本部诉讼服务中心场所内设立律师调解工作室，方便调解律师开展工作；其次，积极争取当地党委政府支持，落实调解经费，聘请人民调解员开展调解工作，建立了特邀调解名册，目前有36名非常驻调解员和5名常驻特邀调解员负责诉前调解工作；然后，加强与专业性调解平台的合作，邀请广东省知识产权人民调解委员会等3个调解组织参与诉前调解，与各地市场监督管理局（知识产权局）、高新技术产业开发区管委会签订合作框架协议，发挥各地特别是高新技术产业开发区知识产权人民调解委员会的作用。2019年，广州知识产权法院以诉前调解为主，诉中调解为辅，除依法不宜调解的民事案件外，均转入诉前联调程序，并且通过联调结案的审批促进调解工作记录的全面、规范，进一步加强律师调解工作室、各地知识产权人民调解委员会在矛盾化解方面的作用，移送调解案件2200件，同比增加1.62倍；此外，还与佛山市市场监督管理局、佛山国家高新技术产业开发区管理委员会签署《知识产权诉调对接合作机制框架协议》，落实诉调对接的工作。

3. 速裁团队的组建及案件审理情况

该院坚决落实最高人民法院关于对案件进行"繁简分流"的要求，对案件情况作出科学研判，适时作出对一审、二审案件进行繁简分流，对简易案件进行快速裁判的工作安排，为一审、二审速裁工作的有效成功开展指明了方向。这是对传统的审判工作机制进行的有效调整，从而形成"简案简审、难案精审"的审判工作格局，让更多的法官更专注于办理更多的精品案件，服务于该院"办精品案件、育精英法官、建现代化法院"的工作目标。基于上述科学部署，广州知识产权法院组建了一审、二审速裁团队。

① 在人员配置和组织架构方面，由年轻力强的员额法官担任速裁法官，同时在院里遴选具有丰富办案经验的优秀法官助理办理速裁案件，对速裁团队力量配齐配强，形成了"1＋4＋4"（一名法官＋四名法官助理＋四名书记员）的速裁团队审判力量，为速裁工作的有效成功开展打下了坚实的基础。其中二审速裁团队直接由立案庭领导（后划归至其他业务庭）负责。

② 在运行工作机制方面，形成"五同步"工作机制——立案分案同步、收卷阅卷同步、类案审理（庭审调查、合议、裁判）同步、业务指导同步、档案管理同步，助力速裁团队高效运转。

③ 在案件分流选择方面，将大部分著作权权属、侵权类二审案件纳入二审速裁范围，大部分侵害外观设计专利纠纷一审案件纳入一审速裁范围，该两类案由在实践中案件数量占比较大、案情相对简单、当事人诉辩争议焦点集中、标的额不大。

④ 在分流效果方面，2019 年全年共新收二审速裁案件 7023 件，占新收全部民事二审案件的 87.91%，同比大幅增长 97.00%；❶ 审结 7750 件（含旧存案件），占审结全部民事二审案件的 86.78%，同比大幅增长 160.94%，结案率达 99.64%，平均结案用时 55 天。总体来看，速裁团队组建科学❷，速裁案件分流效果明显，大幅缩短了案件审理期限。

4. 跨区域远程诉讼服务平台的"分调裁审"

通过搭建跨区域远程诉讼服务平台推动"分调裁审"机制落实是广州知识产权法院的一项工作特色。该院自 2014 年 12 月挂牌成立后，管辖广东全省

---

❶ 2018 年 9 月起，广州知识产权法院已开始探索民事二审速裁，故此处"同比"为同比 2018 年收结速裁案件数量。

❷ 潘昌锋、姬美修认为速裁团队的科学化组建要具有明确的目标定位、配置合理的人员结构、建立高效的组织架构等 3 个方面的考量因素，其提出的速裁团队规范运行和人性化激励做法亦是值得我们所借鉴。参见潘昌锋、姬美修：《案件繁简分流改革视角下速裁团队的构建与运行》，载《人民司法·应用》2019 年第 25 期，第 66—69 页。

（深圳市除外）专利、计算机软件、技术秘密等技术类知识产权一审案件，原本分散由各相应中级人民法院管辖的技术类案件集中由该院统一管辖，一定程度上造成驻地以外当事人诉讼不便，维权的时间、人力、物力成本增加，也不利于各地法治化、国际化、便利化营商环境创建。为此，自 2015 年 10 月起，该院尝试以"异地诉讼服务＋巡回审判＋远程审判"的模式，探索建设远程异地诉讼服务体系，解决司法保护供给不足、时效性不够的问题。先后在佛山、东莞、惠州仲恺等地设立巡回法庭，在中山、汕头、江门等地设立诉讼服务处，基本实现对全省省级以上高新技术产业开发区知识产权诉讼服务网点的全覆盖。全部已建成的巡回审判法庭（诉讼服务处），软硬件配置齐全，均具备立案、调解、咨询、庭审、普法宣传等功能，满足为企业、群众提供一站式诉讼服务的需求。建设的跨区域知识产权远程诉讼服务平台作为改革创新举措获全国推广。● 广州知识产权法院将巡回审判法庭（诉讼服务处）打造成集常态化巡回庭审、远程庭审、远程调解、咨询服务、纠纷多元化解、法治宣传和知识产权保护成果展示各项功能于一体的重要基地，亦是与各地调解平台合作的体现，对于推动落实"分调裁审"机制改革具有重要作用。广州知识产权法院各巡回审判法庭（诉讼服务处）2019 年业务办理情况见表 2。

表 2　广州知识产权法院各巡回审判法庭（诉讼服务处）2019 年业务办理情况

单位名称	中山诉讼服务处	汕头诉讼服务处	东莞巡回审判法庭	仲恺巡回审判法庭	佛山巡回审判法庭	江门诉讼服务处
成立时间	2015 年 10 月	2016 年 11 月	2017 年 4 月	2018 年 4 月	2019 年 4 月	2019 年 12 月 31 日
主管部门	中国中山（灯饰）知识产权快速维权中心	汕头市知识产权局、中国汕头（玩具）知识产权快速维权中心	东莞市知识产权局	仲恺高新区管委会	佛山高新区管委会	江海区人民法院
接受并移送立案	21 件	37 件	163 件	0 件	8 件	——

● 参见国务院办公厅于 2020 年 1 月 23 日发布的《关于推广第三批支持创新相关改革举措的通知》（国办发〔2020〕3 号）。

续表

单位 名称	中山诉讼 服务处	汕头诉讼 服务处	东莞巡 回审判法庭	仲恺巡回 审判法庭	佛山巡回 审判法庭	江门诉讼 服务处
巡回 开庭	2 场	1 场	5 场	16 场	13 场	—
接受 法律 咨询	192 人次	288 余人次	148 人次	116 人次	5 人次	—
接受委 托调 解/调 解成功	245/14	20/9	0	24/0	0	—
法治 宣传	5	13	5	19	4	—

三、困境：广州知识产权法院"分调裁审"机制运行实践审视

（一）繁简分流与纠纷多元化解未能有效深度融合

"分调裁审"机制运行顺畅的保障措施通常可分为法院系统内的保障和法院系统外的保障两类。●

（1）法院系统内的保障，包括：①提升人案配比的科学性，即"在精确测算人员、案件数量和工作量的基础上，动态调整审判力量，最大程度发挥审判团队的优势"。②推广专业化审判，即"在充分考虑法官办案能力、经验及特长等因素的基础上，根据案件的不同类型确定审理类型化案件的专业审判组织，根据案件的繁简程度确定专门审理简单案件与复杂案件的审判人员"。③推进审判辅助事务集中管理，即"根据审判实际需要，在诉讼服务中心或审判业务等部门安排专门的审判辅助人员，集中负责送达、排期开庭、保全等审判辅助实务"。

（2）法院系统外的保障，包括：①完善纠纷多元化解决机制，即"推动综治组织、行政机关、人民调解组织、商事调解组织、行业调解组织、仲裁机

● 邵新：《司法体制改革背景下繁简分流的法理论证》，载《法治现代化研究》2018 年第 4 期，第 131 页。

构、公证机构等各类治理主体发挥预防与化解矛盾纠纷的作用，完善诉调对接工作平台的建设，加强诉讼与非诉讼纠纷解决方式的有机衔接，促进纠纷的诉前分流"。②发挥律师在诉讼中的作用，即"积极支持律师依法执业，保障律师执业权利，重视律师对案件繁简分流和诉讼程序选择的意见，积极推动律师参与调解等工作"。

广州知识产权法院在人案配比、组建速裁团队、建立特定类型案件专业审判团队、搭建纠纷多元化解平台、探索律师送达等方面作了诸多有益的探索，但在实践过程中，并未能使案件繁简分流机制和矛盾多元纠纷化解机制有效深度融合。往往将一部分案件径行分流至速裁、一部分案件径行分流至调解，速裁案件未导入调解途径、调解不成功案件不分流至速裁。另外，在如何提升人案配比科学性、推进审判辅助事务集约化处理、发挥人民调解委员会作用、发挥律师在诉讼中的作用等方面亦缺乏更多的理论研究和实践经验总结。案件繁简分流机制和矛盾多元纠纷化解机制在实践过程中被割裂开来，未能有效深度融合，犹如"分调裁审"机制蹩脚前行，很大程度上影响了该机制效果的显现。

（二）调解力量分散，人民调解作用未被全面挖掘

"分调裁审"机制改革的中心在法院，但"分调裁审"工作的成功实施却需要各方力量的支持，特别是纠纷多元化解机制的成功实施更需要除法院之外的各级党委、政府和其他相关机构的支持。虽然广州知识产权法院构建了专业的调解平台网络，聘请了专业的特邀调解员，与各地知识产权人民调解委员会合作，在诉前化解了许多矛盾纠纷，取得了一定的效果。但也存在大量问题，对矛盾纠纷多元化解机制的顺畅运行造成影响，调解成功案件数量占比较少（见表3，各调解平台调解案件数量及调解成功率情况）。

经调研分析，其原因在于：①广州知识产权法院二审案件占了相当大的比例，二审案件引调需要征求当事人同意，经过一审引调、诉中调解，上诉的大量案件中减少了调解的概率，大部分案件均不同意引调。②目前在立案庭负责委托调解工作的只有一名在编法官助理和一名聘用制书记员，该两名干警还需兼任其他大量庭内事务性工作，并不能集中精力专注于推进多元化解机制工作，调解力量较为薄弱，而其他业务庭认为纠纷多元化解为立案庭（诉讼服务中心）本职工作，参与意愿低，未能形成合力，但从全院来看，知识产权案件较一般民商事案件具有一个鲜明特点，即总体调解撤诉率较高，民事一审

案件调撤率占 50% 左右（该法院 2019 年民事一审各类型案件调撤情况见表 4；该法院 2019 年民事二审各类型案件调撤情况见表 5，因民事二审案件中速裁案件占了绝大比例，该表亦反映速裁案件调撤率不高，原因在于速裁案件通常未导入调解分流程序及二审案件在经过一审引调后当事人调解可能性更低）。③真正参与调解案件的调解员并不多。司法 ADR 的实践是完善纠纷多元化解决机制的有益途径，虽然登记在册的人民调解员数量较充足，但驻场办公的调解员并不多，而能真正参与调解案件的就更少了，这给法院未来开拓人民调解资源留下了极大的空间。④很多部门尚未形成多元化、大调解的思想认识。部分人员认为化解矛盾纠纷是党委、政府或法院的工作，参与该项工作增加了自己的工作量，哪怕签了协议，但实质工作没有真正开展，前文介绍的跨区域远程诉讼服务平台中分流、调解的案件数量少即是从一个侧面反映了该状况。另外，参与多元化解机制的部门职责分工不一致，在具体矛盾纠纷化解过程中各部门之间协调不一。

表3　2020 年 1—5 月各调解平台联调情况❶

调解主体类型	分配案件数（件）				办结案件数（件）				收合计（件）	结合计（件）	调解成功合计（件）	调解成功率
	诉前		诉中		诉前		诉中					
	旧存	新收	旧存	新收	结	调解成功	结	调解成功				
常驻调解员		1346		2	609	154	1	1	1348	610	155	25.41%
律师调解工作室	406	1	1		406	17	1	0	408	407	17	4.18%
中山市知识产权人民调解委员会	36	152			119	12	0	0	188	119	12	10.88%
佛山市知识产权人民调解委员会	5	53		2	46	12	2	2	60	48	14	29.17%
广东省知识产权人民调解委员会	9	106		1	83	4	1	1	116	84	5	5.95%
总计	456	1658	1	5	1163	199	5	4	2120	1268	203	16.01%

❶　最高人民法院确定调解成功案件的结案方式有 7 种：①达成调解协议；②被告已履行完毕，原告放弃起诉；③调解笔录结案；④终结联调程序；⑤申请出具调解书；⑥申请司法确认；⑦达成调解协议撤诉。

表4 2019年民事一审各类型案件调解撤诉率

案件类型		旧存（件）	新收（件）	结案（件）	结案率（%）	调撤率（%）
专利权	发明专利	213	304	292	56.5	55.48
	实用新型	498	1008	937	62.22	54.00
	外观设计	1269	2443	2527	68.08	51.40
	其他案由	48	75	67	54.47	22.39
	小计	2028	3830	3823	65.26	51.84
著作权		224	325	248	45.17	36.69
商标权		48	24	45	62.50	17.78
不正当竞争		28	42	23	32.86	52.17
植物新品种		2	—	1	50.00	—
集成电路布图设计		1				
垄断纠纷		—	1			
技术合同		2	6	5	62.50	40.00
其他案由		7	14	11	52.38	54.55
合计		2340	4242	4156	63.14	50.55

表5 2019年民事二审各类型案件调解撤诉率

案件类型	旧存（件）	新收（件）	结案（件）	结案率（%）	调撤率（%）
著作权	818	7493	8213	98.82	26.54
商标权	178	399	389	67.42	13.37
不正当竞争	30	58	66	75.00	6.06
技术合同	9	14	18	78.26	11.11
特许经营合同	58	266	231	71.30	16.88
其他案由	4	20	14	58.33	—
合计	1097	8250	8931	95.55	25.50

（三）繁简标准不明确且由人工分流，繁简转换程序衔接不畅

对于繁简识别标准，根据最高人民法院发布的涉及繁简分流的改革案例，主要有"案由+要素"识别模式、"实体+程序"识别模式、综合考量识别模式等识别标准。[1] 通常，立案阶段对案件进行区分主要依据当事人提交的起诉

---

[1] 张龑、程财：《从粗放到精细：繁简分流系统化模式之构建》，载《法律适用》2020年第9期，第89—91页。

材料和对当事人的询问，掌握的信息相对有限，且由于没有被告的答辩和质证，对案件繁简的认定难度较大。实践中，案件繁简并非仅根据案由和诉讼标的大小决定，只有经过诉辩双方答辩、举证质证整理出来争议焦点后，案件繁简才能明晰。另外，有些案件的"繁"并非体现在案情复杂，而是难在被告下落不明、送达难等问题上。因未引入智能化自动分案系统，立案庭立案工作人员仍是通过人工识别案由、诉讼标的等要素进行分案，繁简分案的标准仅依靠现有诉讼材料、经验的积累和判断进行，在一定程度上影响了立案的效率，且未能精确进行繁简分流。

此外，繁简转换程序衔接不畅亦是影响"分调裁审"机制顺畅运行的一个重要因素。部分案件在审理中被发现不适宜通过速裁方式审理，需要像普通案件一样进行审理。对于该类案件的处理，一般有两种方式：一是转交其他审判团队按繁案进行审理，但此时需要变更承办人，且案件已经过一段时间的审限，新承办人需要重新了解案情，一定程度上影响了原有的审理活动；二是由原速裁法官继续审理，但是这样必然大量占用速裁法官审理其他速裁案件的时间、精力。在实践中，多采用第二种方式处理。故需要构建繁简程序衔接顺畅的机制，使速裁法官能够专注审理速裁案件，提高审理效率。

（四）多重因素制约案件快速处理效率

在案件快速处理方面，存在多重因素制约案件处理效率：送达难、诉讼程序未繁简分流、文书未精简、律师代理反而调解率低。例如在解决送达难举措方面，广州知识产权法院探索了委托律师送达和电子送达方式。为充分发挥律师在诉讼中的作用，自 2019 年 1 月开始，该院率先在部分一审案件中试行委托原告律师送达制度，印发了《广州知识产权法院关于在一审案件中委托原告代理律师代为送达的实施意见（试行）》，规定委托原告律师代为送达的案件范围、送达方式、送达效力等，为破解送达难、送达慢进行有益探索。2019年总计在 1060 宗一审案件中委托原告律师代为送达相关诉讼文书达 1442 人次，其中送达成功的有 126 人次，送达成功率较低，仅为 8.74%。经过调查发现，律师接受委托进行送达的意愿及送达成功率均偏低，且在制度实施过程中，收到来自原告代理律师的诸多质疑，如委托原告律师送达不属于民事诉讼法规定的送达方式、制度实施缺少法律依据等。在开展电子送达方面，2020年 5 月电子送达总次数为 223 次，而当月新收案件为 1600 件，占比较低，且因知识产权案件证据材料的复杂性，电子送达系统存储低、运行慢等，电子送达基本仅用于送达举证答辩通知书、传票等诉讼文书材料，电子送达推广面窄，未能有效解决送达难问题。此外，囿于知识产权案件的特殊性，知识产权案件裁判文书往往难以精简，难以形成"要素式、表格式、令状式"裁判文书。同时，在大力推行调解的过程中，发现部分案件有律师代理的情况下反而调解难度较大，尤其是诉讼标的额不大的情况，原因在于：当事人对诉讼结果存在不合理预期，夸大诉讼标的额，为争取更大的诉讼利益，在调解中的让步成为一个不利因素，当事人更倾向于在诉讼中获取更大利益以弥补律师费的支出。

四、路径：深入推进"分调裁审"机制改革的可行进路

基于前文分析，广州知识产权法院在推进"分调裁审"机制改革过程中进行了诸多有益的探索，既取得一些成绩和效果，但同时也发现了一些阻碍"分调裁审"机制顺畅运行的问题。着眼于"分调裁审"机制改革三个层面的实践价值，问题的解决需以满足人民群众的多元司法需求、提升司法效率、挖掘司法潜能、便利多方主体参与调解等为依归。因此，本文试从加强理论研究和实践探索、加大信息化投入及设立统一的调解中心平台等方面简要提出深入推进"分调裁审"机制改革的完善路径。

（一）加强理论研究和实践探索

"分调裁审"机制改革是司法改革的一项重要内容，是解决案多人少矛盾的有效途径。目标是确保矛盾纠纷多元化解机制有效运行，实现简案快审、繁案精审，保障各审判力量合理运行。当前"分调裁审"机制改革主要是在实践方面，还没有形成理论性较高的研究成果。例如，在线矛盾纠纷多元化解平台（ODR 平台）在推进过程中，存在诸多问题和困难，有畏难情绪，对 ODR平台如何有效推广和运用的理论研究和实践探索还不够。另外，如何建立起对于"分调裁审"运行机制改革更科学、合理的考核机制，亦是一个重要的理论课题。因此，要加大对委托调解案件情况、案件分流比例、审理案件时间、上诉比例等诸多数据的监测和整理，加强对 ODR 平台推广运用、繁简分流机制、审判力量优化配置、简案如何快审、繁案如何精审等方面的专题研究和实践探索，促进繁简分流和纠纷多元化解机制的有效深度融合。同时要积极和高校研究人员通过合作课题等形式加深理论总结和提升。

（二）加大信息化投入，借助信息化手段促进"分调裁审"机制改革

司法改革和信息化建设是"车之两轮，鸟之两翼"，深入推进"分调裁审"机制改革同样离不开信息化的强力支撑。人工分案、电子送达没有全面推广等问题呈现了信息化建设的"短板"。智能化的介入有助于提升司法效率、挖掘司法潜能。智能化的分案管理及调解系统可以对矛盾纠纷多元化解及繁简分流中工作人员变化、引调数量、引调成功数量、处理方式、繁简案分流数量、审理情况等各项数据实现智能化管理。目前建设的智能语音识别系统、电子送达平台、电子卷宗随案生成系统、云柜材料流转系统等为办案提供了一定的便利性，但在繁简案区分、集约化处理、类案同判等推进"分调裁审"机制方面仍难以为改革提供有力支撑。相比之下，广州互联网法院研发"YUE 法庭"，让陪审员、调解员足不出户、云端解纷；研发全要素职能审判 ZHI 系统，实现一键批量立案、区块链存证验证、侵权智能比对、文书智能生成等功能❶，远超广州知识产权法院信息化水平，因此，应加大信息化投入，更好地辅助法官办案，提升司法效率、挖掘司法潜能，借助信息化手段有效促进"分调裁审"机制落实。

（三）聚合多方调解力量，设立调解中心

针对调解成功率低、调解效果不明显、调解力量分散的问题，应聚合多方调解力量，设立调解中心，由调解中心统一负责调解培训、指导各调解平台及远程诉讼服务平台的各项调解、诉调对接业务。在人员方面，由立案庭 1~2 名干警、1 名速裁法官、其他业务庭轮驻法官及其他调解组织人员组成调解团队。在场所方面，依托诉讼服务中心、调解室和速裁法庭建设，这样对内既能聚合院内调解力量，对外又能便利多方主体参与调解。在管理和运行方面，要注意：

① 建立起对人民调解员的系统培训，以诉讼外的调解与司法调解工作协调发展，将更多的简单案件化解在诉讼之外，使人民调解组织真正发挥作用。

② 在调解中心建立矛盾纠纷无争议事实记载机制和特邀调解员、调解组织参与案件送达的工作机制。设置专门送达团队，由送达团队把法院文书先送

---

❶ 参见广东省高级人民法院司改办编写的《广东法院司法改革动态·民事诉讼程序繁简分流改革试点工作专刊》2020 年 3 月 19 日第 2 期、2020 年 4 月 20 日第 3 期。

达给双方当事人，再移交至审判团队审理，可根据送达文书情况来更好地分流案件，提高案件繁简分流精准度。

③ 在调解中心建立"速裁法官＋N个特邀调解员"的调解速裁团队，速裁法官点对点指导特邀调解员开展调解工作，更好地融合繁简分流和矛盾纠纷多元化解机制。

我国知识产权司法保护基本问题研究

蒋华胜　潘星予　华　宇[*]

摘　要　我国知识产权司法保护中是否存在"举证难、周期长、成本高、赔偿低"的问题，基于对 G 法院审结的 300 宗知识产权案件的实证分析，结论为法院的审理效率高，举证难、成本高和赔偿低确实成为司法保护难题。我国知识产权司法保护普遍存在举证困难情形，判赔未能全部覆盖权利人维权成本支出，法定赔偿成为确定损害赔偿方式的主流，损害赔偿额普遍较低。应当创新知识产权诉讼证据制度，争取通过法定赔偿之外的计算方法使权利人获得更多的赔偿，亦应加大对权利人维权成本的保护力度。围绕我国知识产权侵权中的停止侵权之裁判、法定赔偿之考量、举证责任之证成、惩罚赔偿之适用等关键性问题进行研究，强化知识产权司法保护中证据制度，精心雕琢"实际损失"与"侵权获利"的确定标准，提出我国知识产权司法保护的进路，构建科学合理的赔偿制度。

关键词　知识产权　损害赔偿　证据制度　市场价值　关键性问题

引　言

2019 年 11 月，中共中央办公厅、国务院办公厅印发的《关于强化知识产权保护的意见》认为，加强知识产权保护，是完善产权保护制度最重要的内容，也是提高我国经济竞争力的最大激励，要求改善当前权利人维权"举证难、周期长、成本高、赔偿低"的局面。我国知识产权司法保护中上述四难题是否确实存在？基于对 G 法院审结的 300 件知识产权案例的分析，本文对上述问题作出了初步探讨。加强知识产权保护，不仅在于立法的科学合理，更有

---

* 蒋华胜，广州知识产权法院四级高级法官。潘星予，广州知识产权法院专利审判中心书记员。华宇，广州知识产权法院书记员。

赖于司法裁判的科学总结。长期以来，我国司法保护知识产权颇受诉病。基于此，本文对我国知识产权司法保护关键性问题进行探讨，以求教于各位专家。

一、知识产权司法保护的实证调研问题

观念的转变和人类意志的力量，塑造了今天的世界。全国人大常委会执法调研组在对专利法进行执法检查后得出"专利维权存在'时间长、举证难、成本高、赔偿低'、'赢了官司、丢了市场'"❶ 现象的结论，两办印发的《关于强化知识产权保护的意见》认为我国知识产权维权存在"举证难、周期长、成本高、赔偿低"的局面。但我国知识产权司法保护是否确实存在上述问题，本文以随机抽取的案件为样本进行量化研究。

（一）G 法院企业知识产权民事案件抽样

从 G 法院 2016—2019 年已审结的案件中随机抽取专利权案件 100 件，商标权案件 100 件和著作权案件 100 件，分别从结案周期、请求标的金额、结案标的金额、是否申请证据保全、是否适用法定赔偿、权利人是否独立主张合理费用、是否提供合理费用相关证据、权利人提供的合理费用证据能否覆盖其请求、法院是否支持维权方的合理费用主张等方面进行样本分析❷，分析结果如图 1 和表 1 ~ 表 3 所示。

1. 专利权案件

抽取的 100 件已审结的一审专利权案件中，平均结案周期为 4.5 个月，原告诉讼请求所主张的赔偿额平均为 13 万元，法院判决支持的赔偿额平均为 3.4 万元，法定赔偿适用率占 95%，申请证据保全或调查取证的比例占 9%，原告独立主张合理费用的比例占 77%，原告提供合理费用相关证据的占 55%，权利人提供的合理费用证据能全面覆盖主张的占 9%，原告请求的合理费用平均数为 1.2 万元，法院判决支持合理费用金额的平均数为 0.43 万元。

2. 商标权案件

100 件商标权案件均为二审案件，平均结案周期为 2.5 个月，原告主张诉讼请求的赔偿额平均为 9.4 万元，法院判决支持的赔偿额平均为 6.0 万元，法定赔偿适用率占 97%，申请证据保全或调查取证的比例占 5%，主张合理费用的比例

---

❶ 参见《全国人民代表大会常务委员会执法检查组关于检查〈中华人民共和国专利法〉实施情况的报告》。

❷ 知识产权司法保护数据来源于广州知识产权法院 2016—2019 年度审结的案件统计。

占 86%，原告独立主张合理费用的比例占 65%，权利人提供合理费用相关证据的占 47%，权利人提供的合理费用证据能全面覆盖主张的占 3%，原告请求的合理费用平均数为 2.5 万元，法院判决支持合理费用金额的平均数为 0.82 万元。

3. 著作权案件

100 件已审结的著作权中，平均结案周期为 2.1 个月，原告主张诉讼请求的赔偿额平均为 4.6 万元，法院判决支持的赔偿额平均为 0.82 万元，法定赔偿适用率占 83%，申请证据保全的比例占 2%，原告独立主张合理费用的比例占 54%，权利人提供合理费用相关证据的占 33%，权利人提供的合理费用证据能全面覆盖主张的占 4%，原告请求的合理费用平均数为 0.8 万元，法院判决支持合理费用金额的平均数为 0.31 万元。

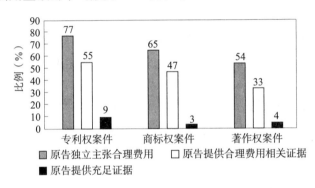

图 1　知识产权诉讼案件当事人主张合理费用情况

表 1　知识产权诉讼案件支持合理费用支持情况

项目类别	案件类型		
	著作权	商标权	专利权
主张金额/万元	0.8	2.5	1.2
支持金额/万元	0.31	0.82	0.43
支持度（%）	38.75	32.8	35.83

表 2　知识产权诉讼案件审判周期　　　　　　　　单位：件

审判周期	案件类型		
	著作权	商标权	专利权
3 个月以下	78	64	38
3~6 个月	11	33	44
6 个月以上	1	3	18
平均（月）	2.1	2.5	4.5

表3　知识产权诉讼案件判赔数额情况

项目类别	案件类型		
	著作权	商标权	专利权
主张金额/万元	4.6	9.4	13
支持金额/万元	0.82	6.0	3.4
支持度（%）	17.83	63.83	26.15

（二）案件样本的定性分析

通过对上述的数据分析，可以初步得出以下结论：

（1）周期长不突出。案件大都在法定审限内结案，审理周期偏长的问题并不突出。得益于最高人民法院推进繁简分流的改革，知识产权审判周期有明显缩短。正如2020年最高人民法院工作报告❶中所说，我国已成为审理知识产权案件尤其是专利案件最多的国家，也是审理周期最短的国家之一。知识产权专利一审案件的平均结案周期为4.5个月，不超过法定6个月的审限，著作权和商标权大多为二审案件，平均审理周期为2.1个月和2.5个月，不超过法定3个月的上限。德国普通法院审理专利案件的时间为3～6年，而我国案件的审理周期不长。

（2）赔偿额偏低。法律上规定了实际损失、侵权获利、许可费用的倍数以及法定赔偿四种赔偿方式，但裁判上适用法定赔偿的案件占80%以上，成为绝对主导的赔偿方式。对于权利人的损失在法定限度内予以酌定，不考虑或难以考量法院赔偿额计算依据。判赔额相对较低，不超过权利人请求赔偿额的40%，该结论也得到了权威机构的学术研究结论的印证。❷

（3）举证难确实存在。权利人申请证据保全或调查取证的比例不足10%，说明权利人怠于举证或不善于利用证据规则维权。由于权利人举证计算赔偿额困难，不得不选择法定赔偿方式，推高了法定赔偿的适用率。要引导权利人充分利用律师调查令、证据保全、行为保全等临时措施，提高证据的证明能力，

---

❶　参见最高人民法院2020年5月25日在第十三届全国人民代表大会第三次会议上所作的工作报告。

❷　参见中南财经政法大学知识产权研究中心完成的《知识产权侵权损害赔偿案例实证研究报告》，载《国家知识产权战略实施研究基地2012年度研究成果汇编（中南财经政法大学分册）》，http://www.china‐court.org/article/detail/2013/04/id/948907.shtml，最后访问日期：2017年5月29日。

为提升赔偿额提供证据支持。南京铁路运输法院撰写的《知识产权侵权诉讼成本与效率分析》、湖南省长沙市中级人民法院撰写的《知识产权民事案件损害赔偿额判定状况》，也分别对各自审理的知识产权案件进行损害赔偿分析研究，并得出了近似的结论，应值得重。❶

（4）成本高问题确实存在。目前知识产权司法保护实践中，法院对于权利人主张的合理费用支持比例不高，普遍只有 30%～40%。随机抽取一件知识产权专利一审案件，权利人主张其为维权支付合理费用 2 万元，其提供相关证据的合理费用支出为 3600 元，考虑到其虽未提交律师费相关证据，但确有律师出庭，法院酌定判决侵权人支付的合理费用为 6000 元。法院支持的合理维权支出为权利人主张合理费用的 30%。可见权利人对维权合理开支确实存在举证不足的情况，法院根据权利人的证据作出评判，所酌定的合理费用往往小于权利人所实际支出的合理费用。究其原因主要包括以下几点：部分权利人缺乏相关意识，并未向法院主张合理费用；权利人将合理费用与赔偿损失合并主张；权利人关于合理费用的举证不足等。

二、知识产权司法中的停止侵权问题

权利人在权利受到侵害时，可以获得救济并通过救济程序行使救济权，恢复和确保受侵害基础权利的利益。知识产权侵权案件中，停止侵权运用的理论基础和裁判方式，仍然是以停止侵权请求权自动产生为基础，即认定侵权的同时当然判令停止侵权。知识产权作为私权，权利人对其享有专有权利，任何人未经许可使用均构成侵权。所谓法律责任是指行为主体因违反法律义务造成对他人的损害，从而承担某种不利后果的应当性。权利人对其知识产权享有垄断权利，通过知识产权获取市场的超额垄断利益，对于侵权者有权提出停止侵权请求权，侵权人应当承担停止侵权的民事责任。❷ 停止侵权已成为知识产权民事责任承担的主要方式，通过司法判决强制侵权人停止侵权，权利人的权利得以恢复，知识产权的市场价值能够恢复到正常状态。只要侵权行为存在，停止

❶ 宋健：《知识产权损害赔偿问题探讨——以实证分析为视角》，载《知识产权》2016 年第 5 期，第 10—19 页。

❷ 我国《民法通则》第 134 条对侵权行为首创"停止侵权"，《侵权责任法》第 15 条再次确认停止侵权的民事责任，也有学者称为"停止侵权请求权"，参见李杨、许清：《知识产权人停止侵权请求权的限制》，载《法学家》2012 年第 6 期，第 75—92 页。笔者认为这只是因在实体法和程序法中的不同称谓，本质上是一致的。

侵权原则上都是无条件的实质性责任，是面向未来为双方以后的竞争划定边界。停止侵权是终结侵权人正在持续进行侵权行为的必然选择，也是对侵权人实施侵权行为最重要的责任承担方式，通过判决停止侵权结束侵权者的侵权行为，为权利人面向市场赢得宝贵的机会，停止侵权是维护权利人的核心权利之所在。

但知识产权人利益与公共利益平衡之结果倾向于公共利益时，法院不应判令承担停止侵权的民事责任，但其他责任如损害赔偿责任以及在继续使用他人专利或作品的情况下支付使用费的责任不能免除。下列情况下，对于知识产权人主张停止侵权应作特别限制：①公共利益遭受损害的情形；②使用者没有过错且停止使用将遭受重大损失，而知识产权人没有损失或损失很小的情形；③使用者虽然有过错，但过错程度较小，停止使用知识产权人控制的知识将使其遭受重大损失，而知识产权人也有过错，使用者不停止使用不会使其遭受重大损失或损失很小的情形。在这三种情形下，使用者可以继续使用权利人的知识产权，但应支付使用费。如果停止有关行为会造成当事人之间的重大利益失衡或者有悖于社会公共利益，或者实际上无法执行，可以根据案件具体情况进行利益衡量，不判决停止侵权行为，而采取更充分的赔偿或经济补偿等替代性措施了断纠纷，《最高人民法院关于审理侵犯专利权纠纷案件应用法律若干问题的解释（二）》第 26 条对此有明确的回应。知识产权法中的权利配置和权利义务关系的设定，本质上是一种对知识资源的合理配置，反映了知识产权制度的利益平衡思想。停止侵权是一种对物权之诉，当知识产权受到损害时，权利人可以要求侵权人停止侵权，也可以请求法院责令侵权者停止侵权。

三、知识产权司法中的损害赔偿问题

赔偿损失是侵权人以自己的财产补偿因其行为给权利人所造成的经济损失，它是以侵权行为给权利人造成实际经济损失作为承担这种责任方式的前提。损害赔偿是知识产权填补损失的主要救济方式之一。我国目前有关知识产权损害赔偿的计算方式通常采取填平原则❶，损害赔偿一般不具有惩罚性，只要求侵权人对权利人的损失予以填补，权利人损失多少，法院就判令侵权人

---

❶ 填平原则又称补偿性赔偿原则，即权利人获得的赔偿是用以补偿其实际损失，而不能超过其实际损失。与之相对的是惩罚性赔偿原则，是指法院判决的赔偿数额可超出被侵权人的实际损失，具有惩罚性。

赔偿多少。法院在确定损害赔偿时，以权利人的实际损失予以计算，如果实际损失难以确定，则以侵权人的获利加以确定，对于权利人的损失和侵权人的获利均难以确定时，则参照许可使用费的合理倍数加以确定。知识产权制度本身是市场经济的产物，对于知识产权价值应更多放在市场关系中去理解，知识产权是一种市场关系中的权利，只有将知识产权的价值包括损害赔偿的司法定价放在市场经济关系中予以考量，知识产权侵权行为才能回归理性。侵权人在利益的驱动下实施侵害知识产权的行为，一定是能给侵权人带来经济效益的知识产品，凡是受到他人侵害的知识产权一般都具有较高的市场价值，只有那些具有市场潜力的知识产品才能引起侵权人的兴趣，侵权人更懂得利用侵权产品获得超额利益。对于侵害知识产权损害赔偿的计算，应当着力放在知识产权正常的市场价值中去考察。注重侵权产品在市场中的价格必然低估侵权损害赔偿的金额，由此来计算侵权人损害赔偿的数额，不仅不能填平权利人的损失，反而激励侵权人继续实施侵权行为，难以有效遏制侵权行为发生。由于侵权行为的隐蔽性以及发现知识产权侵权行为偶发性，侵权行为被发现的概率较低，给侵权人获取侵权法外利益提供机会。通过市场确定知识产权的价值，让潜在的侵权人也意识到侵权不能带来法外利益，迫使侵权人回到正常的市场竞争秩序中去。通过加大赔偿数额可以有效保护知识产权，维护良好的市场竞争秩序。提升知识产权的市场价值，必须重塑知识产权司法定价的市场理念，将司法定价放在市场经济条件下正常交易的价格定位，通过司法定价来彰显司法公正，通过权威的司法定价推动知识产权价值与交换价值的形成。

　　任何权利的确切价值都必须按照实现该权利后获得的救济进行度量。知识产权损害赔偿的计算方式为权利人损失、侵权人获利、合理许可费倍数以及法定赔偿❶，但司法实践中，法院并非严格按照法律规定的顺序进行裁判判赔，对于实际损失的确定必须要证明侵权人的侵权行为与权利人产品销售量减少之间存在因果关系。通常侵权行为必然会对权利人的知识产品销售市场产生冲击，尤其是侵权产品价格低廉或侵权产品具有即时性市场价值，侵权产品对知识产品具有较高的替代作用，由于使用者在使用侵权产品或者知识产品之间具有重叠性，即使因侵权行为存在导致权利人的销售数量减少，也很难区别知识产品的销售数量减少导致权利人损失与侵权行为之间存在因果关系，产品市场

---

❶ 我国《著作权法》第 49 条、《专利权》第 65 条与《商标法》第 63 条对此均进行了次序的规定。

的销售数量受到很多市场因素的影响，即便侵权行为存在与销售数量减少之间的关联度，也难以认定两者之间存在因果关系。作为一种民事责任构成要件，因果关系理论具有限制责任或者扩张责任的技术手段，同时因果关系理论通过原因力的确定，对于赔偿范围的确定也起到一定限制作用。侵权行为存在因果关系的证明责任在于权利人，权利人很难证明侵权人导致销售数量下降致使实际损失发生。只有当权利人和侵权人在同一市场中进行竞争，且知识产品与侵权产品能够充分地相互代替时，才能够适用根据实际损失计算权利人所获得的赔偿数额，故该种计算方式存在理论上的优先使用性，实际上很少用来计算权利人的实际损失。侵权获利是指侵权人销售侵权产品数量所获得的单位纯利润，一般通过所销售侵权产品的数量乘以单位产品的利润率获得。对于以侵权为业的侵权者，销售利润就是侵权获利。合理许可使用费是指权利人在正常情况下许可他人使用知识产权所获得的利益，侵权人非法使用权利人的知识产权，导致权利人丧失了本来应当获得的这部分收益。由于合理许可费计算赔偿额需要权利人提供实际签署的许可合同以及许可费的支付凭证，且法院对此采取严格的证据审查标准，基于知识产权垄断性以及权利人在市场中的竞争优势考量，权利人通过发放许可通常比较少，且部分关联公司之间的许可通常因存在串通嫌疑而被法院否决，故以实际发生许可费计算赔偿额的案件比例较低。在确定合理许可使用费时，应当慎重综合考虑合理许可使用费所适用的使用期间、范围、方式等因素以及侵权人侵权期间、范围、方式等侵权情节。美国法律上的合理许可使用费是一个法官根据事实及证据自由裁量的虚拟数额，其80%的案件通过此项计算方式得以解决赔偿问题。必须考虑到的是，由于知识产权是无体之物，权利人对于侵权举证通常存在现实困难，为调查、制止侵权需支出部分合理维权费用。维权成本高也是知识产权损害赔偿数额计算的考量因素之一，我国将合理费用纳入了知识产权侵权赔偿数额之中。我国法律对于知识产权侵权损害赔偿的计算方式可谓全面周全，因知识产权市场价值评估的计算基准存在不足，导致计算损失额的依据难以最终确定，在逻辑上导致最终走向法定赔偿。

　　基于上述原因导致的法律制度供给不足，我国知识产权司法保护中的确存在判赔数额偏低的现象，应当继续积极采取以下措施：一是探索全面赔偿。除非知识产权的市场价值较小或侵权产品的销售数量较少，要积极引导权利人选择实际损失或侵权获利作为主张赔偿的依据，强化损害赔偿能够全面弥补权利人的损失，同时引导当事人全面举证，使权利人举证亦能覆盖维权成本。同时，要在裁量性裁判上下功夫，通过积极举证证明，即使不能证明实际损失或侵权获利的实际数额，也可以举证证明实际损失或侵权获利超过法定赔偿的上限，这样让法院认定权利人的损失明显高于法定赔偿的上限时，在权利人的诉讼请求范围内酌定超过法定上限予以判赔。知识产权侵权损害赔偿中的裁量性赔偿方式，明确了突破法定赔偿上限仍然有赖于权利人的举证证明。在实际损失或侵权获利均难以证明时，权利人举证对法定赔偿增加或减少至关重要，举证证明损失要全面涵盖各种要素，尤其是经营的情节性因素可以抬高高法定赔偿额。侵权人也可通过举证证明减少法定赔偿的下限，体现了知识产权侵权损害赔偿中的量化因素。二是探索多种赔偿方式并用。在赔偿类型的选用上可以聚合多种赔偿方式，实现赔偿的多元化目标。将侵权人尤其是制造者和销售者的主观恶意作为确定侵权的重要因素，对于故意侵权、恶意侵权或重复侵权的行为，积极举证让法院对损害赔偿的计算给予认真考量，提高司法判决赔偿额。将当事人侵权情节与主观情节作为损害赔偿数额确定的重要依据，加强司法对知识产权的保护力度，提高司法保护水平，充分发挥司法在保护知识产权中的主导地位，积极回应社会对知识产权保护的关切，为建设知识产权强国和科技强国提供坚强有力的司法保障和服务。如相关司法裁判的调研报告提倡赔偿的多元化方式并用。❶

四、知识产权司法中的法定赔偿问题

法定赔偿本为解决知识产权赔偿难问题而引入的重要制度，属于损害赔偿的金钱救济。但由此制度引发的赔偿低问题饱受争议：一是权利人选择适用法定赔偿泛滥。因知识产权的市场价值计算标准不易确定，权利人大多主张法定赔偿方式，引起对知识产权侵权损害赔偿低的质疑；二是法定赔偿属于主导的司法裁判方式。由于一些知识产权本身的商业价值不高，加上对知识产权作为无形财产权的价值评估与司法定价之间不能有效对接，权利人对知识产权市场价值的举证不足，法定赔偿方式主导知识产权的损害赔偿方式，适用法定赔偿时普遍酌定在法律规定的范围内，导致法定赔偿可能存在背离市场实际价值的情况。现实情况正如很多专利权人甚至在提起诉讼时，并不提供与赔偿数额有

---

❶ 谢惠加：《著作权侵权损害赔偿制度实施效果分析——以北京法院判决书为考察对象》，载《中国出版》2014年第14期，第37—43页；李黎明：《专利侵权法定赔偿中的主体特征和产业属性研究——基于2002—2010年专利侵权案件的实证分析》，载《现代法学》2015年第4期，第170—183页。

关的证据，而是寄希望于法官来确定赔偿数额。由于缺乏证据的有力支持，法官在具体确定赔偿数额时难免比较保守，确定出的赔偿数额会明显低于专利权人的诉求，赔偿数额偏低的真正原因在于知识产权人举证不足。

法定赔偿对侵权认定成立后的案件处理确实带来了裁判案件的便捷途径，但忽视当事人对实际损失的举证，阻碍法院对案件损失的查明，而法院裁判中对法定赔偿的酌定因素又存在模糊性，非精细化的立法与司法导致司法裁判中差异巨大，应当在立法层面对法定赔偿进行细化或通过司法解释对法定赔偿进行量化。即使是法定赔偿也与当事人举证证明损失密切相关，当事人怠于举证只能获得较低的赔偿额，损失赔偿的计算本身就是定性后的量化标准。法定赔偿的适用并不意味着权利人无需举证。权利人仍有义务证明侵权事实的存在、一定的侵权情节以及因非自身原因导致的自己实际损失或侵权人获利数额确定的事实。这方面美国版权法可供借鉴，《美国版权法》第 504 条规定：①若加害行为既非故意也非过失，法院可以判决赔偿不少于 700 美元或不超过 30000 美元的数额；②若版权人承担证明责任，且法院判决的加害行为系故意实施，则法院需依照其裁量将所判予的法定赔偿数额提高到不超过 150000 美元；③若法院判定，侵权人未能意识到且也无理由知悉其行为构成对版权的侵害，则法院需将所判予的法定赔偿数额降低到不少于 200 美元。❶ 在适用法定赔偿时，应当考虑将每一个在市场中独立存在的单个要素作为一个侵权行为所侵害的对象予以考量，如电视连续剧中每一集具有独立存在的价值，应当作为独立的被侵权客体计算赔偿金额，从权利人的角度来最大化计算侵权损害赔偿额，提高侵害知识产权的赔偿数额。我国著作权法虽然没有规定法定赔偿，专利法和商标法对法定赔偿进行了明确规定。目前主要的问题是适用过于随意和泛滥。一方面，当事人应当积极举证证明损失存在，将赔偿数额作为事实查明的重要内容进行量化；另一方面，法院也应当根据当事人的主张选择适用何种赔偿类型的损害赔偿，简单提高法定赔偿的数额上限，即使具有加强保护的导向作用，但若不能在赔偿损失计算方式上改变选择偏好，法定损失赔偿适用乱象难以根本改变。法定赔偿在本质上属于侵权损害赔偿的一种替代性计算方式，若相关的证据不能计算出侵权人的实际损失或侵权人的侵权获利的具体数额，但有证据证明权利人的实际损失或侵权获利大于或小于法定赔偿数额，法院也可以在法定赔偿以上或以下予以判赔，但其前提仍然依赖于当事人的举证

---

❶ See17U. S. C. §504.

证明。

防止适用法定赔偿造成赔偿额过低，需要进一步创新法定赔偿的司法适用方式：一是要鼓励权利人积极举证。法定赔偿适用过滥过多，主要原因是权利人举证不足。权利人应当积极举证证明其因侵权行为所造成的损失或侵权人因侵权所获利润，以期获得与其损失相匹配的赔偿额；法院也要根据权利人的举证情况，结合具体案情，综合衡量权利人的实际损失或侵权人的获利情况，为权利人主张赔偿数额打下坚实的证据基础，必要时向法院申请证据保全、调查取证或律师调查令，力争破解知识产权维权举证难所带来的赔偿低困局，在一定证据与事实的基础上强化裁量性赔偿方法的适用。二是要让法定赔偿真正成为"兜底条款"。法定赔偿免除了权利人主张赔偿的具体计算方法，法院根据酌定因素估算赔偿数额，需要相关细则和配套细化对侵权损害赔偿的计算，司法判决也应引入恰当的计算方式提高侵权赔偿额，让权利人在主张权利时可以根据案情计算出赔偿数额，通过激励机制让法定赔偿真正成为"兜底条款"，让司法定价真正体现知识产权的市场价值，足以弥补权利人的经济损失。三是运用合同计算损害赔偿。合同是当事人自由选择和相互同意的结果，依法订立的合同在当事人之间具有相当于法律的效力。知识产权侵权维权或诉讼的过程中，当事人达成和解协议或庭外调解，如侵权人对权利人侵权或再次侵权需要赔偿损失若干元，后发生侵权事实，权利人可以依据合同约定向侵权人主张侵权损害赔偿向法院起诉的，只要协议符合合同法中关于合同效力的规定，应当依法认定侵权人按照约定予以赔偿。知识产权属于市场中的权利，市场价值是知识产权的生命，权利人与侵权人根据双方意思自治签订协议时的利益博弈司法应当予以尊重。广州知识产权法院审结生效的深圳市某公司与广州市某皮具店、广州市某箱包厂侵害外观设计专利权纠纷案就是依据合同约定计算损失赔偿金额的。❶ 双方合意的损害赔偿数额属于在意思自治基础上对损害赔偿的市场定价，法院应当尊重当事人的处分权利，该项侵权损害赔偿数额的计算方法可补充我国现行知识产权法中的损害赔偿计算方式。

特别值得说明的是，广州知识产权法院在司法实践中积极探索适用裁量性判赔，以突破法定赔偿数额的上限，保护权利人的知识产权。如广州市天河区人民法院一审、广州知识产权法院二审审结生效的香港某服装公司诉上海某贸

---

❶ 参见广州知识产权法院（2016）粤 73 民初第 101 号民事判决书。双方在此前行政执法中签订和解协议对侵权赔偿进行了约定，侵权人承诺若再行侵权，赔偿权利人 20 万元，后侵权人继续侵权被权利人起诉，要求侵权人赔偿 20 万元，法院依法约定判赔 20 万元。

易公司等商标权及不正当竞争纠纷案。

五、知识产权司法中的合理费用问题

知识产权司法保护的另一大困境是权利人维权"成本高"。权利人在知识产权维权中需要投入大量的人力、物力和财力,而在侵权诉讼中,仅依据权利人的实际损失或侵权获利确定损害赔偿额时不能完全填平权利人的损失,权利人在维权过程中还需要支付购买侵权商品的费用、公证费、律师费、差旅费和诉讼费用。我国《商标法》第63条规定,赔偿数额应当包括权利人为制止侵权所支付的合理开支,著作权法和专利权法也有类似的规定,均将合理费用纳入赔偿范围。向法院提起诉讼和保全也要支付诉讼费用,该部分费用也应属于知识产权诉讼中权利人需要支付的维权成本,在侵权认定成立的情况下,诉讼费用应当依法由败诉方承担,合理的维权成本,包括权利人支出的诉讼费用、律师费、差旅费等可以通过民事诉讼判决获得赔偿,在一定程度上弥补了权利人的维权成本。

对知识产权案件中的侵权是否成立的认定,属于案件定性处理,对于损害赔偿额计算,属于定量处理,只要侵权认定成立,即说明该案的主要诉求成立。在知识产权侵权诉讼中,不能仅依据《诉讼费用交纳办法》中财产类案件的诉讼费用规定确定分担数额,而应按照侵权行为的定性来确定案件诉讼费用绝大部分应当由侵权人承担,即使因权利人举证不足导致判赔的实际损失、侵权获利或者法定赔偿很低,也不能依据判赔的损失数额,以财产类案件来计算诉讼费用的负担。毕竟案件的损失赔偿数额属于案件的量化方面,但诉讼费用的判赔负担比例对于保护权利人的权益意义重大。对于权利人委托律师支付的律师费用,只要符合律师费的收费标准,即使并未实际支付或未能举出支付凭证,只要合理,法院也应当予以支持,体现知识产权法律对权利人利益保护的开放性。对于权利人因侵权发生的其他费用,只要属于合理开支,都应当予以支持。"当事人聘请异地公证机关进行公证,公证人员的交通费、住所费不应作为合理开支"的观点,具有不合理性与片面性。对于当事人在诉讼请求中主张了具体的合理支出金额和损害赔偿数额的,法院经审查后认为合理的,应当单独作出判项,在权利人对合理维权支出作出举证的情况下,不应当将维权的合理费用作为考虑损害赔偿的酌定因素,将合理费用单独列出来根据证据认定作出独立的判项,直接回应权利人和社会公众对知识产权司法保护的关切。

侵权责任确定后,权利人的诉求主要集中于赔偿数额计算,赔偿数额成为侵权诉讼的核心内容之一，关于赔偿数额的计算标准，TRIPs 协定第 45 条对损害赔偿作了两条原则规定，值得学习借鉴：一是向权利人支付足以弥补因侵权造成的损失，包括适当的律师费以及其他开支；二是在适当情况下，即使侵权人无过错，也可责令其向权利人返还所得利润或责令其支付法定赔偿额。关于知识产权损害赔偿的计算标准，一是遵循全面赔偿原则，侵权人应对权利人因侵权行为产生的实际损失进行全部赔偿，包括直接损失和可得利益损失；二是构建赔偿数额基准，损害赔偿的计算方法，从本质上讲概括为法律设定的推定方法和裁量技术，其目的在于准确把握财产损失尺度，以达到填平和回复权利状态的目的。

目前，我国司法实践中已在有意识地回应加强对知识产权权利人保护、破解权利人维权成本高难题的社会呼吁，对权利人对合理费用的请求加强支持力度。对于被诉侵权人合法来源抗辩成立的，支持上述侵权人向权利人支付合理费用已成为通说，司法实践中亦采纳这一观点。对于侵权判定成立，且权利人单独主张合理费用的，司法实践中一般单列判项予以支持，可以切实提升实际判赔金额，以回应权利人和社会公众对于保护知识产权的诉求。对于侵权判定成立，但权利人并未单独主张合理费用或未主张合理费用的，法院仍将权利人支出的合理维权成本作为法定赔偿方式的酌定因素进行考量，其中权利人举证证明的合理费用法院一般予以支持，权利人并未举证但确实发生的合理费用如律师费等，法院也予以酌定支持。人民法院支持权利人对合理费用的主张。我国商标法、著作权法、专利法规定既已将合理维权成本纳入赔偿范围，法院亦对此作出有意识的回应，之所以在知识产权诉讼中仍普遍存在"成本高"的困境，主要原因在于权利人举证不足与举证困难。为破解"成本高"难题，可以鼓励权利人在知识产权诉讼中向法院申请调查取证、申请律师调查令，人民法院必要时也可以依职权调取相关证据。

六、知识产权司法中的举证责任问题

举证责任又称证明责任，是指在侵权损害赔偿中应当由当事人对其主张的事实提供证据并予以证明，若诉讼终结时根据正常证据仍不能判明当事人主张的事实真伪，则由该当事人承担不利诉讼后果。解决知识产权侵权损害计算难困境，必须立足于证明规则，降低权利人的举证责任。赔偿数额确定困难主要在对损失数额如何通过诉讼规则予以发现事实，法院在计算损失依据方面应当做到：一是损害赔偿的计算即赔偿数额的客观标准问题；二是损害赔偿的主观证明问题，实际上是其应对动态化的诉讼证明过程。

知识产权司法保护的核心在于把握和充分评估知识产权的市场价值问题，制约解决这个核心问题的关键在于证据规则运用的制度设计存在自相掣肘，知识产权赔偿数额偏低，法定赔偿较多地在司法裁判中适用，究其原因，首先归结于权利人的举证困难，故破解问题的中心是探索完善证据制度，破解知识产权司法保护中的赔偿低问题：一是利用证据披露与证据妨碍制度推定赔偿损失数额。通过证据披露制度可以发现侵权人的侵权获利，为权利人主张权利打下良好的基础。所谓证据披露是指在知识产权侵权诉讼中处于一方当事人控制而另一方当事人难以获得的涉及侵权获利的证据，另一方当事人应当申请法院责令证据持有人披露，证据持有人负有披露该等证据的法定义务。所谓证据妨碍是指在知识产权侵权诉讼中，为查明损害赔偿数额，若权利人向法院申请对侵权人的财务账册、财务数据等会计账簿进行证据保全或调查取证或向法院申请律师调查令，而侵权人阻碍或抗拒的，可以视为侵权人持有不利于自己的证据，但拒绝提交构成证据妨碍，法院可以结合案件具体情况推定权利人主张的赔偿数额成立。证据披露与证据妨碍都是力图通过证据制度设计将证明责任分配给持有侵权证据的一方当事人，促使其及时提交证据，从而查明权利人的损失数额这一关键事实。权利人可以申请法院责令侵权人披露证据，法院作出披露证据决定后证据持有人拒不提供或提供不实证据的构成证据妨碍。一方当事人通过作为或不作为方式阻碍负有证明责任的一方当事人对其事实主张的证明时，行为人应当为妨碍行为承担相应的法律后果。证据披露与证据妨碍制度是一种为了确定权利人损害或侵权获利的司法技术，这种司法技术之所以能够证成，得益于符合司法经验的法则。如果举证责任者主张的事实不真实，那么证据持有人向对方提供证据不仅不会形成证据妨碍，其反而愿意将相关证据开示。证据披露与证据妨碍通过权利人提供初步证据证明损失存在的事实，降低证明标准或利用举证责任转移的方式减轻权利人主张权利的负担，推定权利人主张成立符合经济人的理性选择。二是利用优势证据规则发现损害赔偿数额。所谓优势证据规则是指在民事诉讼中实行优势证明标准来对于证据予以采信的制度。在知识产权侵权诉讼中，对于确无证明权利人实际损失或侵权人侵权获利的事实证据，但有证据证明该损失超过法定赔偿数额的最高额的，要善于运用证据规则，全面、客观地审核计算赔偿数额的证据，充分利用逻辑推理和日常生活经验，对有关证据的证明力进行综合审查判断，采取优势证据标准查明损害赔偿事实。知识产权中的优势证据标准是在证据法高度盖然性基础上充分利用自由裁量权结合实际查明的数额和酌定数额来计算权利人主张的损失数额，即在采用优势证据规则基础上的酌定赔偿不受法定赔偿限制。三是强化诚信诉讼。❶ 法院应当依据诚信原则，在具体制度中对妨碍民事诉讼的不诚信行为予以制裁，结合当事人的举证能力等因素确定举证责任的分配。对于持有待证事实的证据或易于获得待证事实的证据的当事人，应当对反驳或否认待证事实提供证据加以证明，体现诉讼中诚实信用原则。《最高人民法院关于民事诉讼证据的若干规定》对此已作出了规定，为化解赔偿难问题提供了制度支持。❷ 该规定以诚信诉讼为指引，适度强化当事人的真实义务和协力义务，加大对虚假诉讼行为的惩戒力度，严格依照法律规定追究虚假诉讼和恶意诉讼等行为人的法律责任，净化司法服务市场，提升司法公信；充分发挥诚信诉讼的评价和制裁功能，对于填补程序漏洞并进行利益衡量、发现案件事实、规制和促进诉讼行为具有重要作用。

七、知识产权司法中的惩罚性赔偿问题

惩罚性损害赔偿一般是指判定的损害赔偿金不仅是对权利人的补偿，而且是对故意加害人的惩戒。惩罚性损害赔偿是对填平原则的一种弥补，只有符合补偿性赔偿才能主张惩罚性赔偿，惩罚性赔偿是补偿性赔偿不能有效地保护权利人和制裁侵权人的情况下才选择适用，其主要功能是补偿和惩戒。知识产权由于具有无形性在市场竞争中容易受到侵害，以填平原则一统损害赔偿制度难以维护知识产权人的正当权益，因此，引入惩罚性赔偿制度势在必行。令人欣喜的是《中华人民共和国民法典》作为民事基本法已成功引入了惩罚性赔偿制度。❸ 我国于 2013 年修正的《商标法》第 63 条第 1 款规定，对恶意侵犯商标专用权，情节严重的，可以按照侵权人所获利益、被侵权人所受损失、商标许可使用费合理倍数的一倍以上三倍以下确定赔偿数额，赔偿数额包括权利人为制止侵权行为所支付的合理开支。2019 年修订的《商标法》第 63 条第 1 款规定，可以在按照上述方案确定数额的一倍以上五倍以下确定赔偿数额。《专

---

❶ 《民事诉讼法》第 13 条规定，民事诉讼应当遵循诚实信用原则。当事人有权在法律规范的范围内处分自己的民事权利和诉讼权利。

❷ 《最高人民法院关于民事诉讼证据的若干规定》规定，对于不遵守书证提出命令的一般情形，人民法院可以认定书证提出命令的申请人所主张的书证内容为真实。

❸ 《民法典》第 1185 条规定，故意侵害他人知识产权，情节严重的，被侵权人有权请求相应的惩罚性赔偿。

利法》第 65 条第 2 款对确定损失赔偿时要考虑侵权情节,《著作权法》第 48 条第 2 款在确定侵权赔偿时也将侵权情节作为重要考量因素,均体现了对故意侵权行为的加重处罚。上述法律法规为我国建立知识产权惩罚性赔偿机制提供了规范基础。除此之外,2020 年 10 月修订的专利法与著作权法也引入了相关制度。知识产权惩罚性赔偿机制的建立已经形成了完善的体系。惩罚性赔偿制度均体现了恶意侵权、重复侵权和大规模侵权的立法旨意。惩罚性赔偿的引入符合我国知识产权保护的目的,在于惩戒和威慑侵权人,加大知识产权保护力度,通过损害赔偿数额的杠杆打击与预防侵权。

商标法虽然规定了惩罚性赔偿,但由于其构成要件不够明确,加上恶意侵权与情节严重的界定存在争议,商标法领域惩罚性赔偿适用效果不甚理想。对于商标法中的惩罚性赔偿适用存在以下问题:一是赔偿基数难以确定,惩罚性赔偿很难落实到实处。《商标法》第 63 条第 1 款确定适用"惩罚性赔偿"的前提是要求"侵权所获利益"和"因侵权所受损失"的数额确定,这恰恰是目前商标侵权案件中最难解决的问题,使得其条款操作性不强,几乎成为具文;二是主观构成要件不明确,商标法中惩罚性赔偿适用的前提条件是"恶意"和"情节严重",但商标法对于何为"恶意"和"情节严重"并未明确说明,都给司法实践中适用惩罚性赔偿造成了困扰。可喜的是法律体系完善的前提下可以通过解释论对此进行相应的解释,通过《最高人民法院关于审理侵害知识产权民事案件适用惩罚性赔偿的解释》将"恶意"解释为"故意",对"情节严重"及"故意"的情形予以解释,对于惩罚性赔偿制度在司法实践中的适用予以明确说明。惩罚性赔偿制度本身不能解决知识产权损害赔偿数额过低的问题,加大对知识产权保护包括引入知识产权惩罚性损害赔偿制度,仍然有赖于证据制度的改革以减轻权利人的举证责任,加大相关证据规则的适用力度,彻底解决司法定价与市场价值匹配的问题。

特别值得说明的是,广州知识产权法院积极探索扩大知识产权惩罚性赔偿制度的适用,对于一次侵权后再次侵权的,可以考虑以一次判赔数额为基数,加以两倍判赔的判赔力度。如广州知识产权法院审结生效的金某某诉某商店侵害发明专利权纠纷案。❶

---

❶ 参见广州知识产权法院(2016)粤 73 民终 61 号民事判决书。侵权人实施销售行为,在被法院判定构成侵权并赔偿经济损失及合理费用 40000 元后仍然继续实施侵权行为,法院基于权利人对于赔偿经济损失及合理费用合并主张,以在先生效判决酌定赔偿数额 40000 元为计算基数,以该基数的两倍确定侵权人赔偿经济损失及合理费用合计 80000 元。

八、结语

习近平总书记指出，加强知识产权保护是完善产权保护制度最重要的内容，也是提高中国经济竞争力最大的激励。❶ 知识产权是市场主体参与市场竞争的核心要素和战略性资源，完善的知识产权保护是健全现代产权制度和完善现代市场经济体系的重要内容。要严格按照"司法主导、严格保护、分类施策、比例协调"的要求保护我国知识产权，为实施创新驱动发展战略和推动"大众创业、万众创新"提供有力的司法保障。一是依法严格保护，提升赔偿数额，遏制侵权行为发展。通过强化侵权损害赔偿额，让侵权人不能获得非法利益阻吓侵权行为发生，同时也能遏制再次侵权的可能。二是强化间接侵权制度适用。我国专利法、商标法中均对于间接侵权已作出明文规定，著作权法中对于网络平台的责任也有具文，知识产权间接侵权制度已初具框架。应进一步加大在知识产权审判中对间接侵权制度的司法适用，对于专业市场、网络平台、运输服务、会展中的开办方对侵权行为存在教唆、帮助情形的，与直接侵权人承担连带赔偿责任，通过制裁间接侵权民事责任遏制直接侵权行为发生。

当前破解知识产权保护的困境，离不开进一步完善市场环境和法治环境，也需要权利人自身积极作为、积极担当：一是强化知识产权保护意识，权利人在加强自身知识产权保护的同时，也要尊重他人的知识产权；二是增强知识产权维权能力，权利人应当提升维护知识产权的能力，通过运用市场机制、法律机制增强自身知识产权的维权能力，通过市场方式解决知识产权的创造、运用问题。司法定价与市场价值的关系是司法确定赔偿时应当认真研究市场价值，准确反映市场价值，而司法定价反过来又能引导市场定价，使市场定价与权利本来的市场价值相符合。确定赔偿数额本质上是由司法对知识产权进行定价，这种定价经常参照现实的市场价值，故权利人提升维权能力对提升知识产权价值意义重大。知识产权法院作为知识产权保护的先行者、实践者和主导者，坚持正确的改革方向与路径，积极探索各项改革措施，一定能够实现其构建愿景。

---

❶ 参见国家主席习近平在博鳌亚洲论坛2018年年会海南省博鳌开幕式上发表的题为《开放共创繁荣创新引领未来》的主旨演讲。

我国知识产权行为保全制度
司法实践的难点与突破

——基于实体审查标准的变迁

刘　宏[*]

摘　要　本文主要对我国知识产权行为保全制度的发展变化进行简要梳理，并结合具体案例突出对制度难点的司法适用发展。全文主要分三部分：第一部分，简要介绍知识产权法律出现行为保全制度的起源；第二部分，分析行为保全制度在我国知识产权法律领域的发展变化及具体司法实践；第三部分，讨论知识产权法律领域行为保全可能存在的问题。

关键词　知识产权　行为保全　难以弥补的损失

一、引言

我国的行为保全概念是在大陆法系假处分以及英美法系中间禁令的基础上，由江伟教授和肖建国教授在 1994 年前后提出的。[❶] 2000 年，行为保全正式进入知识产权领域。[❷] 2012 年，《民事诉讼法》修改后，行为保全纳入整个民事领域。2018 年，《最高人民法院关于审查知识产权纠纷行为保全案件适用法律若干问题的规定》出台，对知识产权领域内的行为保全的实质性要件等具体适用条件进行了细化。本文主要对我国知识产权行为保全制度的发展变化进行简要梳理，并结合具体案例突出对制度难点的司法适用发展。全文主要分三部分：第一部分，简要介绍知识产权法律出现行为保全制度的起源；第二部

---

[*] 刘宏，广州知识产权法院三级高级法官。

[❶] 任重：《我国诉前行为保全申请的实践难题：成因与出路》，载《环球法律评论》2016 年第 4 期，第 92—110 页。

[❷] 当时法律表述为"可以在起诉前向人民法院申请采取责令停止有关行为的措施"，实务中通称为"诉前禁令"。

分，分析行为保全制度在我国知识产权法律领域的发展变化及具体司法实践；第三部分，讨论知识产权法律领域行为保全可能存在的问题。

二、起源：知识产权保护的自身需要和现实必要

在我国，行为保全制度发端于知识产权领域有其巧合性，但细究起来也不无历史必然性。

1. 自身需要：知识产权权利特性的要求

我国行为保全最先入法发生在知识产权领域，究其内部原因可以说源自知识产权这一权利的非物质性、时效性等特质。由于知识产权的非物质性，权利人无法像普通有体物权利人一般排他占有知识产权客体本身，这就使得针对有体物行之有效的财产保全制度在适用知识产权救济时显得苍白无力。加之知识产权的时效性，特别是考虑到一般专利在其期限内的价值的逐年递减，及时通过行为保全这一制度对相关侵权行为进行制止的效果显然优于事后赔偿损失的救济措施。因此，在知识产权案件中，适用行为保全可有效防止权利人赢了官司却输了市场的悖论。

2. 现实必要：中国加入世界贸易组织（WTO）的要求

对于我国而言，行为保全制度首先出现在知识产权领域更是加入世界贸易组织的要求。世界贸易组织要求申请加入国或地区必须同意签署六类 WTO 协定，即所谓的一揽子协定，否则即无法加入。该六类协定中的 TRIPs 协定第 50 条明确规定："司法机关有权责令采取迅速和有效的临时措施以便防止侵犯任何知识产权……如适当，特别是在任何迟延可能对权利持有人造成不可补救的损害时……司法机关有权采取不作预先通知的临时措施。"即 TRIPs 协定要求成员方司法机关享有在迟延对权利持有人造成不可补救损害时采取临时措施的权利。在当时，我国保全制度并未包含当事人作为或不作为的行为范畴。为此，我国于 2000 年 8 月 25 日修改《专利法》，在第 61 条增设诉前禁令制度，规定若专利权人或者利害关系人有证据证明他人正在或即将行使的侵权行为如不及时停止，将造成难以弥补的损害的，可以向法院申请诉前停止有关行为。2001 年 10 月 27 日，我国《商标法》及《著作权法》亦进行修改，其中《商标法》第 57 条、《著作权法》第 49 条均规定了与上述《专利法》第 61 条类似的内容，赋予当事人申请诉前禁令的权利。2001 年 12 月 11 日，我国正式加入世界贸易组织。

三、过往：2000—2018 年知识产权行为保全制度及司法实践

虽然专利法、商标法、著作权法均在我国加入世界贸易组织前，增设了诉前禁令制度以满足 TRIPs 协定的要求。但事实上由于其规定极为原则，为具体适用，最高人民法院又在 2001 年先后出台了《最高人民法院关于对诉前停止侵犯专利权行为适用法律问题的若干规定》《最高人民法院关于诉前停止侵犯注册商标专用权行为和保全证据适用法律问题的解释》，对诉前禁令的申请主体、审查标准、程序等作了细化指引。对比两份司法解释，可以发现其思路基本是一致的，其中关于诉前禁令的实质审核标准均规定在复议程序，共四个要件：①被申请人正在实施或即将实施的行为是否构成侵犯专利权或是否侵犯注册商标专用权；②不采取有关措施，是否会给申请人的合法权益造成难以弥补的损害；③申请人提供担保的情况；④责令被申请人停止有关行为是否损害社会公共利益。但司法解释并未明确侵权可能性、难以弥补的损失、社会公共利益的判断标准，各地法院对此标准理解、把握得不尽一致。譬如，从 2000 年到 2006 年 6 月，北京法院共受理诉前禁令 26 件，但只有两件予以支持，支持率为 7.69%，且该两件均没有具体阐释为何采取临时禁令。❶ 2002—2006 年，广东法院共受理诉前禁令 121 件，其中支持 47 件，支持率为 38.84%。❷ 虽不能由此简单得出上述现象是由于两地法院对于行为保全实质要件的解释、判断标准不一致所致，但多少可以反映其端倪。具体而言：

①关于是否存在侵权可能性。在审查是否存在侵权可能性时，存在着多种不同的理解。一种是考虑到案件还未经实质审理，只要申请人提供的证据材料达到了证明侵权行为存在合理可能性的程度即可，并不要求完全的确定性，即美国司法禁令审查标准中的胜诉可能性标准。❸ 在来电公司诉云充吧公司侵害发明专利权纠纷案中，广州知识产权法院认定根据该案现有证据认定云充吧公司未经专利权人许可，为生产经营目的，通过制造、销售、许诺销售实施涉案

---

❶ （2005）二中民保字第 10508 号，北京红狮涂料有限公司与北京红狮京漆商贸有限公司；（2005）二中民保字第 15463 号，（英国）美洲虎车辆有限公司与北京丰恒盛商贸有限公司。参见陈文文：《知识产权临时禁令制度的困境与突破———以北京法院典型案例为视角》，载《西部法学评论》2016 年第 1 期，第 69—70 页。

❷ 广东省高级人民法院民三庭调研课题组：《广东法院知识产权诉讼禁令制度执行情况分析》，载《法治论坛》第 21 辑，第 277—288 页。

❸ 毕潇潇、房绍坤：《美国法上临时禁令的适用及借鉴》，载《苏州大学学报》2017 年第 2 期，第 86—95 页。

专利不可或缺的被控侵权的产品，使用落入涉案专利权的保护范围的方法，构成专利侵权的可能性很高。❶ 另一种，则担心如果在先支持当事人的诉前禁令，但在后判决又判定申请人败诉，则会导致当事人对法院判决的不理解，产生不必要的矛盾冲突而倾向于在内心确信申请人胜诉后才裁定支持禁令。还有一种，则认为行为保全完全为程序性事项，采用英国禁令制度的严肃争议标准，即法院并不要求原告证明侵权可能性达到 50% 以上，而仅仅是证明该争议不是没有意义或无理取闹的。❷ 实践中，上海市第一中级人民法院在诺华（中国）生物医学研究有限公司诉贺某侵害商业秘密案中则采纳了此标准，其认为由于在行为保全阶段无法在短时间内查明侵害可能性，考虑到行为保全制度的初衷，将侵害可能性的侧重点放在是否存在"具有理据的严肃争议"上。❸

②关于难以弥补的损害。由于当时的司法解释并没有规定难以弥补的损害的一般定义或者列明具体哪些情形属于难以弥补的损害，在具体司法适用时缺乏明确可操作性标准，不确定性较高。在高通诉苹果侵害发明专利行为保全案中，福州中级人民法院仅仅直接阐述不实施禁令将导致高通公司难以弥补的损害，并没有论述何为难以弥补的损害以及难以弥补的损害是如何在该案中具体适用的。❹ 在克里斯提·鲁布托诉广州问叹公司、贝玲妃❺以及来电诉公司诉云充吧公司行为保全案中，广州知识产权法院认为，非财产性损害、侵权人没有足够的经济能力支付赔偿、损害赔偿无法计算等情况属于权利人的损害难以用金钱弥补的情形。具体而言，两案均认定若不颁发禁令，将造成权利人竞争优势的丧失、市场份额的减少，并认定这些属于权利人的损失难以弥补的损害。

③关于是否危害公共利益。在判断何谓"公共利益"时，法律对此亦没有明确的界定，实践中，除部分裁定中表明社会公共利益主要指的是社会公众的生命、健康、安全、环保等外，多数适用仅为结论性的危害或没有危害公共利益的表述，缺乏就个案的具体论述。

---

❶ 参见（2018）粤 73 民初 1325 号民事裁定书。

❷ 宋鱼水、杜长辉、冯刚、蒋利玮：《知识产权行为保全制度研究》，载《知识产权》2014 年第 11 期，第 86—95 页。

❸ 参见（2014）沪一中民保字第 1 号民事裁定书。

❹ 参见（2018）闽 01 民初 1208 号之一民事裁定书。

❺ 参见（2016）粤 73 行保 1 号民事裁定书。

四、现状：2019 年以来新的知识产权行为保全制度及司法实践

在对过往知识产权纠纷行为保全的经验予以总结的基础上，《最高人民法院关于审查知识产权纠纷行为保全案件适用法律若干问题的规定》（下称《行为保全规定》）在 2018 年年底出台，并自 2019 年 1 月 1 日起实施。《行为保全规定》第 7 条规定了行为保全的实质审查的新的四要件，与 2001 年相关司法解释规定的四要件相比较，主要区别是将"侵权可能性标准"修改为"申请人的请求是否具有事实基础和法律依据，包括请求保护的知识产权效力是否稳定"，并增设对双方当事人利益平衡的考量，而担保情况不再列入实质审查标准的四要件中。针对过往司法实践中难以弥补的损害的理解问题，《行为保全规定》第 10 条作了明确规定，列举了四种"难以弥补的损害"的具体情形：①对商誉或者发表权、隐私权等人身性质的权利造成无法挽回的损害的；②侵权行为难以控制且显著增加申请人损害；③致使申请人的相关市场份额明显减少；④对申请人造成其他难以弥补的损害。不过，《行为保全规定》并未对当事人利益平衡作进一步解释与相关具体判断指引。

表 1　我国部分知识产权行为保全案件列表[①]

序号	案件	文书裁判理由	案由	裁判结果
1	（2019）川 01 行保 4 号中铁工程机械研究设计院有限公司与山东兴奋路重工科技有限公司、四川雷步机械设备有限公司	1. 列明申请人作为专利权人； 2. 申请人没有证据证明被申请人在申请人取得专利授权后有实施或者即将实施侵害专利权的行为	侵害发明专利纠纷	驳回
2	（2019）兵 08 行保 1 号[②]三北种业有限公司与伊犁金天元种业科技有限公司、新疆农润种业有限责任公司	1. 列明申请人作提供银行存款担保； 2. 考虑到被申请人种植的涉案种子流入市场，将会给申请人造成难以弥补的损失	植物新品种案件	支持
3	（2019）鲁 02 行保 1 号青岛坤舆投资有限公司与知轮（杭州）科技有限公司、中策橡胶集团有限公司	申请人申请撤回诉前行为保全	侵害实用新型专利权纠纷	准许撤回

序号	案件	文书裁判理由	案由	裁判结果
4	(2018)鲁14民初108号万达儿童文化发展有限公司与山东统元食品有限公司	1. 列明申请人的行为保全请求内容；2. 列明申请人提供相应银行存款担保，认定申请人的行为保全申请符合法律规定	著作权权属、侵权纠纷	支持
5	(2019)浙01行保1号娱美德娱乐有限公司与株式会社传奇IP、浙江盛和网络科技有限公司、上海恺英网络科技有限公司、杭州九玩网络科技有限公司	1. 权利稳定性和申请人主体资格；2. 关于胜诉可能性（两款游戏存在相似性，且存在改编权、信息网络传播权案的可能性，最终主张是否得到支持，有待进一步审理）；3. 关于损失及利益平衡（由于诉争手游将会由腾讯公司独家代理，鉴于腾讯公司的经营规模和运营实力，将会在短期内吸引大量玩家，导致被控侵权行为结果扩大，并难以恢复到被控侵权行为未发生时的状态。被控侵权手游属于测试阶段，责令其停止造成的损害不会明显超过不采取保全措施给权利人造成的损害）；4. 诉争对象为一款网络手游，对其进行行为保全不会显著造成公共利益的损害	侵害著作权纠纷	支持
6	(2019)津0116民初2091号深圳市腾讯计算机系统有限公司、腾讯科技（深圳）有限公司、腾讯数码（天津）有限公司与北京微播视界科技有限公司、北京拍拍看看科技有限公司	部分支持：1. 申请人请求采取保全措施的行为，存在构成不正当竞争的较大可能；2. 竞争优势，商誉的减损，采取行为保全措施不涉及被申请人主要业务开展；有利于竞争秩序而有益于社会公共利益。部分驳回：无紧迫性	不正当竞争纠纷	部分支持
7	(2019)京0101民初3580号之一沈阳艾尔玛商贸有限公司与浙江淘宝网络有限公司	认定申请人的行为保全申请不符合我国民事诉讼法规定的使判决难以执行或者造成当事人其他损害的情形	不正当竞争纠纷	驳回

续表

序号	案件	文书裁判理由	案由	裁判结果
8	（2018）粤73民初2858号之一 腾讯科技（成都）有限公司、深圳市腾讯计算机系统有限公司与运城市阳光文化传媒有限公司、今日头条有限公司、北京字节跳动科技有限公司、广州优视网络科技有限公司	部分支持：1. 申请人的行为保全是否有依据（知识产权效力是否稳定）；2. 申请人是否有胜诉可能的问题（侵害著作权的可能性、构成不正当竞争的可能性）；3. 网络游戏市场生命周期短，不采取保全措施易造成市场份额减少和市场机会丧失；4. 申请人在游戏研发、运营方面投入巨大，被申请人停止相应行为损害有限；5. 社会公共利益一般含义（本案仅涉及当事人的经济利益，也不存在影响消费者利益的情况） 部分驳回：行为构成不正当竞争的可能性较低	侵害计算机软件著作权及不正当竞争纠纷	部分支持
9	（2017）沪0115民初85362号之一 米高梅电影公司、米高梅公司与深圳市米高梅营业有限公司	1. 申请人的请求具有事实基础和法律依据；2. 不采取保全措施会对申请人造成难以弥补的损害（被申请人仍然未停止实施在全国各地持续宣传、推广以及授权他人加盟开办米高梅影城，不采取保全措施，申请人的合法权益及竞争权利将被持续侵害，造成难以弥补的损害）；3. 采取保全措施不会导致当事人间利益显著失衡（申请人的行为保全申请指向明确、范围适当，不会造成当事人之间利益的显著失衡，且申请人提供相应的担保）；4. 已采取保全措施不会损害社会公共利益（行为保全是当事人之间的民事诉讼法律关系，应当从严审查，只有在涉及公众健康、环保及其他重大社会利益的情况下方可认定为损害社会公共利益）	不正当竞争纠纷	支持

续表

序号	案件	文书裁判理由	案由	裁判结果
10	（2017）沪 0115 民初 85356 号之二米高梅电影公司、米高梅公司与深圳市米高梅影业有限公司	与（2017）沪 0115 民初 85362 号之一民事裁定说理基本一致	侵害商标权纠纷案	支持
11	（2019）沪 0115 行保 1 号重庆腾讯信息技术有限公司、深圳市腾讯计算机系统有限公司与谌洪涛、上海幻电信息科技有限公司	1. 被申请人行为涉嫌构成不正当竞争；2. 难以弥补的损失和当事人利益平衡、社会公共利益的问题的具体分析与（2017）沪 0115 民初 85362 号之一民事裁定基本一致，并认为本案涉案插件为非公益性产品，不涉及公共利益问题	不正当竞争纠纷	支持
12	（2018）沪 0115 民初 21575 号之一晶华宝岛（北京）眼镜有限公司与福州海峡宝岛眼镜有限公司、福州阳光眼镜有限公司	1. 申请人具有胜诉可能性；2. 两被申请人的直营店和加盟店的不断增加，可能会对申请人的竞争优势、市场份额等造成难以弥补的损害；3. 禁令的作出不会损害社会公共利益，且已经提供了担保	侵害商标权及不正当竞争纠纷	支持

① 裁判时间：2019 年 1 月 1 日至 2020 年 6 月 22 日。数据来源：中国裁判文书网。

② 2019 年 11 月 15 日，该院作出（2019）兵 08 知民初 3 号民事裁定书，认为（2019）兵 08 知民初 1 号民事裁定的行为保全措施尚未采取实质强制措施，且事实上无法履行，两被申请人请求解除该保全措施的情况，根据《最高人民法院关于适用〈中华人民共和国民事诉讼法〉的解释》第 166 条第 1 款第 4 项的规定，裁定解除该行为保全。

五、待续：仍待解决的问题

从上表 1 所列案件可以看出，《行为保全规定》确立的"申请人的请求是否具有事实基础和法律依据"比以往"侵权可能性"的表述更为恰当，避免了在先裁定和在后判决结论不一致时产生的逻辑矛盾。对难以弥补损失的举例式规定，让各地法院在具体判定时有了趋同的理解适用，有助于司法裁判尺度的统一。不过，近几年的司法实践，也展露了可能成为问题的表象。

① 部分法院并未实际适用新颁布生效的《行为保全规定》来处理知识产权纠纷中的行为保全问题。虽然《行为保全规定》明确规定于 2019 年 1 月 1 日生效，但表 1 中所列案件显示部分法院仅以申请人提供了相应担保，然后直

接阐述申请人的行为保全申请符合行为保全条件或者不采取保全措施将会导致难以弥补的损害，裁定支持行为保全，明显缺乏对《行为保全规定》的认识和理解。

② 对于当事人双方利益的平衡这一要件的探索性适用。由于《行为保全规定》并未就双方利益平衡作出更进一步的规定，不同法院在具体适用中进行了不同的尝试。广东、浙江、天津法院在具体适用时侧重在具体案件中，比较申请人没有采取保全措施所遭受的损失是否大于被申请人在被采用保全措施时所遭受的损失。上海法院则从申请人的行为保全申请指向明确、范围适当，不会造成当事人之间利益的显著失衡，且申请人提供相应担保的角度来阐释，适用较为笼统。

③ 行为保全案件数量少。关于全国知识产权纠纷诉前行为保全案件数量，事实上经历了从高到低的过程。2002—2009 年，共受理 808 件，裁定支持率为 84.14%[1]；2010—2012 年，共受理 212 件，裁定支持率为 87.5%[2]；2013 年至 2017 年，共受理 157 件，裁定支持率 98.5%[3]。对于 2018 年的案件，以行为保全为关键词，以知识产权与竞争纠纷为案由，搜索中国裁判文书网，仅显示 10 个搜索结果，其中有 5 件为知识产权行为保全案件，均为驳回。2019 年，知识产权行为保全案件数为 12 件。[4] 这与司法实务中对行为保全采取谨慎态度，且考虑我国专利技术含量不够高的实际情况有关。有学者提出，《行为保全规定》事实上限缩了我国《民事诉讼法》第 100 条对于行为保全的要求，不符合我国当下加强知识产权保护的国家政策的要求。[5]

六、结语

《行为保全规定》通过对十多年来知识产权行为保全的司法实践经验的总结，解决了我国知识产权行为保全中的诸多难题，但同时由于实体审查标准的新增，也需要在实践中进一步探索适用。另外，关于行为保全对于知识产权保护的作用需要结合我国司法政策及实践进行考量。

---

[1] 陈文文：《知识产权临时禁令制度的困境与突破——以北京法院典型案例为视角》，载《西部法学评论》2016 年第 1 期，第 68—76 页。

[2] 同[1]。

[3] 李扬：《中国需要什么样的知识产权行为保全规则》，载《知识产权》2019 年第 5 期，第 3—15 页。

[4] 数据来源：中国裁判文书网。

[5] 同[3]。

人工智能助力智慧法院建设

——智能同传在广州知识产权法院的实践与思考

付　雄*

摘　要　随着信息技术的不断发展，各行各业都在紧跟科技的步伐，传统司法工作机制也在不断地更新换代，特别是人工智能的快速发展，给法院带来一系列新机遇、新挑战，信息化建设和司法改革成为人民司法事业的车之两轮、鸟之双翼。广州知识产权法院紧扣互联网时代脉搏，探索运用人工智能技术，建设以"大数据""云平台"为主导的"智能同声传译系统"（以下简称"智能同传"），加大司法工作与人工智能、云计算、大数据等新兴互联网科技的深度融合，构建了信息技术与审判工作深度融合的司法运行新机制，将司法便民落到实处。

关键词　人工智能　同声传译　知识产权　智慧法院

一、引言

广州知识产权法院自建院以来，院党组高度重视信息化建设，在最高人民法院、广东省高级人民法院的指导下，各项建设均朝着履行创新驱动、发挥司法保护职能、推进"知识产权审判领域改革创新"的方向开展工作。依托"全面覆盖、移动互联、跨界融合、深度应用、透明便民、安全可控"的人民法院信息化3.0版主体框架，逐步形成以"网络化、阳光化、智能化"为特征的智慧法院。广州知识产权法院结合自身涉外案件审理的业务需要及特点，借助人工智能、语音识别、智能翻译、语音合成等技术，创新地将智能同声传译应用到"智慧法院"建设中。2018年年底，广州知识产权法院在该院速裁

---

* 付雄，广州知识产权法院技术调查室副主任。曾在《计算机科学》《中国知识产权》等期刊上发表文章30多篇，出版个人专著一部。

法庭建设了智能同传系统，实现了审判与科技的深度融合。通过两年多的实践应用，收到了良好效果，促进了知识产权审判体系和知识产权审判能力的现代化。

二、"智能同传"的建设价值

（一）满足涉外案件审理需求

近几年，中国已成为知识产权大国，并逐步向"强国"迈进，涉外知识产权案件也在过去几年呈现大幅攀升态势。得益于依法审理知识产权涉外案件，外国当事人近年来自愿选择中国作为诉讼地的知识产权案件不断增多，中国知识产权法院的国际影响力不断扩大。同时，随着世界范围内的知识产权保护意识不断增强，涉外知识产权审判工作也逐步承担起司法公信的排头兵、司法改革的先行者、涉外法律工作的主力军的新使命。广东省历来是涉外知识产权案件大省，伴随"一带一路"倡议的推进以及粤港澳大湾区建设的需求，广东省对外投资和国际贸易的速度进一步加快，涉外知识产权纠纷的数量也显著增长，特别是涉诉双方均为外国人的案件也逐年增多，外籍当事人在庭审过程中的多语言翻译需求也愈加强烈。"智能同传"的应用，能向国内外各界人士展现中国知识产权司法保护的新形象，推进涉外知识产权审判精品战略，进一步提升我国知识产权保护力度和知识产权案件审判水平，具有重大现实意义。

（二）快速部署，降低建设成本

以红外和调频技术设备为核心的传统同声传译系统是在原声（发言人）音频扩放系统的基础上，通过相应设备将信号送至译员工作间，经数名不同语种的译员同步翻译后，再通过有线或无线设备分别送至法庭中有不同语种需求的人员的耳机中，在涉外案件审理过程中，同声传译系统发挥着重要作用。但是此类系统建设成本高，同时依赖专业的翻译人员，往往制约开庭时间、空间。

"智能同传"采用 PaaS 的模式，通过专业机构提供的智能语音处理云平台获取语音识别、转写、翻译、合成等服务，法庭只需部署网络传输设备和网络安全设备，确保网络质量，即可实现机器翻译，在庭审过程中直接生成目标语言的文本和语音，并生成双语对照的笔录和录音，随案保存，简化法庭建设，减少对专业翻译人员的需求。根据此部署结构,"智能同传"亦可快速应用于调解、合议等司法服务中,为涉外案件审理提供有力的技术支持。

(三)人工智能与"智慧法院"的创新融合

党的十九大报告提出,"推动互联网、大数据、人工智能和实体经济深度融合"。2016 年 11 月 17 日,在第三届世界互联网大会智慧法院暨网络法治论坛上,最高人民法院院长周强指出:"将积极推动人工智能在司法领域的应用。"人工智能的深度应用既是司法审判现代化的本质特征,也是司法审判现代化得以实现的必然选择。数字庭审中"智能同传"的应用,是审判流程中利用云平台提供智能语音和机器翻译服务,实现同声传译的首次尝试,有利于深化科技应用,创新推动司法领域高效化、便民化。

三、广州知识产权法院"智能同传"建设实践

随着人工智能技术的飞速发展,语音识别、机器翻译、语音合成等技术已具有深厚的技术积累,科大讯飞、腾讯、百度、搜狗等科技公司均推出了云平台为公众、政府、企事业单位提供智能语音服务,已成功应用于多个大型会议和多类场景,人工智能翻译引擎也通过在海量词库和语言环境中的机器学习,不断提高其精准性和实时性。相较于大型会议中的多语言翻译场景而言,涉外知识产权案件审理过程中的同声传译有其自身的特点,在降低实时性要求的同时,对语义表达以及专业词汇翻译的准确性有较高的要求。广州知识产权法院在"智慧法院"基础建设的技术支撑上,通过"智慧法院"平台整合语音预处理、语音识别、文本预处理、机器翻译、语音合成五项技术模块,对接专业词库,将智能同声传译应用于外籍当事人参与的知识产权案件庭审中,无需专用同传设备和专业翻译人员即可获得较好的语音翻译效果。

广州知识产权法院速裁法庭智能同传系统具备远程开庭和语音识别功能,语音识别系统建立了法官语音库,设置知识产权法律知识和专业术语的预学习和自动学习功能,每次庭审均引入了案件信息的热词,以提高语音识别的准确率,同时机器具有不断学习的功能,可以按照每个法官的语言习惯进一步提高语音识别的准确率,这充分契合了知识产权审判专业的特点,显著提升了自动翻译的可接受度。

广州知识产权法院依托"智慧法院"的顶层设计,对"智能同传"采用面向服务的分层架构进行设计,如图 1 所示。

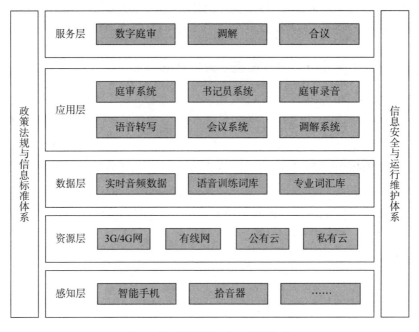

图1 "智能同传"分层设计架构

感知层：用于音频数据、标识数据的采集和感知。

资源层：需要的硬件、网络等基础设施。

数据层：实时音频数据流，以及进行机器学习的语音训练词库和专业词汇库。

应用层：数字庭审、调解、会议等应用系统。

服务层：基于共享的数据层，整合各应用系统，最终向当事人、代理律师、法官、证人等提供统一的智能语音服务。

"智能同传"整合语音预处理、语音识别、文本预处理、机器翻译、语音合成五项技术模块，主要组成结构如图2所示。

通过云端服务，"智能同传"可实现以下主要功能：

实时字幕：通过语音识别、转写语音识别，实时翻译出高质量的文本字幕。

同声传译：通过智能翻译再到语音合成，形成目标语言音频输出。

多语交互：在多人交流场景中，通过各个拾音设备独立实现"音频"与"文本"两种形式的多语语音交互问答。

自动记录：将语音内容自动转换后的文本进行记录。

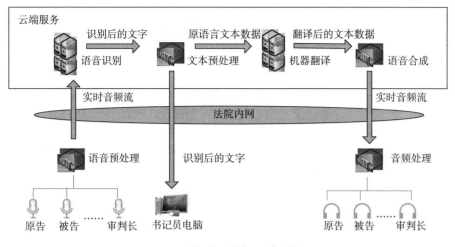

图 2 "智能同传"组成结构

四、"智能同传"的应用实践

依托"智慧法院"基础建设的稳定性和云服务架构的灵活性，广州知识产权法院"智能同传"现已应用于庭审、调解、合议等多个涉外案件审理流程中。

（一）智能庭审，减轻负担

同传并不只是翻译，更准确地说是"转写＋翻译"，在数字庭审过程中，"智能同传"通过语音识别，首先实时将庭审内容自动识别转换为文字，快速生成庭审笔录，识别率达 95% 以上，提高了庭审记录的规范性和完整性，减轻了庭审记录的工作强度。同时，可对庭审角色自动标注，与现有庭审同步录音录像设备音频系统对接，实现庭审法官、原告、被告等的角色定位，解决同时多人说话语音分离难题，实现笔录文本与说话人身份的自然绑定。参与庭审人员可选择目标语种，使用"智能同传"实现实时翻译，机器基于海量数据进行快速学习。同传能够忠实原文，不会遗漏译文，并能够实现快速、高并发的部署，不需要专用同传设备和专业翻译人员，很大程度上缓解了人工同传资源不足的问题，降低了同传成本。翻译内容通过双语文字投屏和语音合成方式呈现，配合庭审双语录音，达到"听看一致，实时记录"。

（二）智能调解，沟通顺畅

在涉外知识产权案件调解中，广州知识产权法院"智慧法院"可以实现最多九方同时参与案件的调解，除了当事人及法官外，还可以根据不同的案件情况，接入知识产权律师、知识产权教授学者、相关领域技术专家、公证鉴定机构及其他的特邀调解组织，通过使用"智能同传"，使外籍人员能够更加方便地进行沟通，更好地化解涉外知识产权权益纠纷，从而构建具有广州知识产权法院特色的多元化纠纷解决机制。

（三）智能合议，远程同传

广州知识产权法院的远程合议可利用"视频直播+互动技术"连线参与合议的各方"隔空庭审"，可以与最高人民法院进行远程开庭，也可以与广州知识产权法院各诉讼服务处进行远程调解，还可以把远在千里之外的当事人和代理律师聚在同一时空中。通过"智能同传"解除设备、空间、时间的限制，利用参与人面前的拾音设备（麦克风、智能手机等）和互联网络，即可实现同声传译，进行合议录音，并可利用智能语音识别，自动生成合议笔录。

2020年受新冠肺炎疫情影响，最高人民法院知识产权法庭充分利用四级法院专网与广州知识产权法院进行远程开庭，4月21日下午，最高人民法院知识产权法庭与广州知识产权法院上下联动远程开庭，公开审理了一起计算机著作权侵权上诉案件，减轻了当事人诉累，取得了圆满效果。

五、"智能同传"的思考

通常来说，人工智能（AI）想要成功主要看三要素：数据、计算力、算法。后两者在近年的"AI浪潮"中，得到了高速的发展，也让真正的"门槛"变成了数据。广州知识产权法院"智能同传"在实际应用中，语音识别准确率达95%，对中英文语音翻译准确率达90%，同传延时约2~5秒，可满足大部分审判业务要求。同时也加入了地方语库（目前只有粤语），但对于方言、地域性口语的识别率还不太高，并对某些技术性、专业性强的语句和词汇翻译完成度有一定限制。同传场景对语音识别的要求很高，错一个字对于源语言的理解基本不受影响，但若将文字翻译成另一种语言，可能整句都是错的。在此，对"智能同传"在"智慧法院"中的应用提出以下几点思考：

（一）"智能同传"无法替代人工口译

如前所述，在专业性方面依靠机器翻译的"智能同传"目前还无法取代人工口译，尽管有深度学习技术在语音、翻译等领域的快速突破，但是相比于训练有素的人工而言，机器实际上缺乏语音识别的稳定性、机器翻译的稳定性、对语言理解和再创造的能力。在"智慧法院"的建设过程中，可以采用人机耦合的同传模式，在普通场景可完全采用"智能同传"，在重要性高、专业性强的场景，可采用机器协助人来做好同声翻译。同时，可通过为"智能同传"增加源语记录、术语辅助记忆、热词识别、语句标记、关键词标签、译员录音转写等辅助功能，既有利于辅助人工译员更有效率、更高质量地工作，也有利于扩充机器学习训练库，使"智能同传"在广州知识产权法院实际工作环境中不断完善，更好地应用于"智慧法院"建设。

（二）需要建立并不断完善供机器学习的专业语言库和词库

"智能同传"中语音识别、机器翻译使用的知识库来自于语音服务提供商的云端数据库，其涵盖面随着数据不断积累也越来越广。但在广州知识产权法院实际使用中，由于案件类型多、法律专业性强，需要结合法院自身案件审理特点建立专用知识库，通过数据挖掘和深度学习，对庭审记录、录音记录、双语对照数据、示范案例等海量数据进行大数据分析，形成机器学习库，并在日常"智能同传"的使用中不断完善，使"智能同传"提供更加专业、准确的司法服务。这将是一个长期的建设过程。

（三）需要保证网络畅通

"智能同传"的核心服务来自于云平台，需要通畅稳定的网络来保证数据的有效传输。法院自身在进行网络建设时，应充分考虑网络的稳定性，利用双ISP接入、双核心交换机链路备份等技术手段，确保法院本身网络不卡顿、断连。而运营商也应该不断利用基础设施建设、优化软件能力，确保接入的稳定性并提升网速。

六、结语

虽然以目前的技术，机器还不能完全代替人类，但这将是大势所趋，随着技术的不断发展，特别是互联网思维、大数据理念和人工智能在社会各个领域的影响不断扩大，不论是因为司法改革的要求，还是技术带动司法改革的必然，会有越来越多新技术对法院业务产生影响。在"智慧法院"中利用开放云平台提供的智能语音服务实现同声传译，是广州知识产权法院以科技助力司法体制综合配套改革，深化科技应用，推动司法领域高效化、便民化的一个创新尝试，其部署灵活、建设成本低、资源占用少等特点可以很好地适应涉外案件审理，通过机器逐步地学习，其精准性和实时性也会逐步提高，以更好地服务于民。